普通高等学校"十二五"规划教材

交通运输系统工程

（第2版）

主　编　郭瑞军
副主编　王晓香　李振福
编　著　郑明明　廉　莲

国防工业出版社
·北京·

内 容 简 介

本书共分为11章,比较全面地阐述了系统与系统工程的基本理论、交通运输系统、系统分析、系统模型与仿真、运输系统预测、运输系统网络优化、运输系统综合评价、运输系统决策及对策,以及运输系统工程应用案例等内容。并在附录中介绍了包括耗散结构理论、复杂性科学等系统学基础理论,供有兴趣的读者学习参考。

本书可作为高等院校本、专科交通运输类专业的教材或教学参考书,也可供从事交通运输规划与管理的工程技术人员参考。

图书在版编目(CIP)数据

交通运输系统工程/郭瑞军主编. —2 版. —北京:国防工业出版社,2024.7 重印
ISBN 978 - 7 - 118 - 09858 - 7

Ⅰ.①交... Ⅱ.①郭... Ⅲ.①交通工程 - 系统工程
Ⅳ.①U491

中国版本图书馆 CIP 数据核字(2015)第 017989 号

※

国防工业出版社出版发行

(北京市海淀区紫竹院南路23号 邮政编码100048)
北京虎彩文化传播有限公司印刷
新华书店经售

*

开本 787 × 1092 1/16 印张 17½ 字数 399 千字
2024 年 7 月第 2 版第 2 次印刷 印数 3001—3500 册 定价 38.00 元

(本书如有印装错误,我社负责调换)

国防书店:(010)88540777 发行邮购:(010)88540776
发行传真:(010)88540755 发行业务:(010)88540717

前　言

用定性与定量相结合的系统思想和方法处理大规模复杂系统问题，无论是系统的设计或建造，还是系统的组织、经营管理，都可以统一地看做是工程实践，统称为系统工程。

1978年9月27日，钱学森、许国志、王寿云在《文汇报》上发表了《组织管理的技术——系统工程》，对系统工程的概念、内容及其基础理论和应用前景做了全面的阐述，标志着我国系统工程的建立。1980年我国系统工程学会成立以来，各省市系统工程学会、系统工程学会的各专业委员会、各高校和科研院所的系统工程学科相继建立。我国系统工程学科日趋完善，研究内容更加广泛，在不同领域的应用也取得了可喜成果，在运输领域，为我国交通运输规划及战略发展、为综合运输体系优化等做出了贡献，交通运输系统工程得到了广泛应用及发展，其理论及实践得到了交通科技工作者的普遍重视。

本书针对高等院校理工科交通运输类综合型应用人才的培养需求，既介绍系统工程学科的历史及新的进展，也注重对系统工程方法深入浅出地阐述，并对系统工程在运输领域的具体应用做了详细介绍。

为了对交通运输系统工程的基本原理和方法有更深入、准确的认识，在第1版教材的基础上，本书做了以下内容的修改：①完善了系统预测方法，通过对回归模型中假设检验进一步阐述，并附录了临界值表，全面介绍了回归模型的基本原理，同时对多元线性回归做了简化，使用时可忽略较复杂的推导过程，直接应用公式即可；②对系统评价的介绍更详细，增加了群组层次分析法；③删减了前三章部分阐述较多的系统工程理论，如现代科学技术体系等；④更新了我国交通运输领域的发展现状，各方式运输指标均使用了2013年数据；并更换了第11章的部分应用案例，案例内容紧贴交通运输和社会经济现实，增强了模型的应用性；⑤将所有例题、课后习题及案例分析均更换为运输领域相关内容。同时，教材也修改了原书中的部分语法和文字错误，通过上述更新，务求使相关专业学生和研究人员能更有针对性地学习该门课程的核心思想和模型，并提高理论知识的应用性。

全书共11章，各章具体分工如下：第1、2、3、11章和附录由大连交通大学郭瑞军编写,第 4、5 章由大连交通大学王晚香编写,第 6 章由大连交通大学郑明明编写,第 7、10 章由大连理工大学廉莲编写,第 8、9 章由大连海事大学李振福编写。全书由郭瑞军负责统稿。本书的配套课件请发邮件至 rjguo@163.com 索取或从 www.ndip.cn 下载。

  本书为了便于读者理解和尊重行业习惯,全书单位均用汉字表示。

  教材编写过程中,参考了大量书籍、期刊和研究报告,湖南大学王群副教授和我的同事张旭博士也提出了宝贵的建议,在此,谨向本书第一版作者、参考文献作者及热心的朋友们表示诚挚的感谢。

  限于编者水平,书中难免有不当甚至错误之处,敬请广大读者批评指正。

作 者

2015.1.5

目　录

第1章　系统概述 1

1.1 系统概念、特性及分类 1
 1.1.1 系统及其特性 1
 1.1.2 系统的相关概念 3
 1.1.3 系统的分类 5

1.2 系统思想的形成与发展 6

1.3 系统科学的学科体系 8
 1.3.1 系统科学体系 8
 1.3.2 系统科学的性质 10
 1.3.3 系统科学体系的逐步完善 10

思考与练习题 11

第2章　系统工程理论 12

2.1 系统工程的概念及特点 12
 2.1.1 系统工程的概念 12
 2.1.2 系统工程的研究内容 13
 2.1.3 系统工程的特点 14

2.2 系统工程的发展概况 15
 2.2.1 系统工程的发展历史 15
 2.2.2 系统工程在我国的发展及应用 17
 2.2.3 系统工程应用范围 17

2.3 系统工程方法论 20
 2.3.1 概述 20
 2.3.2 霍尔的三维结构 22
 2.3.3 软系统方法论 24
 2.3.4 两种方法论的比较 25
 2.3.5 从定性到定量的综合集成法 26

2.4 系统工程的理论基础 29
 2.4.1 一般系统论 29
 2.4.2 运筹学 33

  2.4.3 控制论 ··· 34
  2.4.4 信息论 ··· 38
 思考与练习题 ··· 41

第3章 交通运输系统 ··· 43

 3.1 交通运输的概念及分类 ··· 43
  3.1.1 交通运输的概念 ··· 43
  3.1.2 交通运输方式的分类 ··· 43
 3.2 交通运输系统 ··· 45
  3.2.1 交通运输系统的地位及作用 ··· 45
  3.2.2 交通运输系统的组成 ··· 46
  3.2.3 交通运输的系统管理 ··· 48
  3.2.4 交通运输系统的特点 ··· 49
 3.3 交通运输系统工程的研究内容 ··· 51
 3.4 我国交通运输的现状及发展前景 ··· 52
 思考与练习题 ··· 54

第4章 系统分析 ··· 55

 4.1 系统分析概述 ··· 55
  4.1.1 系统分析的概念 ··· 55
  4.1.2 系统分析方法的特点 ··· 56
  4.1.3 系统分析的步骤 ··· 57
  4.1.4 系统分析的要素 ··· 58
  4.1.5 系统分析的原则 ··· 59
 4.2 系统分析的内容 ··· 60
  4.2.1 目标分析 ··· 61
  4.2.2 结构及功能分析 ··· 62
  4.2.3 环境分析 ··· 63
  4.2.4 交通运输系统分析 ··· 63
 4.3 系统结构模型化技术 ··· 64
  4.3.1 结构模型的基础知识 ··· 65
  4.3.2 由可达矩阵画出有向图 ··· 68
  4.3.3 解析结构模型的步骤 ··· 69
 思考与练习题 ··· 74

第5章 系统模型与仿真 ··· 74

 5.1 系统建模及仿真概述 ··· 74

  5.1.1 系统模型及模型化的定义 ··· 74
  5.1.2 模型的分类 ··· 75
  5.1.3 建模的原则和步骤 ··· 77
  5.1.4 模型化的基本方法 ··· 79
  5.1.5 系统仿真的概念及作用 ·· 80
 5.2 系统动力学的建模 ·· 82
  5.2.1 系统动力学的产生及发展 ······································· 82
  5.2.2 系统动力学的研究对象 ·· 84
  5.2.3 系统动力学模型的特点 ·· 84
  5.2.4 系统动力学的建模步骤 ·· 84
  5.2.5 因果关系图 ··· 85
  5.2.6 系统动力学模型 ·· 87
 5.3 系统动力学仿真计算 ··· 91
  5.3.1 DYNAMO方程 ·· 91
  5.3.2 几种典型反馈回路的仿真计算 ································· 92
 5.4 延迟 ·· 96
  5.4.1 物流延迟 ·· 96
  5.4.2 信息流延迟 ··· 98
 思考与练习题 ··· 99

第6章 交通运输系统预测 ·· 101

 6.1 概述 ·· 101
  6.1.1 系统预测的概念 ·· 101
  6.1.2 预测的意义 ··· 101
  6.1.3 预测的种类 ··· 101
  6.1.4 预测的程序 ··· 103
 6.2 定性预测方法 ·· 104
  6.2.1 德尔菲法 ·· 104
  6.2.2 类推法 ··· 107
 6.3 定量预测方法 ·· 108
  6.3.1 时间序列法 ··· 108
  6.3.2 回归分析预测法 ·· 114
  6.3.3 马尔可夫预测法 ·· 125
 思考与练习题 ··· 130

第7章 运输系统网络优化 ·· 132

 7.1 概述 ·· 132

7.2 运输网络的最短路和最大流 ································· 132
    7.2.1 最短路问题 ······································· 132
    7.2.2 最大流问题 ······································· 137
7.3 网络图的组成及绘制 ······································· 141
7.4 网络图时间参数的计算 ····································· 146
7.5 网络图优化分析 ··· 150
    7.5.1 工程进度的优化 ··································· 150
    7.5.2 成本优化 ··· 152
    7.5.3 资源优化 ··· 153
思考与练习题 ··· 155

第8章 运输系统综合评价 ······································ 159

8.1 系统综合评价概述 ··· 159
    8.1.1 系统评价的概念 ··································· 159
    8.1.2 系统评价的分类 ··································· 160
    8.1.3 系统评价的原则和步骤 ····························· 160
    8.1.4 评价指标体系的建立 ······························· 161
    8.1.5 系统评价的理论和方法 ····························· 163
8.2 系统的经济评价 ··· 165
    8.2.1 单复利公式 ······································· 165
    8.2.2 现值法 ··· 167
    8.2.3 年值法 ··· 168
    8.2.4 回收率法 ··· 169
    8.2.5 收益—成本分析法 ································· 170
8.3 常用的系统综合评价方法 ··································· 173
    8.3.1 层次分析法 ······································· 173
    8.3.2 群组层次分析法 ··································· 178
    8.3.3 模糊综合判定法 ··································· 184
    8.3.4 聚类分析法 ······································· 187
思考与练习题 ··· 191

第9章 运输系统决策 ·· 193

9.1 决策分析概述 ··· 193
    9.1.1 运输系统决策的概念 ······························· 193
    9.1.2 运输系统决策问题分类 ····························· 195
9.2 不确定型问题决策分析 ····································· 196
    9.2.1 悲观准则 ··· 197

  9.2.2　乐观准则 …………………………………………………………… 197
  9.2.3　折中准则 …………………………………………………………… 198
  9.2.4　等可能准则 ………………………………………………………… 199
  9.2.5　遗憾准则 …………………………………………………………… 200
 9.3　风险型问题的决策分析 …………………………………………………… 201
  9.3.1　最大可能准则法 …………………………………………………… 201
  9.3.2　期望值准则法 ……………………………………………………… 202
  9.3.3　决策树法 …………………………………………………………… 203
  9.3.4　关于风险型决策问题的一些讨论 ………………………………… 207
 9.4　信息的价值 ………………………………………………………………… 208
 9.5　效用理论及其应用 ………………………………………………………… 211
  9.5.1　效用理论的意义 …………………………………………………… 211
  9.5.2　效用理论相关概念 ………………………………………………… 211
  9.5.3　效用曲线的应用 …………………………………………………… 212
 思考与练习题 ……………………………………………………………………… 214

第 10 章　对策分析 ……………………………………………………………… 216

 10.1　基本概念 …………………………………………………………………… 216
  10.1.1　对策论的产生及发展 ……………………………………………… 216
  10.1.2　对策问题模型 ……………………………………………………… 216
 10.2　二人零和对策 ……………………………………………………………… 217
  10.2.1　最优纯策略 ………………………………………………………… 218
  10.2.2　混合策略的纳什均衡 ……………………………………………… 219
  10.2.3　混合策略的线性规划解法 ………………………………………… 223
 10.3　求解矩阵对策的简化方法 ………………………………………………… 224
 思考与练习题 ……………………………………………………………………… 226

第 11 章　运输系统案例分析 …………………………………………………… 228

 11.1　解析结构模型在城市交通拥挤分析中的应用 …………………………… 228
  11.1.1　建立系统要素集 …………………………………………………… 228
  11.1.2　建立邻接矩阵 ……………………………………………………… 229
  11.1.3　建立可达矩阵 ……………………………………………………… 229
  11.1.4　得出结构模型 ……………………………………………………… 230
  11.1.5　各交通问题关系分析 ……………………………………………… 230
 11.2　城市道路交通系统动力学模型的构建 …………………………………… 231
  11.2.1　定义变量 …………………………………………………………… 231
  11.2.2　城市道路交通系统的反馈回路 …………………………………… 231

11.2.3 城市道路交通系统流程图 …… 232
11.2.4 结构方程式的确定及参数的取值方法 …… 233
11.2.5 仿真预测 …… 234
11.3 江苏省不同运输方式的综合评价 …… 235
11.3.1 综合评价指标体系的建立 …… 236
11.3.2 综合评价方法的基本原理 …… 236
11.3.3 评价过程及结果分析 …… 237
11.4 基于EAHP和SWOT模型的中国北极航线问题战略分析 …… 238
11.4.1 北极航线问题概述 …… 238
11.4.2 EAHP模型的基本原理 …… 239
11.4.3 北极航线问题的SWOT战略分析 …… 241
11.4.4 北极航线问题的中国战略策略 …… 246

附录一 系统科学的若干研究分支 …… 248
一、耗散结构理论 …… 249
二、协同学 …… 253
三、突变理论 …… 255
四、混沌理论 …… 256
五、复杂性研究 …… 258

附录二 假设检验的临界值表 …… 262

参考文献 …… 268

第1章 系统概述

1.1 系统概念、特性及分类

1.1.1 系统及其特性

系统——System，我们并不陌生，在现实生活中，"系统"是一个被广泛使用的词汇。人体就是一个系统，人体系统是由神经、呼吸、消化、循环、运动等八大系统构成的；地球也是一个系统，地球系统是由植物、动物、微生物、无机物等子系统构成的；交通运输系统是由铁路运输、公路运输、水路运输、航空运输、管道运输这些子系统构成的；一台机器是一个系统；一个家庭、企业、学校都可看做系统；甚至一个国家、整个社会也都构成了一个系统。

系统是由两个或两个以上相互关联的要素所构成的具有特定功能的整体。

系统一般具有以下特性：

1. 集合性

把具有某种属性的一些对象看做一个整体，从而形成一个集合，集合里的各个对象叫做集合的要素。系统是由要素组合而成的，这些要素可能是元件、零件、单个机器、个体，也可能是子系统。系统的集合性表明，系统是由两个或两个以上相要素所组成的。这些要素可以是具体的物质，也可以是抽象的或非物质的软件、组织、观点或理论等。

例如，一个计算机系统，一般都是由中央处理器、存储器、输入与输出设备等硬件所组成，同时，还包含有操作系统、应用软件、程序设计、数据库等软件，从而形成一个完整的集合。再比如道路交通运输系统，一般由机动车、驾驶员、道路及附属设施、乘客与货物等物质要素组成，同时还包括制度法规、组织程序、技术规范、数据等非物质要素，从而形成一个完整的集合。

2. 相关性

组成系统的要素是相互联系、相互作用的，相关性说明这些联系之间的特定关系，以及这些关系之间的演变规律。例如，道路交通控制系统是一个大系统，它由道路网络、车辆、信号控制系统以及交通规则等单元或子系统组成，系统内的各个子系统为整体目标服务，通过各子系统相互协调作用，使道路上的车辆能安全有序、畅通行驶，提高交通运输系统整体运行效率。

3. 阶层性

由于系统各组成部分在系统中所处的地位不同，从而形成了不同的层次，并存在一定的层次结构，这是系统空间结构的特定形式。

一个系统相对于构成它的要素而言是个系统，而相对于由它和其他事物构成的大系统而言，则是一个要素(或子系统)；同样，一个要素或子系统相对于由它和其他要素构成的系统而言，是个要素，但相对于构成它的要素而言，则是一个系统。因此，一个系统通常可分为各个子系统，有的子系统还可划分为更小的子系统。不能再分的子系统称为基本组分。不同层次子系统之间具有从属关系或相互作用关系。如图1-1所示。

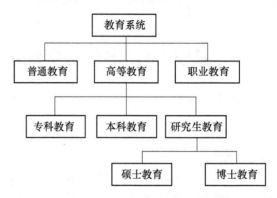

图1-1 我国教育系统的层次划分

4．整体性

系统整体性说明，具有独立功能的系统要素以及要素间的相互关系(相关性、阶层性)是根据逻辑统一性的要求，协调存在于系统整体之中。也就是说，任何一个要素都不能离开整体去研究，要素间的联系和作用也不能脱离整体的协调去考虑。系统不是各个要素的简单集合，否则它就不会具有作为整体的特定功能。

系统的构成要素和要素的机能、要素的相互联系要服从系统整体的目的和功能，在整体功能的基础上展开各要素及其相互之间的活动，这种活动的总和形成了系统整体的有机行为。在一个系统整体中，即使每个要素并不都很完善，但它们也可以协调、综合成为具有良好功能的系统；反之，即使每个要素都是最优的，但作为整体却并不能保证具有某种良好的功能，这类系统的整体性是不完善的。

5．目的性

任何系统都有特定的功能，而人工建造或改造的系统一定具有特定的目的。这里所说的系统功能和目的，是系统整体的功能和目的，是原来各组成部分不具备或不完全具备，只是在系统形成后才具备的。

系统的目的一般用更具体的目标来体现，一般来说，比较复杂的系统都具有不止一个的目标，即总目标由各分目标组成。因此需要一个目标树来描述是否达到系统的目标。比如，衡量一个工业企业的经营实绩，不仅要考核它的产品性能、产量、产值指标，而且更重要的是考核它的利润、成本和环境影响等指标完成情况。在目标树中，各个子目标之间有时存在冲突，甚至是相互矛盾的。为此，要在相互矛盾的子目标之间做好协调工作，寻求平衡或折中方案，从整体出发获得全局最优。

6．环境适应性

任何一个系统都存在于一定的物质环境之中，因此，它必然会与外界环境进行物质、能量和信息的交换，外界环境的变化也会引起系统内部各要素及其关系的变化。任何一个系统必须要适应外部环境，也要适应外部环境的变化。这种系统随着环境的变化而存在及演变的性质就是系统的环境适应性。不能适应外部环境变化的系统是没有生命力的，而能够经常与外部环境保持良好适应状态的系统，才是理想的系统。

例如：一个港口，如果能够经常了解行业的发展趋势以及同类港口的生产及管理动向，了解地区、客户和对外贸易的客货运要求，了解港口腹地的工农业的发展状况、生产力的布局、产品的结构等外部环境信息，并且能够根据这些外部信息及时调整港口的战略决策及运输生产计划，那么，这个港口系统就具有良好的环境适应性。

1.1.2 系统的相关概念

1. 要素与涌现性

用 S 表示系统，T 和 R 分别表示系统要素的集合和要素的相关性集合，那么，S 可表示为：

$$S = (T, R)$$

由此表达式可知，系统不仅包含它的各个要素，而且还包含各要素间的相互联系和相互作用。如果只有要素而没有要素间的相互联系或相互作用，那么，这些要素就只构成一个集合，而不构成一个有组织的系统。

由系统要素间的相互作用产生、所有系统要素及其总和都不具有的、只有整体才具有的性质叫做系统的整体涌现性。每个系统都表现出特有的、能与别的系统区别开来的整体涌现性，它是由规模效应和结构效应共同产生的。例如将若干不同学科的工程技术人员组织起来就产生了一种整体的协调工作能力，这种能力是任何一个工程技术人员都不能单独具备而只有工程团队才可能具备的。同样对于道路交通系统，单个车辆运行没有密度、流量的特性可言，一条路段、一定时间内的机动车流形成交通系统，就具有了用密度、流量表示的整体特性。

2. 系统与环境

环境是对系统有影响但与系统任何要素的相互联系或相互作用又都弱于系统要素间任何相互联系或相互作用的那些实体的集合。这里的所谓"弱"是由被研究系统的性质和研究目标判定的，因此，系统与环境的划分是相对的。

由系统与环境的概念必然引出边界的概念。系统与环境之间的界限就是边界，它是包含系统所有基本成分并有效而完整地隔离系统与其环境的物理的或概念的界限。

3. 输入与输出

系统具有输入和输出。环境对系统的影响和作用叫做系统的输入，系统对其环境的影响和作用叫做系统的输出。一个系统的输出，可能是另一个系统的输入。系统的输出是经过处理(或转换、加工)的物质、能量与信息。通过系统的输入和输出，系统与其环境进行物质、能量和信息的交换，产生相互作用。

这些物质、能量和信息在系统中流动，形成相应的物质流、能流和信息流，并且不断地受到加工、变换和处理，而系统本身也是在不断发展变化，经历着产生、发展和衰亡的生命周期。

4. 组织与结构

组织是指系统内部各要素彼此之间的组成关系，有了这个组成关系，得以相互结合而达成某一目标。组织与结构是有差别的两个概念，组织仅指有序结构，有组织的系统就是具有有序结构的系统。为了实现系统自身的稳定和功能，系统需要以一定方式取得、使用、保持和传递能量、物质和信息，也需要对系统的各个构成部分进行组织。系统的内部组织是协同的、有序的。生物系统的组织是一种自组织，一切非自然系统的组织都是人为的组织，而工程中的自动控制系统，能够根据环境的某些变化重新组织自己的运动。

结构是指系统要素间相互连接的形式或方法。结构表明系统要素间在空间或时间位置上的相对规定性，往往被用以表示具体的或物理的连接，任何系统都有一定的结构。两个具有完全相同要素的系统可以有相同的结构，也可以有不同的结构；同样，两个具有不完全相同要素的系统可能有不同的结构，但也可能有相同或相似的结构。

5. 同构与一般系统

如果两个系统的结构是完全相同或相似的，这两个系统就表现出相同或相似的整体特性——涌现性，那么，我们把这两个系统叫做同构系统，并把它们之间的关系叫做同构性。

显然，系统间的同构关系至少要满足以下两个性质：

第一，反射关系：如果系统 S1 是系统 S2 的同构系统，系统 S2 也必是系统 S1 的同构系统。反之亦然。

第二，传递关系：如果系统 S1 是系统 S2 的同构系统，并且系统 S2 是系统 S3 的同构系统，那么，系统 S1 也必是系统 S3 的同构系统。

虽然具体的系统可能千差万别，但是，同构概念的建立使我们有可能避开系统间的具体差别而去研究若干同构的系统类，并有可能将研究方法和研究结果在同构系统间转移，用容易实现的系统间接地研究难以实现的同构系统。

由同构概念自然可引申出另一个重要概念，即一般系统。所谓一般系统是关于一类同构系统的抽象系统。它具有该类系统的全部系统特征，但不包括其中任何个别系统的细节。显然，一般系统是一个相对的概念，它包含若干个层次。例如工程系统是一个层次，再比如经济系统、社会系统、交通运输系统、农业系统、安全系统等，而一般系统论则讨论的是系统的最高层次。

一般系统的概念模型如图 1-2 所示。

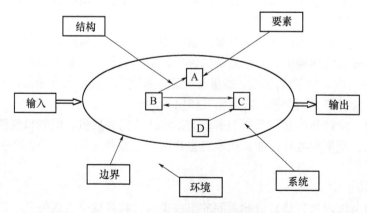

图 1-2　一般系统的概念模型

1.1.3 系统的分类

系统工程以系统为研究对象,而系统在自然界和人类社会中是普遍存在的。客观世界存在着各种各样的系统。为了了解系统的性质,需要对系统存在的各种形态加以研究。

按不同的原则可将系统划分为各种不同的类型。

1. 自然系统与人造系统

从组成要素的性质看,可划分为自然系统与人造系统。自然系统是由自然物所组成的系统,它的特点是自然形成的。自然系统一般表现为环境系统,如海洋系统、矿藏系统、植物系统、生态系统、原子核结构系统、大气系统等。人造系统是为了达到某种目的而由人类设计和建造的系统,像生产系统、科学技术系统、军事系统、交通运输系统、管理系统等。人造系统一般包括三种类型:一是由人们从加工自然物中获得的零、部件装配而成的工程技术系统;二是由一定的制度、组织、程序、手续等所构成的管理系统;三是根据人们对自然现象和社会现象的科学认识所创立的学科体系和技术体系。

实际上,大多数系统是自然与人造相结合的复合系统。了解自然系统的形成及其规律,是建立人造系统的基础。从人类发展的需要看,其趋势是越来越多地发展和创立更新的人造系统。但是大量无序的人造系统的发展,也打破了自然系统的平衡,使自然环境(大气、生态、海洋)系统受到极大破坏,造成严重的生态及环境污染,甚至给人类的生活和生存带来威胁和危机。因此,近年来系统工程已越来越注重从人类与自然的关系中来研究、开发、建造人造系统。

2. 实体系统和概念系统

从物质和精神的角度可划分为实体系统和概念系统。实体系统是以矿物、生物、能源、机械等实体组成的系统,系统的组成要素是具有实体的物质。这种系统是以硬件为主体,以静态系统的形式来表现的,如人—机系统、机械系统、电力系统等。概念系统是由概念、原理、原则、方法、制度、程序等观念性的非物质要素所组成的系统,它是以软件为主体、依附于动态系统的形式来表现的,例如,科学技术理论、工程设计思想、计算机程序设计乃至一个法律法规、研究报告等,均属概念系统。

在实践中,实体系统和概念系统在多数情况下是相互结合、密不可分的。系统不仅具有实体部分,而且还必须有赖以形成的概念部分。如机械工程是实体系统,而用来制造某种机械所提供的方案、计划、程序就是概念系统。实体系统是概念系统的基础,而概念系统又往往为实体系统提供指导和服务。

3. 动态系统和静态系统

从物体的运动状态上可划分为动态系统和静态系统,动态系统是系统状态变量随时间而改变的系统,即系统的状态变量是时间的函数。它有输入和输出及转换过程,一般都有人的行为因素在内,如生产系统、社会系统、交通运输系统就是典型的动态系统。反之,系统的状态变量不随时间而改变,而是具有相对的稳定性,我们把具有这种性质的系统叫做静态系统。如车间平面布置系统、城市规划布局等。

严格地说,"静态系统"是难以找到的,只是某些系统在考察期间内,其内部结构参数随时间变化较小,或者为研究方便,我们忽略了结构参数的改变,而将其视为相对的"静态系统"。如上述的城市规划布局,在一定时期内可认为城市规模、布局不变,将其看作是静态系统。

4．开放系统和封闭系统

开放系统是指与外界环境之间有物质、能量或信息交换的系统，其最重要的特性就是在同环境进行物质、能量和信息的交换过程中，能保持自身的有序性和自组织性。如生命系统，就是通过新陈代谢来维持有机体的存续和发展的。封闭系统则相反，即系统与环境互相隔绝，它们之间没有任何物质、能量和信息交换。

当然，真正的封闭系统在客观世界中是不存在的，只是为了研究的需要，把一个实际系统近似地看成封闭系统。

除以上分类之外，还有很多其他分类方法，如按研究对象可把系统分为不同的对象系统，如教育系统、运输系统、电力系统等；按人对系统的认识程度可分为白色系统、黑色系统和灰色系统；按系统内部结构、形态分为线性系统与非线性系统、确定性系统与随机系统，还有因果系统与目的系统、控制系统与行为系统等。

1.2 系统思想的形成与发展

人类自有生产活动以来，无不在同自然系统打交道。"系统"的概念及思想来源于人类长期的社会实践，是人类社会实践的科学总结。从古代朴素的系统思想到科学系统思想的演变经历了相当漫长的历史进程，其大致分为三个阶段。

1．古代朴素的系统思想

人类很早就已经有了"系统"的概念和系统思想的萌芽，自发地利用系统概念考察自然现象，把自然界当作一个统一的整体，主要体现在对整体、关系、结构、等级的认识。古希腊哲学家德谟克利特(Democritus，约公元前460年—前370年)提出"宇宙大系统"的概念，古希腊辩证法的奠基人之一赫拉克利特(Heraclitus，约公元前540年—前480年)认为"世界是包含一切的整体"。亚里士多德(Aristotle，公元前384年—前322年)进一步发展了朴素的系统思想，提出"整体大于各部分的总和"的思想。

在我国古代哲学中也反映了这种朴素的系统思想。我国春秋末期的思想家老子就强调自然界的统一性。《管子》《地员》篇、《诗经》农事诗《七月》、秦汉氾胜之著《氾胜之书》等古籍，对农作与种子、地形、土壤、水分、肥料、季节、气候诸因素的关系，都有辩证的论述。齐国名医扁鹊主张按病人气色、声色、形貌综合辨症论治。周秦至西汉初年古代医学总集的《黄帝内经》，强调人体各器官的有机联系、生理现象和心理现象的联系、身体健康与自然环境的联系。《孙子兵法》中把天时、地利、将帅、法制、政治等各方面及其联系，作为制约军事的整个社会系统的基本因素。南宋陈亮的"理一分殊"思想，称"理一"为天地万物的理的整体，"分殊"是这个整体中每一事物的功能，试图从整体角度说明部分与整体的关系。我国古天文学很早就揭示了天体运行与季节变化的联系，编制出历法和指导农事活动的二十四节气。

在实践上，这种朴素的系统思想表现为从事物之间相互联系的角度去观察和改造世界。例如战国时期修建的四川都江堰水利工程，把岷江分水工程、分洪排沙工程、引水工程三大主题工程和120个附属渠堰工程巧妙地联系在一起，形成一个协调运转的工程总体，使工程具有防洪、灌溉、漂木、行舟等多种功能，这个工程体现出来的就是整体的观念、优化的方法和系统的思想。

古代朴素的系统思想强调了对自然界整体性、统一性的认识，包含了正确的整体观。在古代农事、工程、医药、天文知识等领域的成就，都不同程度上反映了朴素的系统思想的自发应用。人类在知道系统思想、系统工程的概念之前，就已在进行辩证地、系统地思维了。但是，由于历史条件的限制，当时的生产力和科学技术还十分落后，人类改造世界的能力有限，规模也很小，古代的系统思想缺乏对整体各个细节的认识能力，对客观世界中各种复杂的依赖关系、制约关系的认识就不够深入。对很多事物只能看到一些轮廓及表面现象，往往是只见森林，不见树木，因而对系统的整体性和要素及其相关性的认识是肤浅的、片面的，甚至是错误的。

2．系统思想的发展

15世纪下半叶，近代科学开始兴起，力学、天文学、物理学、化学、生物学等学科逐渐从自然哲学中分离出来，获得日益迅速的发展，形成自己独立的学科。这种分离就把自然界的细节从总的自然联系中抽象出来，分门别类地研究事物的运动。

近代自然科学也发展了研究自然界的独特的分析方法，包括实验、解剖和观察，因而使得人们对自然界的各个层次、各个局部、各个细节、各个侧面以及这些层次、局部、细节、侧面之间的联系有了更深入的了解，获得了更详细的科学资料，大大加深了人类对客观世界的认识。培根的《新工具》、笛卡儿的《方法论》成为近代科学方法论的经典著作，分析归纳法成为指导该时期科学研究工作和生产实践的主要方法。特别是牛顿经典力学奠定以后，机械论、还原论思想占据了主导地位。

这种考察自然界的方法移植到哲学中，就成为形而上学的思维方式，它在深入的、细节的考察方面较古代哲学是一个巨大进步，在科学、技术、文化的发展历史中起到了不可磨灭的作用。但是由于形而上学撇开部分之间的联系来考察事物和过程，往往只看到局部现象，而不能纵观全局。随着人们对客观事物认识的不断扩展和深化，这种局限性就日益显露出来，并阻碍了人们从了解部分到了解整体，从分析具体细节到洞察普遍联系的道路。

3．系统思想的成熟及系统科学的产生

19世纪上半叶，特别是进入20世纪以后，社会生产和科学技术得到了空前的发展。特别是能量守恒定律、细胞学说和进化论的发现，揭示了客观世界的普遍联系，使人类对自然现象和过程的相互联系的认识有了很大提高；同时也对形而上学的自然观产生了极大的冲击，使人们看到了这种思维观念的缺陷。恩格斯指出"由于这三大发现和自然科学的其他巨大进步，我们现在不仅能够指出自然界中各个领域内过程之间的联系，而且总的来说也能指出各个领域之间的联系了，这样，我们就能够依靠自然科学本身所提供的事实，以近乎系统的形式描绘出一幅自然界联系的清晰画面。"辩证唯物主义认为，物质世界是由无数相互联系、相互依赖、相互制约和相互作用的事物和过程形成的统一整体，这种普遍联系及整体性的思想，就是对系统思想的哲学概括。

随着人类改造世界的规模越来越大，程度越来越深，人们认识到，只是在哲学层次上研究事物间互相联系、互相影响的规律是不够的，还必须在一般科学的层次内，对事物互相影响的形式、途径以及影响所产生的后果进行精确的、定量的研究，也就是说必须从系统的角度来考察和研究整个世界。系统思想正是在这种历史背景下发展并成熟起来的。特别是现代科学技术的发展以及计算机技术和信息技术的高度发展，对系统思想的产生与系统方法的应用产生了极为重大的影响，主要体现在两个方面：一是使系统思想、系统方法定量化、科学化，使之具有坚实的数学理论基础，能够定量地处理系统各组成部分之间的联系；二是计算机与信息技术的应用，为系统思想、系统方法的实际运用提供了强有力的工具。正是由于上述两个特征，才使得系统思想方法从一种哲学思维逐步形成了独特的系统理论，并在此基础上形成了一门专门的科学——系统科学。

1.3 系统科学的学科体系

1.3.1 系统科学体系

系统科学就是从系统的角度观察客观世界所建立起来的科学知识体系。系统科学的研究对象是具有系统意义的现象或问题，系统科学的任务是为提供用系统观点考察对象的一般原理和方法。

系统科学既不属于自然科学，也不属于社会科学，是一门独立的学科门类。它不是简单的交叉科学或边缘科学，而是一门横断学科，是研究所有系统共性的学问。

20世纪70年代前后系统科学得到了迅速发展，重大进展有以下三个：

(1) 以理论自然科学和数学的最新研究成果为依托，出现了一系列基础科学层次的系统理论；

(2) 社会系统工程问题，与此相对应的是管理科学及工程的蓬勃发展；

(3) 系统科学体系的建立。

我国科学家钱学森提出了一个清晰的现代科学技术的体系结构，认为从应用实践到基础理论，现代科学技术可以分为四个层次：首先是工程技术这一层次，其次是直接为工程技术提供理论基础的技术科学这一层次，然后是基础科学这一层次，最后是通过进一步综合、提炼达到最高概括的马克思主义哲学，如图 1-3 所示。系统科学是由各门系统工程(如社会系统工程、安全系统工程、教育系统工程等)等工程技术、系统工程的理论方法(像运筹学、信息论、控制论等)这一类技术科学，以及它们的理论基础(系统学)和哲学层面的科学所组成的一类新兴科学。

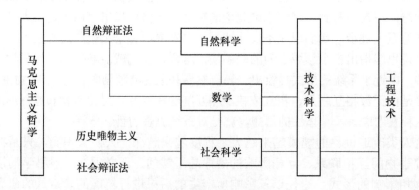

图 1-3 现代科学技术体系

哲学是关于自然、社会和思维最一般规律的知识体系，是关于科学世界观的学问；基础科学是关于自然界物质运动形式的普遍规律和理论的学问；技术科学是关于人工自然过程的一般机制和原理的学问；工程技术是关于设计和建造特定人工自然过程的技术手段与工艺方法的学问。

在"基础科学——技术科学——工程技术"层次结构中，抽象性、普遍性逐渐减弱，而实践性、特殊性逐渐增强。三者之间，前者都是后者的理论基础，后者都是前者的具体应用。哲学的一部分基本原理来源于自然科学，哲学对各门科学也有一定的指导作用。

在现代科学技术四个层次的基础上，钱学森进一步提出了包含有系统科学部类的现代科学技术体系结构，如表1-1所示。

表1-1 现代科学技术体系结构

哲学	马克思主义哲学						
桥梁	数学哲学	自然辩证法	历史唯物主义	系统论	社会论	军事哲学	…
学科部类	数学	自然科学	社会科学	系统科学	行为科学	军事科学	…
基础科学	几何、代数、数学分析	物理学、生物学、力学、化学	经济学、社会学、民族学	系统学	伦理学、行为学	战略学	…
技术科学	计算数学、应用数学	化工原理机械原理、电工学	资本主义理论、社会主义理论	运筹学、信息论、控制论	社会主义道德理论	指挥学	…
工程技术	统筹方法、速算技术	硫酸生产工艺、齿轮技术	企业经营管理、社会工作	各门系统工程	公共关系学、人际关系学	战术训练、军事工程	…

数学是从数和形的数量关系上研究客观世界，不考虑客观世界的质的区别，它既可以研究无生命世界，也可以研究生命世界。

自然科学是从客观物质运动的角度，从能量转移和变化的角度研究客观世界，现代科学表明客观物质之间的相互作用，只有引力相互作用、电磁相互作用、强相互作用、弱相互作用四种，它们是物质产生各种运动变化的原因所在，自然科学也研究这些相互作用的特点及性质。

社会科学是从人类社会发展运动的角度研究客观实际，是从人的社会行为这一侧面来研究客观实际，人类社会的发展复杂多变，但在其背后也存在着固有的规律：经济基础决定上层建筑，生产力推动生产关系的变革，同时又受它的制约。这些基本规律就像牛顿第二定律那样决定了社会发展的趋势及速度，当然也同牛顿定律一样有一定的适用条件。

系统科学是从整体与局部的关系角度来研究客观实际，讨论系统整体的优化、系统结构与功能的关系、系统的稳定性等。其基础科学层次是系统学，系统学是关于一般系统的基本概念、性质、分类、结构与功能，以及系统演化、协同、控制的一般规律的理论。技术科学层次包括运筹学、信息论和控制论，在2.4节系统工程的理论基础中将介绍系统学与技术科学层次的各门理论。

行为科学是从人的社会性角度来研究社会，主要研究人的群体行为，研究人个体行为与群体表现之间的关系。生物界中群居的动物也都有个体之间交往，存在群体行为，因此行为科学研究的对象也包含除人以外的昆虫的组织结构、哺乳动物的生活规律等内容。

军事科学是从集团之间冲突的角度来研究客观实际。冲突、竞争、战争这些现象也不仅仅是人类社会现象，动物和植物的生存竞争也可以作为军事科学研究的内容。

1986年钱学森首先提出来的是数学、自然科学、社会科学、系统科学、人体科学、思维科学六大部类，以后逐渐增加不断完善、丰富，到1990年先后增加了行为科学、文学艺术、军事科学，共形成九大学科部类，上述学科部类基本上将所有知识都进行了划分，不过由于科学技术的复杂性及多样性，经常可以看到某一门学科很难归属到哪一类，更多的是一些与多门学科关联的综合、交叉学科。

同时，由于人们认识的局限性，一些学科部类的划分存在错误，如人体科学中对特异功能、中医理论等非科学的研究。因此，科学技术体系结构仍在不断发展、演化当中。

1.3.2 系统科学的性质

系统科学是研究一般系统运动产生的系统性质及相关问题的科学。它之所以能形成一门独立的科学，乃是来源于它与传统科学在研究对象、理论观点和研究方法诸方面的差异。

1. 研究对象

各门自然科学以各种各样的个体以及由它们所表现出来的各种个体类性质和由它们所产生的各种现象为研究对象；而系统科学则以各种各样的系统以及由它们所表现出来的各种系统类性质和由它们所产生的整体行为为研究对象。人们可以避开具体研究对象，将系统思维框架由一门学科转移到另一门学科，由一种情况转移到另外一种情况，将研究成果应用于多个领域。

2. 理论观点

系统科学的理论基础是系统论。如前所述，系统论认为：只有一部分系统可以利用还原论完全分解，如机械系统，相当多的系统只是近似可分解的或不可分解的，即系统诸组成部分之间的相互作用是不可忽略的。因而，系统研究的重点是各种各样的关系，而不是系统的各个组成部分，并且，作为系统的一个整体属性——涌现性是不可能由它们的任何组成部分单独提供的，而是诸系统部分相互作用的产物。

3. 研究方法

系统科学的研究方法是一种基于系统论的综合方法，认为系统不能在它自己的边界范围内用自身语言给以恰当而充分的描述，唯一可能的方法是将它置于一个范围更大的系统体系中。因此，这种方法的特点是它使用由部分到整体，再由整体到系统的思维路线和处理过程。

1.3.3 系统科学体系的逐步完善

系统科学是伴随着系统学的完善和系统工程理论与实践应用而发展起来的。

系统科学的一条发展线是从其基础科学领域开始的，20世纪30年代理论生物学家贝塔朗菲的一般系统论的创立，以及近二十年的以数学、物理、化学、生物等学科领域为背景的耗散结构理论、超循环论、突变理论、协同学、混沌学，数理科学中的非线性分析、复杂适应系统、模糊系统理论以至我国钱学森等人提出的开放的复杂巨系统等，这一系列与系统研究有关的分支学科的陆续诞生，丰富和发展了系统科学的基础科学——系统学。

系统工程的理论与实践发展，大大丰富了系统科学的内容。近代系统工程的形成，可追溯到20世纪二三十年代的泰勒的科学管理理论，在四五十年代，随着军事、通信和生产实践发展的需要，运筹学、控制论、信息论以及电子计算机理论与技术等一组技术科学群的形成，为系统工程形成奠定了基础。60年代前后，为解决规模庞大的工程和科研项目管理问题，系统工程成功地运用于军事、空间技术等领域。七八十年代，系统工程得到迅速发展，不断扩大应用领域，从组织管理领域、技术工程领域向社会、经济、生态等领域扩展渗透。系统的发展从硬系统到软系统，从微观分析到宏观战略，从简单系统到巨系统，直至开放的复杂巨系统。

系统的概念、思想和方法及其普遍规律把不同领域的学科成就联系和统一起来，并成功地应用于工程与管理等实践过程，使得系统科学产生并蓬勃发展，系统科学的体系结构也逐步完善起来。

思考与练习题

1.1 如何理解整体的涌现性？

1.2 还原论的基本思想：客观世界是既定的，存在一个由所谓"宇宙之砖"构成的基本层次，只要把研究对象还原到那个层次，搞清楚最小组分即"宇宙之砖"的性质，一切高层次的问题就迎刃而解。由此强调，为了认识整体必须认识部分，只有把部分弄清楚才可能真正把握整体；认识了部分的特性，总能据之把握整体的特性。在这个意义上，还原论方法也是一种把握整体的方法，即所谓分析——重构方法。

请对还原论做出客观评价。

1.3 随着科学越来越深入到更小尺度的微观层次，我们对物质系统的认识越来越精细，但对整体的认识反而越来越模糊。现代科学表明，许多宇宙奥秘来源于整体的涌现性。世界是演化的，一切系统都不是永恒的。宇宙的奥秘只有用生成的演化的观点，才能做出科学的说明。基于还原论的科学是存在的科学，无法研究演化现象。事物分析必须将还原论和整体论相结合，正如钱学森所说："系统论是还原论和整体论的辩证统一"。

请描述还原论及整体论的异同，深入理解系统科学。

1.4 试述钱学森关于建立系统科学体系的思想。

1.5 查阅钱学森的人生经历及科学成就，试评价钱学森对我国系统科学的杰出贡献。

1.6 联系系统思想的发展历史以及中医的理论基础及实践应用，从科学及文化特性方面，正确评价各国及各民族的传统医学。

1.7 建立一个系统，进行系统特性的分析，包括系统包含的要素、要素间相互关系、系统功能及结构、系统存在的目的及系统运行规律等，系统选取的对象不限(如城市、交通运输、公司、图书馆等)。

第2章 系统工程理论

2.1 系统工程的概念及特点

2.1.1 系统工程的概念

用定性与定量相结合的系统思想和方法处理大规模复杂系统问题，无论是系统的设计或建造，还是系统的组织、经营管理，都可以统一地看作是工程实践，统称为系统工程。

系统工程是以系统为研究对象的工程技术，它涉及"系统"与"工程"两个概念。在前面的章节中我们已经了解到，系统是由两个或两个以上相互关联的要素所构成的具有特定功能的整体。

传统意义上的"工程"，是指把科学技术的原理应用于实践，设计与制造出有形产品的过程。系统工程学中的"工程"概念，是指不仅包含"硬件系统"的设计与制造，而且还包含与设计和制造"硬件系统"紧密相关的"软件系统"，诸如预测、规划、评价、决策等社会经济活动过程，即无论是系统的设计或建造，还是系统的组织、经营管理，都看作是一类工程实践，这就扩充了传统"工程"的含义。这两个侧面有机地结合在一起，即为系统工程。

系统工程是多学科的高度综合，它的思想和方法来自各个行业与领域，又综合吸收了相邻学科的理论与工具，由于侧重点的不同，国内外研究者对系统工程的理解不尽相同，这里列举一些组织和专家的看法：

"系统工程是组织管理系统的规划、研究、设计、制造、试验和使用的科学方法，是一种对所有系统都具有普遍意义的方法。"简言之，"系统工程是一门组织管理的技术。"(1982年钱学森《论系统工程》)

"系统工程是为了更好地达到系统目标而对系统的构成要素、组织结构、信息流动和控制机理等进行分析与设计的技术。"(1967年日本工业标准JIS)

"系统工程是研究许多密切联系的元件组成的复杂系统的设计科学。设计该复杂系统时，应有明确的预定目标与功能，并使各元件以及元件与系统整体之间的有机联系配合协调，以使系统总体能达到最优目标。但在设计时，要同时考虑到参与系统中的人的因素与作用。"(1975年美国科学技术辞典)

"系统工程是为了研究由多数子系统构成的整体系统所具有的多种不同目标的相互协调，使系统的功能达到最优化，最大限度地发挥系统组成部分的能力而发展起来的一门科学。"(1977年美国切斯纳 H.Chestnut《系统工程方法》)

"系统工程与其他工程学不同之处在于它是跨越许多学科的科学，而且是填补这些学科边界空白的一种边缘科学,因为系统工程的目的是研究系统,而系统不仅涉及工程学的领域,还涉及社会、经济和政治等领域。为了适应解决这些领域交叉的问题,除了需要某些纵向的专门技术外,还要有一种技术从横的方向把它们组织起来,这种横向技术就是系统工程,也就是研制系统的思想、技术、方法和理论等体系化的总称。"(1977年日本三浦武雄《现代系统工程学概论》)

综上所述,系统工程可看作是一门纵览全局,着眼整体,综合运用各门学科的思想与方法,从不同方法和视角来处理系统各部分的协调与配合,借助于数学方法与计算机工具,来规划、设计、建造及运行整个系统,使系统达到综合最优的学科。

一般工程的理论内容限于特定的研究对象,着眼于工程技术的合理性,如性能、结构、设备效率等。系统工程则从总体的优化出发,考虑功能、协调、规则、总体效率等组织管理问题和综合效果。从涉及的科学知识看,一般工程需要逻辑思维、普遍科学定律及专业工程知识。系统工程则是由系统观点、科学知识、现代科学方法、数学方法、计算机技术和传统工程技术相互渗透综合而形成的一大门类的工程技术,从而最大限度地发挥系统各组成部分的功能并达到整体最优。

在科学技术的体系结构中,系统工程属于工程技术。系统工程不是一类系统的组织管理技术,而是各类系统组织管理技术的总称。因处理的系统性质不同,系统工程有许多分支,如以生产企业或企业体系为研究对象的经济系统工程,以行政体系的组织运转为研究对象的行政系统工程,以科学技术的组织管理为研究对象的科研系统工程,以军事的组织指挥为研究对象的军事系统工程等。

各类系统工程的共同特点在于:把定性与定量相结合的系统思想和方法应用于组织管理的工程实践,寻求实践效果的优化。

2.1.2 系统工程的研究内容

从系统工程学的组成来看,它包括三个方面的内容:

1. 系统思想或系统观点

系统思想或系统观点是将研究对象作为系统来考虑,找出相关要素及外部环境,设定系统的总体目标,进行系统分析后,改变系统的输入变量,以求获得系统的最优输出。系统思想的核心是建立系统的整体最优及平衡协调。

2. 系统工程的程序体系

系统工程的程序体系,即在解决一个具体问题时,要求把系统建立或改善的过程分成几个步骤,每个步骤又按一定的程序展开,系统程序包括两个方面的程序,一是解决系统问题的工作步骤,从系统规划、设计、建造、试验、运行和更新等从系统设想到具体实现的全部过程;二是解决实际问题的思考过程,由问题出发,建立概念系统、系统分析、系统的建模与仿真、系统评价及决策的逻辑过程。从系统工程的思维过程到实际工作程序,二者相互渗透,完成从系统构想到最终问题解决的全过程。

3. 系统工程的方法

分析系统现象或解决系统问题时,建立了系统的指导思想,并明确了系统工作步骤,但在具体的系统分析及问题解决时,还需要利用系统工程的方法,即一些结构模型、数学模型或模拟模型等,例如系统的规划方法、系统的评价及决策方法、系统的网络优化、基于计算机的系统动力学及其他系统仿真模型等。

这样,通过上述系统工程的三个组成部分的处理,就能较好地分析及解决各种复杂系统的问题。从这个意义上说,系统工程是用来开发、运行、更新一个大规模复杂系统所需的思想、程序、方法的总和。

2.1.3　系统工程的特点

系统科学是横断于自然科学与社会科学的综合性的新学科,作为系统科学的工程技术层次,系统工程不仅涉及科学技术,还涉及经济、社会、心理等因素,所以系统工程的研究与应用,特别需要把自然科学与社会科学紧密地结合起来,从各门学科中吸取有用的东西,形成自己的思想和方法。

系统工程具有如下特点:

1. 问题导向及反馈控制

系统工程总是由问题出发,经过一系列分析过程后提出解决方案并实施运行,而问题的解决与否是选择方案是否有效的唯一依据,通过不断调整实施方案的参数,甚至更换新的备选方案,直到问题彻底解决为止,因此,问题导向及反馈控制是系统工程有效性的保障。

2. 研究对象的不明确性

一般工程学的对象,其目的、制约条件、建模仿真和评价决策的方法等都是比较清楚的。这一类的问题是结构良好的系统。与此相反,系统工程学的研究对象往往是结构不良的系统。因此,必须首先从设定问题开始,进行系统分析,从而寻求解决方法,即便如此,符合条件的可行解通常也不唯一,很难求出最优解,只能从可行解中求出满意解。

3. 系统整体最优为目标

系统作为一个整体,其外部表现才是系统区分于其他系统的主要标志,而系统之所以称为系统,也正是由于具备了整体的涌现性,所以,系统分析时,将系统的整体放在第一层次,而系统的要素放在第二层次,即系统的观点是系统工程的前提。

因此,系统中各个要素的最优往往不能导致系统的最优,更重要的是,系统各要素协调配合,有效联系,充分发挥系统各要素的作用,使得系统总体达到最优。总体最优及系统要素的平衡协调是相互一致的,即综合最优化。

4. 多种方法的综合运用

随着科学技术的发展,技术手段不断更新,系统方法也更加多样。多种方法的综合运用是解决问题的有效手段,要将系统工程的方法和具体工程技术结合起来,运用各学科的最新成果,采用定性分析与定量计算相结合的方法,研究系统的整体与部分,系统与环境之间的关系与协调,提出最优方案,在实践中,力争实现系统整体最优的效果。

系统工程虽然是一门工程技术,但它与常规工程有着显著的区别。机械工程、土木工程、水力工程、电力工程、冶金工程、化学工程等,都有其特定的工程物质对象。然而,系统工程并不局限于某一特定对象,它具有多学科综合性的特点,不仅可应用于自然科学,而且也适用于社会科学等领域。可以包括自然生态系统、社会经济系统、经营管理系统、军事指挥系统等。

现代数学方法和计算机技术，通过系统工程，为社会科学研究增加了定量化的模型与仿真方法，系统工程为自然科学的工程技术人员和社会科学的研究人员间的相互合作开辟了广阔的道路。

2.2 系统工程的发展概况

2.2.1 系统工程的发展历史

随着科学技术的日益发展，现代数学理论进一步发展完善，使系统思想方法也就获得了数学的表达形式，从而为解决现代社会种种复杂的系统问题提供了定量的依据；同时，计算机的出现及日益更新，则为定量化系统思想方法的实际应用提供了强有力的计算模拟手段。从20世纪40年代以来，定量化方法及计算机技术广泛应用于军事、工程、经济、政治领域的大型复杂的系统问题，系统工程的学科也日益完善起来。

在系统工程的创立及发展过程中，一些重大的工程实践及重要的理论方法，构成了系统工程发展的主线，系统工程理论及实践的发展历史如表2-1所示。

表2-1 系统工程的发展历史

阶段	年代(份)	重大工程实践或事件	重要理论与方法贡献
Ⅰ	1930	美国发展与研究广播电视	提出系统方法(Systems approach)的概念
	1940	美国实施彩电开发计划	采用系统方法，并取得巨大成功
		美国贝尔电话公司开发微波通信系统	首次提出系统工程(Systems Engineering)一词
Ⅱ	第二次世界大战期间	英、美等国的反空袭等军事行动	产生军事运筹学(Military Operations Research)
	20世纪40年代	美国研制原子弹的"曼哈顿计划"	运用系统工程，并推动了其发展
	1945	美国空军建立兰德(RAND)机构，即现在的 RAND 公司	提出系统分析(Systems Analysis)概念，对军事作战行动进行系统分析
Ⅲ	20世纪40年代后期到50年代初期	运筹学的广泛运用与发展、控制论的创立与应用、电子计算机的出现，为系统工程奠定了重要的学科基础	
Ⅳ	1957	H.Goode 和 R.E.Machol 发表了著作《系统工程》	系统工程学科形成的标志
	1958	美国研制"北极星"导弹潜艇	提出 PERT(网络优化技术)，这是最早的系统工程技术之一
	1965	R.E.Machol 编著《系统工程手册》	表明系统工程的实用化和规范化
		美国自动控制学家 L.A.Zadeh 提出"模糊集合"概念	为现代系统工程奠定了重要的数学基础
	1961-1972	美国实施"阿波罗"登月计划	使用了多种 SE 方法，其极大地提高了系统工程的地位
Ⅴ	1972	国际应用系统分析研究所(IIASA)在维也纳成立	系统工程的应用开始从工程领域进入到社会经济领域，并发展到了一个重要的新阶段
	20世纪70年代	系统工程的广泛应用在国际上达到高潮	
Ⅵ	20世纪80年代	系统工程在国际上稳定发展、在中国的研究与应用达到高潮	

系统工程的萌芽阶段，可以追溯到 20 世纪初的泰罗(F.W.Taylar，1856—1915)管理制度。其《科学管理原理》从合理安排工序、提高工作效率入手，研究了管理活动的行为与时间的关系，探索了科学管理的基本规律。

在 1940 年贝尔电话公司研究美国微波通信网络时，为缩短科学发明及投入应用的时间，按照时间顺序把工程划分为规划、研究、发展、工程应用及通用工程五个阶段，第一次提出了"系统工程"的名词。以后，贝尔公司和丹麦哥本哈根电话公司在电话自动交换机的工程设计中运用了系统方法。美国及部分西欧国家的大型公司和工程管理部门，为完成规模较大的复杂工程开始自觉地运用系统筹划的思想和方法处理问题，都取得了较大的效益。

在第二次世界大战期间，英国及美国等国家相继成立了由多学科科学家组成的运筹学小组，研究战争策略，这些小组研究了防守问题、反潜问题、运输问题、新武器的研制问题等。对这些问题的定量化研究，逐步发展和形成了军事运筹学。

美国研制原子弹的"曼哈顿计划"应用了系统工程方法进行论证和协调，在科学家奥本海默的组织下，25000 多名科技工作者和 12 万名生产人员在较短的时间内取得了成功，于 1944 年 5 月成功爆炸了第一颗原子弹。"曼哈顿计划"进行过程中许多有益的组织方法，给以后的计划协调技术打下了初步基础。

1950 年前后，美国的兰德公司提出系统分析(Systems Analysis)概念，采用系统分析的方法对军事作战行动进行了系统的研究，为系统工程的广泛应用奠定了基础。第二次世界大战后运筹学方法迅速在企业管理和生产领域中得到应用，并取得了丰硕的成果。

1957 年美国密执安大学的两位教授古德(H.H.Goode)和马克尔(R.E.Machol)的专著《系统工程》发表，正式宣告了系统工程学的诞生。

1958 年，美国海军运用系统工程的方法——"计划协调技术"(PERT)，使北极星导弹核潜艇的建造比计划提前两年完成，从而把系统工程学推向管理领域。

20 世纪 60 年代，系统工程在科技领域、军事领域以及教育领域得到广泛发展。

1965 年，美国控制理论专家查德(L.A.Zadeh)提出了模糊集合论，开创了模糊数学及其应用的新纪元，这为现代系统工程奠定了重要的数学基础。同年，马克尔编著《系统工程手册》，比较完整的阐述了系统工程理论、系统方法、系统技术、系统数学、系统环境等内容。霍尔(A.D.Hall)在《系统工程方法论》一书中进一步确定了系统工程的内容、方法和应用途径、范围等问题。

20 世纪 70 年代，"阿波罗"载人登月计划的成功，是应用系统工程学的方法成功解决大规模复杂系统的经典事例。该计划用 11 年时间，耗资 24 亿美元，组织了 120 所大学、研究机构以及 2 万多家企业，实现了人类的登月梦想，并创造了"随机网络技术"(GERT)，实现了时间进度、质量技术与经费管理三者的统一。

1972 年 10 月，前苏联、前联邦德国及美、日、法等 17 国在奥地利维也纳成立了国际应用系统工程研究所 IIASA(International Institute of Applied Systems Analysis)，有研究人员约 90 余人。该所成立时的研究课题为：能源、产业系统、城市、资源、医疗、环境及生态六个方面。这个国际应用系统工程研究所的建立，标志着人们从应用角度和更广泛的角度，开始关注着全球性系统问题。

20 世纪 70 年代以后，系统工程的应用在国际上达到高潮。

2.2.2 系统工程在我国的发展及应用

系统工程的发展，各个国家都有各自不同的道路。例如，美国就是从运筹学的基础上发展起来的；日本是在 20 世纪 60 年代末从美国引进系统工程的理论后通过质量管理发展起来的；苏联是在控制论的基础上发展起来的；而中国则是从运筹学、控制论、信息科学结合的基础上发展起来的，并成为系统工程的早期理论支柱。

我国近代的系统工程研究可追溯到 20 世纪 50 年代。1956 年在钱学森、许国志等人的倡导下，在中国科学院力学研究所成立了运筹学研究组，后来成立研究室，1960 年这个研究室与数学研究所运筹学研究室合并成数学研究所运筹学研究室。20 世纪 60 年代初期华罗庚推广"优选法"和"统筹法"，在工农业实践中取得了显著成就。与此同时，在钱学森领导下，在研制导弹等现代化武器的组织过程中，采用"总体设计部"取得了显著效果。

20 世纪五六十年代，我国在系统工程理论研究上的主要著作是钱学森的《工程控制论》、华罗庚的《统筹法》和许国志的《运筹学》。

我国大规模地研究与应用系统工程是从 70 年代末、80 年代初开始的。

1978 年 9 月 27 日，钱学森、许国志、王寿云在《文汇报》上发表了《组织管理的技术——系统工程》，对系统工程的概念、内容及其基础理论和应用前景做了全面的阐述，标志着我国系统工程的建立。

从 1978 年起，西安交通大学、天津大学、清华大学、华中科技大学(原华中工学院)、大连理工大学(原大连工学院)等国内大学开始招收第一批系统工程专业硕士研究生。

1980 年 2 月建立了中国科学院系统科学研究所。1980 年 11 月，中国系统工程学会在北京成立，并创办了《系统工程理论与实践》期刊。

20 世纪 70 年代末以来，开始应用系统工程理论和方法来研究与解决我国的重大现实问题，特别在人口、农业、能源和社会经济等方面取得了可喜的成果，如：人口问题的定量研究及应用(始于 1978 年)、2000 年中国的研究(1983 至 1985 年)、全国和地区能源规划(始于 1980 年)、全国人才和教育规划(始于 1983 年)、全国投入产出表的编制及应用(始于 1973 年)等。

90 年代以来，系统工程与现代信息技术紧密结合，应用可持续发展战略，为我国的社会经济建设发挥了巨大作用。

2.2.3 系统工程应用范围

系统工程以复杂的大系统为研究对象，广泛地应用在社会、经济、自然等各个领域，按照所研究对象的不同，可以分解为工程系统工程、企业系统工程、经济系统工程、社会系统工程、环境生态系统工程、能源系统工程、农业系统工程、人口系统工程等。系统工程作为研究复杂系统的一种行之有效的技术手段，已经得到了广泛的应用，通常有以下应用领域：

1. 社会系统工程

整个国家和社会系统的运行、管理，是一个开放的复杂巨系统，它具有多层次、多区域、多阶段的特点，将社会系统作为研究对象，社会系统工程研究了国家或区域社会经济的可持续发展总体战略。

如1983年，由国务院经济技术社会发展研究中心组织，研究了中国在2000年的基本图景、发展道路、发展中可能遇到的困难，提出了一系列战略思想和相应的政策建议，为制定重大决策提供了有效依据。

2．经济系统工程

用系统工程的方法对国家、部门或地区宏观经济系统进行预测、规划、组织、管理、控制和调节的技术，又称宏观经济系统工程。它着眼于整个国民经济总量分析，如社会总产值、国民收入、社会消费、投资结构、物价水平和工资水平等。应用经济数学模型来分析和研究经济系统的动态过程和结构特性，预测经济变量的变化规律，制定经济发展规划，提出国民经济宏观控制和调节的最优方案。

例如，投入产出分析是研究经济系统中各部门间投入与产出的相互依存关系的数量分析方法。我国从1973年编制了第一张实物型投入产出表以来，对各地区、各部门进行了大量的政策模拟和定量分析，研究了国民经济运行状态的总量和结构，通过构造动态投入产出模型、投入产出价格和税收模型等，研究了产业政策、价格政策和税收政策等变化对国民经济整体及各产业部门的影响。投入产出表及其模型产生了重大的社会效益和经济效益。

3．人口系统工程

现代社会经济的高度发展导致人口问题研究和决策的复杂化，促使人口系统工程的产生。通过对人口系统的分析，运用人口控制论的基本原理，研究人口系统的特征和规律，制定人口目标规划和人口指标体系，进行人口预测和人口仿真等工作，以便为政府制定人口政策提供科学依据。人口系统工程研究人口与社会经济的协调发展、人口系统结构分析、人口参数辨识以及人口素质的分析与规划等。

宋健等人在我国开创了"人口系统定量研究及其应用"的工作，在人口系统动态特性和稳定性、人口理想结构、人口预测和最优化控制、优化控制生育率等方面取得了卓越的成就。

4．科技及教育系统工程

研究科学技术及人才的发展战略，包括科技预测及发展规划、人才需求预测及教育规划、科学技术评价、科研项目管理、人才结构分析、教育政策分析等问题。

中国于1980年开始应用教育系统工程来建立教育规划的数学模型。为了制定全国专门人才规划，全国有近百万人直接参加了人才普查和预测工作，制定了包括人才需求量预测、人才拥有量预测、教育规划和教育经费预测等子模型的中国人才规划的数学模型。

5．区域规划系统工程

运用系统工程的原理和方法研究区域发展战略及规划、人口、经济协调发展规划、区域资源最优利用、区域经济结构等。系统工程为制定区域发展战略提供了重要依据。

6．环境与生态系统工程

研究自然环境和生态系统的开发及保护，包括天气预报、地震预报及各种自然灾害的预测及防治，土地、海洋、潮汐、地热等天然资源的利用及可持续发展。

7．能源系统工程

能源系统是包括能源的开发、供应、转换、储备、调度、控制、管理、使用等环节的大系统。能源系统工程研究世界、国家、地区、部门和企业等不同层次的能源的需求、供应、转换、节约和新技术开发，以及对能源政策进行评价等问题。包括能源的需求预测、能源的合理结构分析、能源生产优化模型、能源合理利用模型等问题。

中国能源系统工程研究始于1980年，对中国未来能源形势和政策进行预测和分析评价。指出了国民经济增长速度与能源增长速度之间的矛盾，为制定决策提供了重要依据。

8．交通运输系统工程

研究铁路、公路、水运、航空综合运输规划及其发展战略，交通运输系统的调度与管理，综合运输优化模型，新交通系统，运输效益分析等。

9．农业系统工程

利用系统工程对农业系统的规划、设计、试验、研究、调控及其应用过程进行科学管理。包括农业资源、能源和资金的投入，农业生命物质能量转化，农产品输出和农业信息反馈等。研究农业发展战略及规划，包括农业结构分析及需求预测、农业区域规划、农业政策分析及投资规划、农作物合理布局、农业系统多层次开发模型等。

10．企业系统工程

通常把企业进行系统管理的经营管理技术称为企业系统工程，研究企业发展规划，企业运行系统的研发、生产及管理等，包括市场预测、新产品开发、先进制造技术、计算机辅助设计及制造、生产管理系统、质量管理体系、库存管理及控制、成本效益分析等。

11．工程系统工程

组织管理大型工程项目的规划、研究、设计、制造、试验和运行的技术，又称工程项目系统工程或项目系统工程。大型工程项目都是复杂的大系统，开发这样的大系统几乎毫无例外地都要运用系统工程的方法才能完成。工程系统工程主要研究大型工程项目的总体设计、可行性分析及项目评价、工程进度管理、工程质量管理、风险投资分析、可靠性分析、成本效益分析等。

12．军事系统工程

对军事系统实施合理的筹划、研究、设计、组织、指挥和控制，使各个组成部分和保障条件综合集成为一个协调的整体，以实现系统功能与组织的最优化，它是军事上应用的系统工程，是现代参谋组织、现代作战模拟、现代通信、计算机和网络等技术密切结合的体现，广泛应用于国防工程、武器研制、作战模拟、通信与指挥自动化、后勤保障、军事行政等领域。

系统工程各分支学科可归结在自然、产业经济、社会三个领域，如表2-2所示。

表2-2 系统工程的应用范围

应用范围		具体应用
自然系统	宇宙	宇宙勘测开发、宇宙飞行、通信卫星
	自然灾害	天气预报、人工气象开发、地震、台风、洪水、海啸等自然灾害的预测及对策
	资源	土地开发利用、海洋开发、太阳能、地热开发、潮汐开发、山河治理开发、沙产业等
	生态环境	环境和生态规划、治理、保护及可持续发展

(续)

应用范围		具体应用
经济产业	农业	农业发展战略、农业结构分析及需求预测、农业区域规划、农业政策分析及投资规划、农作物合理布局、农业系统多层次开发模型、农田灌溉、耕地保护
	工程项目	工程项目的总体设计、可行性分析及项目评价、工程进度管理、工程质量管理、风险投资分析、可靠性分析、工程成本效益分析、信息网络
	企业	市场预测、新产品开发、先进制造技术、计算机辅助设计及制造、生产管理系统、质量管理体系、库存管理及控制、成本核算系统、成本效益分析、组织理论
社会系统	区域系统	区域发展战略及规划、人口、经济协调发展规划、区域资源最优利用、区域经济结构
	人口	人口与社会经济的协调发展、人口总目标、人口数量及人口结构的预测、人口政策分析、人口系统模型与仿真、人口区域规划、人口参数辨识及稳定性分析、人口素质的分析与规划
	交通运输	铁路、公路、水运、航空综合运输规划及其发展战略、交通运输系统的调度与管理、综合运输优化模型、运输效益分析
	科学技术	科学技术发展战略、科学技术预测、优先发展领域分析、科学技术评价、科技人才规划、科学管理
	教育	人才需求预测、教育规划、人才结构分析、教育政策分析
	军事	国防战略、作战模拟、情报、通信与指挥自动化系统、武器装备发展规划、综合保障系统、国防经济学、军事运筹学、防御工程、指挥系统、大型武器研制

可以看出，系统工程经历了其产生、发展及成熟阶段，已由工程系统工程逐步发展到了多个领域的分支系统工程，但作为一门新兴的综合性交叉学科，系统工程在理论、方法、结构体系上都处于发展之中，它必将随着基础理论、生产技术、计算工具的发展而不断发展。系统工程有以下的发展趋势：

(1) 研究的对象系统越来越大，并将继续朝着"大规模复杂系统"的方向发展。

(2) 将系统工程的基础科学——系统学的最新成果应用于工程实践，如混沌理论、自组织理论在气象、生态、经济等领域中的应用。

(3) 计算机在系统工程中的应用越来越广泛、重要，如常用软件包、决策支持系统及政策模拟实验室等的研发等。

2.3 系统工程方法论

2.3.1 概述

1．系统工程方法论的概念

方法(method)和方法论(methodology)是两个不同层次的概念。方法指的是处理问题的具体手段或技术，例如我们解决一个问题时，提出许多备选的方案，需要建立一个模型来评价各个方案的优劣，是采用层次分析法，还是模糊综合判定法或成本效益分析等。而方法论是分析和解决系统开发、运作及管理实践中的问题所应遵循的工作程序、逻辑步骤和基本方法，是运用方法的原则和思想。

当我们面临系统工程问题时，必须在正确的方法论指导下，采取适当的方法，只有这样居高临下地分析问题，才能事半功倍。在方法论指导下的具体方法一般也不止一种，如果方法论不对，具体方法再好，也解决不了根本问题。

从近代科学到现代科学，还原论发挥了重要作用，特别是在自然科学领域取得了很大成功。它所遵循的途径是把事物分解成局部或低层次事物来研究，认为低层次或局部问题弄清楚了，高层次或整体问题也就自然清楚了。如果低层次或局部问题仍弄不清楚，还可以继续分解下去，直到把整个问题弄清楚为止。

系统工程研究的对象是复杂大系统。一般情况下，除包含"硬件"单元，也包含"软件"要素。这就涉及硬系统问题和软系统问题，硬系统问题指的是系统边界清晰、系统结构确定的情况。而软系统问题是指一些"问题情景"，即系统边界尚不清楚、系统结构凌乱的情况，尤其在涉及人类活动的系统中所出现的问题，其中包括行为管理、系统组织和系统规划等。

因此，要有独特的思考问题和处理问题的方法，应用多种技术方案，往往需要使用不同的方法论进行求解。

2．系统工程方法论的特点

系统工程方法论强调对系统的深入了解，进行系统识别，处理问题应注重系统整体性以及计算机手段的辅助作用等。系统工程方法论具有如下特征：

1) 整体性

整体性是系统工程方法论的基本出发点，世界上事物和过程都不是其组成部分的简单叠加，各组成部分孤立特征的总和并不能反映整体的特征。这一整体的性质与规律只存在于各组成部分间的相互联系、相互依赖、相互制约和相互作用之中。

处理问题时需遵循从整体到部分进行分析，再从部分到整体进行综合的途径，确定整体目标并从目标出发，协调各组成部分的活动。分析时首先需要把整体分解成部分加以精确地研究，再将系统的各组成部分、各部分的结构和性能、各部分的联系、历史发展等因素联系起来加以考察，从中找出共同性和规律性，来揭示和推断系统整体特征。

2) 系统识别的重要性

由于事物相互联系的错综复杂性，使得任何一个个体都可能隶属于不同的系统。因此，在许多情况下，要处理的系统对象并不是非常清楚明了的，而是需要花费相当的气力才能找出来的。系统识别是找出系统对象，并划分系统与环境之间的边界的过程。系统工程总是由问题出发，找出该问题所涉及的相关要素，建立系统，确定边界，区分系统及其外部环境。

系统识别之后，分别对系统整体及内部结构做出分析。研究系统的整体特性，明确其目的、行为、功能及状态等；研究系统内部各要素的特点、要素间的相互关联作用、系统的结构层次，掌握系统运行机制。由此，在对系统进行深入了解后，才能提出各种解决方案，通过改变系统的输入，优化系统输出，从而解决系统问题。

3) 人—机结合的方式

系统工程方法论是以人利用计算机作为处理系统问题的基本方式，计算机作为研究问题的重要辅助手段，特别是系统越来越复杂，需要处理的信息量越来越大，仅靠人工处理是不够的，必须借助计算机的帮助，但最终需要人来决策。在处理系统问题的过程中，人处于主导地位。因此人—机方式就成为系统工程方法论处理系统问题的基本方式。

3．系统工程方法论的类型

1) 硬系统方法论(Hard Systems Methodolgy，HSM)

硬系统方法论以具有清楚结构的问题及其相关系统为处理对象。

它的基本假定是：事物或过程都能借助试验方法被客观认识，试验结果可用系统模型描述，同时系统的目标是确定的，在所有与问题有关的人员间对目标的认识是一致的(即一元的)，因而找到达到目标的最佳途径是可能的。在此基础上，硬系统方法主要是一组供阐述目标、建立模型、验证并确认模型和寻找最优解使用的方法。

2) 软系统方法论(Soft Systems Methodolgy，SSM)

与硬系统方法论相对照，软系统方法论以结构不清楚的问题本身及其相关系统为处理对象，研究对象的结构不良是人类活动世界的一般状态。各种各样的所谓"管理"活动都是以这些情况为研究对象的。

软系统方法论的基本假定是：由于人的主观意识的存在，人类活动一般不会像物理试验那样完全可重复，因此，不可能完全客观地认识人类活动世界，因而也不可能用建立系统模型的方法直接对它们进行描述。同时，由于所有与问题有关的人员有不同或不完全相同的主观意识，因此，对活动目标的认识是不一致或不完全一致的(即多元的)，因而想找到达到目标的最佳途径是不可能的。

3) 其他的系统方法论

在20世纪80年代末以后出现了几个重要的系统方法论，有钱学森等人提出的用于解决开放复杂巨系统的从定性到定量综合集成的方法论、日本椹木义一等人提出的西那雅卡那(Shinayakana)系统方法论以及顾基发等人提出的物理—事理—人理(WSR)方法论。

西那雅卡那系统方法论最早在1988年提出，近年来又得到新的发展，这个方法论是为了处理不良结构的问题，它一方面借鉴过去处理不良结构问题的许多技术和方法，另一方面利用对话和智能化的方法将人工智能和人的直接判断综合进去，强调人和计算机的结合，但是以人为中心。这个方法论是在总结硬系统和软系统方法论基础上形成的。

20世纪80年代初，钱学森就提出将还原论方法和整体论方法结合起来，到了80年代末，他又提出了开放的复杂巨系统概念以及研究这类系统的方法论，这就是"从定性到定量的综合集成法"以及它的进一步发展，即在1992年提出的"从定性到定量的综合集成研讨厅体系"，并把运用这套方法的集体称为总体设计部。

物理—事理—人理(WSR)方法论是由顾基发与朱志昌在20世纪90年代中期提出的，基于"懂物理、明事理、通人理"的观点，综合集成了自然科学、工程技术与社会科学研究问题，并利用计算机建立数据信息库、模型库、知识库等，随着环境条件变化，不断调整模型，从而指导社会实践活动。

2.3.2 霍尔的三维结构

20世纪60年代以来，许多学者对系统工程方法论进行了探讨。其中影响最大的是1968年美国贝尔电话公司工程师霍尔(A.D.Hall)提出的系统工程三维结构。霍尔认为系统工程整个活动过程可以分为前后紧密衔接的六个阶段，每个阶段应遵循一定的思维程序，同时需各种专业知识和技能的支持。这构成了时间维、逻辑维和知识维的"三维空间结构"，概括了系统工程的一般过程。

霍尔三维结构集中体现了系统工程的系统化、综合化、最优化、程序化和标准化等特点，是系统工程方法论的重要基础内容，如图2-1所示。

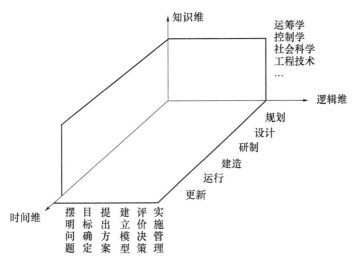

图 2-1　霍尔三维结构示意图

时间维表示了系统工程的工作阶段和进程，是从系统规划到更新、从开始到结束按时间顺序排列的全过程，反映了系统的生命周期循环过程。

规划阶段：调研、明确目标，根据总体方针和发展战略制定规划。

设计阶段：根据总体规划，提出具体设计方案。

研制阶段：实现系统的研制方案，分析、制定出较为详细而具体的生产计划。

生产阶段：运筹各类资源及生产系统所需要的全部"零部件"，进行生产组装。

运行阶段：系统投入实际运行。

更新阶段：系统运行一段时间后，评价系统运行状况，改进或更新系统，甚至废止旧的系统，建立新系统。

逻辑维是指系统工程每阶段工作所应遵从的逻辑顺序和工作步骤。

摆明问题：明确系统问题，找出与问题相关的各要素，建立系统。

目标确定：分析系统的整体行为，包括其功能和目的，并建立评价指标体系和判断标准，从而在系统实现后判断问题是否解决。

提出方案：分析系统的运行机制，找出问题的相关制约因素，提出初步的解决方案。

建立模型：建立系统的仿真模型，模拟系统运行状态，判断系统的发展趋势并预测出系统的运行结果。

评价决策：在各种不同状态下，对备选解决方案的各参数调整选优，确定最佳方案。

实施管理：实施决策方案，判断系统运行的效果，并进行反馈控制，动态管理系统运行过程。

系统逻辑维中，存在系统的识别、建模、预测、评价及决策的过程，这些过程涉及一些定性或定量的方法；如在摆明问题时，就可能用到头脑风暴法、德尔菲法、结构模型法等；建立模型时，可能有状态空间模型、系统动力学模型、计量经济模型等；

而在评价决策时，可能会用到模糊综合判定法、层次分析法、费用—效益分析法、效用理论等。

知识维表征了在分析、解决问题时所需要的知识，包括各种专业知识和管理知识。对于不同的问题，常常涉及到不同的知识，通常会用到运筹学、控制论、管理科学和专门的工程技术等。

三维结构中，时间维和逻辑维也并不是一成不变的，随着具体问题的不同，其步骤也存在差异，分析问题时，时间维和逻辑维的相关步骤相互渗透，如表2-3所示。

表2-3 霍尔方法论的管理矩阵

逻辑维(步骤) 时间维(阶段)	摆明问题 1	目标确定 2	提出方案 3	建立模型 4	评价决策 5	实施管理 6
规划阶段 1	a_{11}	a_{12}	a_{13}	a_{14}	a_{15}	a_{16}
设计阶段 2	a_{21}	a_{22}	a_{23}	a_{24}	a_{25}	a_{26}
研制阶段 3	a_{31}	a_{32}	a_{33}	a_{34}	a_{35}	a_{36}
生产阶段 4	a_{41}	a_{42}	a_{43}	a_{44}	a_{45}	a_{46}
运行阶段 5	a_{51}	a_{52}	a_{53}	a_{54}	a_{55}	a_{56}
更新阶段 6	a_{61}	a_{62}	a_{63}	a_{64}	a_{65}	a_{66}

矩阵中时间维的每一阶段与逻辑维的每一步骤对应的点，代表着一项具体的管理活动。矩阵中各项活动相互影响，紧密相关，要从整体上达到最优效果，必须使各阶段步骤的活动反复进行。反复性是霍尔管理矩阵的一个重要特点，它反映了从规划到更新的过程需要控制、调节和决策。

霍尔的系统工程方法论强调明确目标，核心内容是最优化。即对于结构优良的系统问题，明确其目标，通过模型运算，找到解决问题的最优方案，并使系统运行达到最佳。该方法论具有研究方法上的整体性(三维)、技术应用上的综合性(知识维)、组织管理上的科学性(时间维、逻辑维)及系统工程工作的问题导向性(逻辑维)。

2.3.3 软系统方法论

在复杂的现实世界里，人们所遇到的困惑情况，并非都可归结为"问题是什么?"和"解是什么?"。其中只有一部分情况才可以如此归结。

就大多数情况而言，人们往往只是觉得有"问题"，而不知道"问题"是什么?只是觉得需要"改进"点儿什么，而不知道从"何处"着手去改进。用系统工程的语言说，人们不知道"系统"是什么，它的"边界"在哪里，或者是不同的人有不同的"系统"，即存在着"问题情景"。

对于问题所对应的系统，一般是偏工程、物理型的，它们的机理比较明显，因而容易用数学模型来描述，有较好的定量方法可以计算出系统的行为和最优解，我们称之为硬系统。相反，对于偏社会、经济、管理型的系统，它们的机理往往不清楚，较难完全用数学模型来表述，而常用定量和定性相结合的方法来处理问题，我们称之为软系统。软系统普遍存在于人类的经济社会活动中。

但是，到 20 世纪 80 年代初，系统理论和方法的应用还只限于运筹学等几个有明确目标的问题领域。对于那些结构差的、目标模糊的问题，运筹学、系统分析和系统工程的方法则受到严重挫折。

从 20 世纪 70 年代中期，许多学者提出了各种软系统方法论，系统工程也越来越多地研究社会经济的发展战略和组织管理问题。其中以 1981 年英国兰切斯特大学的切克兰德(Checkland)提出的"调查学习"的软系统方法论最有代表性。

软系统方法论用可行满意解代替最优解，用概念模型代替数学模型，从而使研究思路更为开阔。对社会经济等问题的分析与研究，通过认识与概念化、比较与学习、实施与再认识，从而较满意地解决系统问题。切克兰德提出的"调查学习"的方法论如图 2-2 所示。

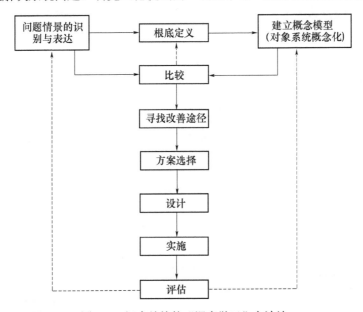

图 2-2　切克兰德的"调查学习"方法论

软系统方法论用于人类活动系统所取得的巨大成功，大大地拓宽了系统理论与方法的应用范围。

对于无结构或结构不良的问题情景的分析，尽量避免将其嵌入一个特定结构，通过记录在问题情景中缓慢变化结构的元素和连续变化过程的元素，对相关系统进行根底定义，目的是得到一个对某些系统性质的简洁清楚的陈述，从而建立系统的概念模型，并将概念模型与问题情景反复比较，从而改善概念模型，寻找改善问题的途径，提出各种解决方案以供选择，决策设计方案的运行参数，评估方案实施后的具体效果，并进行反馈，从而更好地建立概念模型，如此反复比较后，得到最终满意的方案。

切克兰德方法论的核心是"比较"和"探寻"，它强调从"理想"模式(概念模型)与现实状况的比较中，探寻改善现状的途径，使决策者满意。

2.3.4　两种方法论的比较

硬系统与软系统两种方法论的主要差别是前者能够通过问这样的问题而开始："必须设计什么系统来解决这个问题"或"什么系统将满足这种需求"，并且能将问题和需求当作是"给定的"。而后者却不得不允许在后面的阶段出现完全不可预料的回答。这一差别使得"软"方法论包含了概念模型与实际问题的比较阶段，而在硬系统方法论中则没有。

如表2-4所示，两者有如下的不同：

1. 对象系统及处理的问题

Hall方法论研究对象主要是工程或技术系统，出现的问题大多是具有明确的、良好的结构；而Checkland方法论研究对象是社会经济和经营管理等"软"系统，问题大多具有不明确、不良结构。

2. 目的

Hall方法论研究目的是一元的，要求取得最优，且问题有明确的好结果；而Checkland方法论的研究目的是多元的，一般只求出满意解，或系统有好的变化或问题取得一定进展时即认为达到目标。

3. 核心内容

Hall方法论的核心内容是优化分析，求出最优解；而Checkland方法论的核心内容是比较学习，建立概念模型。

4. 分析方法

Hall方法论使用的方法是比较成熟的定量模型，而Checkland方法论分析方法多是经过反复比较的概念模型，使用定量与定性相结合的方法。

表2-4　两种方法论的比较

指标＼类别	硬系统方法论	软系统方法论
对象系统	工程、技术系统	社会经济或经营管理等软系统
处理的问题	明确的、良好结构	不明确、不良结构
目的	一元的，要求优化，有明确的好结果	多元的，满意解，系统有好的变化或问题取得进展
核心内容	优化分析	比较学习
处理方法	定量模型	概念模型，定性与定量相结合的方法

2.3.5　从定性到定量的综合集成法

在复杂性科学逐渐在国外兴起的同时，我国科学家也积极开展着相关的研究。从1986年开始，由钱学森等人发起的"系统学"讨论班就对有关复杂系统的一些问题进行了探讨。20世纪80年代末，对系统的研究加以拓广，提炼出开放的复杂巨系统的概念，并总结概括了处理开放的复杂巨系统的方法论。在这个基础上，1992年，钱学森又提出"从定性到定量综合集成研讨厅体系"的思想，把复杂系统的研究推上了一个新的台阶。并从概念上弄清楚了"复杂性"问题，得出如下结论："复杂性"实质上是开放的复杂巨系统的动力学特性，或开放的复杂巨系统学的问题。由于开放的复杂巨系统也把复杂系统、复杂巨系统和开放的简单巨系统作为特殊情况，所以复杂性的研究自然也把这些系统的动力学特性概括在其范畴之中。

开放的复杂巨系统广泛地存在于社会、地理、交通运输、军事等系统环境中，它是如下所述的一类系统：系统与子系统分别与外界有各种各样的能量、信息或物质的交换；子系统数量巨大；系统内部结构复杂，不仅要用定量模型，更有其他定性模型；各个子系统的知识表达不同，获取知识的方式也各有不同；系统中的结构随着情况变化会不断演变。

对于开放的复杂巨系统，企图用精确的定量方法处理全部系统问题几乎是不可能的。这是因为：在复杂系统中，不仅常常存在一些难以测量或不可能直接观测的系统变量，而且由于系统的开放性、动态性、自主性和大规模的特点，即使某些系统变量的瞬时值是可以直接观测的，但要据此建立这些变量间的数学模型也是困难的。复杂系统所对应的问题往往表现为结构不良的问题，也就是说目标、任务范围、问题涉及因素都不明确。例如对于同一个问题，两个专家的看法可能完全不同，发生了矛盾，就必须靠人的参与来解决。在这些情况下，为了处理系统问题，除使用定量方法之外，还必须使用定性方法。

钱学森等人针对这类系统提出了从定性到定量的综合集成法，简称综合集成(Meta—Synthesis)。它的实质是将专家群体、数据和多种信息与计算机技术有机地结合起来，把各种学科的理论与人的经验知识结合起来，发挥它们的整体优势和综合优势。

所谓定性方法是这样的一类系统问题处理方法，它依据专家的经验知识和直观判断能力选择求解方向和某些系统变量允许或可能的取值范围。处理问题的途径是依据精确科学所提供的原理和定律，通过用数学模型描述系统状态变量间的关系处理系统问题的方法叫定量方法。

从定性到定量的综合集成法，就是让专家们充分地发表不同的建议与意见，在众多专家建议和思路的基础上，综合起来，建立复杂巨系统的仿真模型进行运算，可能是涉及到上百个参数及变量。其一般步骤如下：

(1) 充分听取各方面有经验专家的意见与建议。
(2) 在充分听取专家意见的基础上，把这些思想综合起来，建立模型。
(3) 将实际数据分析、整理后，确定相关的参数，输入模型，进行运算。
(4) 将运算结果与结论请专家们进行评审，充分听取专家意见，让专家们评论，并在此基础上进行修改。
(5) 根据专家经验和结论，进一步修改模型，并仿真运算。
(6) 将运算结果再次请专家们研究，通过与实际的情况对比分析，修正模型，这样反复多次，直到专家们认为模型及其结论合理可靠，最后确定模型，给出结论。

具体来说，综合集成法包括以下三个阶段的集成过程：

1. 定性综合集成

由不同学科、不同领域专家组成专家体系。对所研究的复杂巨系统和复杂性问题，进行多学科交叉研究，提出经验性假设、形成定性判断。之所以是经验性判断，是因为其正确与否还没有用严谨的科学方式加以证明。

2. 定性定量相结合综合集成

建立数据和信息体系、指标体系、模型体系，通过系统仿真和实验，对经验性假设的正确与否给出定量描述，增加了新的信息，这个过程可能反复多次。

3. 从定性到定量综合集成

由专家体系对系统仿真和实验的结果进行综合集成，通过人、机结合，反复对比，逐次逼近，直到专家们认为定量结果是可信的，也就完成了从定性到定量综合集成。如果定量结果否定了原来的经验性判断，那也是一种新的认识，又会提出新的经验性判断。

这样，从定性综合集成提出经验性判断，到人、机结合的定性、定量相结合综合集成得到定量描述，再到从定性到定量综合集成获得科学结论，实现了从经验性的定性认识上升到科学的定量认识。

从定性到定量的综合集成法的工作程序如图 2-3 所示，对于开放的复杂巨系统，召集专家或利用专家系统，分析系统目的、结构、功能以及环境的适应特性，了解系统要素间的相互关系，并对系统的运行机制做出判断，在此基础上，建立与运行机制相适应的模型，将已知的资料统计分析后，得出输入变量及相关参数，用来仿真系统的行为，对运行结果分析后做出初步结论，再由专家依据经验认识对结论的合理性做出判断，并进一步深入对系统运行机制的认识，从而调整参数，修正模型，再次得出结论。如此反复，该系统的运行机制更加明确，模型经过不断的合理调整，最终达到满意效果，从而根据结论提出相关建议，提供给决策部门，经决策后系统投入实际运行，并评价其运行效果，反馈给决策部门以便于进一步决策。如系统的运行未满足设定目标，可以继续按前述的过程，分析系统运行机制、建模、分析、结论，再次给决策部门提供建议，直到系统的运行满意为止。

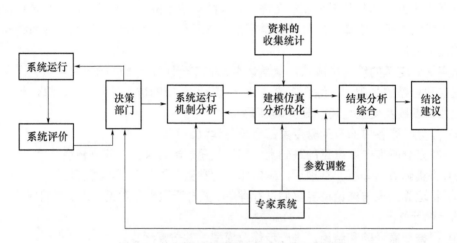

图 2-3　从定性到定量综合集成法的工作程序

综合集成是指人利用计算机的软硬件来综合专家群体定性认识及大量专家系统所提供的结论及各种数据与信息，经过加工处理从而使之上升为对总体的定量的认识。综合集成的过程是相当复杂的，即使掌握了大量的定性认识，也不是通过几个步骤、几次处理就能达到对全局的定量认识。定性定量相结合的综合集成法，就其实质而言，是将专家群体、数据和各种信息与计算机技术有机结合起来，把各种学科的科学理论和人的经验知识结合起来。这三者本身就构成了一个以人为主的高度智能化的人－机结合系统，并发挥这个系统的整体优势，去解决复杂的决策问题。

综合集成研讨厅体系是处理开放的复杂巨系统的方法论，相对于从定性到定量的综合集成法又有了新的构思，即把专家们和知识库、信息系统、各种人工智能系统、计算机等像作战指挥厅那样组织起来，形成一个巨型的人机结合的智能系统，共同作用于复杂问题的求解。从对综合集成研讨厅体系的构思，我们可以看出，与历史上其他方法论不同的是，综合集成研讨厅体系不是一系列公式的汇总，也不是以某几条公理为基础搭建起来的抽象框架。它的实质是指导人们在处理复杂问题时，把专家的智慧、计算机的高性能和各种数据、信息有机地结合起来，构成一个统一的、强大的问题求解系统。因此，从软/硬件体系上和组织结构上实现该系统，使之能真正应用于复杂问题的研究。

综合集成研讨厅体系是从整体上研究和解决问题的方法，采取人机结合以人为主的思维方法和研究方式，对不同层次、不同领域的信息和知识进行综合集成，达到对整体的定量认识。它具有以下特点：

(1) 把定性研究和定量研究有机结合起来，并贯穿全过程，从多方面的定性认识，上升到定量认识。

(2) 能把不同层次的知识(科学理论和经验知识)综合集成起来。

(3) 能把各种学科结合起来进行研究，把多种领域的科学知识进行综合集成。

(4) 根据复杂巨系统的层次结构，把宏观研究和微观研究统一起来。

(5) 应用这个方法必须有计算机系统的支持，计算机系统不仅具有管理信息系统、决策支持系统的功能，更重要的是具有知识的综合集成功能，这就要充分利用人工智能、信息技术等高新技术。

(6) 从指标体系的建立到基础数据采集、存储、传输等过程，都需要对复杂巨系统进行观测和统计。

(7) 要求专家以群体的方式或形成专家系统来工作，改变了传统科学研究中的个体工作方式。

在综合集成研讨厅体系这个概念中，综合集成是方法特征，研讨厅体系是组织形式。综合集成方法指出了解决复杂开放巨系统和复杂性问题的过程性以及过程的方向性和反复性。综合集成研讨厅体系本身是个开放的、动态的体系，也是个不断发展和进化的体系。

从定性到定量的综合集成研讨厅体系的实质是把专家体系、数据和信息体系以及计算机体系有机结合起来，构成一个高度智能化的人、机结合系统，这个系统本身也是个开放的复杂巨系统。这个方法的成功应用，就在于发挥这个系统的综合优势、整体优势和智能优势，它比单纯靠人(专家体系)或机器都有更强的优势。它能将人的经验、知识、智慧以及各种信息集成起来，从多方面定性认识上升到定量认识。

应用综合集成研讨厅体系时必须有总体设计部这样的实体机构。把处理开放的复杂巨系统的方法定名为从定性到定量综合集成法，把应用这个方法的集体称为总体设计部。综合集成研讨厅体系是研究开放的复杂巨系统的方法论，那么总体设计部是实现这个方法论所必需的体制和机制。

2.4 系统工程的理论基础

一般系统论、控制论、信息论、耗散结构理论、协同学及自组织理论等是系统理论的重要内容和系统工程的理论基础。

2.4.1 一般系统论

1. 一般系统论的产生

15世纪下半叶以后，各门分支学科相继从哲学统一体中分离出来，形成了自然科学，在其发展初期，主要的研究方法是分析解剖法，特别是在牛顿经典力学建立以后，机械论、还原论占据了主导地位。即把研究对象进行一层层的分解,直到基本单元,分解隔离为不同因果链,研究其基本单元要素,认为基本单元弄清了,因果量之间的关系也弄清了,研究对象也就清楚了。这样的思想在古典自然科学中曾取得了很大成功,从而对其他科学研究产生了巨大影响。如力学的分析隔离法、化学的元素周期表及其规律、原子结构研究等。生物学中,通过对生物层次的分解,由生物到系统、器官、组织、细胞的研究,最终导致分子生物学的产生,破译了遗传密码,取得了显赫的成就。

但机械论、还原论的方法还没有领略到整体大于部分之和的系统思想。忽略了系统各部分之间的相互作用,或简单地将部分之间的关系描述为线性的关系,因而这种方法在处理各部分间有紧密联系的系统及非线性系统问题上有很大的局限性,而实践中,这样的系统往往是大多数的,如生命现象、生命组织等。

随着现代科学技术的发展,进一步发展了系统思想方法。反映整体联系的系统观念又一次被发掘出来,而且有了新的科学基础。光、电、磁统一的麦克斯韦理论,达尔文的进化论,以及生物学向微观挺进中的细胞学说等,都从自然科学方面冲击着机械论的自然观。

在理论生物学中,出现了活力论的观点,认为生命现象不能简单地归结为机械的、物理的和化学的过程,生物体内存在一种有目的的超物质的"活力",并断言有机界与无机界之间存在着不可逾越的界限。虽然对于生命现象有一些可贵的判断,但活力论却一直没有足够的科学依据。

19世纪末20世纪初,生物学史上机械论与活力论的斗争达到了激化的程度。一方面由于物理学和化学的巨大发展,使得人们有能力指出生物现象是建立在物理、化学过程的基础之上的。另一方面,也由于机械论还不能正确地说明生命体的统一性和复杂性,使活力论仍有自己坚守的一块阵地。

在这种情况下,奥地利籍的美国理论生物学家贝塔朗菲(L.Von.Bertalanffy)的系统思想开始形成,并提出用数学模型来研究生物学的方法和机体系统论的概念。

贝塔朗菲从对生物学的研究和观察出发,开始意识到用系统观点和方法研究生物学的重要性。他提出要从生物的整体,把生物整体及其环境作为一个大系统来研究,并因此创立了"一般系统论"的学科。一般系统论是关于一般系统的理论。一般系统是指剥离了具体组成和具体关系的抽象系统。这种系统具有所有可被称作系统的实体或过程集合所共有的现象、性质和运动规律。

1945年贝塔朗菲《关于一般系统论》论文的发表,成为一般系统论形成的标志。

2. 一般系统论的基本原理

一般系统论是关于一般系统产生、存在、运动、发展和消亡规律的理论。主要有以下的原理:

1) 整体性原理

系统的整体性,即亚里斯多德的著名论断"整体大于各孤立部分之和",或者换句话说,系统具有其组成部分所没有的功能。各个要素一旦形成系统整体,就具有孤立要素所不具有的性质和功能,整体的性质和功能不等于各个要素的性质和功能之和,即1加1不等于2,这就是贝塔朗菲著名的"非加和定律"。

我们知道系统是由若干相互联系相互作用的要素,按照一定的结构所组成的具有一定功能的有机整体。由此可见，要素是系统的基础，没有要素，就不可能形成系统这样一个整体。但要素只是构成系统的一个必要条件，如果这些要素不以一定的结构方式组合起来，那么这些要素就不能形成一个具有系统性质的有机整体，而只能构成一个"堆"。就像一堆散沙一样，所引起的只是数量上的变化。也就是说，只改变了这堆沙土的堆积性，而这种堆积性，只是形成这堆沙土的各个部分的总和。因此，要想形成一个系统，除去要素之外，还必须具备一定的结构，即这些要素之间相互联系、相互作用的方式。只有这样，才能使这些要素形成一个具有新功能的有机整体。

对于有机系统，由于绝大部分生物体都是由细胞组成的，细胞由分子组成，分子由原子组成，原子也有其组成要素。因此，各种生物体性质的差别，不是由所构成的要素造成的，而恰恰是由于这些要素所构成的方式不同。正因为如此，各种不同的有机系统就具有了构成要素所不具有的新质和新功能。

对于原子来说，组成原子的每一个要素(电子、质子、中子)都具有一定的性质。同时，作为一个系统，原子也有一定的整体性质，但这些性质并不等于各个组成部分性质的总和。实际上等于各组成部分的性质以及它们之间的关系，这种关系通常是用场来表示的。

在社会系统中，一个生产组织具有个人劳动时所不具有的分工协作的功能，而且整个生产组织的劳动效率也不等于各个劳动者的总和。马克思、恩格斯曾以协作、分工、工场手工业和机器大工业等领域内的事实证明："许多人的协作，许多力量融合成一个总的力量，用马克思的话来说，就造成'新的力量'，这种力量和它的一个个力量的总和有本质的区别。"

在系统中，整体并不等于各个部分的总和，即要素在组成系统之后出现了新质，这种新质是各个要素在孤立状态下所不具有的。因此，系统的整体涌现性是系统的核心特性，系统的整体性原理是一般系统论的最基本的原理，自然界和社会中的物质系统，无一不体现出整体性原理。

2) 动态相关性原理

系统状态随时间改变，就是系统的动态性。从时间角度来观测系统时，系统每时每刻都在变化和运动，任何客观事物都处于永恒的运动发展中，系统的状态是时间的函数。

系统的动态性表现在两个方面：一方面系统结构随时间在变化，这是系统动态性的内在原因；另一方面，系统和其环境始终有物质、能量和信息的交换，这是动态性的外部条件。真正的静态系统在客观世界中不存在，即静态系统是相对的，动态系统是绝对的。

相关性也称关联性，任何个体成为系统成分的必要条件是它与系统其他成分具有相关性。系统的相关性是指系统的要素之间、要素与系统整体之间、系统与环境之间的相互联系、相互制约、相互作用的关系。系统的相关性决定了系统的整体性。

动态相关性的实质就是揭示要素、系统和环境三者之间的关系及其对系统状态的影响。

3) 开放性原理

一切有机体之所以有组织地处于活动状态并保持生命运动，是由于系统与环境处于相互作用之中。系统与环境不断进行物质、能量和信息的交换，这就是所谓的开放系统。正是由于生命系统的开放性，才使这种系统能够在环境中保持自身有序、有组织的稳定状态。

贝塔朗菲提出等结果性原理，用一组联立微分方程对开放系统进行数学描述，从数学上证明了开放系统的稳态，而且不以初始条件为转移，指出了开放系统可以显示出异因同果律。

4) 层次性的原理

结构包含着层次，复杂的系统通常是多层次的结构，层次性是结构的基本特点。贝塔朗菲在创立一般系统论时就提出了结构层次性观点，他认为各种有机体都是按严格的等级组织起来的。生物系统是从分子到细胞、组织、器官、系统，再到生物，同样，无机界是由基本粒子、原子核、原子、分子、地球的物体、行星、恒星等逐层组成的。

系统中的各个要素在系统中的地位和作用不同，系统和要素是相对的，就其自身的组成部分来说，它们是系统，但就更高层次的系统来说，它们又是要素。一个系统又可称为上一层次系统的要素，同样，一个要素对下一层次要素来说又可称为系统，即系统是具有层次性的。

等级层次结构存在于一切物质系统，因而人们对事物的认识也只是对其某一层面的认识。

5) 有序性原理

系统的关联性在空间上所表现出来的层次结构，以及动态性在时间上所表现出来的演化方向，使得系统具有在空间、时间和功能上的有序性质。越有序的系统，其组织化的程度越高。一个实际系统，从产生、发展到消亡，就是从无序到有序再到无序的演化过程。

系统的结构、层次及系统的动态性所表现出来的方向性、目的性，都使系统具有有序性的特点。系统的有序性包括空间排列的有序性和时间排列的有序性，也就是说既有系统内部要素的有机相关性，又与其动态过程有关。

系统的有序一般指两个方面：空间有序和时间有序，前者指的是系统的结构稳定、合理，使得整体功效提升，即系统内部各要素之间的排列组合方式的规律性。例如原子排列的晶体结构、行星有规则地围绕恒星旋转、DNA 的双螺旋结构等。时间有序指的是系统由低级有序结构向高级有序结构的发展，即系统内部各要素随着时间的变化重新排列组合的规律性。如季节的更替，昆虫要经过卵、幼虫、蛹、成虫四个阶段等。

3．一般系统论给我们的启示

一般系统论为我们研究、设计和有效地解决各种系统对象，提供了重要的方法论准则。

第一，我们考察任何对象系统都要以整体性作为基本出发点，即始终坚持从整体出发，去认识、研究和处理一切系统客体。不坚持从整体出发，就不能正确认识事物的整体性质和整体规律，也不能正确认识事物整体中的部分。

第二，对整体的组成要素进行分析，一方面要注意分析系统的要素组成情况，提升每个要素的品质，注意发挥它们各自应有的作用，作到"人尽其才，物尽其用"；另一方面又要注意分析它们之间的相互关系，在一定要素的基础上，努力改进系统内诸要素的结合方式——系统结构，使诸要素能遵循系统的总体目标协同运作，减少甚至避免内耗。

第三，我们考察任何对象还要注意系统和环境的关系，即考虑系统的环境适应性。而要使系统与环境相适应，无非或是调节系统的内部结构，使其适应周围环境；或是改变周围环境使其适应系统发展的需要。但无论采取哪种办法都必须使系统和环境保持一种良性的循环关系。

第四，系统分析时，不仅要注意系统在空间上的纵横交错的联系，还要注意研究系统在时间上发展变化的趋势和规律。这是因为任何系统客体都是动态发展的，都有自己产生、更新及消亡的过程。这种变化，根源于系统内部的矛盾运动，即根源于系统组成要素及其相互关系的变化。同时，来自周围环境对系统及其结构的影响，也会使其产生适应性改变，系统的这种随时间而变化的适应性是有规律的，例如天体的演化、生物的进化、社会的发展都具有规律性。因此，要求我们运用系统方法时，必须注意研究系统的发展规律，并根据这一规律，自觉调整系统的内部结构及其与外部环境的关系。

一般系统论属于逻辑和数学的领域，它的任务是确立适用于各种系统的一般原则。一般系统论沟通了自然科学与社会科学、技术科学与人文科学之间的联系，提出了研究各门学科的新的方法，使许多学科面貌焕然一新。一般系统论为系统科学的发展奠定了理论基础。

2.4.2 运筹学

现代运筹学的兴起可以追溯到 20 世纪初期，但其概念和方法的系统提出却是在第二次世界大战期间。当时，为了在大范围的空战演习中评价新的技术，英国科学家们致力于研究对新技术的有效性的度量，这一研究被称为"Operational Research"，这就是运筹学名称的由来。以后相继在工业、农业、经济和社会问题等各领域都有应用，具体如市场销售、生产计划、库存管理、运输问题、设备维修、工程的优化设计、计算机和信息系统、城市布局规划等。

运筹学是使用科学的方法去研究人类对各种资源的运用、筹划活动的基本规律，以便发挥有限资源的最大效益，来达到总体全局优化的目标。这里的"资源"是广义的，既包括物质材料，也包括人力设备；既包括技术装备，也包括社会结构。运筹学广泛应用现有的科学技术知识和数学方法，解决实际中提出的专门问题，为决策者选择最优决策提供定量依据。

运筹学是一门相对独立的应用科学，它区别于其他学科(如：基础数学、物理、生命科学等)，有它本身特定的研究对象、自成系统的基础理论，以及相对独立的研究方法和工具。运筹学本身也在不断发展，现在已经是一个包括好几个分支的数学部门了。比如：数学规划(又包含线性规划、非线性规划、整数规划、组合规划等)、图论、决策分析、排队论、可靠性理论、库存论、对策论、搜索论等。

随着科学技术和生产的发展，运筹学已渗入到很多领域里，在科学管理、工程技术、社会经济、军事决策等方面发挥了越来越重要的作用。同时，运筹学也很快渗透到信息科学、生命科学、材料科学和能源科学等前沿科学研究中去，成为这些学科所不可缺少的研究工具。总之，运筹学是一门基础性、交叉性、实用性都很强的学科。

任何决策都包含定性和定量两方面，而定性方面是战略决策，不能简单地用数学形式表示，运筹学工作者的职责是为决策者提供可以量化方面的分析，指出那些定性的因素。另外，运筹学具有多学科交叉的特点，综合运用经济学、心理学、管理学、物理学等的一些方法，追求的是最优解。其研究对象是结构清楚、目的明确的问题，并使用数学模型来定量描述问题,而实践中大多数是结构不良的问题,就是办事的目标、任务范围、计算允许的操作等都没有明确的定义,无法用数学形式表述,这时往往用次优、满意等概念代替最优。因此,随着研究对象由简单的、"结构良好的"问题向复杂的、"结构不良的"问题推进,运筹学的局限性逐步暴露出来了,运筹学发展面临分岔点,"运筹学向何处去?"的问题尖锐地摆在运筹学家面前。面对越来越大的复杂性,一个重要的发展方向就是"软化"。

2.4.3 控制论

控制论是第二次世界大战后出现的一门新兴的横断科学,是数学、生物学、数理逻辑、通信工程、自动控制等众多学科和技术相互渗透的产物。自它形成以来得到了迅速的发展,并成功地应用于工程系统、生物系统、社会经济系统等领域。

控制论研究各类系统控制和调节的一般规律,信息与控制是其核心概念。

1. 控制论的发展

20 世纪 40 年代以来,许多科学家意识到:在客观世界存在着的物质、能量、信息三大要素,虽然在物质构造和能量转换方面,动物和机器有显著的不同,但是,在信息传递、变换、处理方面存在着许多共同规律,例如反馈控制原理。

1948 年,维纳(N.Wiener)所著的《控制论——动物和机器中的控制与通信》一书的出版,标志着控制论的正式诞生,它研究工程技术、社会经济、生物生态及各种控制系统的共性与方法。维纳给出的控制论的定义如下:设有两个状态变量,其中只有一个是能进行调节的,这时我们面临的问题是如何根据那个不可控变量从过去到现在的信息来确定可调节变量的最优值,以实现对于我们最为合适、最有利的状态。

控制论的发展大致经历了三个时期,即 20 世纪 40 年代末期到 50 年代末期的经典控制论时期,60 年代初期到 70 年代初期的现代控制论时期及 70 年代中期到现在的大系统和智能控制理论时期。

1) 经典控制理论

从 40 年代末到 50 年代末期,人们在工业生产、武器装备方面,开始采用各种各样的自动调节器、伺服系统与有关的电子设备,着重研究的是单机自动化或局部自动化。例如,用自动调节器来控制锅炉的水位、蒸汽的温度、水轮机的转速、发电机的电压等;用伺服系统实现雷达自动跟踪目标运动、高射炮的自动瞄准、舰艇的自动操舵系统等。这些都是单变量自动控制。

经典控制理论以反馈为核心,所研究的控制系统都比较简单,且多属于工程方面,单输入单输出的线性系统是其主要研究对象。研究的主要内容是控制系统的稳定性,对于系统动态过程及动态特性的描述,主要采用微分方程(或差分方程)与传递函数方法。

这个时期的主要成就是建立了系统、信息、控制、反馈、稳定性、"黑箱"等基本概念与分析方法,为控制论的进一步发展打下了基础。其局限是,只适用于线性、常参数、集总参数控制系统,而实际系统往往是非线性、变参数、分布参数系统,能用微分方程(或差分方程)与传递函数方法描述的系统很有限。因此,经典控制论的应用范围受到了一定的限制。

2) 现代控制理论

到了 60 年代初期,随着导弹、人造卫星、高能物理、电子计算机等科学技术的迅猛发展，控制论从单变量控制发展到多变量控制，从单纯的自动调节进展到最优控制。经典控制理论发展成为现代控制理论。

现代控制理论对自动化的要求不只是保持个别变量，如温度、转速、电压等因素的恒定，而是要实现多种变化因素的最优控制。50年代中期，苏联数学家庞特里亚金(Pontryagin，1908—1988)提出了极大值原理。1960年美国数学家和电气工程师卡尔曼(Rudolf Emil Kalman，1930—)提出著名的卡尔曼滤波器，并引进数字计算方法中的"校正"概念，提出了能控性、能观测性概念，从而奠定了现代控制论的基础。现代控制理论用状态空间法或时域法解决多输入—多输出、最优化及时变系统的分析和综合等问题，主要内容包括线性系统理论、最优控制、最优估计与系统辨识等。

3) 大系统和智能控制理论

70年代以来，控制理论有两个发展方向，向广度发展实现大系统和复杂系统的控制，向深度发展实现智能控制。

大系统是指规模庞大、结构复杂的系统。其变量、参数很多。而且系统的目标常常不是单一的，而是多样的，为了实现多目标，通常需要具有综合性功能。所以，大系统是多变量、多输入、多输出的系统。

大系统控制理论是研究各种大系统控制共同的理论，可用来解决大系统最优设计、最优管理、最优控制的问题。主要研究大系统的最优化、稳定化和模型简化，以及大系统的综合自动化技术等问题，它通过模型化方法，对大系统的控制与信息等问题进行分析，估计系统现有运行状态，预测系统未来发展趋势，并对系统有关性能做出评价，如社会经济效果、生态环境影响等。正是大系统控制理论的出现使得工程控制研究扩展到生物领域，进而深入到社会领域和思维领域。处理大系统的方法主要有：分解—协调原理、分散最优控制、多级递阶控制、大系统模型降阶理论、李雅普诺夫稳定性理论等。

智能控制理论采用知识模型与数学模型相结合的广义模型、知识推理与数学演算相结合的智能算法，来研究各种智能控制系统的设计与实现及智能自动化的技术问题。它是控制理论与人工智能相结合，或者说控制工程与知识工程相结合的产物，代表了控制理论的深度发展，如控制系统的自寻优、自适应、自学习、自识别、自组织等。

2．控制论的内容

1954年，钱学森发表了《工程控制论》。这是控制论学科分化而产生的第一个新的学科，其后，又相继出现了许多其他的控制论学科分支，例如生物控制论，经济控制论，社会控制论，人口控制论等。它们将控制论的思想、观点、方法分别应用于生物、经济、社会等各方面，进行纵向深入的发展。

20世纪60年代初发展起来的现代控制理论已经取得了重大发展，在很大程度上撇开了系统的具体物理属性，而以系统的抽象模型为基础研究系统结构、参数、行为和控制性能之间的定量关系。正是由于这种抽象性、概括性的特点，使这一理论适用于更广泛的系统分析与控制。

1) 控制系统的构成

控制论的产生，为现代科学技术研究提供了崭新的方法——控制方法，即以系统的功能行为为目标，通过一定的手段实现控制，达到系统目标最优化的方法。

控制系统一般由控制者(控制装置)、被控制者(即受控对象)和控制作用等组成,其中控制者和被控制者是控制系统中最基本的结构,它们相互作用、相互影响,同时又与外部环境产生相互作用。输入的目的在于使受控系统产生一个预定的输出,使控制结果符合目标。而干扰会使系统产生偏离目标的运动。

控制过程中,反馈是一个重要机制。所谓反馈,就是指系统输出经检测后传递到系统的输入端,将系统的输出值与系统预先设定的目标作比较,如果系统输出在可接受范围内,则可不改变系统输入;如果系统输出不在可接受的范围,则可以改变系统输入值,调整相关控制参数,重新输出结果,以达到系统目标,从而实现对系统输入和输出的有效控制。

如果控制系统存在着反馈机制,则称该控制为闭环控制,否则称为开环控制。控制系统通过调节系统的输入,实现对系统输出的控制,存在反馈控制的闭环控制系统如图2-4所示。图中由输入到输出的方向是系统的控制过程,而由输出到输入则反映了系统的反馈机制。

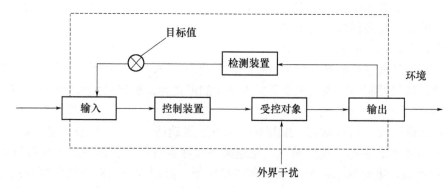

图2-4 闭环控制系统

反馈的作用后果有两种:一是减小输入信号,一是增加输入信号,前者称为负反馈,后者称为正反馈。负反馈有利于反馈系统偏离目标的行为,使系统沿着减小偏差的方向动作,最终使系统趋于稳定状态。而正反馈强化系统偏离目标的行为,加剧系统的不稳定状态。在实际控制系统中,常常利用负反馈来调节和控制系统,实现系统稳定的目的。

2) 系统的稳定性

如图2-4所示,系统处于环境之中,总是受到外界的干扰,同时由于系统存在着一定的不确定性,使系统不能稳定地保持或达到所需的状态。要保证确定的性质和功能,系统必须具有抗干扰稳定性,这时,系统控制就成为了系统保持稳定的方式,那么,如何判别一个系统是稳定的呢?

稳定性分为第一类稳定性和第二类稳定性。

第一类稳定性:当外界的变化不致使系统发生显著变化,系统变化总是在可控范围内。即任意给定的一个 $\varepsilon>0$,必定存在一个 $\delta>0$,使 $\|x_0 - x_e\| < \delta(\varepsilon)$。其中 x_0 为初态,x_e 为稳态。

第二类稳定性:当系统受到干扰偏离正常的状态,但在干扰消失后能自动恢复其正常状态。即系统在一定时间可恢复到可控范围内。即任意给定的一个 $\varepsilon>0$,必存在一个 $\delta>0$,当 $t \geq t_{恢}$,使 $\|x_0 - x_e\| < \delta(\varepsilon)$,其中 $t_{恢}$ 为系统恢复正常的时间。

由此可知，根据不同的系统目标，为了使系统保持第一类或第二类稳定性，必须对系统施加一定的作用，根据内外部的各种变化，对系统进行调节，从而克服系统的不确定性，这种对系统施加的作用，即为控制。

3) 控制及反馈

控制系统是相对于其环境而独立存在的，因此，控制系统与其周围环境之间有相互影响和信息交换。一个控制系统的外部环境，也可能是另一个控制系统，两者相对独立，互为对方的环境。

控制论的研究重点是闭环控制系统。如装备有自动驾驶仪的轮船，能随时采集航行路线的数据，通过反馈信息，与导航设施的预定路线对比分析，不断调整航向的偏离度，实现预定路线的行驶。这类控制系统的突出特点是具有反馈回路，因而也称为反馈控制系统。在结构上就与开环控制系统有明显不同。如果说开环控制系统是由控制者与受控对象这两个基本要素组成的话，那么闭环控制系统则是由控制者、受控对象和反馈装置这三个基本要素组成的。反馈装置的功能和作用在于，它使系统的输入和输出有了调节的机制，这是开环控制系统所没有的。

反馈是闭环系统的核心机制。通过反馈控制，控制者能了解被控制对象的运行状态、变化特性；了解施加控制作用的效果；分析控制过程的品质；判断控制目的是否达到，从而进一步修改或校正控制作用，以提高控制效果，达到预期控制目标。

开环控制系统由于缺乏调节机制，系统运动容易受到外界环境干扰，因而容易偏离控制目标。正因如此，这类控制系统要达到控制目标，必须事先对干扰有足够估计和采取有效的克服干扰的措施。由于闭环控制系统具有自动控制与调节功能，因此，如何将开环系统变成闭环系统，以提高系统的控制能力，就十分有意义了。

对于机器系统与动物，尽管在物质上相差甚大，但从机器控制的动作和人的行为过程来看，他们都具有反馈控制的机制，这种不同物质具有相同运行机制的性质就是同构性，维纳因此提出了同构理论。

3．控制论的基本方法

控制论从信息和控制这两个方面来研究系统。控制系统的作用就是以某种智能方式从外界提取必要的信息(称为输入)，按一定的法则进行处理，产生新的信息(称为输出)反作用于外界，以达到一定的目的。输入输出变量不仅可以表示行为，也可以表示信息。

系统的输入输出变量确定以后，还要找出两种变量之间存在的函数关系，也就是建立该系统的数学模型。根据系统的输入输出变量来建立系统模型的方法，就是所谓的黑箱方法。黑箱方法是一种重要的控制论方法，可用来研究复杂的大系统和巨系统，现在已经发展成为系统辨识分支学科。

为了建立系统模型，就要引入仅与该系统有关的状态变量，从而可能用两组方程来描述这一系统。一组称为状态方程，用来描述系统状态的演变规律；另一组称为输出方程，用来描述系统是怎样与外界发生作用的。设 u 是输入向量，x 是状态向量，y 是输出向量，t 为时间变量，Δt 为时间增量，则系统的数学模型可以表达为：

$$x(t + \Delta t) = f(x(t), u(t), t)$$
$$y(t + \Delta t) = g(x(t), u(t), t)$$

其中第一个方程是状态方程，第二个方程是输出方程。经过这样的数学表达之后，便可对系统进行一般性的研究，确定系统的类别和特性。系统的特性是通过系统特定的结构产生的(如伺服系统存在反馈，自适应系统要有一定的记忆容量)，所以同一类系统往往有同一类结构。这样就可以进一步研究这类结构如何发挥作用。这种控制论推理方式使其适用于一切控制系统的领域，而对于研究大规模的复杂控制系统，具有独特的作用。

上述建立控制系统数学模型的方法并不是唯一的。在自动机理论中还常常采用状态转移表或状态转移图的方式。控制论方法有助于人们对控制系统一般特性的研究。用控制论方法来研究大系统时往往需要使用同态和同构，以及分解和协调等概念。

2.4.4 信息论

在研究通信系统的基础上，1948年，申农(C.E.Shannon)发表了名为《通信的数学理论》的论文，建立了信息理论的基础。一般认为，信息论的主要创始人是为申农和维纳。申农提出信息熵的数学公式，解决了信息的度量问题，建立了信息量的概念；维纳建立了滤波理论和信号预测理论。

1．信息的概念和特点

在信息理论中，信息和消息是紧密相关的两个不同的概念。一般认为，消息是信息的载体，如语言、文字、各种符号、声音、图片等。而信息蕴含在消息之中，信息是消息的内核。同一个消息，不同的人从中获取的信息是不一样的，可能信息量很大，也可能很小，甚至为零。它是有别于物质和能量的一种存在。

申农给出的信息的定义是"不确定性减少的量"，即对于信息接收者，接收信息之前相对于接收信息之后，他所具有的不确定性的差值。

信息已成为现代社会最重要的概念之一，一般具有下列特征：

(1) 信息依赖于物质，在物质上传递、存储，但它又不同于物质。

(2) 信息与能量有密切关系。信息的变化、传递需要能量，如印刷书籍、刻录光盘都需要消耗能量。但信息不等于能量。

(3) 信息必须有载体。在信息传输的过程中载体可以不断变更而信息保持原来的内容。

(4) 信息具有知识的秉性，能给观察者提供关于事物运动状态的知识。但信息的使用价值具有相对性，由于人的知识素养与思维方法不同，以及理解问题的能力不同，对于同一信息，具有不同的信息价值。

(5) 信息不守恒。常常由于传递过程中受到的干扰而造成信息的损失。随着时间的推移，信息很可能出现"老化"现象。

(6) 信息可被感知、检测、识别、存储、传递、变换、处理、显示、记录和复制。

(7) 信息是一种不可缺少的资源，可以采集、生成、压缩、更新和共享。

物质、能量、信息间的一个简要对比如表2-5所示。

表2-5 物质、能量、信息三者的比较

特征	表现形式	变化过程	守恒	熵
物质	电子、细胞等	扩散、传递	物质不灭	
能量	引力、热等	能量转化	能量守恒	热力学第二定律
信息	信号、图像等	传递、存储	不守恒	信息熵

信息科学是以信息为主要研究对象,以信息的运动规律和应用方法为主要研究内容,以计算机、光导纤维等为主要研究工具,以扩展人类的信息功能为主要研究目标的一门科学,主要研究信息的产生、获取、度量、变换、传输、处理、识别及其应用。

2. 信息论研究的三个层次

根据研究内容和深度的不同,人们将信息论分为三个层次。

1) 狭义信息论

也称经典信息论,主要研究信息的度量、信道容量以及信源和信道编码理论等问题,这部分内容是信息论的理论基础。

2) 一般信息论

主要研究信息的传输和处理问题,除了申农理论以外,还包括噪声理论、信号滤波和预测、统计检测和估计,调制理论,信息处理以及加密技术。后一部分内容主要是由维纳和柯尔莫哥洛夫(Kolmogorov)等人做出的贡献。

3) 广义信息论

不仅包含上述两方面的内容,而且包括所有与信息有关的自然和社会领域,如模式识别、计算机翻译、心理学、遗传学、神经生理学、语言学、语义学,甚至包括社会学中有关信息的问题。

人类通信主要是通过传递语言、文字符号进行的,通信问题包含相互联系的三个层面:①技术问题,即如何精确地传送通信符号,即语法问题;②语义问题,即如何使传送的符号准确表达消息的含义;③效用或价值问题,即信宿收到的信息含义如何影响他的行为。

申农的信息理论是语法信息,涉及范围仅是通信工程技术,而传递语言符号是为了传递其含义,人类信息活动需要考虑信息的含义及效用,不同信息对同一信宿,同一信息对于不同信宿,常有不同的价值。被申农通信理论忽略了的价值因素,对于通信以外的信息活动也是至关重要的。正确的推理、识别、预测、决策等思维活动同样以了解信息的价值因素为前提。早在信息论诞生时期,与申农合作过的魏沃尔(W.Weaver)就指出了狭义信息论的局限性,认为其只解决信息传输的技术问题,不能解决信息的语义问题和信息的有效性(主观价值)问题。因此,信息的理论研究必须拓广到语义信息和语用信息。

在人类的信息活动中,消息的形式、内容、价值是统一的,信息科学应完整而统一地描述信息的形式、内容和价值因素,语法信息、语义信息和语用信息综合在一起。

3. 通信模型

通信系统模型是信息理论的基本模型,信息论研究的目的之一就是要找到信息传输过程的共同规律,以提高信息传输的可靠性、有效性、保密性和认证性,达到信息传输系统最优化。我们把各种通信系统中具有共同特点的部分抽象出来,可以概括成一个统一的理论模型,如图2-5所示。

图2-5 申农通信系统结构模型

通信过程是由以下几个环节构成：信源发出信息，通过信息通道来传送信息，最后由信宿获取信息。

信源是产生消息或消息序列的来源，消息通常是符号序列或时间函数，消息取值服从一定的统计规律，所以信源的数学模型可以是一个离散的随机序列或连续的随机过程。

编码就是用符号来表达消息，将消息变换成信号的措施，编码器输出的是适合信道传输的信号，信号携带着消息，它是消息的载荷者。原则上讲，译码是编码的逆变换，通信工程假定编码和译码是完全互逆的操作。

信道在实际通信系统中是指传输信号的媒介或通道，如电缆、波导、光纤、人造卫星、无线电传播空间、电离层等。为了分析方便起见，把在系统其他部分产生的干扰和噪声都等效地折合成信道干扰，看成是由一个噪声源产生的，它将作用于所传输的信号上，这样，信道输出的是已经加了干扰的信号。由于干扰或噪声往往具有随机性，所以信道的特性也可以用概率空间来描述，而噪声源的统计特性又是划分信道的依据。

信宿是消息传送的对象，即消息的接收者，例如人或机器。

总之，编码是把信息变换成信号的方法、措施，而信道则是传送、存储信号的具体的物理设施。这些问题的讨论是结合通信系统模型的研究进行的。从信源得来的信息，经过编码后进入信道。信道是系统的关键部分，它将信源的输出结果输入到系统中，然后再将输出信号经加工后送给用户。前者称为编码或调制，后者称为解码(译码)或解调。

图 2-5 给出的模型只适用于收发两端单向通信的情况，它只有一个信源和一个信宿，信息传输也是单向的。更一般的情况是信源和信宿各有若干个，即信道有多个输入和多个输出，另外信息传输方向也可以双向进行，例如广播通信是一个输入、多个输出的单向传输的通信；而卫星通信网则是多个输入、多个输出和多向传输的通信。要研究这些通信系统，需对两端单向通信系统模型做适当修正。

4．信息量与信息熵

信息的核心问题是它的度量问题。从目前的研究来看，要对通常意义下的信息给出一个统一的度量是困难的。至今最为普及的信息度量是由申农提出的建立在概率统计模型上的信息量，他把信息定义为"不确定性减少的量"。那么，用概率的某种函数来描述不确定性也就是自然的了。

信息量是用来度量信息大小的量，概率小的事件发生时所提供的信息量大；反之，概率大的事件发生时所提供的信息量小。

如果事先知道某事情肯定发生，此时其出现概率为100%，如果有消息告诉我们这件事发生了，对于我们而言并没有消除任何不确定性，所得信息量为 0。同样，对于选择观看比赛，如果竞赛双方势均力敌，那么比赛内容一定会相当精彩，因为比赛结果的不确定性很大；反之，如果双方实力悬殊，比赛过程呈一边倒局势，那么，观众也会觉得索然无味，这是因为比赛结果很容易判断，这场比赛带给观众的信息量少。

一般地，若某事件出现概率为 P，则这一事件所具有的信息量为

$$h = -\log_2 P$$

这是以 2 为底的对数，单位比特(bit)，这是信息量常用的单位，例如抛硬币的过程，出现正反面朝上的概率均为 0.5，每种状态所具有的信息量均为

$$h = -\log_2 0.5 = 1\text{bit}$$

因此，1bit 就是含有两个独立等概率可能状态的事件，择其中之一时所具有的信息量。

实际通信过程中，信源具有发送多种可能消息的能力，信源的总信息量就是信息源发出的全部符号所包含的信息量之和。一般地，为了更好地表征信源的总体特征，取其统计平均值，即计算出信源发出的每一个符号所包含的平均信息量，这个平均值就是信源平均信息量，即信息熵。

如果一个随机实验有 N 个可能的结果或一个随机消息有 N 个可能值，它们出现的概率分别为 $p_1, p_2, \cdots, p_n$，则信息熵 H 表示这个随机实验或随机消息所提供的平均信息量。用整个信源的各状态 $(x_1, x_2, \cdots, x_n)$ 所分别具有的信息量 $h(x_i)$ 的数学期望来表示，即

$$H = \sum_{i=1}^{n} p_i h(x_i) = -\sum_{i=1}^{n} p_i \log_2 p_i$$

在物理学中，熵是描述系统的不规则性或不确定性的一个物理量，表征系统总体状态的不确定程度。因此，信息熵借用统计物理中的熵概念来表征信源总体的不确定程度。信源总体的不确定程度越大，则信息熵越大，反之信息熵越小。这可由下面的不同情况下的信息熵看出。

(1) 两种可能性，概率分别为 1/3、2/3：

$$H_2 = -\left(\frac{1}{3}\log_2\frac{1}{3} + \frac{2}{3}\log_2\frac{2}{3}\right) = -\log_2\sqrt[3]{(\frac{1}{3})\times(\frac{2}{3})^2} = \log_2\frac{3}{\sqrt[3]{4}} \approx 0.92\text{bit}$$

(2) 两种可能性，概率分别为 1/2、1/2，例如抛硬币事件：

$$H_1 = -\left(\frac{1}{2}\log_2\frac{1}{2} + \frac{1}{2}\log_2\frac{1}{2}\right) = \log_2 2 = 1\text{bit}$$

(3) 三种可能性，概率均为 1/3：

$$H_3 = -\left(\frac{1}{3}\log_2\frac{1}{3} + \frac{1}{3}\log_2\frac{1}{3} + \frac{1}{3}\log_2\frac{1}{3}\right) = \log_2 3 = 1.58\text{bit}$$

由以上计算可知，随着事件不确定程度的增加，信息熵也随之增加。对于一定的 n(可能消息数)，熵函数在等概率分布下取最大值，即

$$H_n(p_1, p_2, \cdots, p_n) \leqslant H_{\max} = H(1/n, 1/n, \cdots, 1/n) = \log_2 n$$

称为离散信息集合的最大熵定理。

对于给定的 n，信息集合的熵是由它的概率分布决定的。概率分布越均匀，熵 H 越大，最大熵定理表明均匀分布的信息集合具有最大的先验不确定性，能发送最大的信息量。相反，概率分布越不均匀，信源信息熵越小。

思考与练习题

2.1 系统工程和系统科学的联系和区别是什么？

2.2 理解国内外学术界和工程界对系统工程的不同定义，分析这些定义的内涵和侧重点。
2.3 系统工程是怎样形成和发展起来的？各个时期系统工程发展的特点如何？
2.4 简述系统工程与一般工程技术的异同。系统工程有哪些基本特点？
2.5 系统工程三维结构的含义是什么？结构中任一点(x, y, z)的物理意义如何？
2.6 霍尔和切克兰德的系统工程方法论有什么不同？
2.7 简述经典控制论的基本原理。
2.8 简述运筹学与系统工程的联系及区别。
2.9 请参照计算机基础知识中的字节(Byte),说说它与信息量的单位比特(bit)的关系。

第3章 交通运输系统

3.1 交通运输的概念及分类

3.1.1 交通运输的概念

在日常生活和科学研究中,运输这一词语都用得十分广泛。《辞海》对运输的解释是:"人和物的载运和输送"。也就是说,运输指借助公共运输线及其设施和运输工具来实现物资的位移与人员的流动,是一种经济活动和社会活动。而交通从专业角度出发,一般是指"运输工具在运输网络上的流动"。

从对交通与运输两概念的论述中可以看出,交通强调的是运输工具(交通工具)在运输网络(交通网络)上的流动情况,而与交通工具上所载运人员、物资的多少没有关系。运输强调的是运输工具上载运人员与物资的多少、位移的距离,而并不特别关心使用何种交通工具和运输方式。交通量与运输量这两项指标的概念最能说明这一点。例如,在道路运输中,交通量是指单位时间内(例如1天或1小时)通过某路段的车辆数,它与运输对象无关,若说某路段的昼夜交通量是 5000 辆车,这 5000 辆车都是空车或都是重车,或空、重都有,都不会使交通量有任何改变。在交通工程中常将这些车辆转换为标准小汽车(单位为 pcu)。运输量则不同,它是指一定时期内运送人员或物资的数量。空车行驶不产生运输量,即使都是重载,如果运输对象在每一车辆上的数量不同,所产生的总运输量也会出现不同的情况。运输量分为客运量(以人为单位)和货运量(以吨为单位)。

显然,交通与运输反映的是同一事物的两个方面,或者说是同一过程的两个方面。这同一过程就是运输工具在运输网络上的流动;两个方面指的是:交通关心的是运输工具的流动情况(流量的大小、拥挤的程度),运输关心的是流动中的运输工具上的载运情况(客运量与货运量,以及考虑运输距离后的客运周转量和货运周转量)。在有载时,交通的过程同时也就是运输的过程。从这个意义上讲,由交通与运输构成的一些词语中,有一部分是可以相互替换使用的,如交通线与运输线、交通部门与运输部门、交通系统与运输系统等。因此,可以说运输以交通为前提,没有交通就不存在运输;没有运输的交通,也就失去了交通存在的必要。交通仅仅是一种手段,而运输才是最终的目的。交通与运输既相互区别,又密切相关,统一在一个整体之中。通常也称作交通运输,如交通运输专业、交通运输部门、交通运输系统等。由于交通、运输以及交通运输的概念在本质上的共同性,故本书在后面的章节标题中将交通运输均简称为运输。

3.1.2 交通运输方式的分类

以机器应用为标志的近现代交通运输业,大致经历了以下四个发展阶段:

(1) 以水运为主的阶段(18世纪～19世纪上半叶);
(2) 以铁路为主的阶段(19世纪30年代～20世纪30年代);
(3) 公路、航空、管道三种运输方式崛起的阶段(20世纪30年代～50年代);
(4) 五种运输方式协调发展的综合运输体系阶段(从20世纪50年代起至今)。

纵观交通运输的发展历史,我们可以看出:水运、公路、铁路、航空、管道等五种运输方式,随着技术及装备的不断成熟,都曾在一定时期获得迅速的发展并得到了广泛的应用,在一定的地理环境和经济条件下有其各自的合理使用范围,然而最终它们在逐步走向协调发展,逐步形成一个整体,构成一个现代化的交通运输体系。

1. 铁路运输

铁路运输受自然条件影响较小、运输能力大、运输成本低和能耗较小、速度较快、适用性好,是中、长途客货运输的主力。

铁路运输具有以下优势:
(1) 运量大。一列客车能载1000多人,远比汽车、飞机载客人数多。
(2) 速度快。比水运、公路都快,仅次于飞机。
(3) 成本和运价较低,但高于水运。
(4) 全天候运输,一般不受季节影响。
(5) 安全性好。

不足之处在于:
(1) 始建投资大,建设周期长。
(2) 受轨道线路限制,灵活性差。
(3) 运输总成本中固定费用所占比重大(一般为60%),大量资金、物资用于建筑工程,如路基、站场等。

2. 公路运输

公路运输投资省、建设周期短、机动灵活,可以对城乡广大地区实现门到门直达运输,它是短途客货运输的中坚力量。随着公路状况的改善,汽车技术的发展,公路运输在工农业产品以及短距离客运中的作用越来越大。

公路运输具有以下优势:
(1) 机动灵活,可以实现门到门运输。
(2) 技术标准及造价相对较低,修建快,便于深入各类地区。
(3) 客运成本和运价比航空低,但比铁路稍高。

不足之处在于:
(1) 长距离运输时,运营成本高。
(2) 产生废气和噪声,对环境污染较严重。
(3) 安全性较差,四种运输方式中,公路事故率最高。

3. 水路运输

水路运输的投资省、运输能力大、占地少、干线运输成本和能耗最低。在有条件的地方,水路运输应成为大宗和散装货物的重要运输方式之一,也可以承担沿海内河的客运任务。

水路运输具有以下优势:

(1) 能耗少，投资省。

(2) 成本和运价低廉。一般来说，能耗占运输成本的 40%左右，能耗低，运输成本也低，水路运输与铁路相比，水运成本大约是铁路成本的 70%。水运是所有运输方式中，运价最低的。

(3) 有利于旅游观光，乘坐舒适。

(4) 通航能力大。

不足之处在于：

(1) 速度慢。

(2) 受地理位置及气候条件的影响大。

4．航空运输

航空远输尽管成本和能耗高，但具有建设周期短、运输速度快、受地形限制较小等特点，常用于长途客运和精密仪器、鲜活易腐货物等的运输。

航空运输具有以下优势：

(1) 运输速度最快。

(2) 航线直，两点之间的运输距离短。

(3) 灵活性大，舒适，安全。

(4) 基本建设周期短，投资少。

不足之处在于：

(1) 运载量小。

(2) 营运成本最高。

(3) 受气候影响较大。

5．管道运输

管道运输投资省、建设周期短、运输能力大、占地少、受自然条件影响小，一般适合天然气和流向比较集中的原油和成品油运输。

交通运输业是国家的重要产业部门，是发展国民经济的基础。旧中国运输线路少、质量差、能力低、布局偏。经过这些年的建设，我国的交通运输事业有了较大的发展，初步形成了以铁路干线、长江、沿海水运、公路干线为骨干，五种运输方式组成的现代综合交通运输体系。

3.2　交通运输系统

3.2.1　交通运输系统的地位及作用

交通运输是社会经济发展的条件和基础，是国民经济的重要组成部分。运输布局是否合理，运输能力的大小都直接影响整个社会的经济效益，关系着整个国家的经济发展速度和发展水平。

(1) 交通运输系统是国民经济发展的先决条件。

(2) 交通运输是实现商品流通的物质手段。

(3) 交通运输是开发资源、联系城乡、发展横向联合、实现生产力合理布局的纽带。

(4) 交通运输业是国民经济的重要生产部门，又是工业生产的巨大市场。

(5) 交通运输是实行对外开放、发展对外贸易的必备条件。

(6) 交通运输对社会精神文明建设起着积极的促进作用。

3.2.2 交通运输系统的组成

交通运输系统包括铁路、公路、水运、航空和管道等五个运输子系统。可以从运输设备构成、运输网络及枢纽、综合运输的组织系统三方面叙述。

1. 交通运输系统的设备构成

现代化的交通运输必须具备运载工具、通路、场站、动力、通信、经营机构等要素的配合，且运输经营的成功与否，服务质量能否令人满意，也取决于构成要素能否发挥其应有的功能，以及彼此能否密切配合。

现代化的交通运输系统的共同特点是使用机械动力驱动运载工具在线路上运送人员和物资(管道运输是接受动力推进)，因此，交通运输系统的设备结构基本上有两大子系统，即固定设备子系统和移动设备子系统。

1) 固定设备子系统

固定设备子系统包括各种运输方式的线路、港站的土木建筑及其相关的技术设备，具体地说包括铁路、公路、航道、管道、桥梁隧道、车站、码头、船闸、客货运设施、航空港、机场、管路、油气泵站以及相关的通信信号与控制等设备，也包括各种运输方式相联结，实现运输方式转换的旅客换乘或货物换装枢纽，完善的现代化的换乘或换装枢纽，是综合运输固定设备现代化的重要标志之一。

对于交通运输系统来说，其特点之一是固定设备不仅投资额大，而且建设周期长，同时一经建成就不能移动。为此，如何根据国民经济发展和地区经济的需要，及时科学地建设好交通运输的固定设备子系统，是交通运输系统工程的基本内容。

2) 移动设备子系统

用于承载货物和乘客的动力装置和运载工具称为移动设备，包括铁路的机车车辆、公路的汽车、城市的电车、水上的船舶、航空线上的飞机等。这些设施都是在交通网上移动。为发展综合运输系统，除了有固定设备子系统外，还必须有相应的移动设备子系统，特别是能够快捷方便地实现运输方式转换的货物运输的标准化载体，才能保证运输功能的实现。

上述两类设施子系统共同承担客货运输任务。促进两个子系统协调配合，才能使交通设施系统设备形成优化的综合运输能力。

2. 综合运输网络及枢纽

综合运输网络是在一定空间范围(国家或地区)内由几种运输方式的线路和枢纽等固定技术装备组成的综合体。综合运输网是运输生产的主要物质基础，其空间分布、通过能力和技术装备体现了整个运输系统的状况与水平，良好的交通运输系统首先要有合理的布局与结构，要建设成与内部、外部协调的交通运输网。为此进行交通运输系统的建设与发展，首先要从完善、加强、扩展交通运输网络着手，不断提高交通运输网的数量与质量。

根据综合运输网同国民经济和生产力地域组合的关系，可将组成全国综合运输网的各种交通线路，按照以下功能结构进行建设：

　　1) 骨干线路(主干线路)

　　是全国综合运输网的骨干和大动脉。它把全国主要工矿区、大城市、重要海港与主要粮食和商品、农产品基地联系起来,将各个大经济区、省(自治区)联成一个有机的整体。骨干线路最明显地体现着这种物质基础的作用。

　　2) 开发线路

　　是骨干线路向边疆地区和新开发区的延伸。这种线路对开发资源、改变原来生产力分布的不平衡性有重大意义，在国民经济中起先行作用。

　　3) 给养线路

　　是联系主干线路和工业、农业以及矿产品地区，运入肥料、工矿设备、粮食和日用品等给养物资的线路。给养线路可以是铁路、公路，也可能是大河的支流或运河。许多工农业地区并不都在主干线路上，必须用相关线路将其连接起来。一般来说，工厂、矿山在开始建设前就要修建铁路或公路支线。

　　4) 腹地线路

　　是分布在广大农村和工矿区内部的交通线，一般呈网状分布，像微血管一样灌输全国各地区。腹地线路一般为二级以下公路和小河航线，在城市工矿区有时也采用铁路和高级公路。

　　5) 企业线路(或叫专用铁道与专用线)

　　是为工矿企业和乡镇、国营农场内部生产服务的交通线。既构成企业内部的生产线，又像微血管一样把企业外部的运输系统连通起来。

　　交通运输系统的空间布局形成典型的网络结构，各种运输方式的交叉汇合则是交通运输网络的节点，常常形成运输枢纽。运输枢纽是在两条或两条以上运输线路的交汇、衔接处形成的，具有运输组织、中转、装卸、仓储、信息服务及其他辅助服务功能的综合性设施。服务于同一种运输方式的叫做单式运输枢纽，如我国目前的航空机场，铁路的车站，海运、内河的港口，公路的客货运输中心。服务于两种或两种以上运输方式的叫做复式运输枢纽。

　　从运输枢纽在运输全过程中所承担的主要作业任务来看，它的基本功能是保证完成四种主流作业：直通作业、中转作业、枢纽地方作业以及城市对外联系的相关作业。

3．综合运输的组织管理系统

　　建立高效率的、相互衔接的、灵活运转的综合运输系统的组织管理体系，对于提高综合运输系统管理效率和管理水平有着十分重要的作用。综合运输的组织管理不但要有各运输方式自身的管理体系，而且必须有综合的管理机制。因此，有必要在分析各运输方式的组织管理情况的基础上，进一步探讨综合运输体系中结合部的组织管理和运输协作等问题。

　　1) 各种运输方式的组织管理

　　2013年3月铁路政企分开改革以来，我国铁路实行国家铁路局、地方铁路局和站段的分级管理。国家铁路局对国家铁路的营运实行统一集中领导。制定全路的规章、制度和标准；编制全路运输计划、列车编组计划、列车运行图和技术计划，统一指挥全路日常运输调度上作；管理铁路国际联运和对外技术合作交流。地方铁路局根据铁路运输规律和营运管理需要而设置，它是铁路运输经营活动的主体。铁路局所辖的铁路站段是按照铁路运输不同专业设置的基层生产单位，其中与行车有关的主要站段有车站、车务段、列车段、客运段、机务段、车辆段、工务段、电务段等。

水运是水路运输或水上运输的简称。按照其运输径路及运输距离分为内河运输、沿海运输和远洋运输三类。水路运输必须依靠港口来实现旅客的乘降和货物的装卸。水运的组织管理包括水运系统的管理和港口系统的管理。

公路运输的组织管理是指公路运输的生产组织和行政管理。从宏观上讲，政府的管理部门负责制定规划、方针政策，颁布有关的法令规章，管理公路运输事业。从微观上讲，公路运输业务单位围绕运输业务建立必要的管理机构和规章制度，并进行计划、组织、指挥和监控等工作。

民航的运输生产服务组织是通过组建航线进行的。航线是指一定方向上沿着规定的地表面飞行，联络两个或几个地点进行定期或不定期运输业务的空中交通线。航线按区域可分为国内航线和国际航线。

2) 综合运输中结合部的组织管理

交通运输是国民经济的大动脉，具有运输指挥的高度集中、过程联动、联控特点。随着现代运输业的生产规模的不断扩大和分工的不断细化，交通运输各部门间的功能协同和利益协调关系，出现了众多的交叉、耦合、重叠甚至冲突现象，也就是交通运输结合部现象。所谓运输结合部，就是在运输生产经营活动中，为了共同的目的，有几个系统和系统的几个要素，共同负责、共同管理形成相互交叉、相互依存的区域和环节。

如何在交通运输多部门、多企业的条块分管制度下，形成统一的、一体化的协调运转，减少"1+1<2"内耗问题是交通运输业管理的一个重要议题之一。结合部的管理已成为运输企业经营管理的一个突出问题。因此，综合管理与协调工作日趋复杂和重要，我国组建交通运输部，将民用航空总局的职责、建设部指导城市客运的职责划归到该部，并将原铁道部拟定铁路发展规划和政策的职责划入交通运输部，正是为了优化交通运输布局，发挥整体优势和组合效率，加快形成便捷、通畅、高效、安全的综合运输体系。

3.2.3　交通运输的系统管理

交通运输系统是一个庞大的系统工程。要在我国逐步建成完善的交通运输系统，必须从我国的国情出发，处理好三个基本比例关系，即运输业与国民经济和社会发展之间的关系，各种运输方式相互之间的关系，以及各种运输方式内部各个环节之间的关系，促使我国运输业向着结构协调、布局合理和效益优化的目标发展。

交通运输包括：铁路、水运、公路、管道、航空等。每一种运输方式都有其特点和优势，也都有其局限性。因此要根据国民经济布局和运输需求，从提高各种运输方式的经济效益，特别是从提高整个社会的经济效益出发，在各种运输方式的发展过程中，逐步改善运输结构，建立起符合我国经济、地理、资源等国情的合理的综合运输网，以充分发挥各种运输方式的特点和优势，使各种运输方式能够做到合理分工、互相补充。

因此，对交通运输进行全过程的系统管理，就是要把运输看成是由许多既有分工，又相互联系的许多环节和因素组成的动态整体。按照事物的内部联系，从全局出发，动态地分析交通运输系统问题，以求得系统总体最优。每一种运输方式都不应该强调独自成网，而应该在服从综合运输网整体规划的前提下，安排各自的发展规划。

同样，随着人口的增加和工业的发展，世界上许多大城市交通已达到饱和状态。由此带来的交通堵塞，以及交通噪声、振动和废气排放，交通事故所引起的公害等，已经成为一个社会性的问题。因此，制定交通运输规划，必须建立在对社会经济、工业及居民带来的影响进行定性分析和定量计算的基础上。

3.2.4 交通运输系统的特点

交通运输是一个复杂的巨系统，具有系统的基本特征，其具体表现为：

(1) 交通运输系统具有明确的目的性。

任何一个人造系统，都有其具体的目的，交通运输系统也不例外。建设与发展这个系统的目的是要完成社会和企业以及个人的运输任务。货物运输是生产和流通的组成部分。通过运输工作才能完成商品的交换任务。旅客运输是满足人们工作、学习、生活和旅游的需要。

(2) 交通运输系统是一个整体。

这个整体必须相互协调才能适应国民经济发展和旅客与货物运输任务的需求。现代交通运输系统的五种运输方式尽管都独立存在，而且它们各自都有其特点和适应的领域，但都是交通运输系统的组成部分，共同构成一个国家或一个地区的交通运输的整体。此外，就每一种运输方式来看，其内部亦是各种设备组成的一个整体，通过相互协调适应，才能发挥每种运输方式的运输功能。

(3) 交通运输系统的层次性十分突出。

就全国交通运输线网来看，有干线、支线和联络线；综合运输枢纽根据其在国民经济和综合运输网络中所起的作用和服务范围的不同，分为全国性枢纽、区域性枢纽和地方性枢纽；港口可分为航运中心港、主枢纽港、地区性枢纽港、地区性重要港口、中小港口等；公路按行政级别划分为国道、省道和农村公路等；城市道路按其服务功能可以划分为主干道、次干道和支路等；交通运输系统行政管理机构有中央、省区和市县等层次。

因此，按照不同的功能及作用，交通运输系统可分为不同的层次，这些层次分别有不同的等级和服务范围。

(4) 交通运输系统的相关性。

组成交通运输系统的各子系统的"元、部件"彼此间都是相关的，它们之间是以相互联系、相互协调的形式存在的。如交通运输设备子系统内有固定设备子系统和移动设备子系统，这两个子系统之间存在着严密的相关性，如果其协调程度很低，势必影响到运输系统能力的发挥。

(5) 交通运输系统的发展必须与其外部环境相适应。

交通运输系统的外部环境包括国家和地区的社会经济环境、交通建设的自然环境、城市建设以及人口分布、交通资源分布(如河道、海岸线、港口资源等)、科学技术发展水平以及经营管理状况等方面。一个国家和地区的交通运输系统的开发建设与其环境有着非常密切的关系，环境发生变化必然影响到交通运输系统的运营和建设。

此外，交通运输系统又是一个社会经济系统，属于开放的复杂巨系统，具有自身的特点，具体表现如下：

(1) 交通运输系统的要素集合庞大。

就我国城市客运系统来说，2013年全国拥有公共汽电车运营线路41738条，运营线路总长度74.89万公里，其中公交专用车道5890.6公里；BRT线路长度2753公里；全年新辟、撤销、调整公共汽电车运营线路条数分别为3373条、833条、5248条。轨道交通运营线路81条，运营线路总长度2408公里。城市客运轮渡运营航线143条，运营航线总长度575公里。

2013年全年城市客运系统运送旅客1283.35亿人次。其中，公共汽电车完成771.17亿人次，BRT客运量10.96亿人次，公共汽电车运营里程348.96亿公里；轨道交通完成109.19亿人次，运营里程2.74亿公里；出租汽车完成401.94亿人次，运营里程1593.21亿公里；客运轮渡完成1.06亿人次。它还包括庞大的固定和移动设备以及相应的管理和控制设备等，还有上百万人的职工队伍。我国交通运输系统是一个庞大的系统。

同时，交通运输大系统所需的信息不仅量大而且复杂，需要做大量的信息收集、加工、传输等工作。交通运输大系统的信息包括两大类，即系统内部信息和系统外部信息。其中系统内部信息包括生产、调度、运行、载运工具、职工、客运与货运，以及有关规章、制度、政策、法规等；交通运输大系统作为一个动态开放系统，它要求相关部门和地区提供各种有关的信息，这些信息就是系统外部信息，如客流的分布与数量，货流的分布与数量，车船运行状况，国际、国内的经济信息，政策法规信息以及相关的资源、气象、地质、水文等方面的资料。只有不断地收集这些相关信息，通过加工、分析和传送，才能保证交通运输系统的正常运转与长期稳定发展。

(2) 交通运输系统具有明显的动态性。

交通运输系统是一个动态系统。其动态性表现在几个方面，一方面交通运输所处的环境在不断变化，人们对交通运输的期望提高，希望乘坐更加快速、安全、舒适，货运更加高效，同时，交通运输系统是国民经济系统的组成部分，国民经济系统随着时间变化，从而使运输任务也随着时间而变化；另一方面是交通运输系统本身的动态性，即交通运输的目的就是实现客货的位置移动，在运输过程中存在着客货流、车流等，必然是一个动态系统；再者，交通运输系统的技术也在不断发展过程中，如铁路重载、高速客运、智能运输系统等的最新发展，交通运输系统始终处在动态的发展过程中。

(3) 交通运输系统是一个连续性过程系统。

交通运输系统是一个连续性的过程系统，这个系统必须全天候地运转，而不能发生中断，否则就破坏了运输的正常生产。其货物运输生产过程包括了集、装、运、卸、散诸环节所组成的生产全过程。旅客运输过程包括进站、上车、运行、到站、出站等过程和环节。把每一个环节均看成是过程单元，过程单元按照一定的方式相互联结在一起形成网络，称为过程系统。诸过程单元是通过旅客和货物位移相互联结的。在完整的运输过程系统中，任何一个单元出现故障都直接影响系统功能的实现。为了保证过程系统的正常运转，就要不断地解决和协调各个过程单元和单元间所形成的"结合部"。正由于交通运输系统是一个过程系统，在作业过程的诸多环节中所形成的"结合部"对其管理问题就具有特别重要的意义。

(4) 交通运输系统的多环节、多功能、跨区域的特点。

如前所述，结构复杂的交通运输系统，其运输生产过程表现为多个环节之间的联合作业，如货物装车(船)、运输、卸车(船)，旅客运输的上车、运送、下车等环节，而且各个环节间要协调适应。

交通运输系统具有多功能，如运输功能、生产功能、服务功能、工业功能、城市功能以及国防功能等。为此，交通运输系统的开发建设涉及到多个目标多种功能的实现。

一般工矿企业都是在一定的区域内进行生产，而交通运输系统则没有区域的界限，旅客旅行由始发地到目的地，货物由发送站至到达站是根据运输具体要求确定的，它们没有区域的界限，更不能限制在一个城市或地区，有的甚至要打破国家的界限，如国际航线、国际铁路联运以及远洋航运等。

3.3 交通运输系统工程的研究内容

系统科学与系统工程的发展一直是以社会的实际需要为基本动力的。20世纪下半叶，人类社会进入了迅速发展的新的历史时期，交通的发展是其主要标志。"地球村"是以方便快捷的现代交通运输系统为基础的，得益于交通运输技术的发展及其遍布全球的陆海空交通网络。作为跨领域、多因素、动态的一种典型的复杂系统，作为社会与经济系统的大动脉，交通运输系统自然是系统工程的一个重要领域。

系统工程以一般系统为研究对象，交通运输系统工程的研究对象则是交通运输系统。对于从事交通运输管理的工作者来说，树立交通运输大系统的思想，掌握运输系统工程的方法，将具有十分重要的意义。

交通运输系统工程是系统工程在交通运输领域中具体应用的分支学科。它以交通运输系统的整个运输活动为对象，将运输系统的设备构成、运输网络及枢纽、运输的组织系统以及信息作为一个有机整体，从系统的观点出发，以数学和工程等方法为工具，综合运用交通运输工程、运输经济学、运输法学、环境工程、管理工程、信息技术和人机工程学等基本理论，为交通运输规划、设计、管理、运营及维护等活动提供决策，使之在一定期限内获取最佳经济效益、社会效益和生态效益的组织管理方法。

交通运输系统工程的主要研究内容包括：

1．运输系统分析

按系统特性的分析范围，包括运输系统的目的分析、结构功能分析和环境适应性分析，按运输系统的内涵，包括交通运输需求及供给分析、交通运输效益分析、交通运输质量分析等。运输系统的结构分析方法有解析结构模型、关联树法等。

2．运输系统需求预测

包括运输系统常用的预测方法、运输量预测、运输方式分担预测等。系统预测的方法主要有回归预测、时间序列预测、灰色预测等。

3．运输系统建模及仿真

在深入认识运输系统的功能、要素、结构及环境影响等的基础上，对系统运行作出模拟仿真，常用的仿真方法有系统动力学、蒙特卡罗法等。

4．运输系统最优化

针对运输系统的规划、设计、管理、运营等各项活动，分析优化目标及约束，综合社会、政治、经济、资源和技术等各方面的情况，运用规划理论和方法寻求各种规划方案，在保证整个系统协调一致的前提下，根据系统的总目标从中选出满意的方案。例如道路网规划过程中确定公路线路走向、等级、标准，交通港站及枢纽选址，物流配送方案等。系统最优化方法包括线性规划、非线性规划、整数规划、动态规划等。

5. 运输系统网络分析

将运输线路及其交叉看作是网络图中的边和节点，就构成了运输系统网络，可以用网络图的方法进行分析，包括最短路、最小费用最大流问题和交通运输网络结构优化等。

6. 运输系统排队分析

讨论排队论在交通运输系统中的应用，包括装车(装船)运输系统中的排队现象、道路与交通工程中车辆的排队及延误、汽车维修、加油服务系统中的排队等。

7. 运输系统评价

在交通运输的活动中，根据技术、经济、环境等方面的客观要求，建立评价指标体系，利用各种评价方法，分析对比各备选方案，权衡各方案的利弊得失，评定出各方案的价值。系统评价方法包括层次分析法、模糊综合判定、模糊聚类分析等。

8. 道路交通运输系统决策

讨论决策分析方法在交通运输中的应用，包括运输企业决策模型的建立、运输企业间的博弈等。决策分析的方法包括风险型决策、效用理论、矩阵对策、冲突分析等。

3.4 我国交通运输的现状及发展前景

随着我国对外开放的进一步深化，全球经济一体化进程的加快，与货物贸易密切相关的运输服务量也将继续保持快速增长。

1. 交通运输各种方式的现状及发展规划

五种交通运输方式中，我国管道运输的行业管理不在交通运输部，而在能源部门，2013 年我国油气管网格局初步形成，总里程达 10.62 万公里，管道运输完成货运量 6.6 亿吨，比上年增长 6.3%，完成货运周转量 3500.9 亿吨公里，比上年增长 9.0%。统计口径为三个石油公司(中石油、中石化和中海油公司)。

2013 年我国运输行业中，全社会完成客运量 212.26 亿人次、旅客周转量 27573.40 亿人公里，货运量 403.37 亿吨、货物周转量 164516.22 亿吨公里，按可比口径比上年分别增长 4.8%、5.9%、9.9%和 6.1%。以上数据并未包括管道运输。

以下是对我国各种交通方式基础设施及相关运输指标的现状及规划：

1) 铁路运输系统

2013 年末全国铁路营业里程达 10.31 万公里，比上年末增加 5519 公里。路网密度 107.4 公里/万平方公里，增加 5.7 公里/万平方公里。

2013 年全国铁路完成旅客发送量 21.06 亿人次，旅客周转量 10595.62 亿人公里，比上年分别增长 10.8%和 8.0%。其中，国家铁路完成 20.75 亿人次，10550.32 亿人公里，分别增长 10.7%和 8.0%。 全国铁路完成货物发送量 39.61 亿吨，货物周转量 29031.61 亿吨公里，比上年分别增长 1.7%和 0.2%。其中，国家铁路完成 32.16 亿吨，26702.85 亿吨公里，分别下降 0.3%和 1.1%。

根据 2008 年调整的《中长期铁路网规划》，到 2020 年，全国铁路营业里程将达到

12万公里以上，复线率和电化率分别达到50%和60%以上；建立省会城市及大中城市间的快速客运通道，规划"四纵四横"等客运专线以及经济发达和人口稠密地区城际客运系统；建设客运专线1.6万公里以上；以扩大西部路网规模为主，形成西部铁路网骨架，完善中东部铁路网结构，规划建设新线约4.1万公里。

2) 公路运输系统

2013年末全国公路总里程达435.62万公里，比上年末增加11.87万公里。公路密度为45.38公里/百平方公里，提高1.24公里/百平方公里。全国高速公路里程达10.44万公里，比上年末增加0.82万公里。全国高速公路车道里程46.13万公里，增加3.67万公里。

2013年全国营业性客运车辆完成公路客运量185.35亿人次、旅客周转量11250.94亿人公里，按可比口径比上年分别增长4.2%和1.0%，平均运距60.70公里。全国营业性货运车辆完成货运量307.66亿吨、货物周转量55738.08亿吨公里，按可比口径比上年分别增长10.9%和11.2%，平均运距181.16公里。

根据《交通运输"十二五"发展规划》，2015年公路总里程将达到450万公里，国家高速公路网基本建成，高速公路总里程达到10.8万公里。

3) 水路运输系统

2013年末全国内河航道通航里程12.59万公里，比上年末增加858公里。全国港口拥有生产用码头泊位31760个，比2012年末减少102个，全国港口拥有万吨级及以上泊位2001个，比2012年末增加115个。

2013年全国完成水路客运量2.35亿人、旅客周转量68.33亿人公里，按可比口径比上年分别增长3.0%和2.9%，平均运距29.03公里。全国完成水路货运量55.98亿吨、货物周转量79435.65亿吨公里，按可比口径比上年分别增长10.4%和4.8%，平均运距1419.04公里。

2013年全国港口完成货物吞吐量117.67亿吨，比上年增长9.2%。其中，沿海港口完成75.61亿吨，内河港口完成42.06亿吨，分别增长9.9%和7.9%。

2013年全国港口完成旅客吞吐量1.85亿人次，比上年下降4.8%。其中，沿海港口完成0.78亿人次，内河港口完成1.07亿人次，分别下降1.2%和下降7.3%。

根据《交通运输"十二五"发展规划》，2015年港口码头结构将进一步优化，深水泊位达到2214个，能力适应度(港口通过能力/实际完成吞吐量)达到1.1。内河航道通航条件显著改善。"两横一纵两网十八线"1.9万公里高等级航道70%达到规划标准，高等级航道里程达到1.3万公里。

4) 民航运输系统

2013年末共有颁证民用航空机场193个，其中定期航班通航机场190个，定期航班通航城市188个。

2013年全国民航完成旅客运输量3.5亿人次，旅客周转量5658.5亿人公里，比上年分别增长10.9%和12.6%。完成货邮运输量557.6万吨，货邮周转量168.6亿吨公里，比上年分别增长2.3%和2.9%。

根据《交通运输"十二五"发展规划》，2015年初步建成布局合理、功能完善、层次分明、安全高效的机场体系，运输机场数量达到230个以上。民航客货运量分别达到4.5亿人次、900万吨。

2. 交通运输系统的发展趋势

信息技术的发展、新型材料的开发，以及能源与生物工程的研究，将为交通运输的发展创造有利的条件，交通运输系统的发展特点如下。

1) 运输工具的高速化、大型化和专业化

通过不断研究和采用先进技术装备，公路运输向高速、高效运输网络发展。船队向大型化、专业化发展，船队的规模效应可以降低单位造价，从而降低运输成本，特别是在货源充足、运距长和港口水深条件允许的情况下更为有利。铁路运输向客运高速化、货运重载化的方向发展。

2) 布局的合理化和均衡化

20世纪60年代前后，许多发达国家出现了交通堵塞和压船压港等情况，连接工业地带的主要交通干线变成了工业发展的障碍，严重阻碍了经济的发展。为了谋求高速而稳定的经济发展，包括日本、美国、巴西以及欧洲的许多国家都大幅度地扩大了交通投资，大力发展高速公路、修建轨道交通、发展集装箱船舶等，健全了地区交通体系，使运输布局达到均衡。对于运输需求的满足从跟进型逐步转入超前型或引导型，为20世纪70年代以至目前的经济繁荣提供了条件。

3) 管理现代化和运输的高效化

随着电子技术的不断进步，交通运输正在向自动化、信息化的方向发展，智能运输系统的发展日新月异，许多国家采用了多种车辆、船舶、飞机的调度指挥系统、交通控制系统和信息管理系统，以适应先进运输工具高效化的需要，从而促进交通运输的安全、快速、高效发展。

思考与练习题

3.1 试阐述各种运输方式的特点及适用范围。

3.2 联系实际，说明系统工程在城市交通系统(或综合运输系统)中的应用。

3.3 如何理解道路交通运输系统与环境之间的关系？

3.4 如何实现可持续的交通运输发展战略？

3.5 了解本专业(交通工程、交通运输或物流工程等)本科培养计划，说明交通运输人才培养的系统特性。

3.6 结合第2章所学内容，试建立一个关于研究交通运输系统工程方法论的三维结构体系。

3.7 作为交通运输类专业学生，应密切关注交通运输行业的发展动态，试收集我国近十年内交通运输各方式的发展历史数据，做出对比分析，总结我国交通运输系统的总体概况及发展趋势。

第4章 系统分析

4.1 系统分析概述

4.1.1 系统分析的概念

系统工程的研究对象是大规模的复杂系统。这种系统的特征就是规模庞大、结构复杂、目标多样、功能综合、涉及因素众多,而且因素中有许多是矛盾的和不确定的。特别是对一些技术上比较复杂、投资费用很高、建设周期较长和风险较大的系统,在决策前必须对系统进行科学的系统分析,从而保证决策的正确性,保证系统设计达到最优,避免技术上的失误和经济上的损失。

系统分析是运用逻辑思维推理的方法对问题进行分析,在前面的章节中,我们已对霍尔三维结构中的逻辑维进行比较详细的剖析,这里所讲的系统分析步骤与霍尔三维结构中的逻辑维没有本质的区别。

目前,对于系统分析的解释有广义与狭义之分。广义的解释是把系统分析作为系统工程的同义语,狭义的解释是把系统分析作为系统工程的一个逻辑步骤。系统工程在处理大型复杂系统的规划、研制和运用问题时,必须经过系统分析这个逻辑步骤。系统分析处在系统工程全过程的前期阶段,是其他后续阶段的基础。如图4-1所示。

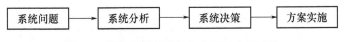

图4-1 系统分析在系统生命周期中的阶段

系统分析是从实际问题出发,对于需要改进的系统或准备建立的新系统,在对其目的、环境、结构及功能等分析的基础上,运用建模、仿真、预测及评价、优化等技术对系统的各有关方面进行定性与定量相结合的分析,为选择最优或满意的系统方案提供决策依据的分析研究过程。

从图4-2中可以看出,从问题出发,提出系统的整体目标,分析系统要素或各子系统的功能和相互关系,以及系统同环境的相互影响。在调查研究、收集资料和系统思维推理的基础上,产生对系统的输入、输出及转换过程的种种假设。利用定性和定量方法,探索若干可能相互替代的方案。建立模型或用模拟方法、分析对比各个不同的方案,并研究探讨可能产生的效果。综合技术经济、组织管理、方针政策、信息交换等各方面因素,寻求对系统整体效果最佳和有限资源配备最佳的方案,为决策者的决策实施提供科学依据。

系统分析就是为决策者选择一个行动的方向,通过对情况的全面分析,对可能采取的方案进行选优,是一种辅助决策方法。

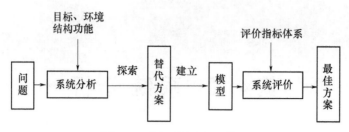

图 4-2　系统分析的概念模型

4.1.2　系统分析方法的特点

系统分析伴随系统建模仿真的全过程，没有一套特定的普遍适用的技术方法，根据分析的问题、对象、阶段不同，采用的具体方法也可能不同。一般来说，系统分析的方法可分为定性方法和定量方法两大类。定量方法适用于系统结构清楚、收集到的信息准确、可建立数学模型等情况，例如投入产出分析法、效益成本分析法等。如果要解决的问题涉及的系统结构不清，收集到的信息不太准确，或是由于评价者的偏好不一，对于所提方案评价不一致等，难以形成常规的数学模型时，可以用定性的系统分析方法，例如目标—手段分析法、德尔菲分析法、因果分析法等。

在分析时往往要通过一系列的"5W1H"，逐步明确出现的问题是什么，涉及哪些对象，由此建立相关系统，并分析解决该问题所需的条件，包括由何人、在何时、何地完成，选用的方法是什么等，即初步提出几种替代方案，在方案比选的基础上加深对系统的认识，以便圆满解决该问题。系统分析的逻辑如表 4-1 所示。

表 4-1　系统分析中的逻辑

项目	目的	对象	地点	时间	人物	方法
提问	why	What	Where	When	Who	how
决定	解决什么问题？	研究对象是什么？	应在何处做？	应何时做？	应由谁做？	怎样去做？

系统分析方法有如下特点：

1. 以整体为目标

系统方法要求人们把对象和过程视为一个相互联系、相互作用的整体，并且尽可能将整体做形式化的处理。

在一个系统中，处于各个层次的子系统，都分别具有特定的功能和目标，彼此分工合作，才能实现系统整体的共同目标。构成系统的所有要素都是有机整体的一部分，它们不能脱离整体而独立存在。系统总体所具有的性质，是其各个组成部分或要素所没有的，因此，如果只研究改善某些局部问题，而忽略或不重视其他子系统，则系统整体的效益将受到不利的影响。

从事任何系统分析时，都必须考虑发挥系统整体效益，不能只局限于个别子系统，以免顾此失彼。所以，以整体为目标，是系统分析方法的一个基本特点。

2. 以特定问题为对象

系统分析是一种处理问题的方法，其目的在于寻求解决特定问题的最佳策略。许多问题都含有不确定的因素，而系统分析就是针对这种不确定情况，研究解决问题的各种方案及其可能产生的结果。不同的系统分析所解决的问题当然不同，即使对相同的系统所要求解决的问题，也要进行不同的分析，拟订不同的解决方案。

3．由定性分析到定量分析

最初，系统方法不过是对系统思想和系统理论的一般原则的运用，它只能对系统进行定性的研究和描述。随着系统理论的发展，人们不再满足于对系统的定性研究，对系统的定量研究越来越受到重视。于是，各种数学方法便成了系统方法的有机组成部分，再加上电子计算机的运用，形成了各种各样的对系统进行定量化研究和描述的方法。

4．目标的"最优化"

人们应用系统方法，总希望实现目标最优化，但是在通常的情况下完全达到最优化是不可能的。最优是理想状态，为实现理想状态有时需要付出过大的人力、物力、财力的代价，即便达到了最优目标，但因代价太大反而显得不优了。所以一般把目标定为做到"满意"即可，在此基础上力争"最优"。

4.1.3 系统分析的步骤

系统分析不同于一般的技术经济分析，作为一种解决问题的方法，它可以帮助决策者对大量可行性方案进行综合评价，在满足约束条件的情况下，最优化达到系统设计者和决策者的总目标。可以认为，系统问题在实际系统中产生，由问题产生目标，再根据目标去找最优方案，这就是系统分析的主要逻辑顺序。因此在整个系统分析过程中，不但需要做大量的调查研究，收集各种数据和资料，同时还需要应用各种工程专业知识、技术经济分析和管理技术等。

一般来说，系统分析的步骤可以概括为如下五个阶段：

1．提出问题、确定目标

要进行系统分析，首先要明确所研究问题的性质和范围，弄清问题中所包含的因素、各因素之间的相互关系以及环境状况和约束条件，这是确定目标的前提。

所谓目标，是指决策者所希望实现的理想。它可能是某一单项，也可能是希望同时实现的多项目标。有了明确的目标，才便于着手进行系统分析。单一的目标分析起来比较简单，多项目标分析时需要考虑它们的协调。

2．调查搜集资料

建立模型或拟订方案，都必须要有资料作为依据，方案的可行性论证更需要准确可靠的资料数据。数据的监测和收集是系统分析的基础工作，在进行此项工作时，首先调查影响目的的各种因素的现状及历史，收集国内外有关问题的各种资料，确定影响目的的各个因素。收集资料通常多借助于调查、实验、观察记录以及参考国内外资料等方式。

3．制定方案，建立模型

在收集到大量资料的基础上，制定解决问题、达到目标的各种可能的方案。

建立模型就是找出说明系统功能的要素及其相互关系，即系统的输入、输出和转换关系以及系统的目标和约束等。模型只是现实过程的近似描述，如果它说明了所研究的系统的主要特征，就算是一个满意的模型。

利用模型可以预测每一方案的运行结果，并根据其结果定量评价各方案的优劣。

4. 分析计算，评价选择

在分析复杂系统的时候，有大量的资料和数据需要处理，通常运用数学工具和电子计算机来进行。

在几个替换方案中，每个方案都有自己的长处，也有自己的短处，往往很难确定选用什么方案。所谓评价选择，就是根据评价标准对各种方案的利弊得失和成本效益进行评价。在此基础上加以综合研究，选择费用最低而效益最高的方案。

5. 鉴定及检验

用测验或试验的方法来鉴定所获得的结论，并提出应采用的优化方案。如果对方案不够满意，还可以按照上述步骤反复进行，直至得出满意的方案为止。

当然，以上程序并不是僵化不变的，在进行系统分析的时候，需要灵活运用。

4.1.4 系统分析的要素

在实际中所遇到的系统是千变万化的，而且所有的系统都处在各不相同的复杂的环境中。另外，不同的系统所产生的功能也不同，内部的构造和因素的组成也不同，即使是同一系统，由于分析的目的不同，所采用的方法和手段也不同。因此，如果要找到技术上先进、经济上合理的最佳系统，则在系统分析时，必须具备若干个要素，才能使系统分析顺利进行，以达到分析的要求。

系统分析有下列六个组成要素：

1. 目标

目标是系统目的的具体化，它是系统整体分析的一个要素，确定的目标应当遵循SMART原则，即具体的(Special)、可衡量的(Measurable)、可达到的(Attainable)、相关的(Relevant)和有时限的(Time-based)。

系统的总目标是决策的主要依据。对于系统分析人员来说，首先要对系统的目的和要求进行全面的了解，如为什么做出此选择，要达到什么程度。因为系统的目的和要求既是建立系统的根据，也是研究系统的出发点。

2. 替代方案

替代方案是选优的前提，没有足够数量的方案就没有优化。只有在性能、费用、效益、时间等指标上互有长短并能进行对比的，才称得上是替代方案。替代方案必须有定性和定量的分析和论证，必须提供执行方案时的预期效果。

例如在加强铁路干线运输能力分析时，既可采取修建复线，也可采取改变牵引动力类型等技术手段，两种方案都有一定的可行性，但在不同指标上互有利弊，确定最优方案时，就得进行分析与比较。

3. 指标

指标是衡量总体目标的具体标志。指标包括有关性能、费用、效益以及时间等方面的内容，分析时根据不同的要求和技术条件具体确定。

性能是技术论证的主要方面；费用是用于方案实施的实际支出，一般用货币表示；效益主要是指完成某项工程、产品或服务而得到的收益；时间是一种价值因素，进度或周期是其具体表现。在决定对社会有广泛影响的大项目时，还考虑其对社会、环境、生态方面的影响，这些因素往往较难用货币尺度来衡量。例如，兴建快速轨道交通线路时对沿线居民噪声、振动的影响，而这些指标越来越为人们所重视。

为了对替代方案进行综合的比较分析，必须采用一组互相联系的可以比较的指标进行衡量，这一组指标叫做系统的评价指标体系，不同的系统所采用的指标体系也不同。

4．评价标准

衡量备选方案在具体的指标、准则上优劣与否的判断依据是评价标准。通过评价标准可对各个可行性方案进行综合评价，确定出各方案的优劣顺序。

5．模型

为了说明目标与方案之间的因果关系而拟制的数学模型或模拟模型，用它求出系统各替代方案的性能、费用、效益和时间等指标值，依据评价标准，对各方案进行综合评价，确定出各方案的优劣顺序，以供决策者选用。模型的优化与评价，是方案论证的判断依据。

6．决策者

各方案进行优先顺序排序后，决策者还要根据分析结果的不同侧面、个人的经验判断以及各种决策原则进行综合的、整体的考虑，最后做出决策。同一种优先顺序，不同决策者的决策方案可能不同。因此，决策者的主观考虑非常重要。

以上是系统分析的六个基本要素，根据各要素相互之间的制约关系，可组成系统分析的结构如图 4-3 所示。

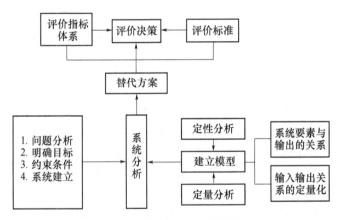

图 4-3　系统分析结构的概念图

4.1.5　系统分析的原则

一个系统由很多因素构成，它不仅受到外部条件的影响，而且还受到内部因素之间的互相制约。对于一个大系统，又可以分成若干个层次，分为许多子系统。同时整个系统还处在动态发展之中。系统分析没有特定的方法，必须随着分析对象的不同、分析问题的不同具体考虑，但是，在进行系统分析时，必须要遵循以下的原则。

1．内部条件与外部条件相结合

对系统的内部条件进行分析，主要是研究系统的组成要素、要素之间的关系以及系统的结构、功能等。而对系统的外部条件进行分析和研究，在于弄清系统目前和将来所处环境的状况，把握系统发展的有利条件和不利因素。所以，在处理一个系统时，必须将内部和外部的有关因素结合起来进行综合分析，实现系统的最优化。

例如，构成一个运输系统，不仅要受到外部条件，如自然条件、资源条件等因素影响，而且由于内部因素众多，因素间相互制约，还要考虑运输系统内部各方式所占比例及相互协调等。所以在设计一个运输系统时，必须综合分析内外部的各种有关因素。

2. 当前利益与长远利益相结合

进行系统分析的目的，是要最终实现系统的最优化。所谓系统的最优化，包含着两方面的含义：一是从空间上讲要求整体最优；二是从时间上要求全过程最优。因为系统大部分是动态的，它随着时间以及外界条件而变化。所以我们选择一个最优方案时，不仅要从当前的利益出发，并且还要考虑到将来的利益。如果我们采用的方案对当前和将来都有利，那当然是最理想的方案。

往往有的系统方案从当前看不利，而从长远看是有利的，例如，交通运输建设是百年大计，是提高国民经济效益的重要因素之一，但交通建设项目本身的经济效益则需要经过一定的时间才能够反映出来。如果对这种滞后性不能客观对待，只看眼前利益，不考虑长远利益，重生产轻交通，不重视基础性投资和交通设施的建设，只会是欲速则不达。而对那种一时有利、长远不利的方案，即使是过渡的，也最好不选用。

3. 局部效益与整体效益相结合

一个系统往往由许多子系统组成，子系统又由更低层的子系统组成。如果各个子系统的效益都是好的，那么整体效益也会比较好，这当然是理想的。但大多数情况下，在一个大系统中，有些子系统是效益好的，但系统的整体效益并不一定会好。有的从个别子系统看是不好的，但从全局看则是有利的，那么这种方案还是可取的。在系统分析中，对系统的要求是整体效益最优化，而不是局部或子系统的优化，局部利益要服从总体利益。

4. 定量分析与定性分析相结合

定量分析是对客观事物数量指标进行的分析，分析及处理系统问题时，总是尽量采用各种数学语言和数学工具使系统得到较精确的定量描述，以反映系统发展变化的规律；定性分析是指对客观事物的某些不容易用数量表示的指标，如劳动条件、福利、政治、环境影响等因素，需要根据经验统计、直观判断和逻辑推理来进行分析。在系统决策中，应该将这两种分析方法结合起来进行。

用系统科学的理论与方法分析问题时，不但要进行定量分析，而且要进行定性分析，因为在有些问题上某些定性的因素还能起决定性的作用。分析的方法可以按照"定性—定量—定性"这一过程反复进行。只有了解了系统的一些性质，才能进一步建立定量关系的数学模型，做出定量分析，最后把定性分析与定量分析结合起来进行综合分析，找出最优方案。

4.2 系统分析的内容

系统的基本特征是判别一个系统的基本原则，同时，通过对系统特征的分析，还有助于解决实际问题。目的性分析，在于判断系统存在有无价值，以及明确系统的功能；集合性分析，以了解系统的组成及其结构；相关性分析，可建立系统各组成部分之间的合理关系，以消除相互间的制约关系和无效行动；环境适应性分析，在于确定系统存在的条件，以及对外界条件的适应性问题。一个系统建立得如何，通常取决于系统目标制定得是否恰当，目标的主次层次是否分明，系统的结构是否合理。一个系统的功能发挥得如何，往往取决于系统对环境的适应能力，各子系统间工作是否协调。

对系统进行合理组织，就是使系统结构合理，主次分明，对环境适应，各系统间协调性好，系统内部以及系统与其环境产生良性的关联、制约和作用，就能够发挥系统的整体优势，把系统的潜能充分发挥出来。

系统的特性分析是系统分析的基础及初始阶段，应包括系统的目标分析、系统的结构分析、系统的功能分析、系统的环境分析等。

4.2.1 目标分析

确定系统的总目标是系统分析的起点。通过分析，区分目标的层次和主次关系，并分别了解实现该目标的约束条件，从中选择实现主要目标的最优方案。

一般来说，建立系统的目的，不仅要求系统在技术上是先进的，在经济上是合理的，同时要考虑到它与其他系统的兼容性，以及对客观环境条件变化时的适应性。

一个系统如果具有多个目的时，则应划分主次并用目标树形式来表示。这要求做好两项工作：一是论证目标的合理性、可行性与经济性；二是把若干目标归纳为目标系统，使目标关系变得清楚并使目标集形成一个目标树。有时，系统各子目标间会存在冲突。

处理目标冲突的方法有：

(1) 目标代表方之一放弃自己的利益。

(2) 保持原目标，用其他方式补偿或部分补偿受损方的利益，例如：自动化生产线，以前是人工装配，现在改为机器自动装配，则需为工人安排工作，或给予一定的经济补偿。

(3) 通过协商，调整目标系统，使之达到目标相容，如采取利益分配的方法去调整目标系统。

下面介绍一种常用的解决目标冲突的思路。

如表 4-2 所示，假设某项目待分配的总利润为 1000 万，有 5 个利益主体，则可以按照投资、生产管理及市场开发 3 个方面，分别设定每个利益贡献方面的权重，对于 5 个利益主体，分析其在每个利益贡献方面所占的比重，最后综合计算，得出每个利益主体对于总利润的分配额度。

表 4-2 目标冲突调解示例(单位：万)

利益主体 \ 利益类型	Z1	Z2	Z3	总和
	200	300	500	1000
g1	40	50	200	290
g2	140	—	100	240
g3	—	100	—	100
g4	—	150	—	150
g5	20	—	200	220
注：Z1—投资；Z2—生产管理；Z3—市场开发。				

4.2.2 结构及功能分析

1. 系统的结构分析

系统是要素的集合。如果只从集合的角度来研究系统包含了哪些部分,那就只研究了系统的组成。要想回答系统为什么能保持它的整体性,就必须进一步研究系统的结构,因为系统的结构是系统保持整体性以及具有一定功能的内在根据。人类所认识的客观事物,都具有一定的结构。不同层次的系统毫无例外地都存在着一定结构。我们经常说到分子结构、人体结构、产业结构、运输结构、知识结构等,表明它是普遍存在的。

结构是指系统内部各个组成要素之间的相对稳定的联系方式、组织秩序及其时空关系的内在表现形式。因此,系统的结构就取决于系统的要素及其联系,并由此导致的一种整体性规定。许多部分集合在一起,如果没有相互作用与联系,就构不成系统的结构。

因此,系统分析要研究各要素的特点和作用以及它们之间的作用方式,把握住系统的结构。结构分析,就是从系统的整体和部分之间的关系、部分与部分之间的关系进行具体的分析,了解多个组成部分在系统整体功能中的地位和作用,从中找出关键的部分或环节,从而找到解决问题的步骤和途径,以调整系统的结构,使其达到整体优化。

系统结构是有层次的。系统的结构层次,是人们对复杂的客体系统,按照各要素联系的方式、系统运动规律的类似性、功能特点,以及人的认识尺度来划分的,这种划分是人类认识客体系统的一种方法和手段。

2. 系统的功能分析

功能是指系统与外部环境相互联系和相互作用中所表现出来的性质、能力和功效,是系统内部相对稳定的联系方式、组织秩序从时空形式的外在表现形式。系统的功能与系统的结构是相对应的范畴。

作为外在表现形式的系统功能,必须是与环境相联系的。这就是说,一个系统,只有对于环境开放,才有功能可言。没有内部的联系,就不会形成系统的结构,而没有外部的联系,就谈不上系统的功能。

现实的系统都是开放系统,因而保证了现实系统都是具有一定功能的系统。系统开放程度和开放方式的多种多样,系统环境的千差万别,使得系统的外在规定性在反映系统的内在规定性时,有多种可能性,即系统的功能表现具有多样性。

系统功能的分析就是分析为满足系统技术条件所应具备的各种功能,建立系统功能结构图,定义系统的功能技术条件,并分析和阐明这种功能的约束条件等。

总结起来说,系统的结构是系统内部各要素相互作用的秩序,系统的功能则是系统对外部作用过程的秩序。因为系统的结构是系统功能的基础,所以只有系统的结构合理,系统的功能才能得到良好的发挥。系统的结构优化和功能优化总是密切联系在一起的。具有相同组成部分的系统,由于其系统结构的关联、制约和作用状态不同,可以具有不同的功能,因此,通过改变系统的结构或者改变其相互关联、制约和作用关系,可以建立具有新功能的系统。系统工程的任务之一就是提高系统的功能,提高系统运行的效率。

3. 系统结构及功能分析的表达

对象系统的结构分析包括系统要素集分析、系统相关性分析、系统阶层性分析和系统整体性分析。系统都是由大量的要素按其之间的相互关系归属于结构阶层内,即集合性、相关性和阶层性构成了系统的结构主体的内涵特性,而整体性是系统内部综合协调的表征,环境适应性是以系统为一方,环境为另一方的外部协调的表征。

要保证系统在对应于系统总目标 G 和环境约束 O 的条件下,在系统要素集 X,要素相关性集合 R,以及要素集和相关集在阶层分布 C 集合上的最大输出 E^*,并能给出最大输出 E^* 前提下的系统最优结构,这个思想可用公式表达如下。

$$\begin{cases} E^* = \max P(X,R,C) \\ P \to G \\ P \to O \\ S_{opt} = S(E^*) \end{cases}$$

式中,$P(X,R,C)$ 是系统输出的效用函数,$S(E^*)$ 是对应效用值为 E^* 时的系统最优结构。

4.2.3 环境分析

系统是一个相对概念,系统本身可能是另一个更大系统的组成部分。因此,一个特定的系统不可能包罗万象,它与别的系统之间总要划出一条界限,这个界限就是系统边界。环境是存在于系统边界外的物质的、经济的、信息的和人际的相关因素的总称。

系统环境不同于系统的资源,资源是系统内部进行工作的手段,包括物资、人力和信息资源。系统本身能对它加以控制、转换并提高其利用率。而系统环境独立于系统控制之外,包括技术、经济和社会等外部条件构成的对系统的约束,直接或间接地对系统运行产生不同程度的影响。

任何系统都不能脱离一定的环境条件而孤立存在,系统环境分析就是根据系统与环境的这种相关性,分析系统对环境和环境对系统的作用情况。系统环境不仅对系统设备的性能等提出某些要求,而且有时环境条件的参数还作为系统的输入参数、信息和系统运行的外约束条件。约束条件一词来源于运筹学中的优化理论,通常是指一组反映客观事物规律的数学公式或模型在其优化时的适用范围和限制条件,一般采用简单的数字或数学方程式表示。在系统工程中是指系统模型和外部设备环境进行优化时的特定限制条件。

因为系统自身的复杂性、系统环境的复杂性以及两者之间的相互作用的复杂性。所以系统的环境分析也相对复杂,往往需要从多角度、多层次来综合分析,这样才有可能找到使系统优化的条件和改善系统环境条件的有效措施,以提高系统对环境条件的适应性。

4.2.4 交通运输系统分析

交通运输系统分析的适用范围很广,它研究的主要问题是如何使运输系统的整体效应达到最优。一般而言,在交通运输系统中,越是重大而复杂的问题,就越需要运用系统分析。实践中,主要有以下几方面的应用。

1. 制定运输发展规划

对于各种层次的交通运输规划,分析规划区域的资源条件、运输管理政策措施、交通运输发展目标等方面,运用数学规划的方法寻求优化方案,然后综合其他定性因素,在保证运输系统协调一致的前提下，从这些优化方案中选择一个比较满意的规划方案。

2．港站枢纽的选址及规划

在新建或改建一个运输枢纽时，应对各种客货来源、技术条件、运输路线、市场状况、能源供应、生活设施等客观条件与环境因素，运用系统分析的方法，分析该枢纽的功能目的，分别从技术、经济、环境影响等方面论证各种替代方案，以选择最佳的建设地址、最佳规模、合理的投资方案等。

3．运输线路的新建

建设新的运输线路时，应对新开辟运输线路的目的、客源情况、车辆结构等因素进行可行性分析及项目评价，以确定该运输线路的可行性及预测运输路线新建后的各种影响。

4．重大运输项目的组织管理

对于重大运输项目的实施过程，运用网络分析的方法进行全面的计划协调和安排，比选各种联运方案，以保证运输过程的各个环节密切配合，安全、高效、及时地完成运输任务。

5．运输企业的经营管理

对运输企业经营管理进行分析时，在企业生产经营理念的指导下，确定企业组织结构、生产方式与方法、经营方针政策、质量控制措施、安全对策等因素，以谋求经营管理的综合效益为最优。

6．运输设备购置

在对运输设备选型分析时，要保证运输设备在生产上适用、技术上先进、经济上合理，能够最大限度地满足当前及将来的使用要求。

7．运输设备维护及更新

运输设备购买之后的使用、维护及更新也非常重要，应做好设备使用及管理、进行状态监测及故障诊断、计划维修及备件管理等，必要时要考虑设备的更新，应在什么时候更新，应选用什么样的设备来更新。完善的设备维护可以提高设备使用寿命，节约资金，适时更新设备，能促进技术进步，提高经济效益。这就需要应用系统分析的各种方法，评定及选择维护与更新计划。

4.3 系统结构模型化技术

系统是由许多具有一定功能的要素所组成的，而各个要素之间总是存在着相互促进或相互制约的逻辑关系。为此，当我们新建或改造一个系统的时候，首先要了解系统中各要素间存在怎样的关系。只有这样，才能更好地完成开发或改造系统的任务。要了解各要素之间的关系，也就是要建立系统的结构模型。

建立结构模型的方法包括只着眼于系统组成要素间有无关联的 ISM 方法(解析结构模型)、用具体数值表示关联度的 DEMATEL 方法(决策与试验评价实验室)。这里介绍其中最具代表性的解析结构模型。

解析结构模型(Interpretative Structural Model，ISM)，或称为解释型结构模型，由美国沃菲尔德教授(John N.Warfield)于 1973 年提出的，用于分析和揭示复杂关系结构的有效方法，它可将系统中各要素之间的复杂、零乱关系分解成清晰的多级递阶结构形式。

其特点是把复杂的系统分解为若干子系统(要素),利用人们的实践经验和知识以及电子计算机的帮助,最终将系统构造成一个多级递阶的结构模型。ISM 的应用范围十分广泛,从能源、资源等国际性问题到地区开发以至企事业甚至个人范围的问题等,都可应用 ISM 来建立结构模型,并据此进行系统分析。

4.3.1 结构模型的基础知识

结构模型是表明系统各要素间相互关系的宏观模型。一种最方便的办法是用图的形式表示这种关系。

将系统中的每个要素用一个点(或圆圈)来表示。如果要素 P_i 对 P_j 有影响,则在图中从点 P_i 到点 P_j 用一条有向线段连接起来。有向线段的方向从 P_i 指向 P_j。这种表示方式无论在工程系统或社会经济系统中都是很方便的,通常称为有向图,如图 4-4 就是由六个要素构成的有向图。

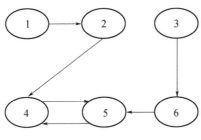

图 4-4 有向图示例

设系统由 $n(n \geq 2)$ 个要素 $(s_1, s_2, \cdots, s_n)$ 所组成,其集合可表示为 $S = \{s_1, s_2, \cdots, s_n\}$,根据系统的性质和研究目的的要求,要素 (s_i, s_j) 间存在着直接或间接的关系称为二元关系,二元关系通常有影响关系、因果关系、包含关系、隶属关系以及各种可以比较的关系,诸如大小、先后、轻重、优劣等。

对于系统的任意构成要素 s_i, s_j 来说,如果存在 s_i, s_j 相互影响,这种二元关系叫强连接关系,s_i, s_j 在有向图中构成回路,如图 4-4 中的 4、5 要素,这种关系下的各要素之间存在替换性,即 4 与其他要素间的关系同 5 与其他要素间的关系相同。

同样可看到,要素间除了具有直接关系外,还具有间接关系,如图 4-4 中要素 1、4 的关系,要素 1 能直接影响到 2,2 能直接影响到 4,则要素 1 能间接影响到 4。我们把这种通过中间要素传递影响关系的特性称为转移特性,即若 s_i 可达 s_j(s_i 有一条路至 s_j),s_j 可达 s_k(s_j 有一条路至 s_k),则 s_i 必定可达 s_k。

通过上述两个要素间二元关系的表示,可以用矩阵 A 表示出有向图。

$$A = (a_{ij})_{n \times n}$$

式中

$$a_{ij} = \begin{cases} 1, & \text{当} s_i \text{指向} s_j, \text{即} s_i \text{对} s_j \text{有影响时} \\ 0, & \text{否则为零} \end{cases}$$

上述矩阵表示了有向图中的要素之间的直接关系，称为邻接矩阵，邻接矩阵中要素为 1 的元素表示由 s_i 可以一步到达 s_j，所以邻接矩阵又称为一阶关系矩阵。图 4-4 对应的邻接矩阵为

$$A = \begin{pmatrix} 0 & 1 & 0 & 0 & 0 & 0 \\ 0 & 0 & 0 & 1 & 0 & 0 \\ 0 & 0 & 0 & 0 & 0 & 1 \\ 0 & 0 & 0 & 0 & 1 & 0 \\ 0 & 0 & 0 & 1 & 0 & 0 \\ 0 & 0 & 0 & 0 & 1 & 0 \end{pmatrix}$$

实际中，为了研究的方便，通常将系统要素自身的关系定义为 1，要素自身间的关系矩阵为单位矩阵 I，即有

$$A + I = \begin{pmatrix} 0 & 1 & 0 & 0 & 0 & 0 \\ 0 & 0 & 0 & 1 & 0 & 0 \\ 0 & 0 & 0 & 0 & 0 & 1 \\ 0 & 0 & 0 & 0 & 1 & 0 \\ 0 & 0 & 0 & 1 & 0 & 0 \\ 0 & 0 & 0 & 0 & 1 & 0 \end{pmatrix} + \begin{pmatrix} 1 & 0 & 0 & 0 & 0 & 0 \\ 0 & 1 & 0 & 0 & 0 & 0 \\ 0 & 0 & 1 & 0 & 0 & 0 \\ 0 & 0 & 0 & 1 & 0 & 0 \\ 0 & 0 & 0 & 0 & 1 & 0 \\ 0 & 0 & 0 & 0 & 0 & 1 \end{pmatrix} = \begin{pmatrix} 1 & 1 & 0 & 0 & 0 & 0 \\ 0 & 1 & 0 & 1 & 0 & 0 \\ 0 & 0 & 1 & 0 & 0 & 1 \\ 0 & 0 & 0 & 1 & 1 & 0 \\ 0 & 0 & 0 & 1 & 1 & 0 \\ 0 & 0 & 0 & 0 & 1 & 1 \end{pmatrix}$$

利用二元关系的转移特性，就可以建立要素 s_i, s_j 间的 2 阶、3 阶、…、r 阶关系，即要素 s_i 通过 2 步、3 步、…、r 步是否能到达 s_j，相应的，可以建立系统的 2 阶、3 阶、…、r 阶关系矩阵。有 n 个要素的系统，最多有 $n-1$ 阶的关系。当一个矩阵表示了系统要素的所有直接、间接的关系，则称该矩阵为可达矩阵。例如有向图 4-4 所对应的可达矩阵为 R。

$$R = \begin{pmatrix} 1 & 1 & 0 & 1 & 1 & 0 \\ 0 & 1 & 0 & 1 & 1 & 0 \\ 0 & 0 & 1 & 1 & 1 & 1 \\ 0 & 0 & 0 & 1 & 1 & 0 \\ 0 & 0 & 0 & 1 & 1 & 0 \\ 0 & 0 & 0 & 1 & 1 & 1 \end{pmatrix}$$

通过对邻接矩阵 A 的运算，也可求出系统要素的可达矩阵 R，计算公式为

$$R = (A + I)^r$$

矩阵 A 和 R 的元素均为"1"或"0"，是 $n \times n$ 阶的 0-1 矩阵，计算过程符合布尔代数的运算法则，不考虑位与位之间的进位。有

$$0+0=0, 0+1=1, 1+0=1, 1+1=1, 0\times 0=0, 0\times 1=0, 1\times 0=0, 1\times 1=1$$

最大传递次数 r 可根据下式确定：

$$A + I \neq (A+I)^2 \neq (A+I)^3 \neq \cdots \neq (A+I)^{r-1} \neq (A+I)^r = (A+I)^{r+1}$$

由于传递 r 步后已得到可达矩阵，因此有

$$(A+I)^r = (A+I)^{r+1} = \cdots = (A+I)^{n-1} = R$$

有向图 4-4 对应的可达矩阵可计算如下：

$$(A+I)^2 = \begin{pmatrix} 1 & 1 & 0 & 0 & 0 & 0 \\ 0 & 1 & 0 & 1 & 0 & 0 \\ 0 & 0 & 1 & 0 & 0 & 1 \\ 0 & 0 & 0 & 1 & 1 & 0 \\ 0 & 0 & 0 & 1 & 1 & 0 \\ 0 & 0 & 0 & 0 & 1 & 1 \end{pmatrix} \times \begin{pmatrix} 1 & 1 & 0 & 0 & 0 & 0 \\ 0 & 1 & 0 & 1 & 0 & 0 \\ 0 & 0 & 1 & 0 & 0 & 1 \\ 0 & 0 & 0 & 1 & 1 & 0 \\ 0 & 0 & 0 & 1 & 1 & 0 \\ 0 & 0 & 0 & 0 & 1 & 1 \end{pmatrix} = \begin{pmatrix} 1 & 1 & 0 & \underline{1} & 0 & 0 \\ 0 & 1 & 0 & 1 & \underline{1} & 0 \\ 0 & 0 & 1 & 0 & \underline{1} & 1 \\ 0 & 0 & 0 & 1 & 1 & 0 \\ 0 & 0 & 0 & 1 & 1 & 0 \\ 0 & 0 & 0 & \underline{1} & 1 & 1 \end{pmatrix}$$

矩阵运算中的"$\underline{1}$"表示要素间间接(通过两步)到达的情况。由于 $A+I \ne (A+I)^2$，则继续计算。

$$(A+I)^3 = (A+I)^2 \times (A+I)$$

$$= \begin{pmatrix} 1 & 1 & 0 & \underline{1} & 0 & 0 \\ 0 & 1 & 0 & 1 & \underline{1} & 0 \\ 0 & 0 & 1 & 0 & \underline{1} & 1 \\ 0 & 0 & 0 & 1 & 1 & 0 \\ 0 & 0 & 0 & 1 & 1 & 0 \\ 0 & 0 & 0 & \underline{1} & 1 & 1 \end{pmatrix} \times \begin{pmatrix} 1 & 1 & 0 & 0 & 0 & 0 \\ 0 & 1 & 0 & 1 & 0 & 0 \\ 0 & 0 & 1 & 0 & 0 & 1 \\ 0 & 0 & 0 & 1 & 1 & 0 \\ 0 & 0 & 0 & 1 & 1 & 0 \\ 0 & 0 & 0 & 0 & 1 & 1 \end{pmatrix} = \begin{pmatrix} 1 & 1 & 0 & \underline{1} & \underline{1} & 0 \\ 0 & 1 & 0 & 1 & \underline{1} & 0 \\ 0 & 0 & 1 & \underline{\underline{1}} & \underline{1} & 1 \\ 0 & 0 & 0 & 1 & 1 & 0 \\ 0 & 0 & 0 & 1 & 1 & 0 \\ 0 & 0 & 0 & \underline{1} & 1 & 1 \end{pmatrix}$$

矩阵运算中的"$\underline{1}$"表示要素间间接(通过三步)到达的情况。由于 $(A+I)^3 \ne (A+I)^2$，则继续计算。

$$(A+I)^4 = (A+I)^3 \times (A+I)$$

$$= \begin{pmatrix} 1 & 1 & 0 & \underline{1} & \underline{1} & 0 \\ 0 & 1 & 0 & 1 & \underline{1} & 0 \\ 0 & 0 & 1 & \underline{\underline{1}} & \underline{1} & 1 \\ 0 & 0 & 0 & 1 & 1 & 0 \\ 0 & 0 & 0 & 1 & 1 & 0 \\ 0 & 0 & 0 & \underline{1} & 1 & 1 \end{pmatrix} \times \begin{pmatrix} 1 & 1 & 0 & 0 & 0 & 0 \\ 0 & 1 & 0 & 1 & 0 & 0 \\ 0 & 0 & 1 & 0 & 0 & 1 \\ 0 & 0 & 0 & 1 & 1 & 0 \\ 0 & 0 & 0 & 1 & 1 & 0 \\ 0 & 0 & 0 & 0 & 1 & 1 \end{pmatrix} = \begin{pmatrix} 1 & 1 & 0 & \underline{1} & \underline{1} & 0 \\ 0 & 1 & 0 & 1 & \underline{1} & 0 \\ 0 & 0 & 1 & \underline{\underline{1}} & \underline{1} & 1 \\ 0 & 0 & 0 & 1 & 1 & 0 \\ 0 & 0 & 0 & 1 & 1 & 0 \\ 0 & 0 & 0 & \underline{1} & 1 & 1 \end{pmatrix}$$

由于 $(A+I)^4 = (A+I)^3$，计算终止，则可达矩阵为

$$R = (A+I)^3 = \begin{pmatrix} 1 & 1 & 0 & \underline{1} & \underline{1} & 0 \\ 0 & 1 & 0 & 1 & \underline{1} & 0 \\ 0 & 0 & 1 & \underline{\underline{1}} & \underline{1} & 1 \\ 0 & 0 & 0 & 1 & 1 & 0 \\ 0 & 0 & 0 & 1 & 1 & 0 \\ 0 & 0 & 0 & \underline{1} & 1 & 1 \end{pmatrix}$$

4.3.2 由可达矩阵画出有向图

由可达矩阵 R 可看出各要素 s_i 与其他要素的到达关系，求如下集合：

$$P(s_i) = \{s_j \mid r_{ij} = 1, j = 1, 2, \cdots, n\} \quad (i = 1, 2, \cdots, n)$$

$$Q(s_i) = \{s_j \mid r_{ji} = 1, j = 1, 2, \cdots, n\} \quad (i = 1, 2, \cdots, n)$$

其中 $P(s_i)$ 称为可达集合，即从要素 s_i 出发可以到达的全部要素的集合。可通过找可达矩阵 R 的第 i 行上值为 1 的列对应的要素来求得。$Q(s_i)$ 称为先行集合，也称前因集，即可以到达要素 s_i 的全部元素的集合。可通过找可达矩阵 R 的第 i 列上值为 1 的行对应的要素来求得。

再从 $P(s_i)$，$Q(s_i)$ 求出它们的交集(也称共同集)，得到满足下列条件的要素的集合 L_1。

$$P(s_i) \cap Q(s_i) = P(s_i)$$

L_1 中的元素有如下特征：该要素能够到达的其他要素，必定会到达该要素，即该要素与其可达集中的要素构成回路，该要素没有更上一级的要素。那么，L_1 中的要素是位于最高层次(第 1 级)的要素。

然后，从原来的可达矩阵 R 中删去对应 L_1 中要素的行与列，得到矩阵 R'，对 R' 进行同样操作，确定属于第 2 级 L_2 的要素，重复同样的操作，依次求出 $L_3, L_4, \cdots$，从而把各要素分配到相应的级别上。

下面根据矩阵 R，求与各要素对应的可达集合 $P(s_i)$、先行集合 $Q(s_i)$ 及共同集合 $P(s_i) \cap Q(s_i)$，如表 4-3 所示。

表 4-3 可达集合、先行集合与共同集合

s_i	$P(s_i)$	$Q(s_i)$	$P(s_i) \cap Q(s_i)$
1	1, 2, 4, 5	1	1
2	2, 4, 5	1, 2	2
3	3, 4, 5, 6	3	3
4	4, 5	1, 2, 3, 4, 5, 6	4, 5
5	4, 5	1, 2, 3, 4, 5, 6	4, 5
6	4, 5, 6	3, 6	6

满足 $P(s_i) \cap Q(s_i) = P(s_i)$ 的要素有 4 和 5。由此确定第 1 级，$L_1 = \{4, 5\}$。

其次，删去第 4 行和第 5 行以及表格中其他要素可达集中的 4 和 5，得表 4-4。

表 4-4 级位划分过程

s_i	$P(s_i)$	$Q(s_i)$	$P(s_i) \cap Q(s_i)$
1	1, 2	1	1
2	2	1, 2	2
3	3, 6	3	3
6	6	3, 6	6

满足 $P(s_i) \cap Q(s_i) = P(s_i)$ 的要素有 2，6。由此确定第 2 级，$L_2 = \{2,6\}$。

再次，删去要素 2 和要素 6 所在的行以及表格中其他要素可达集中的 2 和 6，得表 4-5。

表 4-5 级位划分过程

s_i	$P(s_i)$	$Q(s_i)$	$P(s_i) \cap Q(s_i)$
1	1	1	1
3	3	3	3

要素 1，3 都满足 $P(s_i) \cap Q(s_i) = P(s_i)$，因此，第 3 级为 $L_3 = \{1,3\}$。

级别分配结束后，在最上层放第 1 级 L_1 的要素，它的下面放第 2 级 L_2 的要素，依此类推把各要素从上至下按级别顺序放置，该例中的 6 个要素分配在 3 个级别上。最后把可达矩阵 R 的行列也按这一级别顺序进行排列，通过这一操作，R 化为了分块三角阵 R'。

$$R' = \begin{array}{c} \\ 4 \\ 5 \\ 2 \\ 6 \\ 1 \\ 3 \end{array} \begin{array}{c} 4\ 5\ 2\ 6\ 1\ 3 \\ \left(\begin{array}{cccccc} 1 & 1 & 0 & 0 & 0 & 0 \\ 1 & 1 & 0 & 0 & 0 & 0 \\ 1 & 1 & 1 & 0 & 0 & 0 \\ 1 & 1 & 0 & 1 & 0 & 0 \\ 1 & 1 & 1 & 0 & 1 & 0 \\ 1 & 1 & 0 & 1 & 0 & 1 \end{array}\right) \end{array}$$

参考矩阵 R'，用有向线段代表相邻级别要素间的关系及同一级各要素间的关系，因而可用有向图的形式来表示系统的多层递阶结构，如图 4-5 所示。

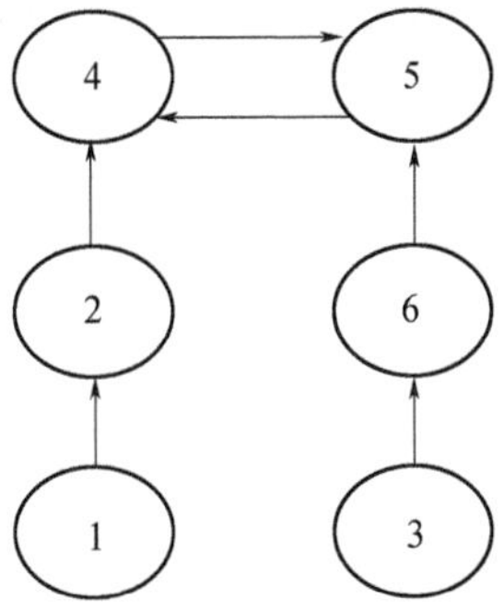

图 4-5 系统的多层递阶结构图

4.3.3 解析结构模型的步骤

解析结构模型是按层次结构的形式对系统建模的方法，由以下 4 个步骤组成。

步骤 1：生成邻接矩阵

首先要充分了解系统有哪些要素组成，并确定其组成要素 $s_i (i=1,\cdots,n)$，接下来确定任意两个要素 s_i 和 s_j 之间的直接影响关系，即建立邻接矩阵，邻接矩阵描述了各点间通过长度为 1 的通路相互可以到达的情况。

步骤 2：计算可达矩阵

求得邻接矩阵后，接下来求 A 与单位矩阵 I 的和 $A+I$，作矩阵 $A+I$ 的幂运算，直至下式成立为止

$$A+I \neq (A+I)^2 \neq (A+I)^3 \neq \cdots \neq (A+I)^r = (A+I)^{r+1}$$

矩阵 $R = (A+I)^r$ 为可达矩阵。可达矩阵的元素 r_{ij} 的值代表了元素 s_i 到 s_j 间是否存在着可到达的路径，即可达矩阵完全表征了要素间直接的、间接的关系，表明了各点间经长度不大于 $n-1$ 的通路的可达情况。

步骤 3：各要素的级别分配

找出每个要素的可达集 $P(s_i)$ 和先行集 $Q(s_i)$，求满足下列条件的要素集合 L_1：

$$P(s_i) \cap Q(s_i) = P(s_i)$$

L_1 中的要素处于有向图的第 1 级。然后，从原来的可达矩阵 R 中删去对应 L_1 中要素的行和列，得到矩阵 R'，对 R' 进行同样操作确定属于第 2 级 L_2 的要素。以后重复同样操作，依次求出 $L_3, L_4, \cdots$，从而把各要素分配到相应的级别上。

步骤 4：画出有向图

级别分配结束后，把各要素从上至下按级别顺序放置。同时将可达矩阵转化为按级别排列的可达矩阵，用有向线段表示相邻级别要素间的关系及同一级别要素间的关系，从而画出有向图。

这里举一个具体例子来说明前面介绍的 ISM 的步骤。

现在以 7 个组成要素 $s_1, \cdots, s_7$ 组成的系统为对象，分析系统的结构，找出各要素之间相互影响的关系。得到邻接矩阵 A。

$$A = \begin{pmatrix} 0 & 0 & 1 & 0 & 0 & 0 & 0 \\ 0 & 0 & 0 & 0 & 1 & 1 & 0 \\ 0 & 1 & 0 & 0 & 0 & 0 & 0 \\ 0 & 0 & 1 & 0 & 0 & 0 & 0 \\ 0 & 0 & 0 & 0 & 0 & 0 & 0 \\ 0 & 1 & 0 & 0 & 0 & 0 & 0 \\ 0 & 0 & 1 & 0 & 0 & 0 & 0 \end{pmatrix}$$

经计算，当 $r = 3$ 时，满足 $A + I \neq (A+I)^2 \neq (A+I)^3 = (A+I)^4$，可达矩阵 $R = (A+I)^3$。

$$R = \begin{pmatrix} 1 & \underline{1} & 1 & 0 & \underline{1} & \underline{1} & 0 \\ 0 & 1 & 0 & 0 & 1 & 1 & 0 \\ 0 & 1 & 1 & 0 & \underline{1} & \underline{1} & 0 \\ 0 & \underline{1} & 1 & 1 & \underline{1} & \underline{1} & 0 \\ 0 & 0 & 0 & 0 & 1 & 0 & 0 \\ 0 & 1 & 0 & 0 & \underline{1} & 1 & 0 \\ 0 & 1 & 1 & 0 & \underline{1} & \underline{1} & 1 \end{pmatrix}$$

该可达矩阵 R 中，存在着矩阵 $A + I$ 中取值不为 1 的元素(记作 $\underline{1}$)，这说明这些要素之间没有直接关系，而是通过其他要素发生间接关系的。

根据可达矩阵 R，求与各要素对应的可达集合 $P(s_i)$、先行集合 $Q(s_i)$ 及共同集合 $P(s_i) \cap Q(s_i)$，如表 4-6 所示，满足 $P(s_i) \cap Q(s_i) = P(s_i)$ 的要素只有 s_5。由此确定第 1 级 $L_1 = \{s_5\}$。

其次，从表 4-6 中删除要素 5 及其所在行，并删除其他要素可达集中的 5，得表 4-7，判断出第 2 级 $L_2 = \{s_2, s_6\}$。以下同理可求得 $L_3 = \{s_3\}$，$L_4 = \{s_1, s_4, s_7\}$，如表 4-8、表 4-9 所示。因此，该例中的 7 个元素可分配在 4 个级别上。

表 4-6　级位划分过程

s_i	$P(s_i)$	$Q(s_i)$	$P(s_i) \cap Q(s_i)$
1	1, 2, 3, 5, 6	1	1
2	2, 5, 6	1, 2, 3, 4, 6, 7	2, 6
3	2, 3, 5, 6	1, 3, 4, 7	3
4	2, 3, 4, 5, 6	4	4
5)	5	1, 2, 3, 4, 5, 6, 7	5
6	2, 5, 6	1, 2, 3, 4, 6, 7	2, 6
7	2, 3, 5, 6, 7	7	7

表 4-7　级位划分过程

s_i	$P(s_i)$	$Q(s_i)$	$P(s_i) \cap Q(s_i)$
1	1, 2, 3, 6	1	1
2)	2, 6	1, 2, 3, 4, 6, 7	2, 6
3	2, 3, 6	1, 3, 4, 7	3
4	2, 3, 4, 6	4	4
6)	2, 6	1, 2, 3, 4, 6, 7	2, 6
7	2, 3, 6, 7	7	7

表 4-8　级位划分过程

s_i	$P(s_i)$	$Q(s_i)$	$P(s_i) \cap Q(s_i)$
1	1, 3	1	1
3)	3	1, 3, 4, 7	3
4	3, 4	4	4
7	3, 7	7	7

表 4-9　级位划分过程

s_i	$P(s_i)$	$Q(s_i)$	$P(s_i) \cap Q(s_i)$
1	1	1	1
4	4	4	4
7	7	7	7

将可达矩阵 R 按以上级别顺序排列，得到分块三角阵 R'。

$$R' = \begin{pmatrix} 1 & 0 & 0 & 0 & 0 & 0 & 0 \\ 1' & 1 & 1'' & 0 & 0 & 0 & 0 \\ 1' & 1'' & 1 & 0 & 0 & 0 & 0 \\ 1 & 1' & 1' & 1 & 0 & 0 & 0 \\ 1 & 1 & 1 & 1' & 1 & 0 & 0 \\ 1 & 1 & 1 & 1' & 0 & 1 & 0 \\ 1 & 1 & 1 & 1' & 0 & 0 & 1 \end{pmatrix} \begin{matrix} 5 \\ 2 \\ 6 \\ 3 \\ 1 \\ 4 \\ 7 \end{matrix}$$

$$\begin{matrix} 5 & 2 & 6 & 3 & 1 & 4 & 7 \end{matrix}$$

参照这一按级排列的可达矩阵 R'，用有向线段连接相邻级别间存在可达关系的要素(1′)及同一级别间存在可达关系的要素(1″)，可得到图 4-6 所示的层次结构。

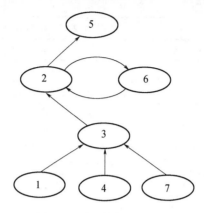

图 4-6　系统的有向图示例

由图 4-6 可见，要素 s_1, s_4, s_7 相互间没有影响关系，但三个要素均直接影响 s_3。通过 s_3 间接影响 s_2, s_5, s_6。要素 s_2 与 s_6 构成回路。要素 s_2 与 s_6 均影响要素 s_5。由于要素 s_2 与 s_6 构成回路，s_2 和 s_6 与系统其他要素的关系完全相同，故在有向图中只标出要素 s_2 与上下级要素的关系。

思考与练习题

4.1 简述系统结构与系统功能的关系。

4.2 请说明系统工程与系统分析两个术语之间的区别与联系。

4.3 系统分析包括哪些要素？请画简图说明这些要素之间的关系。

4.4 系统分析的主要内容和系统分析的原则各是什么？请画出系统分析的步骤流程图。

4.5 系统有序度是描述系统结构的重要参数，对于有序与无序有以下认识：当只考虑孤立的个体而不是考虑由若干相互联系的个体组成系统时，并不存在有序与无序的概念；仅当系统的概念产生之后，才有了它的伴随概念——有序与无序。有序定义为系统成分在空间位置、活动时序和功能关系上遵守相对规定性的程度；相应地，作为它的对偶概念，无序则定义为系统成分在空间位置、活动时序和功能关系上违反相对规定性的程度，即系统成分在空间位置、活动时序和功能关系上的相对不确定性、混乱性、矛盾性或随意性。对有序和无序的度量分别叫做系统的有序度和无序度。

结合有序无序的概念，阐述系统结构的含义，并举例说明系统的有序结构和无序结构及其相互转化。

4.6 对于许多系统问题，当人们将自己置于系统之中时，常常是既不能全面客观地认识它，又不能恰当而有效地处理它。但是，如果人们将自己的位置与系统保持一定的距离，或者站在系统之上的某个更高的台阶上，那么就不仅有可能完整而客观地认识系统，而且也有可能恰当而有效地处理系统问题。

请用系统分析的原理解释这一现象。

4.7 已知下列可达矩阵，求结构模型。

(1) $R = \begin{pmatrix} 1 & 0 & 0 & 0 & 1 & 0 & 1 \\ 0 & 1 & 0 & 0 & 0 & 0 & 0 \\ 0 & 0 & 1 & 0 & 1 & 1 & 0 \\ 0 & 1 & 0 & 1 & 0 & 0 & 0 \\ 0 & 0 & 0 & 0 & 1 & 0 & 0 \\ 0 & 0 & 1 & 0 & 1 & 1 & 0 \\ 0 & 0 & 0 & 0 & 1 & 0 & 1 \end{pmatrix}$

(2) $R = \begin{pmatrix} 1 & 1 & 0 & 1 & 1 & 1 & 0 \\ 0 & 1 & 0 & 0 & 0 & 0 & 0 \\ 0 & 1 & 1 & 1 & 1 & 1 & 0 \\ 0 & 1 & 0 & 1 & 0 & 1 & 0 \\ 0 & 1 & 0 & 1 & 1 & 1 & 0 \\ 0 & 1 & 0 & 1 & 0 & 1 & 0 \\ 0 & 1 & 0 & 1 & 1 & 1 & 1 \end{pmatrix}$

(3) $R = \begin{pmatrix} 1 & 0 & 0 & 0 & 0 & 0 & 0 & 0 \\ 1 & 1 & 0 & 0 & 0 & 0 & 0 & 0 \\ 0 & 0 & 1 & 1 & 1 & 1 & 0 & 0 \\ 0 & 0 & 0 & 1 & 1 & 1 & 0 & 0 \\ 0 & 0 & 0 & 0 & 1 & 0 & 0 & 0 \\ 0 & 0 & 0 & 1 & 1 & 1 & 0 & 0 \\ 0 & 0 & 0 & 0 & 1 & 0 & 1 & 0 \\ 0 & 0 & 0 & 0 & 1 & 0 & 1 & 1 \end{pmatrix}$

4.8 求邻接矩阵 A 所对应的可达矩阵，并画出其层次结构图。

$$A = \begin{pmatrix} 0 & 0 & 0 & 0 & 0 \\ 0 & 0 & 1 & 0 & 0 \\ 1 & 0 & 0 & 1 & 0 \\ 0 & 0 & 1 & 0 & 0 \\ 0 & 0 & 1 & 0 & 0 \end{pmatrix}$$

4.9 由问题出发，选取特定系统并找出相关要素，分析要素间的直接影响关系，建立邻接矩阵，利用 ISM 方法画出有向图，并分析结论。

第 5 章　系统模型与仿真

5.1　系统建模及仿真概述

系统是由两个以上相互关联的要素组成的具有特定功能的整体。系统的特性可由这些要素之间的联系推导出来。为了掌握系统发展变化的规律，对系统进行有效的分析研究并得到可信的结果，就必须根据系统的目的，抓住系统各要素之间的联系，建立系统模型，然后借助模型对系统进行定量或定性与定量相结合的分析。因此，系统模型是系统工程解决问题的必要工具，是认识、评价、选定一个好的系统的重要手段。系统建模是系统工程人员必须掌握的重要方法。

5.1.1　系统模型及模型化的定义

关于模型的定义，人们从不同的角度有不同的理解。一般来说，系统模型是利用图形、表格、数据、文字、数学表达式或计算机语言等来描述和抽象实际系统的替代物。

系统模型要反映出系统的整体功能、基本组成及其相互间的关系，但是由于系统一般来说都非常庞大，因素多，关系复杂，如果要包含全部因素，那么模型势必变得臃肿庞大，从而无法使用。因此，考虑到模型的现实性和易处理性，模型必须抓住系统的最本质要素，进行必要的、合理的抽象，使模型尽量做到简单、准确、可靠、经济、实用。任何成功的模型必须符合已经掌握的事实和数据资料，它可以说明现实，又可以预测未来。因此，系统模型反映实际系统的主要特征，但它又高于实际系统而具有同类问题的共性。一个适用的系统模型应该具有如下三个特征：①它是现实系统的抽象或模仿；②它是由反映系统本质或特征的主要因素构成的；③它集中体现了这些主要因素之间的关系。

从系统模型的定义及特征可见，模型首先必须与所研究的系统"相似"，也就是"像"，这种相似不是指形状上的"相似"，而是指本质上的"相似"；其次，模型必须有一定的描述形式，描述形式可以是形状的放大或缩小，但更常用的是文字、符号、图表等；再次，必须采用一套有科学依据的方法来描述。采用什么样的方法、怎样描述才能得到与所研究系统相似的模型则是系统模型化的内容。

系统的模型化就是建立系统模型，也即建立描述系统的特征和行为的数学模型或图形模型等抽象模型的过程。它是将系统各要素之间相互关联的信息，用数学、物理或其他方法进行抽象，使其与系统具有相似结构或行为并体现系统这一有机整体的科学方法。

模型化之所以成为系统工程的重要方法，其原因在于：

(1) 系统工程的研究对象是工程技术、社会、经济和生命等诸因素交织在一起的人、设备和过程的统一体，其中很多因素是难以定量的，因此需要应用计算机进行模拟分析，实现计算机的模拟就必须建立模型。

(2) 经济性是评价系统的重要指标之一，应用模型化的方法可达到少花钱、多办事的目的，从而实现经济上的节约；模型化的方法还可在选择最优的系统参数、最优的系统方案时，不必对实际系统进行各种实验和调整，从而达到以较少的费用可靠地实现系统最优化的目的。

(3) 安全可靠。某些系统的实验和运行蕴藏着危险性，这使系统的实验和研究难度加大。用模型化的方法可避免各种危险而提出各种可靠的数据，为决策提供依据。

(4) 可对不能进行实际实验的系统进行研究。某些系统，如生态系统、国民经济系统、社会系统是不允许实验的，为了探索这类系统的运行规律，只能靠模型化的方法。

5.1.2 模型的分类

模型的分类方法很多，按不同的分类标准有不同的分类。一般来说，模型可分为概念模型、符号模型和形象模型等，本书重点讨论符号模型。

符号模型用符号来代表系统的各种因素和它们间的相互关系。它通常采用图示或数学形式，一般分为图形模型和数学模型。图形模型多采用图(如有向图)、表(如矩阵表)等形式，其优点是比较形象直观，数学模型使用数学表达式，其优点是准确、简洁、易于操作。从模型的描述形式、对象系统的特性及建模的目的等方面，模型的分类如图 5-1 所示。

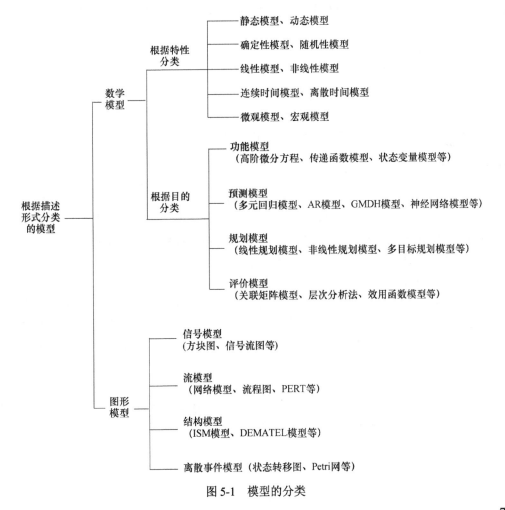

图 5-1 模型的分类

1. 数学模型

数学模型是用数字、拉丁字母、希腊字母以及其他符号来体现和描述现实系统的各种因素形式以及数量关系的一种数学结构。从对象系统的特性角度，数学模型可细分如下：

1) 根据特性分类

(1) 静态模型和动态模型。

静态模型是指某一时刻模型的输出不依赖于过去的输入，只取决于当前输入的模型。动态模型是指模型的输出不仅依赖于当前输入，而且还依赖于过去的输入的模型。

通常静态模型用代数方程、逻辑表达式等描述，动态模型用微分方程、积分方程、差分方程等描述。

(2) 确定性模型和随机性模型。

模型的输入输出数据和参数确定的模型称为确定性模型。输入输出数据和参数随着未知因素而不规则地、随机地变化的模型称为随机性模型。

确定性模型用微分方程、差分方程等描述，随机性模型用概率微分方程、马尔可夫链等描述。

(3) 线性模型和非线性模型。

输入、输出关系为线性的模型称为线性模型。输入、输出关系为非线性的模型称为非线性模型。

实际分析系统时线性模型便于处理，因此对包含非线性特性的系统一般用线性近似方法转化为线性模型来分析。

(4) 连续时间模型和离散时间模型。

连续时间模型是指输入、输出随时间连续变化的模型，通常用微分方程描述。离散时间模型是指输入、输出每隔一定的时间间隔才发生变化的模型，通常用差分方程来描述。

(5) 微观模型和宏观模型。

瞬时地、微观地捕捉系统行为以把握系统的瞬时变化和微观结构的模型为微观模型。长期地、宏观地捕捉系统行为以把握系统的长期变化和整体结构的模型为宏观模型。

微观模型和宏观模型都可用微分方程、差分方程、代数方程等描述。

2) 根据目的分类

(1) 功能模型。

功能模型是指为详细探讨系统的稳定性、可控性等动态特性，或系统的可靠性、安全性、持久性等特性和功能所建立的模型。包括高阶微分方程、传递函数模型(用输入输出函数的拉普拉斯变换比来表示系统的输入输出关系)、状态变量模型(用一阶联立微分方程组表示系统的内部状态)等。

(2) 预测模型。

预测模型是指为了从过去及现在的数据尽量准确地预测系统的将来值而产生的模型。包括静态系统预测中常用的多元回归模型和动态系统预测中常用的 AR 模型(自回归模型)等。

(3) 规划模型。

规划模型是指以最优为目标编制生产计划、运输计划、工程管理、人员配置等生成的模型。包括线性规划模型(目标函数及约束条件全部用线性等式或不等式表达的模型)、非线性规划模型(目标函数及约束条件全部用非线性等式或不等式表达的模型)、多目标规划模型(有多个优化目标的规划模型)等。

(4) 评价模型。

评价模型是指用于综合评价系统的性能、成本、可靠性、安全性等的模型。包括关联矩阵模型(用几个评价项目来评价替代方案,并用评价值的加权和的大小来评价替代方案的优劣)、层次分析法(用层次结构描述评价项目,然后用对比法求每个评价项目的重要程度,最后通过综合这些重要程度来评价替代方案)、效用函数模型(把决策者对替代方案所持的主观态度用效用函数的形式来表现,采用效用理论来评价替代方案)等。

2. 图形模型

图形模型是指采用图、图表等来描述系统的信号和信息流以及系统结构或系统内部的状态转移等的模型。图形模型可细分为信号模型、流模型、结构模型、离散事件模型等。

1) 信号模型

信号模型是指用图形表示系统内的信号流和信号间的输入输出关系的模型。信号模型包括方块图(用枝表示信号流,方块表示输入输出间的关系,用节点表示信号求和、求差点的有向图)和信号流图(用节点表示信号,用枝表示信号流的方向,用枝的权重表示输入输出间的关系的有向图)等。

2) 流模型

将系统的信号流概念延伸到信号以外,包括能量、物流、成本等的信息流,那么用图形表示信息流、作业过程、处理顺序等的模型称为流模型。流模型包括网络模型(用节点和枝表示系统组成要素间的连接关系,用枝的权重表示流经系统的流量)和流程图(表示处理顺序的有向图,在块中写入具体处理内容,用枝表示各个处理流程)。

3) 结构模型

结构模型是定性研究大规模复杂系统的组成要素及要素间存在的本质上相互依赖、相互制约和关联情况的模型。结构模型包括 ISM 模型、DEMATEL 模型等。

4) 离散事件模型

离散事件模型用图形表示自动售货机、工厂生产线一类系统的状态由某一状态离散地转移到另一状态的情况。包括状态转移图(用节点表示系统的有限个状态,用枝表示状态的转移方向,在枝的旁边标注状态转移的原因和条件的有向图)和 Petri 网(Petri 网是用称作转移的方形节点表示系统各状态的发生及完成,用称作位置的圆形节点表示某一状态发生的条件,用枝表示它们的关联的有向图。Petri 网是对离散并行系统的表示,适合于描述异步的、并发的计算机系统模型)等。

5.1.3 建模的原则和步骤

1. 建模的原则

建模是十分复杂的创造性劳动,一个理想的系统模型既要能反映系统要素的全部重要特性,又要便于操作。建立模型时一般要遵循以下基本原则:

1) 现实准确性

模型须充分立足于现实问题的描述上。建立系统模型时,应该考虑所收集的、用以建立模型的信息的准确性，包括确认所对应的原理和理论的正确性和应用范围，以及检验建模过程中针对系统所做的假设的正确性。

2) 简单实用性

从实用的观点看，由于在建模过程中忽略了一些次要因素和某些非可测变量的影响，因此，实际的模型已是一个简化了的近似模型。一般而言，在能达到使用目的的前提下，应选用易于数学处理和计算的模型，模型应简单实用。

3) 相关性

模型中应该只包括系统中与研究目的有关的信息。虽然与研究目的无关的信息包括在系统模型中可能不会有很大危害，但是，因为它会增加模型的复杂性，从而使得在求解模型时增加额外的工作，所以应该把与研究目的无关的信息排除在外。

4) 可辨识性

模型结构必须具有可辨识的形式。所谓可辨识性是指系统的模型必须有确定的描述或表达方式，而在这种描述方式下与系统性质有关的参数必须是唯一确定的解。若一个模型结构中具有无法估计的参数，则此模型就无实用价值。

2. 建模的一般步骤

建立系统模型的基本步骤可用图 5-2 表示。

(1) 分析建模的目的。根据系统的目的，提出建立模型的目的。建立模型必须目的明确，它应明确回答"为什么建立模型"等一类问题。

(2) 提出问题。根据建立模型的目的，提出要解决的具体问题。该步骤应明确回答"解决哪些问题"之类的问题，也就是将建模目的具体化。提出问题实质上是对系统中影响建模目的的各种要素进行详细分析的过程。

(3) 构思模型系统。根据所得出的问题，构思要建立的模型类型、各类模型的特点及适用范围和它们之间的关系等。为了达到建模目的，解决所提出的问题，一般要建立几个模型(个别情况可建一个模型)，因此该步骤需回答"建一些什么样的模型"等问题。

该步与问题提出阶段是一个反复修正的过程。问题的提出是构思模型系统的基础，而构思的模型系统又可补充问题的提出，这样多次反馈，则使问题提出更全面、模型结构更合理。

(4) 收集资料。为了实现所构思的模型，必须根据模型的要求收集有关资料，以确定模型参数及初始量等，该步骤主要应回答"模型需要哪些信息"等问题。

该步与构思的模型系统也有反馈关系，有时，构

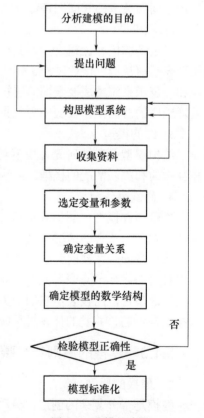

图 5-2 建模的步骤

思的模型所需的资料很难收集，这就需要重新修改模型，进而可能影响到问题的提出等。这样经过几次反馈即可收集建模所需的资料。

(5) 选定变量和参数。变量和参数是构思模型时提出的，参数是在资料的收集、加工、整理后得出的，一般要用一组符号表示，并整理成数据表和参数表的形式。该步需回答"需要哪些变量和参数"。

(6) 确定变量间的关系。定性分析各变量之间的关系及对目标的影响。

(7) 确定模型的数学结构。建立各变量之间的定量关系，主要的工作是选择合适的数学表达形式。

(8) 检验模型正确性。模型正确与否将直接影响建模目的。该步应回答"模型正确吗"一类问题。检验模型的正确性应先从各模型之间的关系开始，研究所构成的模型体系是否能实现建模目的；而后研究每个模型是否正确地反映所提出的问题。一般检验方法是试算。如试算不正确，则应重新审查所构思的模型系统，从中找出问题。因此它与构思模型又构成反馈。

(9) 模型标准化。模型标准化是一项很重要的工作，一般情况下模型要对同类问题有指导意义，因此需具有通用性。该步需回答"如何实现该模型的通用性"等问题。

5.1.4 模型化的基本方法

建立系统模型的方法很多，采用什么方法，视具体情况而定。

1. 理论分析法

理论分析法就是深入剖析问题，根据问题的性质直接做出模型。在技术方法上比较成熟，而对机理了解又比较透彻时，较为适用。

例如有 n 个煤矿，m 个用煤地点。已知产量和需求量分别为 $a_1,a_2,\cdots,a_n;b_1,b_2,\cdots b_m$。设供需正好平衡，即 $\sum_{i=1}^{n}a_i=\sum_{j=1}^{m}b_j$。已知从第 i 个煤矿到第 j 个用煤地的距离为 C_{ij}，应如何组织运输分配，既能满足各地的需求，又使总的运费最小。由于运费与运输周转量(单位为吨公里)的关系可视为线性关系，目标可转化为求总的运输周转量为最小。可用运输问题的规划模型求解。

首先引入变量 x_{ij}，代表第 i 个煤矿运往第 j 个用煤地的煤量。

根据上述条件，可得数学模型为

$$\min B = \sum_{i=1}^{n}\sum_{j=1}^{m}C_{ij}x_{ij}$$

约束条件：

$$\sum_{j=1}^{m}x_{ij}=a_i\,(i=1,2,\cdots,n)$$

$$\sum_{i=1}^{n}x_{ij}=b_j\,(j=1,2,\cdots,m)$$

$$\sum_{i=1}^{n}a_i=\sum_{j=1}^{m}b_j$$

$$x_{ij}\geqslant 0\,(i=1,2,\cdots,n;j=1,2,\cdots,m)$$

采用表上作业法等方法就可以求出结果。

2. 实验法

对于那些内部结构和特性不清楚或不很清楚的系统，即所谓的"黑箱"或"灰箱"系统，或当现有数据分析不能确定个别因素(变量)对系统工作的指标的影响时，如果允许进行实验性观察，则可以通过实验方法测量其输入和输出，或搞清哪些是本质的变量及其对指标的影响，然后按照一定的辨识方法，得到系统模型。

3. 类比方法

即建造原系统的类似模型。有的系统，其结构和性质虽然已经清楚，但其模型的数量描述和求解比较复杂，这时如果有另一种系统的结构和性质与之相同，但是该系统的模型的建立及处理要简单得多，我们就可以把后一种系统的模型看成是原系统的类似模型。利用类似模型，按对应关系就可以很方便地求得原系统的模型。例如很多机械系统、气动力学系统、水力学系统、热力学系统与电路系统之间某些现象彼此类似，特别是通过微分方程描述的动力学方程基本一致，因此可以利用相对成熟的电路系统来构造上述系统的类似模型。

4. 数据分析法

有些系统结构性质不太清楚，但可以通过描述系统功能的数据的分析来搞清系统的结构模型。这些数据是已知的，或者可以通过收集材料得到。例如在生产中经常遇到某些产品的质量有问题，造成质量出问题的影响因素很多，其中有些因素是可控的，有些却是不可控的，究竟这些因素与质量指标之间是什么关系和它们分别起的影响多大不是很清楚，这时往往使用回归分析等工具来帮助建立起模型，并在此基础上进一步分析一些因素的作用。

5. 利用"人工现实系统"

这是最复杂情况下构造模型的思路。当系统结构性质不明确，无法直接研究现实系统；又没有足够的数据，在系统上无法进行实验研究，这时，表面看来似乎无法构造模型，但可以引入一个人工的现实系统，把要研究的真实系统进行一番科学的设想，从而把模型构造出来。

6. 程序设计方法

并非所有的模型都是解析的，这时可以考虑利用计算机程序设计来进行仿真实验。把一个问题拆成若干个子问题，按照系统运行规则和研究的目的要求，编写程序来计算结果。注意这种方法和用计算机解模型显然是完全不同的，后者是先建立模型，再编程序上机实现，而前者程序本身就是模型。

5.1.5 系统仿真的概念及作用

1. 系统仿真的概念

系统仿真是一门新兴的技术科学。所谓系统仿真通常指的是计算机仿真，就是根据系统分析的目的，在分析系统各要素性质及其相互关系的基础上，建立能描述系统结构或行为过程的、且具有一定逻辑关系或数量关系的计算机仿真模型，来模仿实际系统的运行状态及其随时间变化的规律，以实现在计算机上进行实验的全过程。通过对仿真运行过程的观察和统计，得到被仿真系统的输出参数和基本特性，以此来估计和推断实际系统的真实参数和性能。

在研究、分析系统时，对随着时间变化的系统特性，通常是通过模型来进行研究。

在某些情况下，所研究的模型足够简单，可以用数学方法表示并求解，这些解通常由一个或多个称为系统性能测度的数学参数组成。但是许多真实系统是非常复杂的，无法用数学关系或数学方法来求解。这时利用仿真就可以像观察、测试真实系统那样，在仿真模型中得到系统性能随时间而变化的情况，从仿真过程中收集数据，得到系统的性能测度。因此，系统仿真技术是十分重要甚至必不可少的工具。特别是随着计算机技术的发展，系统建模仿真技术日益受到人们的重视，其应用领域也愈来愈广泛。

例如，对于城市交通流这样复杂的过程，可用一些简单事件(对于非信号交叉口，次路直行车流让行主路车流)和简单规则(如主路车流车头时距大于某数值时,支路车辆选择进入交叉口)来描述。计算机按照相应的车流到达分布规律得出随机数后，便可确定什么时候可能发生哪些行为，如支路车流将要等待多少车辆驶过后才能进入交叉口。试验出一连串在现实生活中发生的事件后，便可分析出行动的后果，如某种交通控制方案对车流运行的影响等。

2．系统仿真的作用

(1) 仿真的过程也是实验的过程，而且还是系统地收集和积累信息的过程。尤其是对一些复杂的随机问题，应用仿真技术是提供所需信息的唯一令人满意的方法。

(2) 对一些难以建立物理模型和数学模型的对象系统,可通过仿真模型来顺利地解决预测、分析和评价等系统问题。

(3) 通过系统仿真，可以把一个复杂系统降阶成若干子系统以便于分析。

(4) 通过系统仿真，能启发新的思想或产生新的策略，还能暴露出原系统中隐藏着的一些问题，以便及时解决。

3．系统仿真的步骤

系统仿真的一般步骤，从问题定义开始，通过建立仿真模型、收集数据、模型确认、仿真编程实验和验证，在仿真实验设计的基础上，重复运行仿真模型，并对仿真结果进行统计分析和推断，直到为决策者提供满意的方案为止的全过程，这是一个迭代过程。具体如图5-3所示。

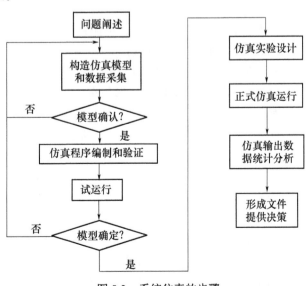

图 5-3　系统仿真的步骤

4. 系统仿真方法

系统仿真的基本方法是建立系统的结构模型和量化分析模型,并将其转换为适合在计算机上编程的仿真模型,然后进行仿真实验。

由于连续系统和离散系统的数学模型有很大差别,所以系统仿真方法基本上分为两大类,即连续系统仿真方法和离散系统仿真方法。

连续系统是指系统中的状态变量随时间连续变化的系统。由于连续系统的数学模型主要描述每一实体的变化速率,因此其数学模型通常是由微分方程组成。利用仿真技术求解微分方程时,先将微分方程所描述的系统转变为能在计算机上运行的模型,然后进行编程、运行或其他处理,得到仿真结果。

离散系统是指系统状态变量只在一些离散的时间点上发生变化的系统。离散系统的仿真实验步骤包括:画出系统的工作流程图;确定相应模型;编制描述具体系统活动的运行程序并在计算机上运行。

在以上两类基本方法的基础上,还有一些用于系统仿真的特殊而有效的方法,如系统动力学方法、蒙特卡洛法等。系统动力学方法通过建立系统动力学模型(流图等)、利用 DYNAMO 仿真语言在计算机上实现对真实系统的仿真实验,从而研究系统结构、功能和行为之间的动态关系。

5.2 系统动力学的建模

5.2.1 系统动力学的产生及发展

系统动力学(System Dynamics)是美国麻省理工学院福雷斯特(J.W.Forrester)教授提出来的一门分析研究信息反馈系统的学科,用计算机仿真实验的方法,以传统的管理程序为背景,引用信息反馈理论和系统动力学理论,把社会问题流体化,从而获得描述社会系统构造的一般方法,并通过计算机仿真运算,获得对真实系统的跟踪。

第二次世界大战以后,随着科学技术的发展和工业化的进程,一些国家的社会问题日趋严重,例如城市人口剧增、失业、环境污染、资源枯竭等。这些问题范围广泛,关系复杂,涉及因素众多,通常具有如下三个特点:

(1) 各问题之间联系密切,而且大都存在矛盾的关系,如经济增长与环境保护等。

(2) 许多问题如投资效果、环境污染、信息传递等有较长的延迟,因此处理问题必须从动态而不是静态的角度出发。

(3) 许多问题中既存在如经济量等定量的内容,又存在如价值观念等偏于定性的内容。这就给问题的处理带来很大的困难。

实践证明,原有的像运筹学之类的分析方法已无法有效地解决这些社会问题。因此,迫切需要有新的方法来处理和解决;另一方面,在技术上由于电子计算机技术的突破使得产生新的方法有了可能。系统动力学就是在这样的背景下应运而生的。

从 20 世纪 50 年代中期福雷斯特创立系统动力学以来,在一系列社会经济系统问题的研究中取得了令人瞩目的创造性成果。有以下几个方面:

(1) 工业动力学(Industrial Dynamics)。1961 年出版。是福雷斯特的早期研究成果。

这本书给出了一种针对工业企业管理的系统动力学方法,并结合典型应用详细地论述了工业动力学的基本概念和基本理论,给出了系统动力学模型的方法和技巧。

(2) 系统原理(Principles of Systems)。1968年出版。该书系统阐述了系统动力学的基本概念、基本理论和方法。

(3) 城市动力学(Urban Dynamics)。1969年出版。主要研究和总结了美国城市的兴衰问题。

(4) 世界动力学(World Dynamics)。1971年出版。提出了"世界模型Ⅱ",初步研究了"全球性问题",如人口问题、工业化资金问题、粮食问题、不可再生的资源问题、环境污染问题等,还阐述了系统动力学方法的"人—机"功能互补的特点。被译成20多种文字,标志着系统动力学这门学科已从美国扩展到全世界。

(5) 增长的极限(The Limits to Growth)。1972年出版。由福雷斯特的学生米多思(Dennis L.Meadows)等人完成,提出了更为细致的"世界模型Ⅲ"。

(6) 美国国家模型(System Dynamics National Model)。继世界模型之后,福雷斯特等人又经过了长达11年的研究,完成了美国国家模型。该模型在宏观经济学和微观经济学之间架起桥梁,成功地研究了通货膨胀和失业等社会经济问题,并第一次从理论上阐明了西方经济学家长期争论不休的经济长波产生的机制。

系统动力学的发展过程大致可分为四个阶段:

1. 稳态动力学(1956—1961)

由于系统动力学方法早期的研究对象是以企业为中心的工业系统,起初就叫工业动力学。因此这一阶段的主要任务是明确结构的概念,即从反馈回路或系统子结构的角度来认识系统,主要研究的是平衡条件的变动对稳态的影响,而不是增长或衰减等瞬态过程。这一阶段,系统动力学主要致力于公司的政策制定。

2. 增长的动力学和一般系统理论(1962—1966)

这一阶段,系统概念在社会科学中得到了巩固,有关系统原理的教材及实验手段得到普及。系统动力学模型发展到非线性占重要地位的实际系统。新产品开发、公司经营及经济活动等增长过程中的正反馈机制得以阐明。同时,系统动力学的应用范围也扩展到工程、医学、管理、心理学、经济等领域。在每个应用领域,系统动力学都是以一种统一的观点去把握系统结构,因此系统动力学是作为一般系统理论而得以发展的。

3. 理论与应用的桥梁(1967—1975)

这一阶段为系统动力学的进一步发展奠定了基础,迈开了由理论走向实际应用的重要步伐。一些重要的专著,如福雷斯特的《城市动力学》、《世界动力学》、米多思等的《增长的极限》等相继问世。

4. 渐趋成熟(1976至今)

由福雷斯特等主持研究的美国国家模型代表了系统动力学的最新成果,它标志着系统动力学在理论及应用方面进入了一个更为成熟的阶段。

目前系统动力学正加强与控制理论、系统科学、突变理论、耗散结构与分叉、结构稳定性分析、灵敏度分析、参数估计、最优化技术应用、专家系统等方面的联系。美、英、法、德、日本等国纷纷采用系统动力学方法来研究各自的社会经济问题,涉及到经济、能源、交通、环境、生态、生物、医学、工业、城市等广泛的领域。

5.2.2 系统动力学的研究对象

系统动力学研究的是大规模的复杂系统，主要指社会经济系统。除了一般大系统所具有的结构复杂、影响因素众多、系统行为有时滞现象和系统内部诸参数随时间而变化等特征外，社会经济系统还具有其他一些特征：

(1) 系统都是高阶数、多回路、非线性的信息反馈系统。
(2) 系统的行为具有"反直观"性，即其行为方式往往与多数人们所预期的结果相反。
(3) 系统内部诸反馈回路中存在一些主要回路，正是这些主要回路及其相互间的作用主要地决定了系统的动态行为。但这些主要回路并非固定不变，可能因系统的运行而更迭。
(4) 系统的非线性经过多次反馈以后，使系统呈现出对外部扰动反应迟钝的倾向，对系统参数变化并不敏感。
(5) 对系统不适宜做实际试验，且它的许多现象是一次性的。

5.2.3 系统动力学模型的特点

系统动力学模型有下列主要特点：

(1) 作为一种结构模型，它可以充分认识系统结构，并以此来把握系统的行为，而不只是依赖数据来研究系统行为。在数据不足及某些参数或关系难以量化的情况下，系统动力学模型仍可用来研究系统行为的趋势、行为模式等。

(2) 它是实际系统的实验室。通过人和计算机的配合，既能充分发挥人(系统分析人员、决策者等)的理解、分析、推理、评价、创造等能力的优势，又能利用计算机高速计算和跟踪能力，求解大型、复杂的数学问题，以此来实验和剖析系统，从而获得丰富的信息，为选择最优的或满意的系统方案提供有力工具。

(3) 模型主要是通过仿真实验进行分析计算，主要计算结果都是未来一定时期内各种变量随时间而变化的趋势曲线。因此，模型能处理高阶次、非线性、多重反馈的复杂时变系统的有关问题。

系统动力学模型擅长处理长期性问题。它是一种机理性模型，认为系统行为主要是由内部机制决定的，其仿真时间可以比较长，这一点对于研究具有大惯性的社会经济系统是非常必要的。像世界模型、城市动力学模型的仿真时间就都在一百年以上。

5.2.4 系统动力学的建模步骤

系统动力学既是对系统分析和决策者提供对社会系统进行仿真实验的手段，也是一种计算方法。要获得满意的结果，需要相关人员的合作。同时也要遵循一定的工作步骤。系统动力学的一般建模步骤如图 5-4 所示。

1. 弄清系统问题

通过调查收集有关系统的情况与统计数据，明确所要解决的问题。

2. 明确建模目的

一般来说，系统动力学对社会经济系统进行仿真实验的主要目的是了解系统的结构和预测未来的行为，以便为进一步确定系统结构和设计参数以及制定合理的政策提供依据。当然，在确定具体对象的目的时，要根据具体要求有所侧重。

3．确定系统边界

系统动力学在分析系统行为时，只考虑系统内部因素的影响，假定外部因素不会对系统产生本质影响，且外部因素不受内部因素的控制。因此，要确定系统的边界，以明确哪些是内部因素，哪些是外部因素。

4．分析因果关系

通过对系统因果关系的分析，明确系统内部各要素间的因果关系，并用表示因果关系的反馈回路描述。确定回路及回路间的反馈耦合关系；初步确定系统的主回路及它们的性质；分析主回路随时间转移的可能性。

5．构造模型

构造系统动力学模型包括建立流程图和写结构方程式。根据因果关系反馈回路，定义变量及参数，确定变量的类型及初值，分析系统变量间的关系，绘制系统动力学流程图，写出对应的结构方程式，确定与估计参数，给所有方程与表函数赋值。

6．仿真实验

根据上述建立的结构方程式在计算机上进行仿真计算。

7．模型检验

主要验证所构造的模型是否可以用来研究系统的问题，验证由构造的模型所得到的信息和行为是否反映实际系统的特征和变化规律。如果所构造的模型不能反映实际系统的特征和变化规律，则需要对所构造的模型进行修改，包括修改系统的结构，或修改系统参数，或重新确定系统边界等，以便使模型能更真实地反映实际系统的行为。

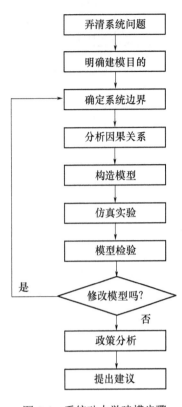

图 5-4　系统动力学建模步骤

8．政策分析

以系统动力学的理论为指导进行政策分析，寻找解决问题的决策方案，并尽可能付之实施，取得实践结果，获取更丰富的信息，发现新的矛盾与问题。

9．提出建议

根据最终的仿真结果提出相应的建议。

通常，这些步骤在执行过程中需要不断回顾和提炼，有时候需要回到上一步去。例如，第一步找出的问题，到了后来也许会发现只是一个更为严重问题的征兆而已。

5.2.5　因果关系图

所谓因果关系，是指一种现象发生的原因和可能引起的结果。因果关系是构成系统动力学模型的基础，是构建模型的必由之路。因果关系可用因果关系图来描述，因果关系的基本组成元素如下：

1．因果箭

因果箭是指连接因果关系的有向线段，箭尾始于原因、箭头终于结果。因果关系的极性有两种：正因果关系和负因果关系，分别可以用"＋"和"－"符号来表示。当原因和结果的变化方向一致时为正因果关系，原因和结果的变化方向相反时为负因果关系。图 5-5(a)表示正因果关系，5-5(b)表示负因果关系。

图 5-5　因果箭

(a) 正因果关系；(b) 负因果关系。

2．因果链

因果关系具有传递性，用因果关系将递推关系加以描述形成因果链。因果链的极性判别方法：若因果链中包含偶数个负的因果箭，则其极性为正；若因果链中包含奇数个负的因果链，则其极性为负。即因果链的极性符号与因果箭极性乘积符号相同。如图 5-6(a)、图 5-6(b)的因果链为正极性，图 5-6(c)的因果链为负极性。

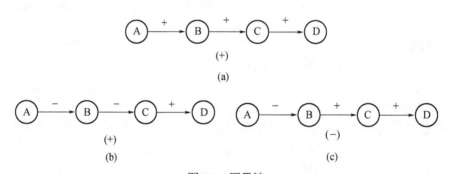

图 5-6　因果链

(a)、(b) 正极性；(c) 负极性。

3．反馈回路

由因果链连接而成的回路称为反馈回路。反馈回路的极性判别准则和因果链相同。

例 5-1　分析机动车数量和年机动车增加量、年机动车报废量之间的因果关系。

在机动车年增长率一定的情况下，机动车数量增加，机动车年增加量增加，从而导致机动车数量增加。它们之间的因果链及其极性如图 5-7(a)所示。

在机动车年报废率一定的情况下，机动车年报废量增加，机动车数量减少，从而导致机动车年报废量减少。它们之间的因果链及其极性如图 5-7(b)所示。

图 5-7　反馈回路

(a) 机动车年增长率一定的情况下；(b) 机动车年报废率一定的情况下。

由上例可知,正反馈回路能起自我强化或弱化作用,是系统中促进系统发展(或衰退)、进步(或退步)的因素。负反馈回路能起内部调节器或稳定器作用,可以控制系统的发展速度或衰退速度,是使系统具有自我调节功能不可缺少的因素。

当系统中具有两个及两个以上的反馈回路时,称为多重反馈回路。

系统动力学认为,系统性质和行为完全取决于系统中存在的反馈回路。因此,分析系统反馈回路的性质是一项十分重要的工作。下面再举一些例子,如图5-8所示。

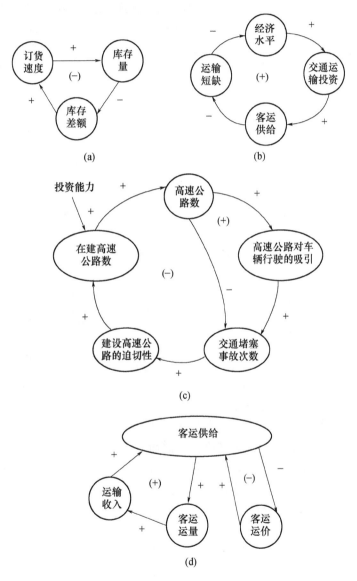

图5-8 因果关系例图

5.2.6 系统动力学模型

1. 系统动力学理论

系统动力学的基本原理可以用流程图如图5-9表示。首先,通过对实际系统的观察和分析，采集有关对象系统的状态信息，随后再根据这些信息进行决策，决策的结果是采取行动，行动作用于实际系统，使系统的状态发生变化。这是一个完整的决策过程。

图 5-10 是小区供水系统的简化图，水流由水塔通过阀门 1(为一单向压力阀)流入水箱，再通过阀门 2 流出。假定水塔中的水位保持不变，那么，当水箱中的水位保持一定时，单向阀关闭。设某一起始时刻，通过阀门 2 水流量的使用，小区用水达到高峰，水箱中的水位迅速下降一定值，此时，根据连通器的原理，水塔与水箱平面的压强差增大，单向阀打开，水流由水塔流入水箱，水箱水位逐渐增加，水塔与水箱平面的压强差逐渐减小，并且由单向阀工作原理可知，单向阀开启程度减小，直到水箱水位回复到初始位置，单向阀关闭。

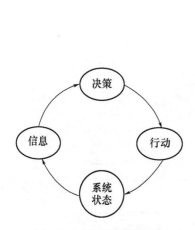

图 5-9　系统动力学原理图

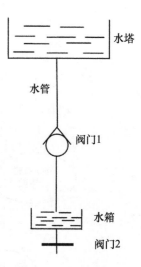

图 5-10　水流系统图

由此可知，单向阀可以使水箱中水位保持在一定水平，并根据压力差的大小，自动调节水管中的的单位时间水流量(流速)。

其过程可以描述为：通过获得对水箱水位状态的信息，将其与所期望的水位状态比较，然后做出调节阀门 1 的决策，并做出调节的行动，这样使得原来水位状态发生变化，这种变化又提供新的信息，继续调节阀门 1 的决策，从而形成系统中的反馈回路。

由此，可画出如 5-11 的示意图，水流(实体流)由水塔(源)流经水箱直至小区用户(汇)，通过水箱水位(水准变量)的变化(水位信息传递给阀门 1，存在信息流)，调节阀门 1 的开启大小(速率)，从而继续控制水流，最终使得水箱水位恢复到初始值。带箭头的实线表示实体流，带箭头的虚线表示信息流。

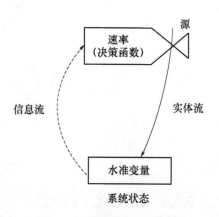

图 5-11　系统动力学流程图

水准、速率、流和信息是系统动力学的四个基本要素。

2．流程图

绘制流程图是系统动力学建模的核心内容。流程图通常由以下要素组成：

1) 源(Source)

指流的来源，相当于供应点。

表示方法：

2) 汇(Sink)

指流的归宿，相当于消费点。

表示方法：

3) 流(Flow)

指系统中的活动或行为，主要分为两种：实体流和信息流，前者用实线来表示，后者用虚线来表示。

表示方法： ⎯⎯⎯⎯⎯→ 实体流
　　　　　┄┄┄┄┄→ 信息流

4) 水准变量(Level)

又称状态变量，是描述系统的累积效应的变量，是系统过去实体流累积的结果，它的变化是流入速率与流出速率的净差额。如图 5-7、图 5-8(a)中的机动车数量、库存量等变量都描述了各自系统的积累效应。因此，都可以被定义为水准变量。

表示方法： ⎯→ □L □ →

5) 速率变量(Rate)

也叫决策变量，表示水准变量变化的快慢。如图 5-8(a)，在允许的库存调整时间一定的情况下，库存差额越大，则订货速度越快；库存差额越小，则订货速度越慢。定义库存量为水准变量，订货速度等于库存差额除以库存调整时间，则订货速度就是速率变量。订货速度明确地描述了库存积累变化的快慢。

表示方法： □⊳◁ 或 ⊳◁

6) 辅助变量(Auxiliary Variable)

为了辅助说明速率变量而引入的一种变量。

表示方法： ┄→(A)┄→

7) 参数、初始值

参数是指系统在运行过程中保持不变的量，即常数。初始值是变量的初值。

表示方法：参数 ⎯○　　初始值 ⎯⊙

8) 信息的取出

信息取出的几种常见情况： □L □ ┄→　⊳◁┄→　(A)┄→

9) 延迟

延迟是信息反馈系统结构中十分重要的一个角色。由于物质运动和信息的传递都需要一定的时间，因此在系统的实体流通道和信息传递通道都有延迟。系统动力学中的延迟情况可分为两大类：

(1) 物流延迟：发生在实体流通道中的延迟。主要有：一阶物流指数延迟(DELAY1)和三阶物流指数延迟(DELAY3)。

表示方法：

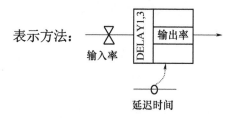

(2) 信息流延迟：包括信息流的一阶平滑(SMOOTH 函数)和三阶信息流指数延迟(DLINF3)。

表示方法：

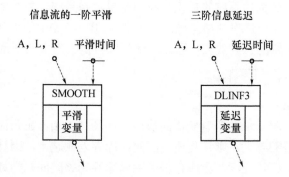

3. 流程图绘制举例

例 5-2 机动车数量问题(因果关系如图 5-7(a)、(b))的流程图如图 5-12、图 5-13 所示。

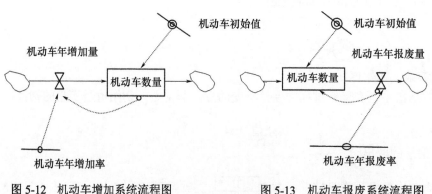

图 5-12 机动车增加系统流程图 　　　图 5-13 机动车报废系统流程图

例 5-3 简单库存问题(因果关系图见图 5-8(a))的流程图如图 5-14 所示。

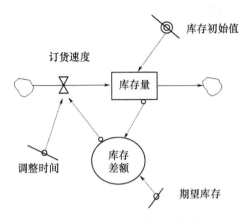

图 5-14 简单库存系统的流程图

5.3 系统动力学仿真计算

绘制系统动力学流程图后,就可以根据流程图建立各种变量及参数的 DYNAMO 方程,从而进行仿真计算。

5.3.1 DYNAMO 方程

DYNAMO 取名来自 Dynamic Models(动态模型)的混合缩写。顾名思义,DYNAMO 命名的涵义在于建立真实系统的模型,借助计算机进行系统结构、功能与动态行为的模拟。

DYNAMO 语言主要采用差分方程式来描述系统的行为,通过求解差分方程式和代数方程式进行仿真。这种语言面向用户,面向建模者,即使不熟悉计算机程序设计,经过短期训练也可以掌握。

因为系统动力学的对象系统是随时间变化的动态系统。为了区别变量在时间上的先后,DYNAMO 方程中的变量需要带上时间标号,具体规定如图 5-15。

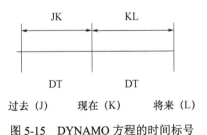

图 5-15 DYNAMO 方程的时间标号

英文字母 K 表示现在,J 表示刚刚过去的那一时刻,L 表示紧随当前的未来的那一时刻,JK 表示过去到现在,KL 表示现在到将来,DT 表示 J 与 K 或 K 与 L 之间的时间长度,称为计算步长。

DT 的取值一般为 0.1~0.5 倍的模型中最小时间常数。但如果模型中含有延迟函数和平滑函数，DT 的值要满足两个要求：①对于一阶指数延迟函数，DT 不应大于 0.5 倍的延迟时间 DEL。②对于三阶指数延迟函数，DT 不应大于 1/6 倍的延迟时间 DEL。(学习中可取为单位时间)

系统动力学中的基本 DYNAMO 方程主要有：

1．水准方程

在 DYNAMO 中计算水准变量的方程称为水准方程。以 L 为标志。

L　LEVEL·K= LEVEL·J+DT*(RIN·JK-ROUT·JK)

2．速率方程

在 DYNAMO 中计算速率变量的方程称为速率方程。以 R 为标志。

R　RATE·KL=f(L·K，A·K，…)

速率的值在 DT 时间内是不变的。进一步说，速率方程是在 K 时刻进行计算，而在自 K 至 L 的时间间隔(DT)中保持不变。速率的时间下标为 KL。

水准方程的格式比较固定，而速率方程没有一定格式。因此建立速率方程颇费功夫。可以说，构思与书写模型的工作中，考虑与建立速率方程的份量占很大比重。

3．辅助方程

在建立速率方程之前，若未先做好某些代数计算，把速率方程中必需的信息仔细加以考虑，那么将会遇到很大的困难。

这些附加的代数运算，在 DYNAMO 中称为辅助方程，方程中的变量则称为辅助变量。

辅助方程以字母 A 为标志。

A　AUX·K=g(L·K，A·K，R·JK，…)

辅助方程也没有统一的标准格式，其时间标识总是 K，可由现在时刻的其他变量(A，L，R)求出。

4．赋初值方程

以 N 为标志。

N　LEVEL=数值

5．常量方程

以 C 为标志。

C　CON=数值

L 方程是积累(或差分)方程，R 与 A 方程是代数运算方程，C、T 与 N 方程为模型提供参数值。

5.3.2　几种典型反馈回路的仿真计算

1．一阶正反馈回路

系统的阶数指的是反馈回路中水准变量的个数。

已知我国铁路 2013 年的客运量是 21.06 亿人次，现假设客运量年增长率(C1)为 5%，则客运量(L1)与客运量年增加量(R1)构成一阶正反馈回路，以 2013 年为基础年，试用系统动力学方法模拟我国铁路客运量的增长情况(图 5-16)。

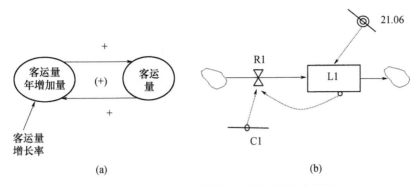

图 5-16 铁路客运量系统的因果关系图和流程图

DYNAMO 方程为：

L　　L1·K= L1·J+DT*R1·JK
N　　L1=21.06
R　　R1·KL= C1 * L1·K
C　　C1=0.05

计算结果如表 5-1 所示，铁路客运量的变化如图 5-17 所示。

表 5-1　铁路客运量系统的计算结果(亿人次)

迭代次序	L1	R1
0	21.06	1.05
1	22.11	1.11
2	23.22	1.16
3	24.38	1.22
4	25.60	1.28
5	26.88	1.34
⋮	⋮	⋮

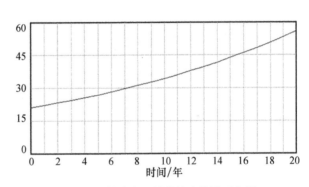

图 5-17 铁路客运量的输出特性示意图

2．一阶负反馈回路

已知由库存量(D)、订货速度(R1)和库存差额(X)组成一阶负反馈回路如图 5-18(a)所示，现假设初始库存量为 800 吨，期望库存量(Y)为 5000 吨，由当前库存量调整到期望库存量的时间(W)为 4 周，试写出 DYNAMO 方程并进行仿真计算。

DYNAMO 方程：

L　　D·K=D·J+DT*R1·JK
N　　D=800
R　　R1·KL=X·K/W
A　　X·K=Y-D·K
C　　W=4
C　　Y=5000

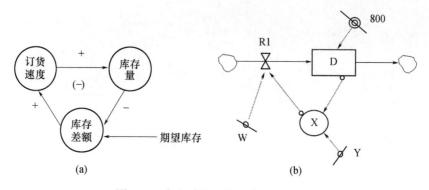

图 5-18　库存系统因果关系图和流程图

仿真计算结果如表 5-2，库存量变化如图 5-19 所示。

表 5-2　库存系统的仿真计算结果

迭代次序	D	X	R1
0	800	4200	1050
1	1850	3150	787.5
2	2637.5	2362.5	590.6
3	3228.1	1771.9	443.0
4	3671.1	1328.9	332.2
5	4003.3	996.7	249.2
⋮	⋮	⋮	⋮

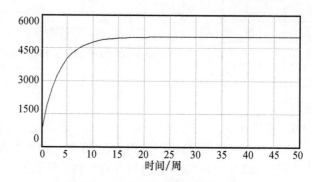

图 5-19　库存系统的输出特性示意图

3．二阶负反馈回路

设某物流集团与几所高校达成定向培养协议，该集团人才招聘全部来源于这几所高校的交通运输类专业毕业生，且这几所高校的交通运输类专业学生毕业后均到该集团工作。设初始年这几所高校运输类专业在校学生数 M=2000 名，集团运输类人才拥有量 Q=1000 名，期望运输类人才拥有量 Y=6000，人才拥有量调整时间 Z=5 年，学制 W=4 年，用 DANAMO 程序预测今后 5 年内该物流集团交通运输行业人才的拥有量。

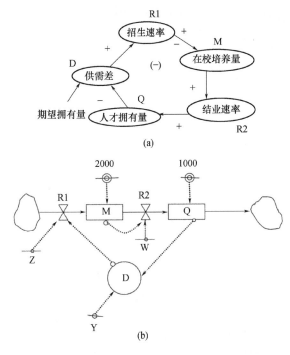

图 5-20 交通运输类人才培养系统因果关系图和流程图

DYNAMO 方程：

L M·K=M·J+DT*(R1·JK-R2·JK)
N M=2000
R R1·KL=D·K/Z
A D·K=Y-Q·K
C Z=5
C Y=6000
R R2·KL=M·K/W
C W=4
L Q·K=Q·J+DT*(R2·JK-0)
N Q=1000

仿真计算结果如表 5-3 所示，该物流集团交通运输类人才数量变化如图 5-21 所示。

表 5-3 交通运输类人才培养系统的仿真计算结果

迭代次序	M	R2	Q	D	R1
0	2000	500	1000	5000	1000
1	2500	625	1500	4500	900
2	2775	694	2125	3875	775
3	2856	714	2819	3181	636
4	2778	695	3533	2467	493
5	2577	644	4227	1772	355

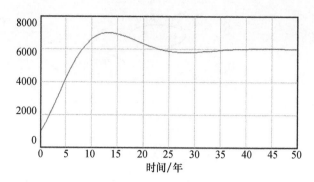

图 5-21 交通运输类人才培养系统的输出特性示意图

5.4 延 迟

延迟是系统动力学中非常重要的一个概念。在社会经济系统中,延迟的现象比比皆是,如顾客向供应商发出订货需求后,货物从供应商处运到顾客手中需要一段时间;庄稼从播种到收获也有一段间隔时间。因此,延迟是信息反馈系统中十分重要的一个角色。

原则上,在所有的实体流动和信息流动渠道中都存在延迟现象。但考虑到建模的简洁性原则,在构造系统动力学模型时,并不是在每一条流通渠道上都必须考虑延迟。有的系统中,局部的延迟对系统行为的影响不是很大,则在建模时,忽略延迟的影响以简化模型。

系统动力学中延迟可分为两类:物流延迟和信息流延迟。

5.4.1 物流延迟

物流延迟包括一阶物流指数延迟和三阶物流指数延迟。

1. 一阶物流指数延迟

延迟的阶数是指延迟结构中表征延迟特性的水准变量的个数。有一个水准变量,即为一阶。一阶物流指数延迟的结构如图 5-22 所示。

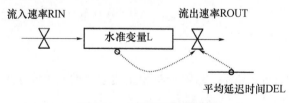

图 5-22 一阶物流指数延迟

对应于图 5-22 的 DYNAMO 方程为:(假定流入速率 RIN 由系统中其他部分决定)

L　　L·K=L·J+DT*(RIN·JK−ROUT·JK)
N　　L=DEL*RIN
R　　ROUT·KL=L·K/DEL

上述方程式可用 DYNAMO 中的 DELAY1 函数代替,功能相同,但简明方便得多(可以取消 L 变量,即 L 为隐含水准变量)。

R　　ROUT·KL=DELAY1(RIN·JK,DEL)

相应的结构图也可简化成如图 5-23 所示。

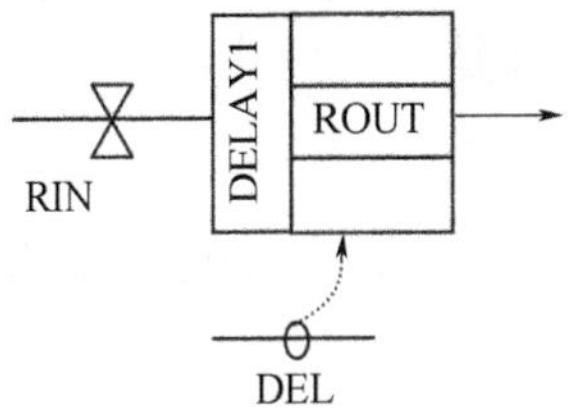

2．三阶物流指数延迟

两个或更多个一阶指数延迟串联起来就可以得到高阶指数延迟。高阶延迟中最常用的是三阶延迟。其结构如图 5-24 所示。

其 DYNAMO 方程为：

L　　L1·K=L1·J+DT*(RIN·JK-R1·JK)
N　　L1=(DEL/3)*RIN
R　　R1·KL=L1·K/(DEL/3)
L　　L2·K=L2·J+DT*(R1·JK-R2·JK)
R　　R2·KL=L2·K/(DEL/3)
L　　L3·K=L3·J+DT*(R2·JK-ROUT·JK)
R　　ROUT·KL=L3·K/(DEL/3)

图 5-23　一阶物流延迟函数结构例图

上述方程式可用 DYNAMO 中的 DELAY3 函数代替。

R　　ROUT·KL=DELAY3(RIN·JK，DEL)

同样，相应的结构图也可简化成如图 5-25 所示。

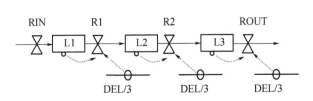

图 5-24　三阶物流指数延迟

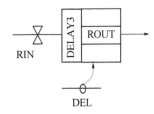

图 5-25　三阶物流延迟函数结构例图

3．物流延迟的阶数

一阶延迟和高阶延迟可以有相同的平均延迟时间，但是对流入速率的瞬态响应却不大相同。一阶与三阶的延迟特性彼此差别很大。一阶延迟表现出简单的指数形增长的特性，二阶延迟开始表现出 S 形增长特性，三阶时的 S 形增长特性已较明显，六阶的 S 形增长特性也就更加突出了，如图 5-26 所示，其错开程度取决于延迟时间。一阶与三阶的

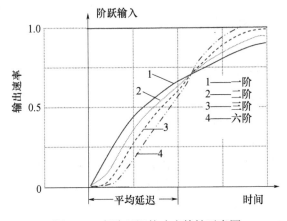

图 5-26　各阶延迟的响应特性示意图

曲线差别很大，增长模式全然不同，但三阶曲线与六阶甚至 12 阶曲线相比则无本质差别，同样是 S 形模式，只是程度上的差异而已。因此，系统动力学中只研究了一阶和三阶物流延迟。

5.4.2 信息流延迟

由于信息的采集和传递需要一定的时间，因此，信息在系统中传递也存在延迟。信息流延迟主要包括信息的一阶平滑和三阶延迟。

1. 一阶信息平滑

平滑指的是平均的意思。平滑一方面减少随机干扰而得到有用的信息，另一方面在信息通道上导致延迟。

算术平均法是一种最直观的平滑方法。但由于算术平均法认为时间序列中的每一个历史数据的作用相同，往往会造成信息的失真。因此，在实际中用得很少。通常采用的是指数平滑法。指数平滑法认为近期的数据具有比远期数据更重要的作用。

系统动力学中常用平滑函数 SMOOTH 来求指数平均值，表征系统的一阶信息平滑。其结构如图 5-27 所示，对应的 DYNAMO 方程为：

  L YP·K=YP·J+DT*PL·JK
  N YP=DP
  R PL·KL=(DP·K-YP·K)/PS

上述方程可用平滑函数 SMOOTH 代替，即：

  A YP·K=SMOOTH(DP·K，PS)

相应的结构图也可简化成如图 5-28 所示。

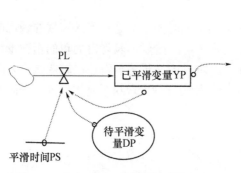
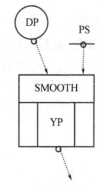

图 5-27 信息平滑函数原型结构简图 图 5-28 信息平滑函数结构简图

平滑函数中，待平滑变量 DP，可以是水准变量、速率变量或辅助变量。平滑时间 PS 通常为常数，但也可以是变量。

2. 三阶信息流指数延迟

可以把多个一阶平滑函数串接成为高阶的信息延迟。系统动力学提供了三阶信息延迟函数 DLINF3，每个一阶延迟的平均延迟时间是总平均延迟时间的 1/3。DLINF3 的结构如图 5-29 所示。其辅助方程为：

  A YP·K=DLINF3(DP·K，PS)

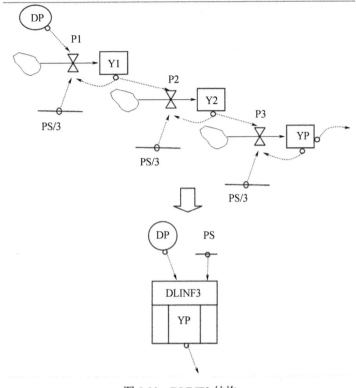

图 5-29 DLINF3 结构

思考与练习题

5.1 何谓系统模型？系统模型有哪些主要特征？
5.2 建立系统模型时要遵守哪些基本原则？一般要经过哪些基本步骤？
5.3 为什么在系统分析中广泛使用模型而不直接对实际系统进行分析？
5.4 什么是系统仿真？系统仿真有哪些作用？
5.5 系统建模主要有哪些方法，请分别说明这些建模方法的适用对象和建模思路。
5.6 试构造一个问题的因果反馈结构(要求正、负反馈回路各不少于 1 个)。
5.7 设 t_0 为初始年度，p_0 为初始年度的人口数，$p(t)$ 为第 t 年的人口数，假设人口的年增长数与该年总人口数成正比。试推导人口的增长规律模型(可参考马尔萨斯提出的人口模型)。
5.8 什么是系统动力学？其研究对象有什么特点？有哪些建模仿真步骤？
5.9 简述系统动力学的基本思想。
5.10 为研究新住宅对彩电销售的影响，考虑购房和彩电销售两个子系统。

在购房子系统中，年购房数量的增加使购到新房的户数增加，从而未住新房户数减少。其中未住新房户数还受到需要住房的总户数的影响。年购房数量和未住新房户数成比例，比例系数为购房系数。

在彩电销售子系统中，未购买彩电户数的增加使彩电年销售量成比例增加，比例系数为销售系数。销售量的增加又使得已买彩电户数增加。

假定住进新房者每户买且仅买一台彩电,在一定时期内,需要住房的总户数、购房系数、销售系数保持不变。

要求:
(1) 画出新住宅对彩电销售影响的因果关系图和系统动力学流程图。
(2) 赋予各变量代号,写出 DYNAMO 方程。
(3) 适当设定初值和常量,仿真未来 5 年内所有状态变量的数值。

5.11 某企业采用最大库存法订货。当该企业向其上游供应商发出订货要求后,不能立即将货物取回,需要经过一定时间后才能收到货物。假定该企业的现有库存为 1000 吨,期望库存为 8000 吨,途中未到货物 1200 吨,允许货物调整时间为 5 周,利用系统动力学仿真该企业的库存变化情况。

5.12 已知如下的 DYNAMO 方程,绘制相应的系统动力学流程图。

L　　I·K=I·J+DT*MI·JK
N　　I=100
R　　MI·KL=MP·K*P·K
A　　MP·K=MQ·K/Z
C　　Z=30
A　　MQ·K=MR·K/P·K
A　　MR·K=Y-I·K
C　　Y=260
L　　P·K=P·J+DT*MT·JK
N　　P=120
R　　MT·KL=P·K/W
C　　W=50

5.13 人口和经济增长的关系可以描述如下:人口流入城市的原因之一是城市就业机会多,但迁入者在该地区得知就业机会并取得就业需要一段时间。迁入人口的增加,促使城市产业扩大。而产业经济的扩大,形成附加的需要,这种需要更加增大了该地区的就业机会。试绘制因果关系图和流程图。

5.14 假设城市交通系统中,机动车数量(JDC)与道路建设路面面积(DL)是按一定比例相互增长的。已知某城市现有机动车数量为 20 万辆,且每年以 JR 的幅度增加,每平方米道路面积可引起机动车数量增加的比例(C1)是 0.002 辆/年。城市现有道路总面积为 10 平方公里,且每年以 DR 的幅度增加,每一辆机动车可引起道路面积增加的比例(C2)为 5 平方米/年。请用系统动力学模型分析该市未来几年的道路交通状况。要求画出反馈回路图和流程图,写出相应的结构方程式,进行 5 年的仿真预测。

第6章 交通运输系统预测

6.1 概述

6.1.1 系统预测的概念

预测是对事物或现象将要发生的或目前不明确的情况进行预先的估计和推测。预测要有一定的科学依据，其建立在对事物历史与现状的调查的基础上，建立在对有关主要因素分析的基础上。

系统预测就是根据系统发展变化的实际数据和历史资料，运用科学的理论、方法和各种经验、判断、知识，去推测、估计、分析事物在未来一定时期内的可能变化情况。其实质是充分分析、理解待测系统及其有关主要因素的演变，以便找出系统发展变化的固有规律，根据过去、现在估计未来，根据已知预测未知，从而推断该系统的未来发展状况。

6.1.2 预测的意义

对交通运输系统进行预测，一是运输系统投资、规划的需要，二是运输系统评价的需要。

首先，一个国家、一个地区或部门，对运输系统进行投资，主要是由于现有运输能力不能满足运量，尤其是未来运量的需求。从宏观角度来看，要对交通运输系统的投资做出合理的规划，包括确定其在整个国民经济发展中的比重，各种运输方式之间的投资比例及其投资方向，就必须对全局范围内的运量需求状况和总趋势做出科学的预测；从微观角度来看，一个具体的运输项目是否值得投资，什么时候投资，投资规模多大，也必须根据未来的运量来确定，否则很难做出科学合理的决策。

其次，运输系统的预测也是运输系统评价的基础。运输系统评价包括运输系统的经济评价、技术评价、社会评价和环境评价等，其中，进行经济评价离不开对运输系统未来运量的预测。这是因为，一个运输系统的建造成本、投资规模和建成以后其寿命周期内的营运成本，主要取决于对运量的预测；同样，一个运输系统建成以后，其寿命期内获利多少，也需要借助于逐年的未来运量才能衡量和计算。如果没有可靠的运量预测为基础，就不能正确地估算运输系统的经济成本和经济效益，以致使经济评估失去真实性，导致投资决策的失误。

6.1.3 预测的种类

根据预测的目标和特征不同可以把预测分为不同的类别。一般来说，大致有以下几种分类：

1. 按预测方法的性质分类

1) 定性预测

确定预测目标未来发展的性质、方向和程度。这种预测主要利用直观材料，依靠预测人员的经验判断和分析能力，对未来的发展趋势做出预测。主要有德尔菲法(Delphi 法)、市场调查法、主观概率法、交叉概率法、领先指标法、类推法等常用的方法。

2) 定量预测

确定未来事件可能出现的具体结果，从数量上来描述时间发展的趋势和程度。这种预测是指利用数据资料，运用统计方法和数学模型推算未来的发展趋势。

定量预测方法按其基本依据不同可分为三类：第一类是依据历史统计数据随时间规律性变化建模进行预测，称为时间序列预测，如移动平均法、指数平滑法、灰色预测法等；第二类是把所要预测的对象同其他有关因素联系起来分析，建立关系模型，根据模型再进行预测，称为相关分析预测，常用的有投入产出法、回归分析法等；第三类是将多种预测方法综合使用的组合预测法。

定性预测和定量预测并不是相互排斥的，而是可以相互补充的，在实际预测过程中应该把两者正确地结合起来使用。

2. 按预测时间分类

1) 长期预测

一般指对五年以上发展前景的预测。它是制定长期发展规划，提出长期发展目标和任务的依据。

2) 中期预测

一般是指一年以上五年以下的预测，它是制定五年计划、中期发展规划的依据。

3) 近期预测

一般是指三个月以上一年以下的预测，它是制定季度计划、年度计划的依据。

4) 短期预测

一般是指三个月以下的预测，它是制定周计划、月计划等短期计划的依据。

3. 按预测内容分类

1) 运输经济预测

又分为宏观运输经济预测和微观运输经济预测。对整个国民经济范围的运输经济所做的预测就是宏观运输经济预测；而对单个运输经济实体的各项运输经济指标所做出的预测就属于微观运输经济预测，如某航运公司对某种货物货运量的预测、交通事故造成的经济损失的预测等。

2) 运输科技预测

又分为运输科学预测和运输技术预测。对于科学发展的趋势、运输科学发展与社会经济发展的关系的预测就是运输科学预测；而对运输方式、运输设备、运输工具等技术方面的预测就属于运输技术预测，如大功率电力、内燃机车应用前景的预测；高性能水上客船需求量的预测；电动汽车的预测等。

3) 交通运输与社会关系预测

研究和探索交通运输与社会发展、对社会影响有关问题的预测。如交通运输需求预测；交通运输对企业位置和规模的影响预测；交通运输对市场形成的影响预测；某市 OD

出行流的预测、某地区交通事故发生次数的预测等。

根据运输对象的不同,可以将运输需求的预测分为客运系统预测和货运系统预测两个方面。客运预测包括人口预测、居民出行生成预测、居民出行分布预测、居民出行方式预测等;货运预测包括货运发生预测、货运吸引预测、货运方式预测等。

6.1.4 预测的程序

预测过程包括归纳、演绎两个阶段。归纳阶段:从预测目标入手,收集资料,通过对资料的分析、处理、提炼和概括,用恰当的形式描述预测对象的基本规律。演绎阶段:利用所归纳的基本规律,推算出预测对象在未来某期间的可能水平。

预测的程序随预测目的和使用方法的不同而不同。一般来说,预测的程序有以下几个步骤(图 6-1)。

(1) 确定目的。

首先必须确定预测的具体目的。只有目的明确,才能根据预测目的去收集所需资料,选择预测方法,收到好的效果。确定预测目的就是从决策与管理的需要出发,紧密联系实际需要与可能,确定预测要解决的问题。

(2) 收集和整理资料。

资料的收集要求完整、准确、适用。对所收集的资料应进行分析整理,以供预测模型采用。

(3) 选择预测方法。

对不同的预测对象应采用不同的预测方法。选择预测方法时,主要考虑预测对象的种类和性质、对预测结果精度的要求、现已掌握资料的可靠性和完整性,以及现实条件(人力、物力、财力和时间限制)等,经分析,合理选择预测效果好、经济又方便的预测方法。在可能的情况下,最好能对同一预测对象采用不同的预测方法进行预测,以便进行比较分析。

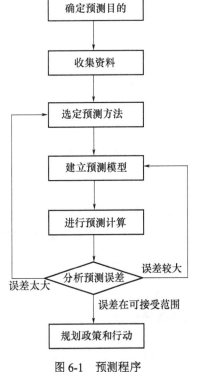

图 6-1 预测程序

(4) 建立预测模型。

预测的核心是建立符合客观规律的模型,所建立的预测模型好坏直接影响预测的效果。模型建立之后,如果模型中含有参数,则需要对参数进行估计,并进行统计检验,经过检验后,如果模型是有效的,则可利用模型进行预测。

(5) 预测。

根据所建立的模型或公式进行预测计算。计算时应分析模型内外因素的变化情况。如果这些变化使预测对象的未来显著地不同于过去和现在,就需要根据分析判断,对预测模型或结果进行必要的修正。

(6) 分析预测误差。

由于实际情况受多方面因素的影响,而预测又不可能将所有因素均考虑在内,故预测结果往往与实际值有一定的差距,即产生预测误差。虽然,预测允许有一定的误差,但如果误差太大,预测就失去了实际意义。所以,需要认真分析产生误差的程度及原因,并进行必要的修正。

(7) 改进预测模型。

如果预测结果经检验出现不显著的情况,即表明预测结果与实际值出现较大的误差,这往往是由于所建立的预测模型未能准确地描述预测对象的实际情况。这就需要对原有的预测模型进行修改或重新设计。同时,如果实际情况发生了较大的变化,原有的方法也必须重新选择。

(8) 规划政策和行动。

预测的目的一般不只是为了设想未来的情况将会怎样。更重要的在于根据对未来情况的设想和推断,制定当前的行动策略和相应的政策,以便影响、控制以至改变未来的情况。

6.2 定性预测方法

定性预测是一种直观性预测。它主要根据预测人员的经验和判断能力,不用或仅用少量的计算,即可从对被预测对象过去和现在的有关资料及相关因素的分析中,揭示出事物发展规律,求得预测结果。

定性预测适用于对事物发展的性质进行预测,主要凭借人的经验以及分析能力;同时适用于对事物发展的趋势、方向和重大转折点进行预测。

定性预测的优点在于注重于事物发展在性质方面的预测,具有较大的灵活性,易于充分发挥人的主观能动作用,且简单,迅速,省时省费用。其缺点在于易受主观因素的影响,比较注重于人的经验和主观判断能力,从而经济易受人的知识、经验和能力的限制,尤其是缺乏对事物发展做数量上的精确描述。

6.2.1 德尔菲法

1964 年美国兰德公司的赫尔默(Helmer)和戈登(Gordon)发表了"长远预测研究报告",首次将德尔菲法用于技术预测中,以后便迅速地应用于美国和其他国家。

德尔菲法依据系统的程序,采用匿名发表意见的方式,即专家之间不得互相讨论,不发生横向联系,只能与调查人员发生联系,通过多轮调查专家对问卷所提问题的看法,经过反复征询、归纳、修改,最后汇总成专家基本一致的看法,作为预测的结果。这种方法有广泛的应用范围,几乎可以用于任何领域的预测,如科技、军事、人口、医疗、管理、教育等预测。此外,德尔菲法还可用来进行评价、决策和规划工作。

1. 德尔菲法的特点

(1) 匿名性。应邀参加预测的专家互不了解,不能彼此通气,完全消除了心理因素的影响。专家可以参考前一轮的预测结果,修改自己的意见而无需做出公开说明,无损自己的威望。

(2) 反馈性。德尔菲法一般要经过四轮。在匿名情况下,为了使参加预测的专家掌握每一轮预测的汇总结果和其他专家提出意见的论证,预测领导小组对每一轮的预测结果做出统计,并作为反馈材料发给每个专家,供下一轮预测时参考。

(3) 统计性。对各轮反馈意见进行定量处理是德尔菲法的一个重要特点。为了定量评价预测结果，德尔菲法采用统计方法对结果进行处理。

2. 专家的选择

进行德尔菲法预测需要成立预测领导小组。领导小组不仅负责拟订预测主题，编制预测事件一览表，以及对结果进行分析和处理，更重要的是负责专家的选择。

德尔菲法是一种对于意见和价值进行判断的作业。在选择专家过程中不仅要注意选择精通技术、有一定名望、有学派代表性的专家，同时还需要选择边缘学科、社会学和经济学等方面的专家。

预测小组人数视预测问题规模而定，一般以 10～50 人为宜，人数太少，限制学科代表性，且缺乏权威性，同时影响预测精度；人数太多，难以组织，对结果处理比较复杂。然而对于一些重大问题，专家人数也可扩大到 100 人以上。在确定专家人数时，值得注意的是即使专家同意参加预测，因种种原因也不见得每轮必答，有时甚至中途退出，因而预选人数要多于规定人数。

专家选定后还可根据具体预测问题，划分从事基础研究预测和应用研究预测的小组，亦可按其他形式分组。

例如，美国马尼托巴大学邀请 40 名专家就能源和环境进行了预测。40 名专家中，美国专家 23 名、法国专家 8 名、英国专家 3 名、德国和瑞士专家各 2 名、日本和比利时专家各 1 名。专家们任职年限的中位数和平均数都是 21 年。专家们的职业分布为：8 名就职于政府机关、6 名在大学工作、11 人在专业期刊编辑部、15 人在工业和工业研究部门。专家的学位头衔为：48%具有博士学位、37%是硕士，三轮预测参加到底的应答者约占 2/3，每一轮的人数超过 30 人。由于人员比较稳定，排除了人员波动对调查结果的影响。

3. 预测步骤

传统的德尔菲法一般需要进行四轮征询，各轮的征询内容和问题环环相扣，逐步深入。需要注意的是，德尔菲法中的调查表与通常的调查表有所不同，通常的调查表只向被调查者提出问题，要求回答。而德尔菲的调查表不仅提出问题，还兼有向被调查者提供信息的责任，它是专家们交流思想的工具。

第一轮：首先，由组织者发给专家第一轮调查表，该调查表是开放式的，不带任何框框，只提出预测问题，但问题不过于具体，请专家围绕预测主题提出预测事件。然后，预测组织者对专家填好的调查表进行汇总整理，归并同类事件，排除次要事件，用准确术语提出一个预测事件一览表，并作为第二轮调查表发给专家。

第二轮：首先，由专家对第二轮调查表所列的每个事件做出评价。例如，说明事件发生的时间，阐述争论问题和时间或迟或早发生的理由。然后，预测组织者分析第二轮专家意见后，对专家意见做统计处理，整理出第三张调查表。第三张调查表一般包括：事件、事件发生的中位数和上下四分点，以及事件发生时间在四分点外侧的理由。

第三轮：首先，发放第三轮调查表，请专家重审争论，对上下四分点外的对立意见做一个评价，给出自己新的评价(尤其是在上下四分点外的专家，应重述自己的理由)。如果修正自己的观点，也要叙述为何改变，原来的理由错在哪里，或者说明哪里不完善。然后，专家们的新评论和新争论返回到组织者手中后，组织者的工作与第二轮十分类似：统计中位数和上下四分点；总结专家观点，重点是研究分析争论双方的意见，形成第四张调查表。

第四轮：首先请专家对第四轮调查表再次评价和权衡，做出新的预测。是否要求做出新的论证与评价，取决于组织者的要求。当第四张调查表返回后，组织者的任务与上一轮的任务相同：计算每个事件的中位数和上下四分点，归纳总结各种意见的理由以及争论点。

需要说明的是：并不是所有被预见的事件都要经过四轮，如果有的事件在第二轮就达到统一，就不必在第三轮中出现。第四轮调查结束后，专家对各事件的预测也不一定都达到统一。不统一的意见可用中位数和上下四分点来做结论。

中位数法是将专家预测结果从小到大顺序排列，选择中间位置的那个数作为预测结果的期望值，上、下四分位数表明预测值的置信区间，下四分位数表明预测期望值的下限，上四分位数表明预测期望值的上限。当有奇数个专家预测结果时，正中位置的数即为中位数；当有偶数个专家预测结果时，则以处于最中间的两个数的算术平均值为中位数。上、下四分位数分别表示处于专家预测结果排序数列中 3/4 处与 1/4 处的两个数。

德尔菲法的优点是简便易行，具有一定的科学性和实用性，可以避免会议讨论时因害怕权威而随声附和，或固持己见，或因顾虑情面不愿与他人意见冲突等弊病；同时也可使大家发表的意见较快收敛，参加者也易接受结论，在操作上，综合意见具有一定程度的客观性。该方法的不足之处在于：可靠性不够高，容易受到专家的主观意识和思维局限的影响；在技术上，调查表的设计对预测结果的影响较大。

德尔菲法适用于没有足够信息资料的中长期预测，尤其适用于难以用精确的数学模型处理，需要征求意见的人数较多、人员较分散、经费有限、难以多次开会或因某种原因不宜当面交换意见的问题。

例 6-1 某货运站计划扩建，为对其进行可行性研究，需对未来的运量进行预测。预测采用德尔菲法进行。

(1) 提出问题。预测某货运站未来的运量情况。

(2) 聘请专家。聘请 12 位专家，发放意见征询表，要求每人对该服务区域内未来的运输量进行预测，分为最高运量、最可能运量和最低运量三种情况。

(3) 意见汇总、整理、计算、分析。经过三轮的意见反馈，得到运量预测统计见表 6-1。

表 6-1 德尔菲法预测运输量(单位：万吨)

专家	第 1 轮			第 2 轮			第 3 轮		
	最低	最可能	最高	最低	最可能	最高	最低	最可能	最高
1	150	750	900	600	750	900	550	750	900
2	200	450	600	300	500	650	400	500	650
3	400	600	800	500	700	800	500	700	800
4	750	900	1500	600	750	1500	500	600	1250
5	100	200	350	220	400	500	300	500	600
6	300	500	750	300	500	750	300	600	750
7	250	300	400	250	400	500	400	500	600

(续)

专家	第1轮			第2轮			第3轮		
	最低	最可能	最高	最低	最可能	最高	最低	最可能	最高
8	260	300	500	350	400	600	370	410	610
9	500	700	900	500	600	900	450	550	600
10	600	800	1000	500	700	900	500	600	700
11	300	400	500	300	450	550	300	450	500
12	500	600	800	400	500	700	450	550	650
合计							5020	6710	8610
平均数							418	559	718

(4) 根据统计表 6-1，可以采用适当的计算方法求出需要预测的运量。

方法一：用平均数求解。

在预测时，最终一次判断是综合前几次的反馈做出的，因此在预测时一般以最后一轮判断为主，用平均数求解：

最低运输量平均值为：5020/12=418 万吨。

最可能运输量平均值为：6710/12=559 万吨。

最高运输量平均值为：8610/12=718 万吨。

运输量预测值为：(418+559+718)/3=565 万吨。

方法二：用中位数求解。

首先把 12 位专家的第三次预测的运量从小到大依次排列(如遇到相同的数，不重复计算)。

最低运输量：300，370，400，450，500，550

最可能运输量：410，450，500，550，600，700，750

最高运输量：500，600，610，650，700，750，800，900，1250

最低运输量的中位数：3、4，故取第 3、4 个值(400 和 450)的平均数 425 万吨。

最可能运输量的中位数：(7+1)/2=4，故取第 4 个值 550 万吨。

最高运输量的中位数：(9+1)/2=5，故取第 5 个值 700 万吨。

运输量的预测值为：(425+550+700)/3=558 万吨。

6.2.2 类推法

类推法也称类比法，就是把预测目标与同类的或相似的先行事物加以对比分析，来推断预测目标未来发展趋向与可能水平的一种预测方法。它适合于中、长期的预测。

对比类推法预测步骤：

(1) 选择先导事件。如果预测事件 A，可选择另一事件 B，要求 B 与事件 A 具有相同或相似的发展规律，但发现规律已知并领先于事件 A。事件 A 称为迟发事件，事件 B 称为先导事件。

(2) 找出先导事件的发展规律、关键特征，并绘制演变趋势图。

(3) 分析先导事件与迟发事件发展规律的差异程度以判断是否可以进行类推，若差异显著需重新选择先导事件。

(4) 根据先导事件的发展规律，类推迟发事件的未来状况。

选择先导事件是类推法预测的关键，不同的预测目标有不同的先导模型。常用的先导模型有三种：一是历史上发生过的同类事件；二是国外或外地发生过的同类事件；三是其他领域发生过的同类事件。

6.3 定量预测方法

6.3.1 时间序列法

时间序列又称动态序列，它是将某个变量的观测值，按时间先后顺序排列而成的序列。时间序列预测法就是根据时间序列所反映的事物发展过程、方向和趋势，将时间序列外推或延伸，以预测事物未来可能达到的水平值的一种方法。常见的时间序列预测法包括简单平均法、移动平均法、指数平滑法、趋势预测法、季节变动预测法等。

时间序列预测法基于这样的原理：一方面承认事物发展的延续性，因为任何事物的发展总是同它的过去有着密切的联系的，因此，运用过去时间序列的数据进行统计分析，就能够推测事物的发展趋势；另一方面，又充分考虑到事物发展偶然因素的影响而产生的随机性，为了消除随机波动的影响，利用历史数据，进行统计分析，并用加权平均等方法对数据加以适当的处理，进行趋势预测。

时间序列预测法的主要优点是简单易行，便于掌握，且能够充分利用原时间序列的各项数据；但准确程度较差。一般只适用于进行中短期预测。

时间序列的发展变化，是由许多复杂因素共同作用的结果。影响因素归纳起来大体有四种：长期趋势、季节趋势、循环变动和不规则变动。

(1) 长期趋势。长期趋势指现象在一段较长的时间内，由于普遍的、持续的、决定性的基本因素的作用，使发展水平沿着一个方向，逐渐向上或向下变动的趋势。长期趋势是时间序列的主要构成要素，它表示时间序列中的数据不是意外的冲击因素引起的，而是随着时间的推移逐渐发生的变动。

(2) 季节变动。季节变动指现象受季节的影响而发生的变动。即现象在一年内或更短的时间内随着时序的更换，呈现周期重复的变化。季节变动中的"季节"一词是广义的，它不仅指一年中的四季，还指任何一种周期性的变化。季节变动的原因，既有自然因素又有社会因素。季节变动是一种极为普遍的现象，它是诸如气候条件、节假日等各种因素作用的结果。

(3) 循环变动。循环变动指现象发生的周期比较长的涨落起伏变动。多指经济发展兴衰交替变动。循环变动不同于趋势变动，它不是朝着单一方向的持续运动，而是涨落相间的交替波动；它也不同于季节变动，季节变动有比较固定的规律，而循环变动没有固定的规律。

(4) 不规则变动。不规则变动是指时间序列数据在短期内由于偶然因素而引起的无规律的变动。例如战争、自然灾害等偶然因素所导致的不规则变动。

上述各类影响因素的作用，使时间序列的变化，有的具有规律性，如长期趋势变动和季节变动；有的不具有规律性，如不规则变动和循环变动。把这些影响因素同时间序列的关系用一定的数学关系表示出来，就构成了时间序列的分解模型。

1．移动平均法

移动平均法是根据时间序列资料逐项推移，依次计算包含一定项数的时序平均数，以反映长期趋势的方法。当时间序列的数值由于受周期变动和不规则变动的影响，起伏较大，不易显示出发展趋势时，可用移动平均法消除这些因素的影响，分析、预测序列的长期趋势。

移动平均法包括一次移动平均法、二次移动平均法、加权移动平均法等。

1) 一次移动平均法

设时间序列为 $y_1, y_2, \cdots, y_t, \cdots$；一次移动平均法的预测模型为

$$\hat{y}_{t+1} = M_t^{(1)} = \frac{y_t + y_{t-1} + \cdots + y_{t-n+1}}{n}, \quad t \geqslant n \tag{6-1}$$

式中：$\hat{y}_{t+1}$ 为第 $t+1$ 期的预测值；$M_t^{(1)}$ 为 t 期一次移动平均数；n 为移动平均的项数，即参加移动平均的历史数据的个数。

例 6-2 2013 年某段高速公路 1～10 月份的月平均日交通量的统计资料如表 6-2 所示，试用一次移动平均预测法预测 11 月份的月平均日交通量。分别取 $n=3$ 和 $n=5$ 计算，并进行比较。

表 6-2 某高速公路的月平均日交通量

月份	1	2	3	4	5	6
月平均日交通量(辆/日)	19836	15920	5540	16846	15714	16755
月份	7	8	9	10		
月平均日交通量(辆/日)	19807	21966	18426	25147		

解：分别取 $n=3$ 和 $n=5$，按预测公式

$$\hat{y}_{t+1} = \frac{y_t + y_{t-1} + y_{t-2}}{3}$$

和

$$\hat{y}_{t+1} = \frac{y_t + y_{t-1} + y_{t-2} + y_{t-3} + y_{t-4}}{5}$$

计算 $n=3$ 和 $n=5$ 的移动平均预测值。结果如表 6-3 所示，预测图见图 6-2。

表 6-3 $n=3$、5 计算结果

月份	实际值	预测值 $\hat{y}_t+1$		绝对误差 $|\hat{y}_t - y_t|$	
		$n=3$	$n=5$	$n=3$	$n=5$
1	19836				
2	15920				
3	5540				
4	16846	13765		3081	

(续)

月份	实际值	预测值 $\hat{y}_t+1$		绝对误差 $|\hat{y}_t - y_t|$	
		$n=3$	$n=5$	$n=3$	$n=5$
5	15714	12769		2945	
6	16755	12700	14771	4055	1984
7	19807	16438	14155	3369	5652
8	21966	17425	14932	4541	7034
9	18426	19509	18218	1083	208
10	25147	20066	18534	5081	6613
11		21846	20420		
平均误差值				3451	4298

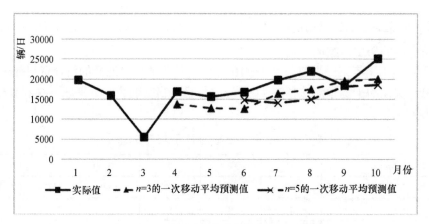

图 6-2 月平均日交通量的实际值与预测值

应用一次移动平均进行预测时，n 的选择很重要，n 取多大，应该根据具体情况做出决策。一个有效的方法是取几个 n 值进行试算，比较它们的预测误差，从中选择最优的。

例 6-2 中，对该高速公路路段的月平均日交通量进行预测后，由于 $n=5$ 时预测平均误差为 4298 辆/日，明显大于 $n=3$ 时预测平均误差 3451 辆/日，因此采用 $n=3$ 时的预测结果。即 11 月份该高速公路路段的月平均日交通量预测值是 21846 辆/日。

一次移动平均法一般适用于时间序列数据波动较小的预测，不适用于明显的长期变动趋势和循环型变动趋势的时间序列预测。

2) 二次移动平均法

二次移动平均法，是对一次移动平均数再进行第二次移动平均，再以一次移动平均值和二次移动平均值为基础建立预测模型，计算预测值的方法。

设时间序列为 $y_1, y_2, \cdots, y_t, \cdots$，二次移动平均值公式为

$$M_t^{(1)} = \frac{y_t + y_{t-1} + \cdots + y_{t-n+1}}{n}, \quad t \geq n$$

$$M_t^{(2)} = \frac{M_t^{(1)} + M_{t-1}^{(1)} + \cdots + M_{t-n+1}^{(1)}}{n}$$

式中：$M_t^{(1)}$ 为第 t 期的一次移动平均值；$M_t^{(2)}$ 为第 t 期的二次移动平均值；n 为移动平均值的项数。

预测模型为：

$$\hat{y}_{t+T} = a_t + b_t T \quad (6-2)$$

式中：a_t 为截距，$a_t = 2M_t^{(1)} - M_t^{(2)}$；$b_t$ 为斜率，$b_t = \dfrac{2}{n-1}(M_t^{(1)} - M_t^{(2)})$；$T$ 为由 t 期至预测期的时期数。

例 6-3 对例 6-2 中的数据，应用二次移动平均法预测 11 月份和 12 月份的月平均日交通量。

解：取 $n=3$，计算结果如表 6-4 所示。

表 6-4 二次移动平均法计算结果

月份	实际值	预测值 $M_t^{(1)}$ $n=3$(1)	预测值 $M_t^{(2)}$ $n=3$(2)	a_t (3)	b_t (4)	预测值 $\hat{y}_{t+1}$ (5)	绝对误差 $\|\hat{y}_t - y_t\|$ (6)
1	19836						
2	15920						
3	5540	13765					
4	16846	12769					
5	15714	12700	13078	12322	-378		
6	16755	16438	13969	18908	2469	11944	4811
7	19807	17425	15521	19329	1904	21377	1570
8	21966	19509	17791	21228	1718	21234	732
9	18426	20066	19000	21132	1066	22946	4520
10	25147	21846	20474	23219	1372	22198	2949
平均误差							2916

具体计算步骤如下：

(1) 列表求出一次移动平均值和二次移动平均值，n 取 3，先求出一次移动平均值。对一次移动平均值再做移动，求出二次平均值（n 也取 3）。见表 6-4 的(1)、(2)列。

(2) 求各期 a_t、b_t 的值。根据式(6-2)得表 6-4 中的(3)、(4)列。

(3) 建立预测模型，计算预测值。

根据预测公式计算 11 月份和 12 月份的月平均日交通量。

$$\hat{y}_{10+T} = a_{10} + b_{10}T$$

11 月份月平均日交通量预测值为：

$$\hat{y}_{10+1} = 23219 + 1372 \times 1 = 24591 \text{ 辆/日}$$

12 月份月平均日交通量预测值为：

$$\hat{y}_{10+2} = 23219 + 1372 \times 2 = 25963 \text{辆}/\text{日}$$

本例题如果应用一次移动平均法预测，当 $n=3$ 时预测平均误差 3451 辆/日；采用二次移动平均法预测的平均误差为 2916 辆/日，明显比采用一次移动平均法预测值更符合实际。

二次移动平均预测法解决了预测值滞后于实际观察值的矛盾，适用于有明显趋势变动的时间序列的预测，同时它还保留了一次移动平均法的优点。二次移动平均法适用于时间序列呈线性趋势变化的预测。

3）加权移动平均法

在一次移动平均法公式中，每期数据在求平均时的作用是等同的。但是，每期数据所包含的信息量不一样，近期数据包含着更多关于未来情况的信息。因此，把各期数据等同看待是不尽合理的，应考虑各期数据的重要性，对近期数据给予较大的权重，这就是加权移动平均法的基本思想。

设时间序列为 $y_1, y_2, \cdots, y_t, \cdots$；加权移动平均预测模型为

$$\hat{y}_{t+1} = \frac{\omega_1 y_t + \omega_2 y_{t-1} + \cdots + \omega_n y_{t-n+1}}{\omega_1 + \omega_2 + \cdots + \omega_n} \quad t \geq n \tag{6-3}$$

式中：$\hat{y}_{t+1}$ 为第 $t+1$ 期的预测值；ω_i 为 y_{t-i+1} 的权数。

例 6-4 对例 6-2 中的数据，用加权移动平均法预测 11 月份的月平均日交通量。

解：取移动期数 $n=3$，权数由远到近分别为 $\omega_3=1$，$\omega_2=2$，$\omega_1=3$，分别计算加权移动平均数，计算结果如表 6-5 所示。

表 6-5 加权移动平均法计算结果

月份	实际值	预测值 $\hat{y}_{t+1}=1$	绝对误差
1	19836	—	—
2	15920	—	—
3	5540	—	—
4	16846	11383	5463
5	15714	12923	2791
6	16755	14396	2359
7	19807	16423	3384
8	21966	18108	3859
9	18426	20378	1952
10	25147	19836	5311
11 月份预测值		22377	—
平均误差值			3588

在加权移动平均中，n 和 $\omega_i wt$ 的选择具有一定的经验性。最好采用几种不同的权数方案，求出它们对应的加权移动平均数，再比较它们的预测误差，从中选择预测误差最

小的加权移动平均数作为预测值。

2. 指数平滑法

指数平滑法利用对历史数据进行平滑来消除随机因素的影响，只需要本期的实际值和本期的预测值便可以预测下一期的数据，不需要保存大量的历史数据。

指数平滑法根据平滑次数的不同，又分为一次指数平滑法、二次指数平滑法和三次指数平滑法等。本书只介绍一次指数平滑法。

设时间序列为 $y_1, y_2, \cdots, y_t, \cdots$ 为预测$(t+1)$期的数值 $\hat{y}_{t+1}$，仍然依据加权移动平均的思想，特点是将全部数列各期的权数，按离预测值接近的历史数据取较大的权数，离预测值远的取较小的权数来布置。按此，$t+1$ 期的预测值 $\hat{y}_{t+1}$ 可采用如下数学形式来表示：

$$\hat{y}_{t+1} = \frac{y_t + \omega y_{t-1} + \omega^2 y_{t-2} + \cdots + \omega^{t-1} y_1}{1 + \omega + \omega^2 + \cdots + \omega^{t-1}}$$

可以看出，在观测值对预测值的影响中，人为添入了一个由近及远的等比数列，由于等比数列绘制成一条曲线是指数曲线，故取名为指数平滑法。

因为 $0 < \omega < 1$，ω^t 随着 t 的增大而减小，又因为

$$\frac{1-\omega^t}{1-\omega} = 1 + \omega + \omega^2 + \cdots + \omega^{t-1}$$

当 t 很大时，$1 + \omega + \omega^2 + \cdots + \omega^{t-1} = \dfrac{1}{1-\omega}$，所以 $\hat{y}_{t+1}$ 可写成

$$\hat{y}_{t+1} = (1-\omega)y_t + \omega(1-\omega)(y_{t-1} + \omega y_{t-2} + \omega^2 y_{t-3} + \cdots + \omega^{t-2} y_1)$$
$$= (1-\omega)y_t + \omega \hat{y}_t$$

令 $\alpha = 1 - \omega$，α 称为平滑系数，从而得到一次指数平滑法预测公式：

$$\hat{y}_{t+1} = \alpha y_t + (1-\alpha)\hat{y}_t \tag{6-4}$$

式中，$\hat{y}_{t+1}$ 为第 $t+1$ 期的预测值；$\hat{y}_t$ 为第 t 期的预测值(一次指数平滑值)。

在进行指数平滑时，加权系数 α 的选择是很重要的。一般可遵循以下原则：

(1) 如果时间序列波动不大，比较平稳，则 α 应取小一点，如 0.1～0.3，以减少修正幅度，使预测模型能包含较长时间序列的信息。

(2) 如果时间序列具有迅速且明显的变动倾向，则 α 应取大一点，如 0.6～0.8，使预测模型灵敏度高一些，以便迅速跟上数据的变化。在使用上，可多取几个 α 值进行试算，看哪个预测误差小就采用哪个。

用一次指数平滑法进行预测，除了选择合适的 α 外，还要确定初始值 $\hat{y}_t$。初始值的确定有两种方法：一种是取第 1 期的实际值为初值；另一种是取最初几期的平均值作为初值。

例 6-5 对例 6-2 中的数据运用一次指数平滑法进行预测，分别取 $\alpha = 0.2$，$\alpha = 0.5$ 和 $\alpha = 0.8$ 预测 11 月份的月平均日交通量。(初始值取第一期实际值)

解：应用公式 6-4，计算结果如表 6-6 所示。

表 6-6 一次指数平滑法预测结果

月份	实际值	预测值			绝对误差值		
		$\alpha=0.2$	$\alpha=0.5$	$\alpha=0.8$	$\alpha=0.2$	$\alpha=0.5$	$\alpha=0.8$
1	19836						
2	15920	19836	19836	19836	3916	3916	3916
3	5540	19053	17878	16703	13513	12338	11163
4	16846	16350	11709	7773	496	5137	9073
5	15714	16449	14278	15031	735	1437	683
6	16755	16302	14996	15577	453	1759	1178
7	19807	16393	15875	16519	3414	3932	3288
8	21966	17076	17841	19149	4890	4125	2817
9	18426	18054	19904	21403	372	1478	2977
10	25147	18128	19165	19021	7019	5982	6126
11月份预测值		19532	22156	23922			
平均绝对误差					3868	4456	4580

由于 $\alpha=0.2$ 时的平均绝对误差最小,所以取 $\alpha=0.2$ 时的预测结果较好。即 11 月份的月平均日交通量预测值为 19532 辆/天。

一次指数平滑法是一种用于无明显趋势变动、做短期预测的重要方法。

6.3.2 回归分析预测法

客观世界中的许多事物彼此关联而构成系统。在经济活动中,变量与变量之间的关系有两类,一类是函数关系,即一一对应的确定关系;另一类是相关关系,即变量之间的关系不能用函数关系精确表达,一个变量的取值不能由另一个变量唯一确定。

在相关关系的分析中,具有相关关系的变量虽然不具有确定的函数关系,但是可以借助函数关系来表示它们之间的统计规律,这种近似地表示它们之间的相关关系的函数被称为回归方程。"回归"是指研究某一变量(因变量)与其他一个或多个变量(自变量)的依存关系。回归分析预测法是通过处理已知数据以寻求这些数据演变规律的一种数理统计方法,用途极为广泛,包括线性回归、非线性回归、一元回归、多元回归等。

回归分析的具体预测步骤如下:

(1) 收集资料,初步建立预测模型。应用相关知识及实践经验对预测目标和影响因素做定性分析,确定是否存在相关关系,若存在,选取回归模型。

(2) 计算模型中的参数。根据最小二乘法估计参数,求出回归方程。

(3) 检验模型,确定回归预测模型。在运用回归方程进行预测之前,必须对回归方程和回归系数进行检验。常用的检验方法有相关系数检验、F 检验和 t 检验。

(4) 预测。利用回归模型进行预测并讨论预测结果的置信度。

1. 一元线性回归预测法

一元线性回归是指成对的两个变量数据分布大体上呈直线趋势时,运用合适的参数估计方法，求出一元线性回归模型，然后根据自变量与因变量之间的关系，根据自变量的变动预测因变量的趋势。

设预测对象为因变量 Y，自变量为 X，已知 n 对样本数据 (x_1,y_1)，(x_2,y_2)，…，(x_n,y_n)。将这些数据绘出散点图，当走向大致趋于一条直线时，可以建立一元线性回归方程：

$$\hat{y} = a + bx \tag{6-5}$$

式中：a 为直线在 y 轴上的截距；b 为直线的斜率，又称为回归系数。

1) 模型参数 a，b 的最小二乘估计

对应于每一个 x_j，根据回归方程可计算出一个因变量估计值 $\hat{y}_j$，实际观察值 y_j 与回归估计值 $\hat{y}_j$ 之间的离差记作 $e_j = y_j - \hat{y}_j$，现在要确定一组参数(a,b)，使其对应的离差平方和最小，即

$$\min \sum_{j=1}^{n} e_j^2 = \min \sum_{j=1}^{n} \left(y_j - a - bx_j \right)^2$$

把 a，b 看成变量，对上式求偏导数，并令其等于零，得：

$$b = \frac{L_{XY}}{L_{XX}} \tag{6-6}$$

$$a = \bar{y} - b\bar{x} \tag{6-7}$$

式中：

$$\bar{x} = \frac{1}{n} \sum_{j=1}^{n} x_j \tag{6-8}$$

$$\bar{y} = \frac{1}{n} \sum_{j=1}^{n} y_j \tag{6-9}$$

$$L_{XX} = \sum_{j=1}^{n} \left(x_j - \bar{x} \right)^2 = \sum_{j=1}^{n} x_j^2 - \frac{1}{n} \left(\sum_{j=1}^{n} x_j \right)^2 \tag{6-10}$$

$$L_{XY} = \sum_{j=1}^{n} \left(x_j - \bar{x} \right)\left(y_j - \bar{y} \right) = \sum_{j=1}^{n} x_j y_j - \frac{1}{n} \left(\sum_{j=1}^{n} x_j \right)\left(\sum_{j=1}^{n} y_j \right) \tag{6-11}$$

$$L_{YY} = \sum_{j=1}^{n} \left(y_j - \bar{y} \right)^2 = \sum_{j=1}^{n} y_j^2 - \frac{1}{n} \left(\sum_{j=1}^{n} y_j \right)^2 \tag{6-12}$$

2) 显著性检验

回归方程是否基本上符合变量 Y 与 X 之间的规律？根据自变量 X 的值来预测因变量 Y 的值，效果如何？为此，需要对回归模型进行显著性检验。常用的检验方法有相关系数检验、F 检验和 t 检验。

(1) 相关系数检验。

相关系数用 R 表示，计算公式为：

$$R = \frac{L_{XY}}{\sqrt{L_{XX}L_{YY}}} \qquad (6\text{-}13)$$

相关系数的取值范围 $-1 \leqslant R \leqslant 1$，$R$ 值为负称为负相关，表明 Y 随 X 的增加而减少；R 值为正称为正相关，表明 Y 随 X 的增加而增加。

相关系数检验法的步骤如下：

① 按公式计算相关系数 R。

② 根据回归模型的自由度 $n-2$ 和给定的显著性水平 α，从相关系数临界值表中查出临界值 $R_\alpha(n-2)$。

③ 判别。若 $|R| \geqslant R_\alpha(n-2)$，表明两变量之间线性相关关系显著，检验通过；若 $|R| < R_\alpha(n-2)$，表明两变量之间线性相关关系不显著，检验不通过。

(2) F 检验。

F 统计量可以检验 X 与 Y 之间是否存在显著的线性关系，即回归方程总体是否具有显著性。F 统计量可用下式计算：

$$F = \frac{(n-m-1)R^2}{m(1-R^2)} \qquad (6\text{-}14)$$

式中：m 为自变量个数，一元线性回归模型 $m=1$；n 为样本数；R 为相关系数。因此，对于一元线性回归模型有：

$$F = \frac{(n-2)R^2}{(1-R^2)} \qquad (6\text{-}15)$$

F 统计检验步骤为：

① 选择检验的显著性水平 α。

② 根据 α 及 m 和自由度 $n-2$，查 F 分布表可得临界值 F_α。

③ 将计算的 F 与 F_α 比较，若 $F > F_\alpha$，则回归效果显著。

(3) t 检验。

t 检验就是对回归系统的检验。如果某个系数的 t 检验通不过，则这个系数所对应的这一项在回归方程中作用不显著。

t 统计检验步骤为：

① 计算检验的统计量：

$$t = \frac{b}{S_b} \qquad (6\text{-}16)$$

式中，S_b 为回归系统的抽样标准差，其计算公式为：

$$S_b = \frac{S_y}{\sqrt{\sum(x_i - \overline{x})^2}} \qquad (6\text{-}17)$$

S_y 为估计标准误差，其计算公式为：

$$S_y = \sqrt{\frac{\sum(y_i - \hat{y}_i)^2}{n-2}} \qquad (6\text{-}18)$$

估计标准误差是实际观察值与回归估计值离差平方和的均方根，反映实际观察值在回归直线周围的分散状况，是在排除了 X 对 Y 的线性影响后，Y 随机波动大小的一个估计量，反映了用估计的回归方程预测 Y 时预测误差的大小。

② 确定显著性水平 α。

③ 查 t 分布表可得临界值 $t_{\alpha/2}$，当 $t > t_{\alpha/2}$，表示 X，Y 有线性关系，否则两者无线性关系。

3) 预测区间估计

利用回归方程预测不可能准确无误，因而，通常不采用定点预测，而采用区间预测，即对给定的预测自变量 X 的值 x_0，由

$$\hat{y}_0 = a + bx_0 \tag{6-19}$$

回归方程求得预测值。对给定的置信水平 $1-\alpha$，寻找一个正数 δ，使得实际观测值 y_0，以 $1-\alpha$ 的概率落在区间 $(\hat{y}_0 - \delta, \hat{y}_0 + \delta)$ 内。称 $(\hat{y}_0 - \delta, \hat{y}_0 + \delta)$ 为 y_0 的置信水平为 $1-\alpha$ 的预测区间。其中，

$$\delta = t_{\alpha/2} S_y \sqrt{1 + \frac{1}{n} + \frac{(x_0 - \bar{x})^2}{\sum_{j=1}^{n}(x_j - \bar{x})^2}} \tag{6-20}$$

式中：$t_{\alpha/2}$ 为自由度为 $n-2$ 的 t 分布临界值。

例 6-6 某港口城市社会总产值与该市港口货运吞吐量的统计资料如表 6-7 所示，试建立一元线性回归模型，并预测该市社会总产值达到 76.51 百亿元时，该市的港口货运吞吐量是多少？

表 6-7 某港口城市社会总产值与该市港口货运吞吐量

社会总产值(百亿元)	9.64	10.62	11.74	13.34	15.47	18.5	21.52
港口货物吞吐量(亿吨)	0.91	0.97	1.05	1.12	1.26	1.45	1.71
社会总产值(百亿元)	25.7	31.31	38.58	44.1	51.58	61	70.03
港口货物吞吐量(亿吨)	2	2.2	2.46	2.73	3.01	3.37	3.74

解：

(1) 建立一元线性回归模型。对原数据做统计如表 6-8 所示。

表 6-8 一元线性回归的数据统计

年份	社会生产总值 x/百亿元	港口货物吞吐量 y/亿吨	xy	x^2	y^2
1	9.64	0.91	8.77	92.93	0.83
2	10.62	0.97	10.30	112.78	0.94
3	11.74	1.05	12.33	137.83	1.10
4	13.34	1.12	14.94	177.96	1.25
5	15.47	1.26	19.49	239.32	1.59
6	18.50	1.45	26.83	342.25	2.10

(续)

年份	社会生产总值 x/百亿元	港口货物吞吐量 y/亿吨	xy	x^2	y^2
7	21.52	1.71	36.80	463.11	2.92
8	25.70	2.00	51.40	660.49	4.00
9	31.31	2.20	68.88	980.32	4.84
10	38.58	2.46	94.91	1488.42	6.05
11	44.10	2.73	120.39	1944.81	7.45
12	51.58	3.01	155.26	2660.50	9.06
13	61.00	3.37	205.57	3721.00	11.36
14	70.03	3.74	261.91	4904.20	13.99
合计	423.12	27.98	1087.78	17925.91	67.49

由式(6-10)，式(6-11)，式(6-12)，式(6-6)，式(6-7)得：

$$L_{XX} = \sum_{j=1}^{n} x_j^2 - \frac{1}{n}\left(\sum_{j=1}^{n} x_j\right)^2 = 17925.91 - \frac{1}{14} \times 423.12 \times 423.12 = 5138.01$$

$$L_{XY} = \sum_{j=1}^{n} x_j y_j - \frac{1}{n}\left(\sum_{j=1}^{n} x_j\right)\left(\sum_{j=1}^{n} y_j\right) = 1087.78 - \frac{1}{14} \times 423.12 \times 27.98 = 242.14$$

$$L_{YY} = \sum_{j=1}^{n} y_j^2 - \frac{1}{n}\left(\sum_{j=1}^{n} y_j\right)^2 = 67.49 - \frac{1}{14} \times 27.98 \times 27.98 = 11.57$$

$$b = \frac{L_{XY}}{L_{XX}} = \frac{242.14}{5138.01} = 0.047$$

$$a = \bar{y} - b\bar{x}$$

$$a = \bar{y} - b\bar{x} = \frac{27.98}{14} - 0.047 \times \frac{423.12}{14} = 0.578$$

回归模型为：

$$y = 0.578 + 0.047x$$

(2) R 检验。

$$R = \frac{L_{XY}}{\sqrt{L_{XX} L_{YY}}} = 0.9931$$

当显著性水平 $\alpha = 0.05$，自由度 $=14-2=12$ 时，查相关系数临界值表，得 $R_{0.05}(12) = 0.532$，因

$$R = 0.9931 > 0.532$$

故在 $\alpha = 0.05$ 的显著性水平上，检验通过，说明两变量之间线性相关关系显著。

(3) F 检验。

F 统计量：

$$F = \frac{(n-2)R^2}{(1-R^2)} = 863.29$$

给定 $\alpha = 0.05$，查 F 分布表得 $F_{0.05}(1,12) = 4.75$，故 $F > F_{0.05}(1,12)$，所以 X 与 Y 线性相关是显著的。

(4) t 检验。

t 统计量：

$$t = \frac{b}{S_b}$$

其中：

$$S_b = \frac{S_y}{\sqrt{\sum(x_i - \bar{x})^2}} = 0.0016$$

$$S_y = \sqrt{\frac{\sum(y_i - \hat{y}_i)^2}{n-2}} = 0.11$$

$$t = \frac{b}{S_b} = 29.375$$

给定 $\alpha = 0.05$，查 t 分布表得 $t_{0.025}(12) = 2.179$，故 $t > t_{0.025}(12)$。则 X 对 Y 线性影响显著。

(5) 预测。

当显著性水平 $\alpha = 0.05$，自由度=14-2=12 时，查 t 分布表得

$$t_{0.025}(12) = 2.179$$

当 $x_0 = 76.51$ 百亿元时，代入回归模型得 Y 的点估计值为：

$$y_0 = 0.578 + 0.047 \times 76.51 = 4.17(亿吨)$$

且：

$$\delta = t_{\alpha/2} S_y \sqrt{1 + \frac{1}{n} + \frac{(x_0 - \bar{x})^2}{\sum_{i=1}^{n}(x_i - \bar{x})^2}} = 0.25$$

预测区间为：

$$y_0 \mp \delta = 4.17 \mp 0.25$$

即当该城市的社会生产总值达到 76.51 百亿元时，在 $\alpha = 0.05$ 的显著性水平上，该城市的港口货物吞吐量的预测区间为(3.92，4.42)亿吨。

2. 多元线性回归预测

采用多元线性回归预测法进行预测的一般步骤类似于一元的情形，主要的不同点是它们使用的回归方程不同。

1) 建立模型

假定通过分析可知，因变量 y 与自变量 $x_1, x_2, \cdots, x_m$ 之间具有线性相关关系，则多元

线性回归模型为：

$$\hat{y} = a + b_1 x_1 + \cdots + b_m x_m$$

如果在对变量 y 与 $x_i (i=1,2,\cdots,m)$ 的 n 次观察中，获得了如下的数据：

$$X = \begin{bmatrix} x_{11} & x_{12} & \cdots & x_{1n} \\ x_{21} & x_{22} & \cdots & x_{2n} \\ & & \vdots & \\ x_{m1} & x_{m2} & \cdots & x_{mn} \end{bmatrix}, \quad Y = \begin{bmatrix} y_1 \\ y_2 \\ \vdots \\ y_n \end{bmatrix}$$

参数 a, b_i 的确定与一元线性回归方程参数相同，仍然采用最小二乘法。根据最小二乘法原理，应使：

$$\sum_{j=1}^{n}(y_j - \hat{y}_j)^2 = \sum_{j=1}^{n}(y_j - a - b_1 x_{1j} - b_2 x_{2j} - \cdots - b_m x_{mj})^2$$

为最小。对上式中的 a, b_i 分别求偏导，并令其等于零，经整理后得：

$$\begin{cases} L_{11}b_1 + L_{21}b_2 + \cdots + L_{m1}b_m = L_{Y1} \\ L_{12}b_1 + L_{22}b_2 + \cdots + L_{m2}b_m = L_{Y2} \\ \quad\quad\quad\quad\quad\quad \vdots \\ L_{1m}b_1 + L_{2m}b_2 + \cdots + L_{mm}b_m = L_{Ym} \end{cases} \tag{6-21}$$

$$a = \overline{y} - \sum_{i=1}^{m} b_i \overline{x}_i$$

式中：

$$\overline{y} = \frac{1}{n}\sum_{k=1}^{n} y_k$$

$$\overline{x}_i = \frac{1}{n}\sum_{k=1}^{n} x_{ik}$$

$$L_{ij} = \sum_{k=1}^{n}(x_{ik} - \overline{x}_i)(x_{jk} - \overline{x}_j) = \sum_{k=1}^{n} x_{ik} x_{jk} - \frac{1}{n}\left(\sum_{k=1}^{n} x_{ik}\right)\left(\sum_{k=1}^{n} x_{jk}\right)$$

$$L_{Yj} = \sum_{k=1}^{n}(y_k - \overline{y})(x_{jk} - \overline{x}_j) = \sum_{k=1}^{n} x_{jk} y_k - \frac{1}{n}\left(\sum_{k=1}^{n} x_{jk}\right)\left(\sum_{k=1}^{n} y_k\right)$$

$$L_{YY} = \sum_{k=1}^{n}(y_k - \overline{y})^2$$

利用上式可确定参数 $a, b_i (i=1,2,3,\cdots,m)$，从而得到多元线性回归方程。

2) 多元线性模型的假设检验

在建立多元线性回归模型的过程中，为进一步分析回归模型所反映的变量之间的关系是否符合客观实际，引入的影响因素是否有效，同样需要对回归模型进行检验。常用的检验方法有 R 检验，F 检验，t 检验，DW 检验。

(1) R 检验法。

R 检验法是通过复相关系数检验一组自变量 $x_1, x_2, \cdots, x_m$ 与因变量 y 之间的线性相关程度的方法，又称复相关系数检验法。

$$R = \sqrt{\frac{\sum_{i=1}^{m} b_i L_{Yi}}{L_{YY}}} \tag{6-22}$$

R 这时称为复相关系数。

与相关系数检验法一样，复相关系数检验法的步骤为：
① 计算复相关系数。
② 根据回归模型的自由度 $n-m$ 和给定的显著性水平 α 值，查相关系数临界值表。
③ 判别。

(2) F 检验。

F 统计量：

$$F = \frac{n-m-1}{m}\left(\frac{R^2}{1-R^2}\right) \tag{6-23}$$

式中：n 为样本容量；m 为自变量数目。R 为复相关系数。

对于给定的显著水平 α 查 F 分布临界值表，得临界值 $F_{1-\alpha}(m, n-m-1)$。若 $F > F_\alpha(m, n-m-1)$，则在显著性水平 α 下，y 与 $x_1, x_2, \cdots, x_m$ 整体线性关系显著，这时回归模型基本可用；否则，不显著，回归模型不可用。

(3) 每个回归系数的显著性检验(t 检验)。

整体性检验通过，只能说明 $x_1, x_2, \cdots, x_m$ 作为一个整体，与 y 有线性关系，但这并不意味着每个 x_i 都对 y 有显著的线性影响。所以，第一步检验完成后，尚需分别检验每个回归系数 $\hat{b}_j (j=1,2,\cdots,m)$ 是否显著异于零。如果是，则 x_i 对 y 线性影响显著；否则，不显著。对 y 影响不显著的自变量，应将它剔除，y 对剩下的自变量重新回归，直至检验都通过为止。

t 检验步骤如下：
① 对参数 b_j 的检验假设：$H_0: b_j = 0$，$H_1: b_j \neq 0$。
② t 的统计量取：

$$t_j = \frac{\hat{b}_j}{S_{\hat{b}_j}} \quad (j=1,2,\cdots,m) \tag{6-24}$$

式中：$\hat{b}_j$ 为第 j 个自变量 x_j 的回归系数；$S_{\hat{b}_j}$ 是 $\hat{b}_j$ 的样本标准差。

③ 确定显著性水平 α。
④ 查 t 分布表可得临界值 $t_{\alpha/2}(n-m)$，当 $|t_j| > t_{\alpha/2}(n-m)$ 时，说明 x_j 对 y 有显著的线性影响。

(4) DW 检验。

序列相关是指数列的前后期相关。这里讲的前后期相关，可以是只与前一期相关，也可以是与前若干期都相关。最常见的是时差为一期的序列相关,又称一阶自相关。最常用的检验方法是 DW 检验法(Durbin-Watson 准则)。定义 DW 统计量为:

$$DW = \frac{\sum_{i=2}^{n}(e_i - e_{i-1})^2}{\sum_{i=1}^{n} e_i^2} \tag{6-25}$$

式中:$e_i = y_i - \hat{y}_i$。

对拟定的显著性水平 α,由 DW 检验表,查得在样本个数为 n,变量个数为 m 时的临界值 d_u,d_L。判别的原则如表 6-9 所示。

表 6-9 DW 检验判别表

DW 值	检验结果
$0 < DW \leqslant d_L$	否定假设,有正自相关
$(4-d_L) \leqslant DW < 4$	否定假设,有负自相关
$d_u < DW \leqslant (4-d_u)$	接受假设,无自相关
$d_L < DW \leqslant d_u$	检验无结论
$(4-d_u) \leqslant DW < (4-d_L)$	检验无结论

说明:处理实际问题时一般采用以下判别规则,即在 0.05 检验水平下,$d_u \approx 1.5$,$4 - d_u \approx 2.5$,若 $1.5 < DW \leqslant 2.5$,则认为回归模型不存在自相关。

3) 预测值置信区间的估计

多元线性回归预测值在置信水平 α 下的置信区间用剩余标准差 S 来确定:

$$S = \sqrt{\frac{L_{YY} - \sum_{i=1}^{m} b_i L_{Yi}}{n - m - 1}} \tag{6-26}$$

可得置信区间:

$$[Y_0 - t_{\alpha/2} S, Y_0 + t_{\alpha/2} S]$$

例 6-7 某地区客运周转量的增长与该地区总人口的增长和人均月收入有关。已知近 12 年的统计资料,如表 6-10 所示,如果预测 5 年后该地区的总人口为 58 万人,人均月收入为 67 百元,预测该地区 5 年后的客运周转量。

表 6-10 某地区客运周转量、总人口和人均月收入统计表

年份	1	2	3	4	5	6
客运量 Y(千万人公里)	9.0	9.5	10	10.6	12.4	16.2
总人口 X_1(万人)	48.2	48.9	49.54	50.25	51.02	51.84
人均月收入 X_1(百元)	12.1	12.9	13.8	14.8	16.4	20.9
年份	7	8	9	10	11	12
客运量 Y(千万人公里)	17.7	20.1	21.8	25.3	31.3	36
总人口 X_1(万人)	52.76	53.69	54.55	55.35	56.16	56.98
人均月收入 X_1(百元)	24.2	28.1	30.1	35.8	48.5	54.8

解：
(1) 建立二元线性回归方程。

由表 6-10 可以看出，客运周转量与总人口、人均收入两因素存在相关关系，用二元回归方程来描述：

$$y = a + b_1 x_1 + b_2 x_2$$

式中：x_1 为总人口，x_2 为人均收入。

$$\overline{Y} = \frac{1}{12}\sum_{k=1}^{12} Y_k = 18.325$$

$$\overline{X_1} = \frac{1}{12}\sum_{k=1}^{12} X_{1k} = 52.44$$

$$\overline{X_2} = \frac{1}{12}\sum_{k=1}^{12} X_{2k} = 26.03$$

$$L_{11} = \sum_{k=1}^{12}(X_{1k} - \overline{X_1})^2 = 95.13$$

$$L_{22} = \sum_{k=1}^{12}(X_{2k} - \overline{X_2})^2 = 2213.45$$

$$L_{12} = L_{21} = \sum_{k=1}^{12}\left(X_{1k} - \overline{X_1}\right)\left(X_{2k} - \overline{X_2}\right) = 435.58$$

$$L_{Y1} = \sum_{k=1}^{12}\left(X_{1k} - \overline{X_1}\right)\left(Y_k - \overline{Y}\right) = 279.69$$

$$L_{Y2} = \sum_{k=1}^{10}\left(X_{2k} - \overline{X_2}\right)\left(Y_k - \overline{Y}\right) = 1389.46$$

$$L_{YY} = \sum_{k=1}^{12}\left(Y_k - \overline{Y}\right)^2 = 878.46$$

代入式(6-21)，得：

$$\begin{cases} L_{11}b_1 + L_{21}b_2 = L_{Y1} \\ L_{12}b_1 + L_{22}b_2 = L_{Y2} \end{cases}$$

即：

$$\begin{cases} 95.13b_1 + 435.58b_2 = 279.69 \\ 435.58b_1 + 2213.45b_2 = 1389.46 \end{cases}$$

解上述方程组得：

$$b_1 = 0.6649$$

$$b_2 = 0.4969$$

$$a = \overline{Y} - b_1\overline{X_1} - b_2\overline{X_2} = -29.4798$$

故所求回归方程为：

$$y = -29.4798 + 0.6649x_1 + 0.4969x_2$$

(2) 显著性检验。

可以通过将上述数值代入以上公式，求出 R，F，t 统计量和 DW。也可以应用 Excel 进行处理，直接得出计算结果。

用 Excel 进行回归分析的步骤如下：

第 1 步：选择"数据"→"数据分析"选项。

第 2 步：在分析工具中选择"回归"，然后选择"确定"。

第 3 步：当对话框出现时：

在"Y 值输入区域"设置框内键入 Y 的数据区域；

在"X 值输入区域"设置框内键入 X 的数据区域；

在"残差"分析选项中选择所需的选项。

① R 检验。

$$R = 0.9988$$

当显著性水平 $\alpha = 0.05$，自由度 $=12-2=10$ 时，查相关系数临界值表，得 $R_{0.05}(10) = 0.576$，因

$$R = 0.9988 > 0.576$$

故在 $\alpha = 0.05$ 的显著性水平上，检验通过，说明变量 x_1，x_2 和 y 之间线性相关关系显著。

② F 检验。

$$F = 1888.948$$

对于给定的显著水平 $\alpha = 0.05$，查 F 分布临界值表，得临界值 $F_{0.05}(2, 12-2-1) = 4.26$。则 $F > F_\alpha(2, 9)$，则在显著性水平 $\alpha = 0.05$ 下，y 与 x_1，x_2 整体线性关系显著。

③ t 检验。

$$t_1 = 4.2351, \quad t_2 = 15.2646$$

当 $\alpha = 0.05$ 时，查 t 分布表可得临界值 $t_{0.025}(12-3) = 2.262$，因为 t_1，t_2 均大于 $t_{0.025}(9) = 2.262$，所以 x_1 和 x_2 对 y 均有显著的线性影响。

④ DW 检验。

$$DW = \frac{\sum_{i=2}^{n}(e_i - e_{i-1})^2}{\sum_{i=1}^{n}e_i^2} = 1.96$$

当 $\alpha = 0.05$ 时，因为 $1.5 < DW \leqslant 2.5$，所以回归模型不存在自相关。

(3) 置信区间。

5 年后该地区的总人口为 58 万人，人均月收入为 67 百元时，客运周转量为：

$$\hat{y} = -29.4798 + 0.6649x_1 + 0.4969x_2$$

$$= -29.4798 + 0.6649 \times 58 + 0.4969 \times 67 = 42.38$$

$$S = \sqrt{\frac{L_{YY} - \sum_{i=1}^{2} b_i L_{Yi}}{n-m-1}} = 0.4798$$

可确定 $\alpha = 0.05$ 时，置信区间：

$$[Y_0 - t_{0.025}S, Y_0 + t_{0.025}S] = [41.3, 43.46]$$

3．非线性回归

对于很多预测问题，有时影响因素和预测目标之间的关系不一定是线性关系，这时，就必须运用非线性回归的方法来预测，常见的非线性方程形式有以下几种：

1) 多项式函数模型

$$y = a + bx + cx^2$$

令 $x_1 = x$，$x_2 = x^2$，则上式变为：

$$y = a + bx_1 + cx_2$$

则可利用多元回归分析法估计参数 a，b，c。

2) 双曲函数模型

若变量 x 随 y 而增加，最初增加很快，以后逐渐减慢并趋于稳定，则可以用双曲线函数，其方程为：

$$\frac{1}{y} = a + \frac{b}{x}$$

令 $y' = \frac{1}{y}$，$x' = \frac{1}{x}$，则上式变为：$y' = a' + bx'$。可利用一元回归分析法估计参数 a' 和 b'。

3) 幂函数模型

若变量 x 与 y 都接近等比变化，及其环比分别接近于一个常数，可拟合幂函数曲线，其方程为 $y = ax^b$。

对等式两边取对数，令：$y' = \lg y$，$a' = \lg a$，$x' = \lg x$

则上式变为 $y' = a' + bx'$。可利用一元回归分析法估计参数 a' 和 b。

6.3.3 马尔可夫预测法

马尔可夫方法是俄国数学家马尔可夫(A.Markov)在1907年提出的，并对蒙特卡洛模拟加以发展而建立的一种分析方法。马尔可夫预测是应用马尔可夫链的基本原理与方法，研究分析随机事件未来发展变化的趋势，即利用某一变量的现状和动向去预测该变量未来的状态和动向。

1．基本原理

事物的发展状态总是随着时间的推移而不断变化的。在一般情况下，人们认为要了解事物未来的发展状态，不但要掌握事物现在的状态，还要掌握事物过去的状态。马尔可夫则认为，要预测事物未来的发展状态，只需知道事物现在的状态，不需要了解事物过去的状态。即在已知时刻 t 系统所处的状态下，系统在 t 时刻以后的变化，仅与 t 时刻的状态有关，因为 t 以前系统状态的影响，只能通过 t 状态来影响 t 以后系统的变化。描述这类过程的数学模型，我们称为马尔可夫过程。

设一离散型随机过程 $\{X_t, t \in T\}$ 的状态空间为 $S = \{1, 2, \cdots, N\}$，任意的 $i_1, i_2, \cdots, i_{n-1}, j \in S$，如果对时间 t 的任意 n 个数值 $t_1 < t_2 < \cdots < t_n$，$n \geqslant 3$，$t_i \in T$，有

$$P\{X_n = j \mid X_1 = i_1, X_2 = i_2 \cdots, X_{n-1} = i_{n-1}\}$$
$$= P\{X_n = j \mid X_{n-1} = i_{n-1}\}$$

则称随机过程 $\{X_t, t \in T\}$ 具有马尔可夫性或无后效性，并称此过程为马尔可夫链。

1) 状态转移的概念

状态是指客观事物可能出现或存在的状况。如市场上某品牌的汽车在某月份的状态可能是畅销，也可能是滞销。

状态转移是指客观事物由一种状态到另一种状态的变化。例如由于产品质量或替代产品的变化，市场上某品牌的汽车的状态由上一月份的畅销变成下一月份的滞销。显然，这类系统由一种状态转移到另一种状态完全是随机的，因此必须用概率描述状态转移的各种可能性的大小。

2) 转移概率与转移概率矩阵

转移概率是指从一种状态转移到另一种状态的概率。客观事物可能有多种状态，其每次只能处于一种状态，则每一状态都具有多个转向(包括转向其自身)，将这种转移的可能性用概率来描述，就是状态转移概率。

如果在时刻 t_n 系统的状态为 $X_n = i$ 的条件下，下一时刻 t_{n+1} 系统的状态为 $X_{n+1} = j$ 的概率 $P_{ij}(n)$ 与 n 无关，则称此马尔可夫链是齐次马尔可夫链，并记：

$$P_{ij} = P(x_{n+1} = j \mid x_n = i), i, j = 1, 2, \cdots, N$$

称 P_{ij} 为状态转移概率。本章以下提到的均为齐次马尔可夫链。

事件若有 N 种状态，则从某一状态 $X_n = i$ 开始，相应地有 N 个状态转移概率，即 $P_{i1}, P_{i2}, \cdots, P_{iN}$。将事件 N 个状态的转移概率依次排列，可以得到一个 $N \times N$ 列的矩阵，这种矩阵就是转移概率矩阵。

$$P = \begin{bmatrix} P_{11} & P_{12} & \cdots & P_{1j} & \cdots & P_{1N} \\ P_{21} & P_{22} & \cdots & P_{2j} & \cdots & P_{2N} \\ & & \vdots & & \vdots & \\ P_{i1} & P_{i2} & \cdots & P_{ij} & \cdots & P_{iN} \\ & & \vdots & & \vdots & \\ P_{N1} & P_{N2} & \cdots & P_{Nj} & \cdots & P_{NN} \end{bmatrix}$$

一步转移矩阵具有如下性质：

(1) 矩阵中的任一元素 P_{ij} 都是一个小于 1 的正数。

(2) $\sum_{j=1}^{N} P_{ij} = 1$，即矩阵中任一行的元素和都恒等于 1。

若系统在时刻 t_0 处于状态 $X_0 = i$，经过 n 步转移，在时刻 t_n 处于状态 $X_n = j$，那么，对这种转移的可能性的数量描述称为 n 步转移概率 $P_{ij}^{(n)}$。并令：

$$P = \begin{bmatrix} P_{11}^{(n)} & P_{12}^{(n)} & \cdots & P_{1j}^{(n)} & \cdots & P_{1N}^{(n)} \\ P_{21}^{(n)} & P_{22}^{(n)} & \cdots & P_{2j}^{(n)} & \cdots & P_{2N}^{(n)} \\ & & \vdots & & \vdots & \\ P_{i1}^{(n)} & P_{i2}^{(n)} & \cdots & P_{i2}^{(n)} & \cdots & P_{iN}^{(n)} \\ & & \vdots & & \vdots & \\ P_{N1}^{(n)} & P_{N2}^{(n)} & \cdots & P_{Nj}^{(n)} & \cdots & P_{NN}^{(n)} \end{bmatrix}$$

称 $P^{(n)}$ 为 n 步转移概率矩阵。

多步转移概率矩阵，除具有一步转移概率矩阵的性质外，还具有以下的性质：

(1) $P^{(n)} = P^{(n-1)}P$

(2) $P^{(n)} = P^n$

在实际预测中，经常以频率近似地计算转移概率。

例 6-8 假设某一城市交通枢纽集散客流量近年无较大变化，其集散方式有 4 种，分别为常规公交车、出租车、私家车和步行，已知该交通枢纽 2012 年各种集散方式的客流量分担情况为：常规公交车 1000 万人次、出租车 700 万人次、私家车 300 万人次、步行 300 万人次。2013 年各种集散方式间的转移量如表 6-11 所示。试计算其一步状态转移矩阵和二步状态转移概率矩阵。

表 6-11 2013 年各种集散方式间的客流转移量(万人)

	常规公交车	出租车	私家车	步行	2012 年集散量
常规公交车	940	10	30	20	1000
出租车	20	650	20	10	700
私家车	10	10	275	5	300
步行	20	5	10	265	300
合计	990	680	335	295	2300

解：由表 6-11 可知，2013 年该交通枢纽各种集散方式的客流量分担情况为：常规公交车 990 万人次、出租车 680 万人次、私家车 335 万人次、步行 295 万人次。

于是得到：

$$P_{11} = \frac{940}{1000} = 0.94 \qquad P_{12} = \frac{10}{1000} = 0.01$$

$$P_{13} = \frac{30}{1000} = 0.03 \qquad P_{14} = \frac{20}{1000} = 0.02$$

$$P_{21} = \frac{20}{700} = 0.03 \qquad P_{22} = \frac{650}{700} = 0.93$$

$$P_{23} = \frac{20}{700} = 0.03 \qquad P_{24} = \frac{10}{700} = 0.01$$

$$P_{31} = \frac{10}{300} = 0.03 \qquad P_{32} = \frac{10}{300} = 0.03$$

$$P_{33} = \frac{275}{300} = 0.92 \qquad P_{34} = \frac{5}{300} = 0.02$$

$$P_{41} = \frac{20}{300} = 0.07 \qquad P_{42} = \frac{5}{300} = 0.02$$

$$P_{43} = \frac{10}{300} = 0.03 \qquad P_{44} = \frac{265}{300} = 0.88$$

一步状态转移矩阵为：

$$P = \begin{bmatrix} 0.94 & 0.01 & 0.03 & 0.02 \\ 0.03 & 0.93 & 0.03 & 0.01 \\ 0.03 & 0.03 & 0.92 & 0.02 \\ 0.07 & 0.02 & 0.03 & 0.88 \end{bmatrix}$$

二步转移概率矩阵可由一步转移概率矩阵求出，由公式 $P^{(n)} = P^n$ 可得：

$$P^{(2)} = \begin{bmatrix} 0.94 & 0.01 & 0.03 & 0.02 \\ 0.03 & 0.93 & 0.03 & 0.01 \\ 0.03 & 0.03 & 0.92 & 0.02 \\ 0.07 & 0.02 & 0.03 & 0.88 \end{bmatrix}^2 = \begin{bmatrix} 0.88 & 0.02 & 0.06 & 0.04 \\ 0.06 & 0.86 & 0.06 & 0.02 \\ 0.06 & 0.05 & 0.85 & 0.04 \\ 0.13 & 0.04 & 0.05 & 0.78 \end{bmatrix}$$

2. 状态预测

状态预测是指预测下一个时期系统最可能出现的状态。

如果目前预测对象处于状态 X_i，这时，P_{ij} 就描述了目前状态 X_i 在未来将转向状态 $X_j (j = 1, 2, \cdots, N)$ 的可能性。一般按最大可能性作为选择的原则，选择 $(P_{i1}, P_{i2}, \cdots, P_{iN})$ 中最大者作为预测结果。

例 6-9 某城市 1995—2012 年万车事故率的统计数据如表 6-12 所示。试预测 2013 年万车事故率。

表 6-12 某城市 1995—2012 年万车事故率的统计数据(次/万车)

年份	1995	1996	1997	1998	1999	2000	2001	2002	2003
万车事故率	59	60.2	59.7	62.6	66.4	74	83	85.2	80.8
年份	2004	2005	2006	2007	2008	2009	2010	2011	2012
万车事故率	82.4	75.5	68.1	61.8	55.3	50.8	48.6	46.3	44.3

解：(1) 划分状态。可以简单划分为：①万车事故率<50，属低；②50≤万车事故率<60，属偏低；③60≤万车事故率<70，属一般；④70≤万车事故率<80，属偏高；⑤万车事故率≥80，属高。

年份	1995	1996	1997	1998	1999	2000	2001	2002	2003
万车事故率	59	60.2	59.7	62.6	66.4	74	83	85.2	80.8
状态	偏低	一般	偏低	一般	一般	偏高	高	高	高
年份	2004	2005	2006	2007	2008	2009	2010	2011	2012
万车事故率	82.4	75.5	68.1	61.8	55.3	50.8	48.6	46.3	44.3
状态	高	偏高	一般	一般	偏低	偏低	低	低	低

(2) 计算状态转移概率矩阵。

根据历年万车事故率的状态变化，得到状态转移矩阵如表 6-13 所示。

表 6-13 状态转移矩阵

	低	偏低	一般	偏高	高
低	2	0	0	0	0
偏低	1	1	2	0	0
一般	0	2	2	1	0
偏高	0	0	1	0	1
高	0	0	0	1	3

$$P = \begin{bmatrix} 1 & 0 & 0 & 0 & 0 \\ 0.25 & 0.25 & 0.5 & 0 & 0 \\ 0 & 0.4 & 0.4 & 0.2 & 0 \\ 0 & 0 & 0.5 & 0 & 0.5 \\ 0 & 0 & 0 & 0.25 & 0.75 \end{bmatrix}$$

(3) 预测 2013 年的万车事故率状况。由于 2012 年处于低的状态，转移到五种状态的概率分别为：$P_{11}=1, P_{12}=0, P_{13}=0, P_{14}=0, P_{15}=0$，可知 2013 年万车事故率将处于"低"状态。因此 2013 年万车事故率小于 50 次/万车的可能性最大。

例 6-10 根据例 6-8 的统计数据，预测该交通枢纽 2016 年各种集散方式的客流量分担情况。

解：

已知一步状态转移矩阵：

$$P = \begin{bmatrix} 0.94 & 0.01 & 0.03 & 0.02 \\ 0.03 & 0.93 & 0.03 & 0.01 \\ 0.03 & 0.03 & 0.92 & 0.02 \\ 0.07 & 0.02 & 0.03 & 0.88 \end{bmatrix}$$

四步转移概率矩阵可由一步转移概率矩阵求出，由公式 $P^{(n)} = P^n$ 可得：

$$P^{(4)} = \begin{bmatrix} 0.94 & 0.01 & 0.03 & 0.02 \\ 0.03 & 0.93 & 0.03 & 0.01 \\ 0.03 & 0.03 & 0.92 & 0.02 \\ 0.07 & 0.02 & 0.03 & 0.88 \end{bmatrix}^4 = \begin{bmatrix} 0.80 & 0.04 & 0.10 & 0.06 \\ 0.11 & 0.75 & 0.10 & 0.04 \\ 0.11 & 0.10 & 0.73 & 0.06 \\ 0.22 & 0.07 & 0.10 & 0.61 \end{bmatrix}$$

各种交通方式的分担量 s 为：

$$s = \begin{bmatrix} 1000 & 700 & 300 & 300 \end{bmatrix} \begin{bmatrix} 0.80 & 0.04 & 0.10 & 0.06 \\ 0.11 & 0.75 & 0.10 & 0.04 \\ 0.11 & 0.10 & 0.73 & 0.06 \\ 0.22 & 0.07 & 0.10 & 0.61 \end{bmatrix} = \begin{bmatrix} 976 & 616 & 419 & 289 \end{bmatrix}$$

因此，该交通枢纽2016年各种集散方式的客流量分担比例为：常规公交车976万人次、出租车616万人次、私家车419万人次、步行289万人次。

思考与练习题

6.1 什么是预测？简述预测方法的分类及步骤。

6.2 已知某城市近12年的公路货运量统计数据如下表：

年份	1	2	3	4	5	6
货运量(亿吨)	50	45	52	53	48	52
年份	7	8	9	10	11	12
货运量(亿吨)	54	50	55	56	51	58

(1) 用一次移动平均法(n分别取3和5)预测下一年该城市的货运量。
(2) 应用二次移动平均法预测下一年该城市的货运量($n=3$)。

6.3 某港口连续16个月的货运量统计资料如下表所示：

时间(月)	1	2	3	4	5	6	7	8
货运量(万吨)	97	95	95	92	95	95	98	97
时间(月)	9	10	11	12	13	14	15	16
货运量(万吨)	99	95	95	96	97	98	94	95

应用一次指数平滑预测模型，分别计算平滑系数 α 分别为0.1、0.3和0.5时，下一个月的预测值。

6.4 已知下列数据：

X	2	3	5	6	7	9	10	12
Y	6	8	11	14	16	19	22	25

(1) 建立一元线性回归模型。
(2) 取显著性水平 $\alpha = 0.05$，对回归模型进行显著性检验。
(3) 当 $X=14$ 时，对 Y 值进行区间预测（$\alpha = 0.05$）。

6.5 公路养护部门为了合理安排公路维修资金，需要预测道路的变化情况，路面一般分为四种状态：S_1 为优，S_2 为良，S_3 为中，S_4 为差。第一年处于优、良、中、差的道路长度分别为200公里、400公里、300公里、100公里。根据以往经验，得到日常养护情况下的路面状态转移概率表如下，试预测日常养护下第二年、第三年的路面状况。

	S_1	S_2	S_3	S_4
S_1	0.65	0.20	0.10	0.05
S_2	0.00	0.70	0.20	0.10
S_3	0.00	0.00	0.80	0.20
S_4	0.00	0.00	0.00	1.00

第7章 运输系统网络优化

7.1 概 述

人类社会的交通运输活动是和生产活动同时开始的。交通运输系统是实现生产工具、劳动产品以及劳动者本身的空间位置移动的纽带,是任何社会生产和再生产必须具备的基本条件。如果把国民经济看作人的身体,交通运输就是它的循环系统。

交通运输系统是一个由人、车、道路、设施、管理、环境等许多子系统组成的综合性整体,是一个庞大又复杂的系统。为了改善交通运输系统的性能,提高交通工程的管理效率,就要利用网络优化的技术和手段。因此,交通运输网络优化技术和手段在交通系统工程中具有非常重要的地位。

在实际中,交通运输系统可以用节点与连线所组成的网络来描述。在其他条件相同的前提下,所消耗的劳动愈小,产生的社会劳动生产率愈高。因此必须对交通运输网络进行优化,避免一切不合理或不必要的运输,以实现运输速度快、运输成本低为目的,在现有的运输基础条件下,充分利用运输网络的能力,尽可能选择最短路线,或者尽可能多地运输货物,即最大流问题。

另一方面,交通运输系统计划工作也可以按照其相互关系绘制成沿时间展开的网络,即交通运输工程可以描述为各种物理量之间的关系的抽象图或者网络。为编制交通运输系统计划,传统的经验方法往往不能胜任,而网络计划技术是完成这一任务的有效方法之一。计划协调技术(Program Evaluation and Review Technique,PERT)是利用网络分析制定计划以及对计划予以评价的技术。PERT 网络是一种类似流程图的箭线图。它能协调整个计划的各道工序,合理安排人力、物力、时间、资金,加速计划的完成。它描绘出项目包含的各种活动的先后次序,标明每项活动的时间或相关的成本。在现代计划的编制和分析手段上,PERT 被广泛使用,借助 PERT 还可以方便地比较不同行动方案在进度和成本方面的效果。PERT 是现代化管理的重要手段和方法。

7.2 运输网络的最短路和最大流

7.2.1 最短路问题

所谓的最短路问题,就是在一个网络中,相邻节点间的线路"长度"是已知的,要从某一个起点到某一个终点之间,找到一条路线"长度"最短的通路。这里所谓的"长度"是广义的,它可以代表时间、费用、距离等概念。最短路问题是网络分析中的一个基本问题,它不仅可以直接应用于许多工程实际问题,如交通网络规划、线路设计、管道铺设、厂区布局等,而且经常被作为一个基本工具,用于解决其他的优化问题。此外,拟订施工网络计划的关键线路法实际上也是求工序流程图的最短路线，而运输网络寻找最小运费问题也可以化为最短路问题。

定义：给定一个赋权有向图 $G=(V, A)$，记 G 中每一条弧 $a_{ij}=(v_i,v_j)$ 上的权为 $w_{ij}(a_{ij})=w_{ij}$。给定 G 中一个起点 v_s 和终点 v_t，设 P 是 G 中从 v_s 到 v_t 的一条路。则定义路 P 的权是 P 中所有弧的权之和。记为 $w(P)$，则

$$w(P) = \sum_{(v_i,v_j)} w_{ij}$$

又若 P^* 是 G 图中 v_s 到 v_t 的一条路，且满足 $w(P^*) = \min\{w(P)|P$ 为 v_s 到 v_t 的路$\}$ 式中对 G 的所有从 v_s 到 v_t 的路 P 取最小，则称 P^* 为从 v_s 到 v_t 的最短路，$w(P^*)$ 为从 v_s 到 v_t 的最短距离。在一个图 $G=(V, A)$ 中，求从 v_s 到 v_t 的最短路和最短距离的问题就称为最短路问题。

下面介绍在一种赋权有向图中寻求最短路的方法，这种方法是由 E.W.Dijkstra 提出的，是目前公认的一种最好的最短路求解方法，它适合所有 $w_{ij} \geq 0$ 的情形。实际上，它可以求出从给定 v_s 到任一个顶点 v_j 的最短路。

如下事实是经常要利用的，即如果 P 是 G 中从 v_s 到 v_j 的最短路，v_i 是 P 中的一点，那么从 v_s 沿 P 中的 v_k 到 v_i 的最短路也是从 v_s 到 v_i 的最短路，如图 7-1 所示。事实上，如果这个结论不成立，设 $Q: v_s \to v_k' \to v_i$ 是从 v_s 到 v_i 的最短路，令 P' 是从 v_s 沿 Q 到达 v_i，再从 v_i 沿 P 到达 v_j 的路，那么 P' 的权比 P 的权小，这与 P 是从 v_s 到 v_j 的最短路矛盾。

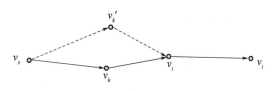

图 7-1　v_s 到 v_j 的最短路

Dijkstra 算法是一种标记法，它的基本思路是：从起点 v_s 出发，逐步向外探寻最短路。执行过程中，给每一个顶点 v_j 标号 (λ_j, l_j)。其中 λ_j 是正数，表示获得此标号的前一点的标号；l_j 表示从起点 v_s 到该点 v_j 的最短路的权(称为固定标号，记为 P 标号)，或表示从起点 v_s 到该点 v_j 的最短路的权的上界(称为临时标号，记为 T 标号)。去修改 T 标号，并且把某一个点的 T 标号改变为 P 标号，从而使 G 中具有 P 标号的顶点增加一个。这样就可以求出从 v_s 到 v_t 及各点的最短路。再根据每一点的第一个标号 λ_j 反向追踪找出最短路径。

用 P，T 分别表示某个顶点的 P 标号、T 标号，S_i 表示在第 i 步已具有 P 标号点的集合。Dijkstra 算法的具体步骤如下：

(1) 开始时，令 $i=0$，$S_0=\{v_s\}$，$\lambda_s=0$，$P(v_s)=0$。对每个 $v_j \neq v_s$，令 $T(v_j)=+\infty$，$\lambda_j=s$。

(2) 设 v_k 是刚获得 P 标号的点。考察每个使 $(v_k,v_j) \in A$ 且 $v_j \notin S_i$ 的点 v_j，将 $T(v_j)$ 修改为

$$T(v_j) = \min\{T(v_j), P(v_k) + w_{kj}\}$$

如果 $T(v_j) > P(v_k) + w_{kj}$，则把 $T(v_j)$ 修改为 $P(v_k) + w_{kj}$，把 λ_j 修改为 k，否则不修改。

(3) 令

$$T(v'_j) = \min\{T(v_j)\}$$

如果 $T < +\infty$，则把 v'_j 的 T 标号变为 P 标号，即令 $P(v'_j) = T(v'_j)$，令 $S_{i+1} = S_i \cup \{v'_j\}$，$k=j$，$i=i+1$。如果 $S_i = V$，算法终止。这时，对每个 $v_j \in S_i, l_j = P(v_j)$；否则转步骤(2)。

例 7-1 图 7-2 所示为某区域 8 个地点的公路交通网络。现需要从地点 1 运输一批货物至地点 8。问如何选择路径，才能使总的运费最小，各弧线的权代表运输费用。

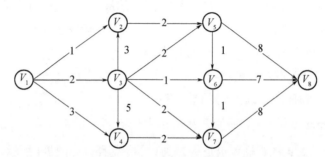

图 7-2 某区域的公路交通网络

解：

(1) $i = 0$

$S_0 = \{v_1\}, \lambda_1 = 0, P(v_1) = 0$，对每个 $v_j \neq v_s$，令 $T(v_j) = +\infty$，$\lambda_j = 1, k = 1$。

(2) $i = 1$

$$T(v_2) = \min\{+\infty, w(v_1, v_2)\} = \min\{+\infty, 1\} = 1，\lambda_2 = 1$$
$$T(v_3) = \min\{+\infty, w(v_1, v_3)\} = \min\{+\infty, 2\} = 2，\lambda_3 = 1$$
$$T(v_4) = \min\{+\infty, w(v_1, v_4)\} = \min\{+\infty, 3\} = 3，\lambda_4 = 1$$

在所有的 T 标号中 $T(v_2) = 1$ 最小，所以令 $P(v_2) = 1$，$k = 2$。

(3) $i = 2$

$$T(v_5) = \min\{+\infty, P(v_2) + w(v_2, v_5)\} = \min\{+\infty, 1 + 2\} = 3，\lambda_5 = 2$$

在所有的 T 标号中 $T(v_3) = 2$ 最小，所以令 $P(v_3) = 2$，$k = 3$。

(4) $i = 3$

$$T(v_5) = \min\{3, P(v_3) + w(v_3, v_5)\} = \min\{3, 2 + 2\} = 3，\lambda_5 = 2$$
$$T(v_6) = \min\{+\infty, P(v_3) + w(v_3, v_6)\} = \min\{+\infty, 2 + 1\} = 3，\lambda_6 = 3$$
$$T(v_7) = \min\{+\infty, P(v_3) + w(v_3, v_7)\} = \min\{+\infty, 2 + 2\} = 4，\lambda_7 = 3$$
$$T(v_4) = \min\{T(v_4), P(v_3) + w(v_3, v_4)\} = \min\{3, 2 + 5\} = 3，\lambda_4 = 1$$

在所有的 T 标号中 $T(v_5) = 3$ 最小，所以令 $P(v_5) = 3$，$k = 5$。

(5) $i=4$

$T(v_6) = \min\{T(v_6), P(v_5)+w(v_5,v_6)\} = \min\{3, 3+1\} = 3$，$\lambda_6 = 3$

$T(v_8) = \min\{+\infty, P(v_5)+w(v_5,v_8)\} = \min\{+\infty, 3+8\} = 11$，$\lambda_8 = 5$

在所有的 T 标号中 $T(v_6)=3$ 最小，所以令 $P(v_6)=3$，$k=6$

(6) $i=5$

$T(v_7) = \min\{T(v_7), P(v_6)+w(v_6,v_7)\} = \min\{4, 3+1\} = 4$，$\lambda_7 = 3$或6

$T(v_8) = \min\{T(v_8), P(v_6)+w(v_6,v_8)\} = \min\{11, 3+7\} = 10$，$\lambda_8 = 6$

在所有的 T 标号中 $T(v_4)=3$ 最小，所以令 $P(v_4)=3$，$k=4$

(7) $i=6$

$T(v_7) = \min\{T(v_7), P(v_4)+w(v_4,v_7)\} = \min\{4, 3+2\} = 4$，$\lambda_7 = 3$或6

在所有的 T 标号中 $T(v_7)=4$ 最小，所以令 $P(v_7)=4$，$k=7$

(8) $i=7$

$T(v_8) = \min\{T(v_8), P(v_7)+w(v_7,v_8)\} = \min\{10, 4+8\} = 10$，$\lambda_8 = 6$

在所有的 T 标号中 $T(v_8)=10$ 最小，所以令 $P(v_8)=10$，$k=8$

所以从始点 v_1 到各点的最短路径：

v_1 至 v_1 的最短路为 $v_1 \to v_1$，长度为 0。

v_1 至 v_2 的最短路为 $v_1 \to v_2$，长度为 1。

v_1 至 v_3 的最短路为 $v_1 \to v_3$，长度为 2。

v_1 至 v_4 的最短路为 $v_1 \to v_4$，长度为 3。

v_1 至 v_5 的最短路为 $v_1 \to v_2 \to v_5$，长度为 3。

v_1 至 v_6 的最短路为 $v_1 \to v_3 \to v_6$，长度为 3。

v_1 至 v_7 的最短路为 $v_1 \to v_3 \to v_6 \to v_7$ 或 $v_1 \to v_3 \to v_7$，长度为 4。

v_1 至 v_8 的最短路为 $v_1 \to v_3 \to v_6 \to v_8$，长度为 10。

用表上作业法求解过程如图 7-3 所示。

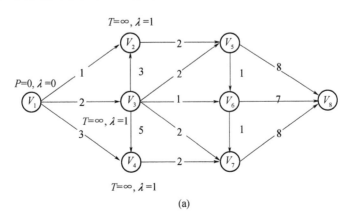

(a)

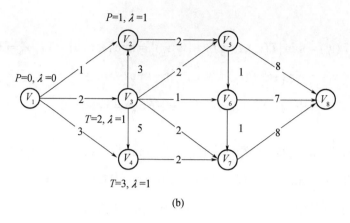

(b)

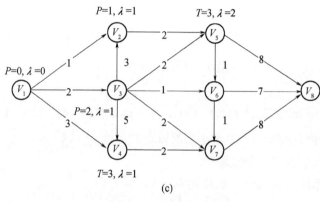

(c)

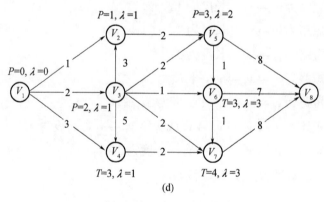

(d)

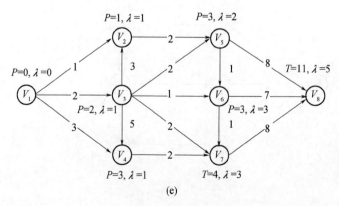

(e)

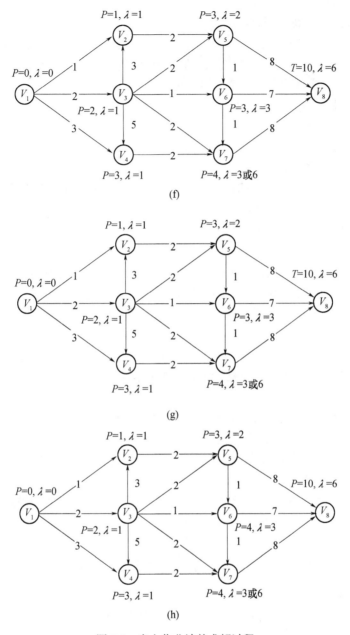

图 7-3 表上作业法的求解过程
(a) 初始标号；(b) 第二次标号；(c) 第三次标号；(d) 第四次标号；
(e) 第五次标号；(f) 第六次标号；(g) 第七次标号；(h) 第八次标号。

7.2.2 最大流问题

网络最大流问题是网络的另一个基本问题。许多系统包含了流量问题。例如交通系统有机动车流量、行人流量、输油管道系统的输油能力、金融系统有现金流、控制系统的信息流等。最大流问题主要是确定这类网络系统所能承受的最大流量以及如何达到这个最大流量的问题。

1. 网络最大流的有关概念

定义 1 设有一个有向连通图 $G(V, A)$，在 V 中指定一点称为发点 s，另一点称为收点 t，其余的称为中间点。弧集 A 中每条弧 (i, j) 上有非负数 c_{ij} 称为这条弧的容量，记容量集为 $c=\{c_{ij}\}$，称这样的图为一个网络，记为 $G=(V, A, c)$。

定义 2 在弧 (i, j) 上定义一非负数 f_{ij}，称为弧 (i, j) 上的流量，弧集合 A 上的流量集合 $f=\{f_{ij}\}$ 称为网络的流 f。

定义 3 满足下述条件的流 f 称为可行流：

(1) 容量限制条件：任何弧的流量 f_{ij} 不大于该弧的容量 c_{ij}；

(2) 平衡条件：对所有的中间点，流入该点的流量和等于流出该点的流量和；发点流出的总流量 F 等于流进收点的总流量 F。

可行流总是存在的，例如所有弧 f_{ij} 的流量均为 0 就是一个可行流(零流)。最大流问题就是求流量最大的可行流的问题。可见，它是一种特殊的线性规划问题，但是利用图的特点解决这个问题较之线性规划的一般解法要方便、快捷、直观得多。

定义 4 当一弧的流量等于弧的容量时，称该弧为饱和弧，当一弧的流量小于弧的容量时，称该弧为不饱和弧。流量等于零的弧称为零流弧，流量大于零的弧称为非零流弧。

定义 5 若 W 是一条从发点到收点的有向链，规定从发点到收点的方向为链的方向。链上与 W 的方向相同的弧叫前向弧，链 W 上的前向弧的全体记为 $A+$，链上与 W 的方向相反的叫后向弧，后向弧的全体记为 $A-$。

定义 6 设 f 是一个可行流，W 是发点 s 到收点 t 的一条有向链，如果 W 满足下列条件，称为关于可行流 f 的一条增广链：

(1) 每条前向弧是非饱和弧；

(2) 每条后向弧是非零流弧。

增广链的实际意义是：沿着这条链可以调整链上弧的流量，使得链上的每条前向弧增加一流量 d，每条后向弧减少同一流量 d，所得的流仍是可行流，并且网络的总流量 F 增加 d。

例如：取 $d = \min(\min_{A+}(c_{ij} - f_{ij}), \min_{A-} f_{ij})$ 调整链上弧的流量后，该链不再是增广链。

2. 最大流最小割定理

定理 1 可行流 f^* 是最大流当且仅当不存在关于 f^* 的增广链。

定义 7 设容量网络 $G=(V, A, c)$ 的顶点集 V 是两个不相交部分 S，S' 的并集，使得发点 s 在 S 中，收点 t 在 S' 中。若 A' 是 A 的最小的子集，使得 G 中去掉 A' 后成为两个不相交的子图 $G_1(S, A_1)$，$G_2(S', A_2)$，分别以 S，S' 为顶点集，则称 A' 是关于 (S, S') 的割集，记为 $A'=(S, S')$。割集 A' 中所有始点在 S，终点在 S' 的弧的容量之和称为割集 (S, S') 的割集容量，记为 $C(S, S')$。对于不同的 S 和 S' 就有不同的割集，其中容量最小的割集称为容量网络 G 的最小割集(简称最小割)。

定理 2 容量网络的最大流不大于任意割集的割集容量。

定理 3 (最大流—最小割)容量网络的最大流等于最小割的割集容量。

证明：设 f^* 是一个最大流，流量为 F^*，构造顶点集 V 的子集 S^*，具体方法如下：

发点 s 属于 S^*；若弧 (i, j) 中，点 i 属于 S^*，且弧 (i, j) 是非饱和弧，则 j 点也属于 S^*；若 j 点属于 S^*，且弧 (i, j) 是非零流弧，则 i 点也属于 S^*。

令 $S^{*'}=V\setminus S^*$，首先可以证明，收点 t 不属于 S^*。否则，则存在一条连接发点 s 到收点 t 的链。并且由定义可知，这条链是增广链，与定理 1 矛盾。因此存在割集 $(S^*, S^{*'})$。

下面证明网络最大流 F^* 等于最小割的容量，即 $F^*=C^*(S^*, S^{*'})$。这里 $C^*(S^*, S^{*'})$ 表示网络中的最小割的容量。由 S^* 的定义，对于割集 $(S^*, S^{*'})$ 中的弧，显然有

$$f_{ij}^* = \begin{cases} c_{ij}, i \in S^*, j \in S^{*'} \\ 0, j \in S^*, i \in S^{*'} \end{cases}$$

又由于，网络流量 F^* 实际上等于通过割的从 $S^* \to S^{*'}$ 的流量减去 $S^{*'} \to S^*$ 的流量。而割 $(S^*, S^{*'})$ 的后向弧流量均为零，则网络流量 F^* 等于割 $(S^*, S^{*'})$ 的容量，即 $C(S^*, S^{*'})=F^* \geq C^*(S^*, S^{*'})$。而又由定理 2，$F^* \leq C^*(S^*, S^{*'})$。所以 $F^*=C(S^*, S^{*'})$，且 $(S^*, S^{*'})$ 是最小割。证毕。

3. 求网络最大流的标号算法

求最大流的标号法是由 Ford 和 Fulkerson 于 1956 年提出，故称为 Ford-Fulkerson 标号算法。其实质是判断网络中是否存在增广链，并设法把增广链找出来。算法的步骤如下(设已有一个可行流(如零流))：

(1) 给发点 s 标号 $(0, d(s))$。括号中第一个数字是使得这个点得到标号的前一个点的代号，因 s 为发点，故记为 0。括号中第二个数字 $d(s)$ 表示从上一个标号点到这个标号点的流量的最大允许调整值。由于 s 为发点，不限制允许调整的量，故取 $d(s)=\inf$。这时发点是已标号但未检查的点，其余的点是未标号的点。

(2) 列出与已标号点相邻的所有未标号点。任取一个被标号但未检查的点 i，找所有与点 i 邻接但未标号的满足以下两条件之一的点 j：

ⅰ 若弧 (i, j) 未饱和，即 $f_{ij}<c_{ij}$，则给 j 点标号 $(i, d(j))$，其中 $d(j)=\min(d(i), c_{ij}-f_{ij})$；

ⅱ 若弧 (j, i) 为非零弧，即 $f_{ji}>0$，则给 j 点标号 $(i, d(j))$，其中 $d(j)=\min(d(i), f_{ji})$。

注：如果未标号点 k 有两个以上相邻的标号点，为减少迭代次数，可以按条件 ⅰ，ⅱ 中的规则分别计算 $d(k)$ 的值，并取其中最大的一个标记。

(3) 重复第(2)步，可能出现两种情况：

ⅰ 标号过程中断，收点 t 无法标号，说明网络中不存在增广链。算法结束；

ⅱ 如果收点 t 得到标号，反向追踪在网络中找到一条从 s 到 t 的由标号点及相应的弧连接而成的增广链，继续第(4)步。

(4) 修改流量。若弧 (i, j) 为前向弧，令 $f_{ij}=f_{ij}+d(n)$，否则 $f_{ji}=f_{ji}-d(n)$。这样又得到网络上的一个新的可行流 f'。

(5) 去掉图上的全部标号，重复第(1)~(4)步，直至图中找不到任何的增广链，即出现第(3)步的结局 ⅰ 为止。这时网络图中的流量即为最大流量。记已标号的点集为 S^*，未标号的点集合为 $S^{*'}$，$(S^*, S^{*'})$ 为网络的最小割。

例 7-2 在下面的有向图 7-4 中 1 是发点，6 是收点，求最大流。

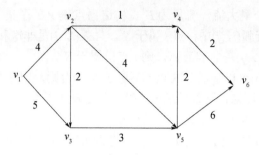

图 7-4 网络图的最大流

首先设初始流为零流。图解法如图 7-5 所示：

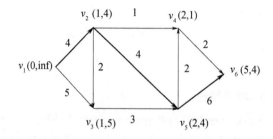

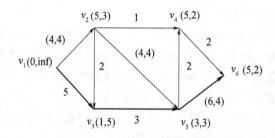

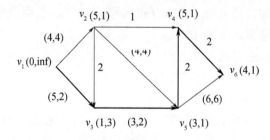

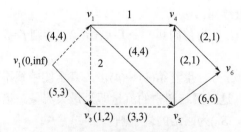

图 7-5 网络图的最大流求解过程

图中粗实线是增广链，可见，$S^*=\{1, 3\}$，$S^{*'}=\{2, 4, 5, 6\}$。虚线的三条边中(1, 2)，(3, 5)组成的集合是最小割，割集容量为(1, 2)和(3, 5)两条边的容量之和 7，也就是最大流的流量。

7.3 网络图的组成及绘制

1. 概述

交通运输系统中，计划工作是其重要组成部分。在实际中，运输系统复杂而庞大，为编制交通运输系统计划，传统的经验方法往往不能胜任，而网络计划技术是完成这一任务的有效方法之一。

网络计划技术是一种在关键线路法及计划评审技术基础上发展起来的工程管理技术。计划评审技术(Program Evaluation and Review Technique, PERT)，又称计划协调技术。美国海军于 20 世纪 50 年代后期研制北极星导弹核潜艇计划时，承担这项任务的公司、企业、学校和科研单位多达 11000 多家。如何组织和管理如此众多的单位高质量地完成工作，显然是一个非常复杂的问题。这种背景下，一种新的方法 PERT 技术被开发出来，并用于控制工程进度，使北极星导弹提前两年研制成功。1956 年，美国杜邦公司运用关键路线法(Critical Path Method, CPM)，使路易维尔工厂维修工程所需时间从 125 小时降为 78 小时，采用 CPM 技术一年后，节约 100 万美元，是该公司 CPM 研发费用的五倍。

此后，在现代计划的编制和分析手段上，PERT 和 CPM 技术被广泛使用，并进一步发展成系统工程的一个重要的分支——网络计划技术。简单地说，网络计划技术是利用网络分析制定计划，以及对计划予以评价的技术。它能协调整个计划的各道工序，合理安排人力、物力、时间、资金，加速计划的完成。

2. 网络图的组成

网络图是网络计划技术的基础，是一种类似流程图的箭线图。它描绘出项目包含的各种活动的先后次序，标明每项活动的时间或相关的成本。对于网络计划技术，项目管理者必须考虑要做哪些工作，确定时间之间的依赖关系，辨认出潜在的可能出问题的环节，借助网络图还可以方便地比较不同行动方案在进度和成本方面的效果。

构造网络图，需要明确网络的相关概念，包括活动、事件和关键路线等。

1) 活动(Activities)

活动也称为工作或工序，是一项工程当中需要消耗时间或资源才能完成的活动。它在网络图中用箭线表示。一般的工作的名称可以写在箭线上方，完成该工作的时间写在箭线下方，箭尾表示工作的开始，箭头表示工作的结束。箭线的长度不反映该工作所占用的时间。

2) 事件(Events)

事件，也称为节点，表示主要活动开始或结束的那一点。同一个节点既表示前一个(或若干个)工作的完成，又表示后一个(或若干个)工作的开始。节点在网络图中用带编号的圆圈表示。对于任意一个工作，规定开工节点的编号小于完工节点的编号。指向某节点的箭线称为该节点的内向箭线，从某节点引出的箭线称为该节点的外向箭线。

3) 路线(Path)

从网络图的起始节点开始，沿着箭头方向顺序通过一系列箭线与节点，最后到达终点的通路称为一条路线。关键路线(Critical Path)是 PERT 网络中花费时间最长的路线。在网络图中，由起点到终点的路线有多条，其中关键路线的路长为整个工程的总工期。

4) 紧前工作和紧后工作

某工作开始之前必须先期完成的工作称为该工作的紧前工作，而某工作完成之后必须紧接着开始的工作称为该工作的紧后工作。如图 7-6 所示，工作 d 需要在工作 a、b、c 都完工后才能开工，则称工作 a、b、c 为工作 d 的紧前工作；而工作 d 为工作 a、b、c 的紧后工作。

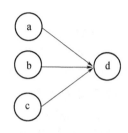

图 7-6 紧前工作和紧后工作

3. 双代号网络图的绘制

网络图可分为单代号网络图、双代号网络图、单代号时标网络图、双代号时标网络图、单代号搭接网络图五种。本章只介绍双代号网络图。

1) 绘图方法

(1) 虚工作的处理。

为满足网络图的绘制规则，有时候需要引入虚工作。在网络图中用虚箭头表示。虚工作没有任何具体的工作内容，也没有时间消耗，只表示工作之间的衔接关系。在网络图中引入虚工作，可以就以下四种情况分别予以考虑：

① 对于某工作而言，如果在存在一项紧前工作，它只作为本工作的紧前工作(即在紧前工作栏目中，该工作只出现一次)。则应将本工作箭线直接画在该紧前工作箭线之后，然后分别用虚箭线将其他紧前工作箭线的箭头节点与本工作箭线的箭尾节点相连，以表达它们之间的逻辑关系。

② 对于某工作而言，如果存在多项紧前工作，它们只作为本工作紧前工作的工作，应先将这些紧前工作箭线的箭头节点合并，再从合并后的节点开始，画出本工作箭线，最后用虚箭线分别将其他紧前工作箭线的箭头节点与本工作箭线的箭尾节点相连。

③ 对于某工作而言，如果本工作的所有紧前工作都同时是其他工作的紧前工作(即在紧前工作栏目中，该工作的紧前工作均出现若干次)。如果上述条件成立，应先将这些紧前工作箭线的箭头节点合并后，再从合并后的节点开始画出本工作箭线，用虚箭线表示。

④ 对于某工作而言，如果不存在情况①、情况②和情况③时，则应将本工作箭线单独画在其紧前工作箭线之后的中部，然后用虚箭线将其各紧前工作箭线的箭头节点与本工作箭线的箭尾节点分别相连。

(2) 双代号网络图的绘制。

当已知每一项工作的紧前工作时，可按下述步骤绘制双代号网络图：

① 起始节点绘制。绘制没有紧前工作的工作箭线，使它们具有相同的开始节点，以保证网络图只有一个起点节点。

② 其他箭线绘制。依次绘制其他工作箭线。这些工作箭线的绘制条件是其所有紧前工作箭线都已经绘制出来。在绘制这些工作箭线时，应按下列原则进行：

(a) 当所要绘制的工作只有一项紧前工作时，则将该工作箭线直接画在其紧前工作箭线之后即可。

(b) 当所要绘制的工作有多项紧前工作时,根据需要在网络图中引入虚箭线。

③ 终点绘制。当各项工作箭线都绘制出来之后,合并那些没有紧后工作的工作箭线的箭头节点,以保证网络图只有一个终点节点(多目标网络计划除外)。

④ 节点编号。当确认所绘制的网络图正确后,即可进行节点编号。网络图的节点编号在满足前述要求的前提下,既可采用连续的编号方法,也可采用不连续的编号方法,如1、3、5、……或5、10、15、……等,以避免以后增加工作时而改动整个网络图的节点编号。

以上所述是已知每一项工作的紧前工作时的绘图方法,当已知每一项工作的紧后工作时,也可按类似的方法进行网络图的绘制,只是其绘图顺序由前述的从左向右改为从右向左。

现举例说明前述双代号网络图的绘制方法。

例7-3 已知各工作之间的逻辑关系如表7-1所示,则可按下述步骤绘制其双代号网络图。

表7-1 工作之间的逻辑关系

工作	A	B	C	D
紧前工作	—	—	A、B	B

(1) 绘制工作箭线 A 和工作箭线 B,以及初始节点,如图 7-7(a)所示。

(2) 按前述虚工作处理的情况①绘制虚工作箭线,及工作箭线 C,如图 7-7(b)所示。

(3) 绘制工作箭线 D 后,将工作箭线 C 和 D 的箭头节点合并,以保证网络图只有一个终点节点。

(4) 当确认给定的逻辑关系表达正确后,再进行节点编号。如图 7-7(c)所示。

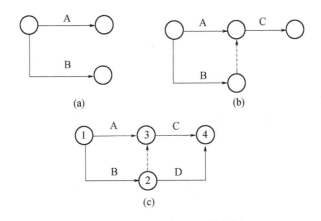

图 7-7 双代号网络图的绘制过程

例7-4 已知各工作之间的逻辑关系如表 7-2 所示,则可按下述步骤绘制其双代号网络图。

表7-2 工作之间的逻辑关系

工作	A	B	C	D	E	G
紧前工作	—	—	—	A、B	A、B、C	D、E

143

(1) 绘制工作箭线 A、工作箭线 B、工作箭线 C 及初始节点，如图 7-8(a)所示。

(2) 按前述虚工作处理的情况③绘制虚工作箭线，及工作箭线 D，如图 7-8(b)所示。

(3) 按前述虚工作处理的情况①绘制工作箭线 E，如图 7-8(c)所示。

(4) 按前述虚工作处理的情况②绘制虚工作箭线，及工作箭线 G。当确认给定的逻辑关系表达正确后，再进行节点编号。如图 7-8(d)所示。

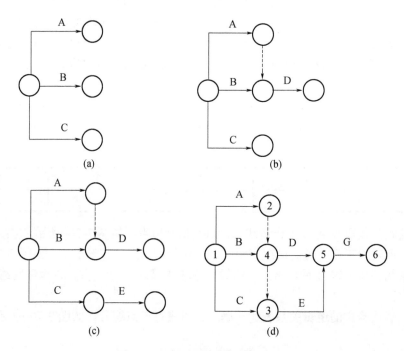

图 7-8 双代号网络图的绘制过程

2) 绘图规则及注意事项

在绘制双代号网络图时，一般应遵循以下基本规则：

(1) 初始点唯一。网络图中有且只有一个起始点，起始点无紧前工作。有且仅有一个终点节点，终点节点无紧后工作(任务中部分工作需要分期完成的网络计划除外)。除网络图的起点节点和终点节点外，不允许出现没有外向箭线的节点和没有内向箭线的节点。

(2) 网络图必须按照已定的逻辑关系绘制。由于网络图是有向、有序网状图形，所以必须严格按照工作之间的逻辑关系绘制，这同时也是为保证工程质量和资源优化配置及合理使用所必需的。例如，已知工作之间的逻辑关系如表 7-3 所示，若绘出网络图 7-9(a)则是错误的，因为工作 A 不是工作 D 的紧前工作。此时，可用虚箭线将工作 A 和工作 D 的联系断开，如图 7-9(b)所示。

表 7-3 工作之间的逻辑关系

工作	A	B	C	D
紧前工作	—	—	AB	B

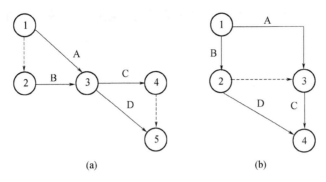

图 7-9 网络图的绘制

(3) 无回路规则。网络图中如果出现循环回路，会造成逻辑关系混乱，使工作无法按顺序进行。当然，此时节点编号也发生错误。网络图中严禁出现从一个节点出发，顺箭头方向又回到原出发点的循环回路；网络图中的箭线(包括虚箭线)应保持自左向右的方向，不应出现指向左方的水平箭线和偏向左方的斜向箭线。遵循该规则绘制网络图，就不会出现循环回路。

(4) 箭线绘制规范。

① 网络图中严禁出现双向箭线和无箭头的连线。工作进行的方向不明确，就不能达到网络图有向的要求。

② 网络图中严禁出现没有箭尾节点的箭线和没有箭头节点的箭线。

③ 严禁在箭线上引入或引出箭线，图 7-10 中是错误的画法。

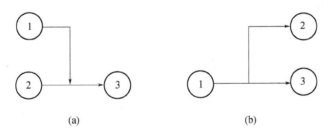

图 7-10 错误画法举例

但当网络图的起点节点有多条箭线引出(外向箭线)或终点节点有多条箭线引入(内向箭线)时，为使图形简洁，可用母线法绘图。即：将多条箭线经一条共用的垂直线段从起点节点引出，或将多条箭线经一条共用的垂直线段引入终点节点，如图 7-11 所示。对于特殊线型的箭线，如粗箭线、双箭线、虚箭线、彩色箭线等，可在从母线上引出的支线上标出。

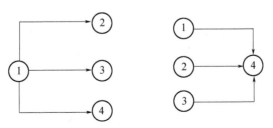

图 7-11 多条箭线引出或引入的举例

④ 应尽量避免工作箭线的交叉。当交叉不可避免时，可以采用过桥法或指向法处理，如图 7-12 所示。

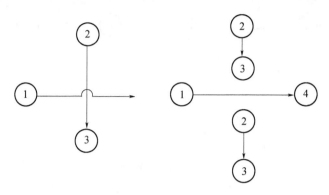

图 7-12　过桥法或指向法举例

7.4　网络图时间参数的计算

计算网络计划的时间参数，是编制网络计划的重要步骤，可以说，网络计划如果不计算时间参数，就不是一个完整的网络计划。

1．计算时间参数的目的

1) 确定关键线路

关键线路就是网络图中最重要、需时最长的线路。关键线路在网络图上可以用带箭头的粗线、双线或红线表示。关键线路上的工序叫做关键工序。关键线路的所需时间叫做总工期，一般用方框"□"标在终点节点的右方。关键线路的工期决定了整个工期的长短，它拖后一天，总工期就相应拖后一天；它提前一天，则总工期有可能提前一天。关键线路可以有一条或多条。愈好的计划，关键线路愈多，决策者可以全面加强管理，不然一个环节脱节会影响全局。多条关键线路也可以作为提高工作效率的依据。

2) 确定非关键线路上的机动时间(或称富裕时间)

网络图中，不是关键线路的线路称非关键线路。非关键线路上的工序，由于前后工序及平行工序的作用，使得它被限制在某一段时间之内必须完成。而当该工序的工作持续时间小于被限制的这段时间时，它就存在机动时间，称为"时差"。时差只能是正值或者为零。

一项工程的网络图画出来之后，如果要想提前完成，则要想方设法压缩关键线路的工期。为达到此目的，可以从项目内部或者外部调用人力、物力等资源。一般认为，从内部调整是较为经济的，即从非关键线路上调用。调用多少，则要看非关键线路上富裕时间的"富裕"程度，即时差有多少。

3) 时间参数的计算是网络计划调整和优化的前提

通过时间参数的计算，可据以采用各种办法不断改进网络计划，使其达到在既定条件下的最好状态。优化内容有时间优化、资源优化和工期优化等。

2. 工作时间的估计

项目管理者一般会根据大量的历史数据来估算每项活动的持续时间。显然,历史数据可用性越高,所做的估计就会越准确。然而,许多项目的事件和活动都是非重复的,故通常会使用以下方法来估计活动的持续时间:

(1) 一点估计法:在具有类似工作可靠数据资料作为参考的情况下,通过对比分析,给出工作持续时间。

(2) 三点估计法:在缺少类似工作资料的情况下,首先估计工作的最乐观时间 a、最悲观时间 b 和最可能时间 m,然后取这三个时间的平均值作为工作的持续时间。

第一,乐观的时间估计(a),该方法假定一切都按照计划进行,而且只遇到最少的困难的情况下估计项目活动所需时间。这种情况的发生是小概率事件。

第二,悲观的时间估计(b),该方法假定一切都不能按照计划进行,而且所有潜在困难都发生的情况下估计项目活动所需要的时间。这种情况的发生也是小概率事件。

第三,最可能的时间估计(m),这个时间是指在一切情况都比较正常的条件下,项目活动最可能需要的时间。

为了确定最可能的时间估计,可将这三个时间合并为单个时间期望值(T),期望时间 T 的计算公式:

$$T=(a+4m+b)/6$$

以表 7-3 为例,可从表中看出,有些活动的工期确定并已知,即 a,b,m 都相等,比如活动 C,有些活动的最可能时间和乐观时间相同($a=m$),比如活动 G,有些活动的最可能时间和悲观时间相同($b=m$),例如活动 D。

为了对各个活动工期的不确定性进行测算,引入方差,计算公式为:

$$\sigma^2=[(b-a)/6]^2$$

并且,标准差可以由方差求出,即方差的平方根。

例 7-5 已知各工作的时间估计及逻辑关系如表 7-4 所示。

表 7-4 项目活动时间表

活动	乐观时间 a	最可能的时间 m	悲观时间 b	前序活动
A	12	22	26	—
B	14	18	22	—
C	12	12	12	—
D	5	11	11	A
E	7	14	15	B
F	3	4	5	B
G	9	9	21	C
H	5	8	21	B,D
I	4	11	12	G,F

可得到各活动的期望时间、方差和标准差如表 7-5 所示。

表 7-5 活动的期望时间、方差及标准差

活动	期望时间 T	方差 σ^2	标准差
A	21	5.44	2.33
B	18	1.78	1.33
C	12	0	0
D	10	1	1
E	13	1.78	1.33
F	4	0.11	0.33
G	11	4	2
H	8	1	1
I	10	1.78	1.33

表 7-5 所对应的网络图如图 7-13 所示,假设从初始时刻同时开始实施活动 A,B,C。发现有 5 条路径可以通向事件 7。它们分别是:

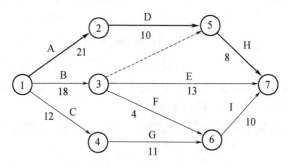

图 7-13 表 7-5 所对应的网络图

A—D—H,总共需要时间为 21+10+8=39 天;
B—虚拟—H,总共需要时间为 18+8=26 天;
B—E,总共需要时间为 18+13=31 天;
B—F—I,总共需要时间为 18+4+10=32 天;
C—G—I,总共需要时间为 12+11+10=33 天。

这些路径中,A—D—H 是最长的,需要花费时间 39 天,这意味着 39 天是整个网络能够完工的最短时间。称 A—D—H 为关键路线,通常用加黑或加粗线来表示,对应的完成时间称为网络的关键时间。

3. 网络图时间参数的计算

在这个的例子中,很容易找到并计算出从开始到结束的每一条路径,进而得到关键路径。但是现实中的网络是相当复杂的,想要找出并算出所有的路径是非常繁重的工作,有时甚至是不可能的。下面介绍一种方法,可以较容易地得到关键路径。这种方法以网络图的各种时间参数为基础。网络图的时间参数分为节点时间参数和工作时间参数两种,包括节点最早时间和节点最迟时间、工作最早开始时间、工作最早完成时间、工作最迟开始时间、工作最迟完成时间、工作总时差及工作自由时差。

1) 事件时间参数的计算

事件的时间分为最早时间和最迟时间。

(1) 事件最早时间 $T_E(j)$。事件 j 的最早时间是以节点 j 为开始节点的各项工作的最早开始时间。其计算方法为：

① 一般假设开始事件的最早时间等于零，即 $T_E(1)=0$。

② 当节点 j 只有一项紧前工作时，$T_E(j)=T_E(i)+T(i,j)$，$T(i,j)$ 表示工作 $i—j$ 的持续时间。

③ 当同时有两个或者若干个箭线指向事件 j 时，事件 j 的最早时间等于箭尾事件 i 的最早时间加上活动作业时间 $T(i,j)$ 的最大值。计算公式如下：

$$T_E(j)=\text{MAX}\{T_E(i)+T(i,j)\}(j=2,\cdots,n)$$

式中：$T_E(j)$ 为箭头事件的最早时间；$T_E(i)$ 为箭尾事件的最早时间；$T(i,j)$ 为作业时间。

根据上面的计算方法，我们可以得到例 7-5 中各个事件的最早时间，它们分别是 $T_E(1)=0$，$T_E(2)=21$，$T_E(3)=18$，$T_E(4)=12$，$T_E(5)=31$，$T_E(6)=23$，$T_E(7)=39$。

(2) 事件最迟时间 $T_L(i)$。

事件 i 的最迟时间 $T_L(i)$ 是以 i 为开始节点的各项工作的最迟开始时间。

其计算方法为：某节点的最迟时间应能保证其所有今后工作都能按总工期要求如期完工。因此，事件 i 的最迟时间通常为其箭尾事项的最迟开始时间。按从右往左的顺序进行计算。

① 终点节点 n 的最迟时间：由网络计划的总工期确定，即：$T_L(n)=T_E(n)$。

② 当节点 i 的紧后工作只有一项时，箭尾事件的最迟时间等于箭头事件的最迟时间减去活动的作业时间，即：$T_L(i)=T_L(j)-T(i,j)$

③ 当节点 i 的紧后工作同时有两个以上时，该节点的最迟时间必须同时满足这些活动的最迟必须开始时间。所以，在这些活动的最迟开始时间中选出一个最早的时间。即：

$$T_L(i)=\text{MIN}\{T_L(j)-T(i,j)\}(i=n-1,\cdots,1)$$

式中：$T_L(j)$ 为箭头事件的最迟时间；$T_L(i)$ 为箭尾事件的最迟时间；$T(i,j)$ 为相应活动的作业时间。

根据上面的计算方法，我们可以得到例 7-5 中各个事件的最迟时间，$T_L(7)=T_E(7)=39$，$T_L(6)=29$，$T_L(5)=31$，$T_L(4)=18$，$T_L(3)=25$，$T_L(2)=21$，$T_L(1)=0$。

2) 活动时间参数的计算

(1) 活动 $i–j$ 的最早开始时间 $T_{ES}(i,j)$。每一个活动都必须在其前序活动结束后才能够开始。因此，它等于前序活动的最早结束时间，即：$T_{ES}(i,j)=T_E(i)$

(2) 活动 $i–j$ 的最早结束时间 $T_{EF}(i,j)$。它是活动最早可能结束时间的简称，等于活动最早开始时间加上该活动的作业时间，即：

$$T_{EF}(i,j)=T_{ES}(i,j)+T(i,j)$$

(3) 活动 $i–j$ 的最迟结束时间 $T_{LF}(i,j)$。它是在不影响整个项目结束的条件下，活动最迟必须结束的时间。它等于该活动箭头事件的最迟时间，即：

$$T_{LF}(i,j)=T_L(j)$$

(4) 活动 $i–j$ 的最迟开始时间 $T_{LS}(i,j)$。它是在不影响项目结束的条件下，活动最迟必须开始的时间。它等于活动最迟结束时间减去活动的作业时间，即：

$$T_{LS}(i, j) = T_{LF}(i, j) - T(i, j)$$

3) 关键线路的确定

在不影响项目最早结束时间的条件下,活动最早开始(或者结束)时间可以推迟的时间,称为该活动的总时差,即:

$$T_E(i, j) = T_{LS}(i, j) - T_{ES}(i, j) = T_{LF}(i, j) - T_{EF}(i, j)$$

我们可以看出,有些活动的总时差为零,开始和结束的时间没有一点机动的余地。由这些时差为零的活动和事件所组成的线路就是网络的关键路径。总时差为零的活动就是关键活动。常用这种计算活动总时差的方法确定网络图中的关键活动和关键路径。另外,我们也可以看出,活动总时差越大,表明该活动在整个网络中的机动时间越大,可以在一定范围内将该活动的资源用到关键活动上,以达到缩短项目结束时间的目的。

例 7-5 中各个活动的时间参数计算结果如表 7-6 所示。

表 7-6 总时差计算结果

活动	最迟开始时间	最早开始时间	总时差
A	0	0	0
B	7	0	7
C	6	0	6
D	21	21	0
E	26	18	8
F	25	18	7
G	18	12	6
H	31	31	0
I	29	23	6

7.5 网络图优化分析

在编制一项工程计划时,根据初步确定的任务分解方案、各工作之间的逻辑关系、各工作持续时间所绘制的网络图及其所有的时间参数,只表示初始的网络计划方案。但是,初始网络较松散,关键线路往往耗时长,非关键线路上的富裕时间很多,任务周期长。因此,通常需要根据工程任务的特点,再对网络计划进行调整与优化,从系统工程的角度对时间、资金和人力等进行合理匹配,使之达到最佳的周期、最低的成本以及最有效的资源利用,进而得到一个完善的计划。

结合不同的要求,网络计划优化的内容也各有不同,主要包括工程进度优化、成本优化、资源优化。下面对几种常见的优化作简要介绍。

7.5.1 工程进度的优化

在资源条件允许的条件下,应尽量压缩关键工作的持续时间,缩短工程进度,以提高经济效益。这里通常可供选择的技术、组织措施是:

(1) 检查工作流程，去掉多余环节。
(2) 检查各工序工期，改变关键线路上的工作组织。
(3) 把串联工序改为平行工序或交叉工序。
(4) 调整资源或增加资源(人力、物力、财力)到关键线路上的关键工序上去。
(5) 采取技术措施(如采用机械化、改进工艺、采用先进技术)和组织措施(如合理组织流程，实现流程优化)。
(6) 利用时差，从非关键工序上抽调部分人力、物力集中于关键工序，缩短关键工序的时间。

例 7-6 某项工程的有关资料如表 7-7 所示，每天可以安排的人员数只有 10 人，要求工程 15 天完成，应如何安排工程进度，在现有人力资源下按期完成任务？

表 7-7 工程资料表

工作名称	紧前工作	工作时间(天)	每天需要的人员(人)
A	—	4	4
B	—	5	4
C	—	8	3
D	B	5	4
E	A、D、C	9	7
F	C	1	3

解：(1) 绘制网络图并求关键线路(图 7-14)：

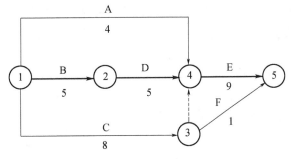

图 7-14 表 7-7 对应的网络图

关键线路为：1－2－4－5
关键线路的路长为 19 天，不能满足工期的要求。
(2) 分析每天对人员的需求。
可知在前 4 天，由于 A、B、C 三项工作同时进行，需要人员 11 人，超过了所能提供的人力资源。
(3) 计划调整。
基本思路是从非关键线路抽调人力。分析可做如下调整：
① 从非关键工作 A 上抽调 2 名，1 名支持工作 B，1 名支持工作 D，这样 A 的时间将延长至 8 天，工作 B 和 D 都缩短为 4 天。

② 从非关键工作 F 上抽调人员 2 名，支援工作 E，这样 F 的工作将延长至 3 天，而工作 E 的时间将缩短为 7 天。

按照这样的调整，重新绘制网络图，工期和人员都满足要求。

7.5.2 成本优化

完成一个工序常常可以采用多种施工方法和组织方法，因此完成同一工序就会有不同的持续时间和成本(或称费用)。由于一项工程是由很多工序组成的，所以安排一项工程计划时，就可能出现多种方案，它们的总工期和总成本也因此而有所不同。成本优化往往是和工期密切相关的，所以又称工期—成本优化或工期—费用优化。

工程的成本是由直接费用、间接费用、赶工费用等构成的。

直接费用由材料费、人工费、机械费等构成。由于所采用的施工方案不同，费用差异很大。间接费用包括施工组织和经营管理的全部费用。赶工费用是在考虑工程总成本时，考虑可能因拖延工期而罚款的损失或提前竣工而获得的奖励，甚至也应考虑因提前投产而获得的收益。

对于一个企业来说，不论缩短工期或延长工期，都要衡量利弊。要缩短工期，就要采取措施，如增加设备、增调人员、加班加点、夜间照明以及施工中的混凝土早强、雨季遮拦、冬季保暖等，就会引起直接费用的增加。但由于工期缩短，也会带来管理费用、工资费用的减少，以及提早投产带来的经济效益。企业要实现利润最大化，这就要借助工期—成本优化。它有助于合理安排工期，降低成本开支，提高经济效益。

所谓网络图的成本优化，就是研究如何以最低的成本来缩短整个工期的问题，即缩短工期，又使得总费用增加最少。在编制网络计划时，需要计算工程的完工时间所对应的工程费用，使得工程费用最低的完工时间，称为最低成本日程。寻找最低成本日程，一方面要尽量缩短关键工作的工作时间，另一方面要想办法缩短单位赶工费用最低的关键工作的工作时间。

一项工程的总费用＝直接费用＋间接费用＋赶工费用

成本斜率＝(赶工成本－正常成本)/(正常时间－赶工时间)

例 7-7 已知某工程的网络图资料如表 7-8 所示，该工程的间接费用为 500 元/天，试求该工程的最低成本日程。

表 7-8 工程资料

工作名称	紧前工作	正常		赶工		成本斜率
		时间(天)	成本(百元)	时间(天)	成本(百元)	
A	—	15	24	12	30	2
B	A	12	20	10	26	3
C	A	9	22	7	28	3
D	B	10	18	9	24	6
E	B C	8	14	7	18	4
F	D E	12	16	10	26	5
G	E	15	24	12	30	2

解：(1)绘制网络图并求关键路线 1-2-3-4-5-7(图 7-15)。可知工期为 50 天。

总费用＝直接费用＋间接费用＋赶工费用

＝(24＋20＋22＋18＋14＋16＋24)＋50×5＋0＝388(百元)

工作 A、B、C、D、E、F、G 的成本斜率分别为：2，3，3，6，4，5，2。

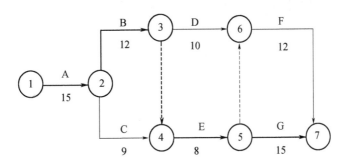

图 7-15 表 7-8 对应的网络图

在关键工作中，A、G 的成本斜率最小，A 可赶工 3 天，那么 G 可以赶工几天呢？分析可知，G 只能赶工 1 天，否则关键线路发生改变，即为 1－2－3－6－7。赶工后工期变为 46 天。

此时总费用＝(24＋20＋22＋18＋14＋16＋24)＋46×5＋2×3＋2×1＝376(百元)

但此时关键线路扩展为 2 条，另外一条为 1－2－3－6－7。

再要降低费用，必须同时考虑两条关键线路，并且只有 C 为非关键工作。

分析可知：B 可赶工 2 天，且关键线路不变，工期变为 44 天。

则此时

总费用＝(24＋20＋22＋18＋14＋16＋24)＋44×5＋2×3＋2×1＋3×2＝372(百元)

D 不可赶工，因为赶工费用大于每天的间接费用，不合算。

此时是否还存在赶工方案呢？要赶工必须同时考虑两条关键线路。分析有以下三种方案(表 7-9)：

表 7-9 赶工方案

	赶工方案	赶工费用(百元/天)
1	F 赶工 1 天，E 赶工 1 天	5＋4＝9
2	F 赶工 1 天，G 赶工 1 天	5＋2＝7
3	F 赶工 2 天，G 赶工 1 天，E 赶工 1 天	(5×2＋4＋2)/2＝8

由以上分析可知，平均每天的赶工费用均大于间接费用，故以上三个方案都不可行。所以最低成本日程为 44 天，工程费用为 372 百元。调整后的网络图如图 7-16 所示：

7.5.3 资源优化

一个部门或单位在一定时间内所能提供的各种资源(劳动力、机械及材料)是有一定限度的。那么，如何经济而有效地利用这些资源？在资源计划安排时有两种情况：

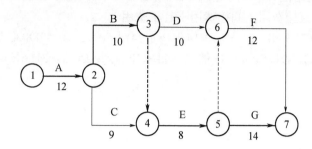

图 7-16　表 7-9 对应的网络图

一种情况是网络计划需要的资源受到限制,如果不增加资源数量(例如劳动力),有时会使工期延长,或者不能进行(材料供应不及时)。这种情况下,如何做到资源有限,工期最短?

另一种情况是在一定时间内如何安排各工序活动时间,使可供资源均衡地消耗。资源消耗是否平衡,将影响企业管理的经济效果。例如,在网络计划中,某原材料在一段时间内消耗数量比平均数量高出 50%,为了满足计划进度,物料部门就得突击供应,造成物料供应紧张,工作效率下降,工人数量也得相应增加,或者突击赶工,以致各项费用增加。这将给企业带来不必要的经济损失。

资源优化的目的是在资源有限条件下,寻求完成计划的最短工期,或者在工期规定条件下,力求资源均衡消耗。通常把这两方面的问题分别称为"资源有限,工期最短"和"工期固定,资源均衡"。

资源调整的原则主要有:

(1) 保证关键线路上关键工序的资源需要量。

(2) 充分利用各工序的机动时间(时差)来错开各工序的开工时间。

(3) 时差大的工序往后推迟开工时间,或者在技术规程允许的情况下,延长工序完工期,以减少每天所需要的资源数。

例 7-8　某工程队承担的道路施工项目共有五道工序,具体资料如表 7-10 所示。现施工队共有 20 人,应如何组织施工才能使工程 14 天完成?

表 7-10　工程队承担道路施工项目的具体工作资料

工作名称	紧前工作	工作时间	每天所需人力
A	—	10	11
B	—	6	8
C	—	4	9
D	ABC	3	8
E	ABC	4	11

解: 绘制网络图如图 7-17 所示,并求出关键路线,为 1-2-4-6,工期为 14 天。

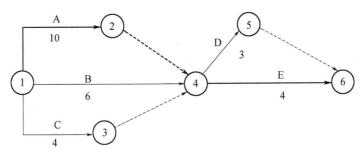

图 7-17 表 7-10 对应的网络图

分析可知，工程的前 4 天共需要劳动力 28 人，而现在工程队只有 20 人，所以必须进行劳动力的调整。由于前 4 天劳动力需求数量最大，是因为工序 A、B、C 同时开工造成的，所以应该想办法错开工序的开工时间。但 A 是关键工序，需优先保证劳动力的要求，故考虑工序 B 和 C。工序 B 和 C 具有机动时间，其中 C 的时差最大，所以让 C 尽量推迟开工，B 工序完工之后再开始 C 工序，即让 C 与 A 同时完工，将网络图改成如图 7-18 所示形式，则劳动力的分布每天不会超过 20 人。

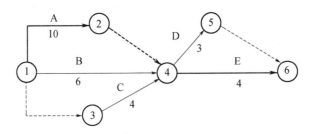

图 7-18 调整后的网络图

思考与练习题

7.1 什么是系统网络技术？它的主要用途是什么？它最适宜解决什么样的问题？

7.2 绘制网络图必须遵守哪些规则？如何具体绘制一个工程任务的计划网络图？

7.3 如图是连结某产品产地 v_1 和销地 v_7 的交通网络图。弧 (v_i, v_j) 表示从 v_i 到 v_j 的运输线，弧旁的数字表示这条运输线的最大通过能力 c_{ij}，括号内的数字表示该弧上的实际流 f_{ij}。

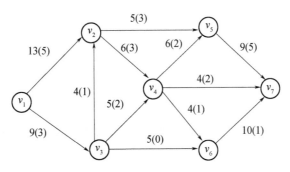

(1) 求从 v_1 到 v_7 的最短路。

(2) 现要求制定一个交通方案，使从 v_1 到 v_7 的交通流量最多。

7.4 根据所给定的工作关系逻辑表，绘制双代号网络图。

(1)

工作	A1	A2	A3	B1	B2	B3	C1	C2	C3
紧前工作	—	A1	A2	—	B1	B2	A1, B1	C1, A2, B2	C2, A3, B3

(2)

工作	A	B	C	D	E	F	G	H	I	J	K	L	M
紧前工作	—	—	—	A, B	B	B	F, C	B	E, H	E, H	C, D, F, J	K	L, I, G

(3)

工作	A	B	C	D	E
紧前工作	—	—	A	AB	B

(4)

工作	A	B	C	D	E	F	G
紧前工作	—	—	—	—	A B	BCD	CD

(5)

工作	A	B	C	D	E	F	G	H
紧前工作	—	—	—	AC	AB	ABC	EF	DG

7.5 某交通规划工程网络计划工作的逻辑关系及持续时间如下图所示。计算该项工程从开始到全部结束的最短周期。

工作代号	工作名称	紧前工作	紧后工作	持续时间(天)
A	交通流调查	—	C	20
B	交通设施现状调查	—	C	10
C	交通需求预测	A, B	D, F	20
D	交通规划编制	C	E, F	50
E	交通规划公示	D	—	10
F	交通规划修订	C, D	G	20
G	交通规划审批	F	—	20

7.6 已知某工程的网络图资料如下表所示，该工程的间接费用为 500 元/天，试求该工程的最低成本日程。

(1)

工作名称	紧前工作	正常		赶工	
		时间(天)	成本(百元)	时间(天)	成本(百元)
A	—	4	15	3	20
B	—	8	22	6	30
C	B	6	9	4	15
D	A	3	3	2	5
E	A	5	14	4	18
F	A	7	19	4	40
G	B D	4	7	2	10
H	E F G	3	9	2	15

(2)

工作名称	紧前工作	正常		赶工	
		时间(天)	成本(百元)	时间(天)	成本(百元)
A	—	15	24	12	30
B	A	12	20	10	26
C	A	9	22	7	28
D	B	10	18	8	24
E	B C	8	14	7	18
F	D E	12	16	10	22
G	E	15	24	12	30

7.7 已知建设一个汽车库及引道的作业明细表如下表所示。要求：

(1) 计算该项工程从施工开始到全部结束的最短周期。
(2) 若工序 i 拖期 10 天，对整个工程进度有何影响？
(3) 若工序 j 的时间由 12 天缩短到 8 天，对整个工程进度有何影响？
(4) 为保证整个工程进度在最短周期内完成，工序 i 最迟必须在哪一天开工？
(5) 若要求整个工程在 75 天完工，要不要采取措施？若要的话，应从哪些方面采取措施？

工序代号	工序名称	工序时间(天)	紧前工序
a	清理场地开工	10	—
b	备料	8	—
c	车库地面施工	6	a, b
d	预制墙及房顶	16	B
e	车库地面保养	24	C

(续)

工序代号	工序名称	工序时间(天)	紧前工序
F	立墙架	4	d, e
g	立房顶架	4	f
h	装窗及边墙	10	f
i	装门	4	f
j	装天花板	12	g
k	油漆	16	h, i, j
l	引道施工	8	c
m	引道保养	24	l
n	交工验收	4	k, m

第8章 运输系统综合评价

8.1 系统综合评价概述

8.1.1 系统评价的概念

系统评价是系统分析中复杂而又重要的一个环节,在系统开发过程中,不仅要提出许多开发系统的备选方案,而且还要通过系统评价从众多的备选方案中找出所需的最优方案。

系统评价是对系统方案满足系统目标的综合分析和判定,也就是利用模型及各种资料,根据社会、政治、经济、技术等方面的客观要求,从系统整体出发,分析对比各备选方案,权衡各方案的利弊得失,并考虑成本与效益的关系,选出最佳方案的过程。评价对象是接受评价的事物、行为或对象系统,如待开发系统、待实施的方案等。评价主体是评定对象系统价值大小的评价个人或评价集体。

价值是一个综合的概念。从哲学意义上讲,就是评价主体对某个评价对象在理论上或实践上所具有的作用和意义的认识或估计;从经济意义上说,价值通常被理解为根据评价主体的效用观点对评价对象能满足某种需求的认识或估计。评价对象的价值不是对象本身所固有的,而是评价对象和它所处的环境条件的相互关系相对规定的属性。

系统评价是系统决策的重要依据和基础,评价的好坏影响着决策的正确性,所以,系统评价是系统决策的重要组成部分,甚至评价本身就是一种决策形式。自20世纪50年代以来,欧美等发达国家及苏联对系统的技术评价、政策评价、经济评价等都非常的重视。我国在20世纪80年代以来也开始重视系统评价的研究,对一些重大工程项目进行技术经济论证,对一些大系统的开发进行综合评价。目前,系统评价的方法呈现出两个明显的特征:一是定性研究与定量研究相结合;二是评价指标的体系化,评价方法也在不断地完善。

交通运输系统是国民经济大系统中的重要子系统,交通运输项目,往往是数亿元投资的大项目,它涉及的问题多而且复杂,影响广而且深远。因此,在对交通运输系统进行评价,一要考察它与社会、政治、经济、技术系统的相互联系与相互作用,从生产系统的角度评价其经营效果,从服务系统的角度评价其满足用户需要的程度、服务质量对用户的影响等;二要考察它对自然环境的影响,因为交通运输系统是在一定的外部空间环境中运行的。此外,交通运输系统又是由各种运输方式相互结合、相互作用的一个综合的、复杂的系统,在某种程度上,各种运输方式之间存在着可替代性,但每种运输方式都有其各自的技术经济特点、优势以及合理的使用范围,其功能作用和影响也不尽相同。充分发挥各种运输方式的优势,提高运输系统的综合运输能力,是当今世界交通运输发展的总趋势。因此,必须从社会、政治、经济和技术等方面,对交通运输系统进行全面的、客观的、科学的评价,为交通运输系统的规划、决策提供可靠的依据。

8.1.2 系统评价的分类

按不同的分类方法,系统评价可以进行如下分类:

1. 按评价的对象分类

(1) 目标评价。当系统的目标确定以后,对系统目标进行评价,以确定系统目标的合理性、可行性、科学性等。

(2) 规划评价。在着手设计系统之前,对系统进行比较全面的评价,并制定出切实可行的系统开发计划。系统规划是系统工程中的一个要素,是决定系统大局的必要阶段,因此,有必要对系统规划阶段进行评价。

(3) 方案评价。对根据系统目标制定的系统方案进行评价、比较,选择最优系统方案。

(4) 设计评价。系统设计是系统工程的核心问题,系统具有什么样的性能,怎样才能达到系统设计的目标,在很大程度上取决于系统设计。系统设计评价主要是评价系统的特性,包括系统设计适合目标的情况以及系统功能或性能的评价。

2. 按评价的时间顺序分类

(1) 事前评价。这是在是否要开发一个系统,进行系统规划研究时进行的评价。由于没有系统的实物,一般只能采用预测和仿真的方法来进行评价。如规划评价就属于事前评价。

(2) 事中评价。这是在系统计划实施中期进行的评价,着重检验系统是否按计划进行,例如检查项目完成情况,往往采用计划协调技术。

(3) 事后评价。这是在一个系统完成后,对照系统目标及决策主体的要求,评价是否达到了预期的效果。这时已经有了大量的数据,可以采用定量方法进行评价。

(4) 跟踪评价。在系统的整个运行阶段每隔一定时间进行一次评价,跟踪方案实施进程,及时发现问题进行解决。

3. 按评价的内容分类

(1) 技术评价。技术评价是围绕系统功能来进行的,对系统方案技术上的先进性、可靠性、维护性、通用性、安全性等方面做出评价。

(2) 经济评价。经济评价是围绕系统的经济效益来进行的,评价的内容主要是以成本为中心的经济可行性分析。

(3) 社会评价。社会评价是从社会分配、社会福利、劳动就业、社会稳定等方面,评价方案实施带来的社会效益及产生的社会影响。

(4) 可持续性评价。可持续性评价是对方案与人口增长、环境保护及资源利用等方面的协调做出评价,使方案实施与社会经济的可持续性发展相协调。

(5) 综合评价

综合评价是在上述四方面评价的基础上,对系统方案价值的大小所做的综合评价。

8.1.3 系统评价的原则和步骤

1. 系统评价的原则

为了做好系统评价,必须坚持以下原则:

(1) 评价的客观性。评价的目的是为了决策，因此评价的质量直接影响着决策的正确性，评价必须能客观地反映实际。要求进行评价所依据的资料要全面、可靠、准确，评价人员要客观公正，评价人员的组成要有代表性，并保证评价人员能够自由发表观点。

(2) 评价方案的可比性。所提出的系统方案在保证实现系统的基本功能上要有可比性和一致性，不能搞"陪衬"方案，从而失去评价的意义。可比性的另一方面是指对于某个标准，必须能够对方案做出比较。

(3) 评价指标的系统性。评价指标自身应为一个系统，具有系统的一切特征。这是因为评价指标必须反映系统的目标，而系统的目标是多元的、多层次的和多时序的，因此评价指标也应具有多元、多层次、多时序的特点。但这些指标并不是杂乱无章的，而是一个有机的整体。

2. 系统评价的步骤

系统评价是一项复杂的工作，为了保证评价工作的高效和有序，一般应遵循以下步骤：

(1) 明确系统目的，熟悉系统方案。为了进行可行的评价，必须反复调查、了解系统的目的，熟悉所提出的系统方案。

(2) 分析系统要素，确定评价项目。根据系统的目的，集中收集有关的资料和数据，对组成系统的各个要素及系统的性能特征进行全面的分析，找出进行系统评价的项目。系统的评价项目一般是由构成系统的性能要素所决定的，主要包括系统的功能、进度、成本、可靠性、实用性、适应性、寿命、技术水平等因素。

(3) 确定评价指标体系。指标是衡量系统总体目的的具体标志，对于所评价的系统，必须建立能够对照和衡量各个方案的统一尺度，即评价指标体系。指标体系要根据系统的目的和特点来确定，可以通过大量的资料，在调查分析的基础上得到。评价指标体系必须科学、客观、尽可能全面地考虑各种因素，包括组成系统的主要因素及有关系统性能、费用、效果等方面的因素，由若干个单项评价指标组成，并形成一个整体。

(4) 制定评价结构和评价准则。在评价过程中，如果只是定性地描述系统的目的，而没有定量地表述，就难以做出科学的评价，因而要对所确定的指标进行定量化的处理。由于每一个要评价的系统都有不同的特性、不同的目的，所以就有不同的评价指标体系；又由于各指标的评价尺度不一样，对于不同的指标，很难在一起比较，因此必须将指标体系中的指标规范化，制定出评价准则，并根据指标所反映出的各要素的状况，确定各指标的结构和权重。

(5) 确定评价方法。评价方法根据评价对象的具体要求不同而有所不同，总的来说，要按照系统目的和系统分析的结果、实施费用、评价效果等方面来确定系统评价的方法。

(6) 进行系统评价。根据系统目的、要求，按照评价标准，进行单项系统评价或系统综合评价，选择恰当而且可行的最优方案或满意方案。

8.1.4 评价指标体系的建立

1. 指标体系的确定原则

要进行系统综合评价，就必须建立系统的综合评价指标体系。指标体系的建立要以系统性、可测性、层次性、简易性、可比性，以及定性指标与定量指标相结合、绝对指标与相对指标相结合等为原则。

(1) 系统性。指标体系应能全面反映被评价对象的综合情况，从中抓出主要因素，使评价指标既能反映系统的直接效果，又能反映系统的间接效果，以保证综合评价的全面性和可信度。

(2) 可测性。评价指标的含意明确，数据资料收集方便，计算简单，易于掌握。

(3) 层次性。评价指标体系要有层次性，这样，才能为衡量系统方案的效果和确定评价指标的权重提供方便。

(4) 简易性。评价指标体系的制定，要言简意明，避免烦琐，避免指标中明显的包含关系，对隐含的相关关系，要在模型中以适当的方法加以消除。

(5) 可比性。指标的选择要保持同趋势化，即同向化，随着指标值的增加而同时使系统的价值增加或减小，如果指标不具备同趋势化，应做指标值的数据处理，以保证可比性。

(6) 定性指标与定量指标相结合。运输系统的综合评价，既包括技术经济指标，又包括社会环境指标，前者比较易于用定量指标来度量，但后者却很难用定量化的指标衡量，如交通运输工具的安全、舒适、便利等。要使得评价更具有客观性，就必须坚持定量指标与定性指标相结合的原则。这样做也便于系统模型的处理，并且可以弥补单纯定量评价的不足以及数据本身存在的某些缺陷。

(7) 绝对指标与相对指标相结合。绝对指标反映系统的规模和总量，相对指标反映系统在某些方面的强度或性能，两者结合起来使用，才能全面地描述交通运输系统的特性。

2．运输系统评价指标体系

运输系统评价指标体系的建立，是以运输系统的目的为依据的。以往在选择或设计一个系统的时候，大多只注意对这个系统的经济目标和技术目标进行评价、协调，这也是一般系统设计所遵循的"技术—经济"原则。这种设计原则的最大弊端是忽视对人力、物力、时间等资源的考虑，以及对环境带来的影响，从而导致人力、物力、时间的浪费和对环境的破坏。按照系统工程的方法，在对系统进行选择或设计的时候，不仅仅考虑技术—经济方面的准则，而且要同时考虑环境—社会这一非技术方面的准则，综合考虑社会、政治、经济、技术等方面的因素，对系统进行综合评价。这样，才能使系统有较好的整体性，更好地适应环境，更好地实现系统的目的。

运输系统综合评价指标体系包括技术、经济、社会等多个方面，涉及政策、规划、经济、效益、时间、环境、风险等多个类别。

(1) 政策性指标。包括政府有关运输系统方面的方针、政策、法令以及法律和发展规划等方面的要求，这些方面对运输系统的建设尤为重要。

(2) 技术性指标。包括运输系统的性能、寿命、可靠性、安全性、先进性等。

(3) 经济性指标。包括运输系统方案的国民经济评价、财务评价、区域经济影响分析等方面。

(4) 社会性指标。包括运输系统的社会福利、社会节约、综合发展、就业机会、社会安定、生态环境等。

(5) 资源和环境指标。包括运输系统涉及的物资、水源、能源、土地、森林等，以及系统对生态环境的影响、对自然资源的开发、利用等方面。

(6) 时间性指标。包括运输系统开发周期的长短、运输系统的寿命周期等方面。

以上是考虑运输系统评价的大类指标，每一个大类指标又可以包含许多小类指标。每一个具体的指标可能由几个指标综合反映，这样，就构成了系统的评价指标体系。

例 8-1 建立城市交通基础设施状况评价指标体系。

城市交通是一项系统工程，不只考虑交通的内部要素，如道路网、机动车保有量、公交占有率、标志标线施划、交叉口灯控等，还要考虑直接影响城市交通状况的系统环境因素，如城市经济、人口、土地利用等，可以从城市经济状况、城市用地状况、城市道路状况、城市机动车拥有状况等几个方面来对城市交通状况进行分析。

同时，对于不同规模的城市或地区，如特大城市、大城市、中等城市、小城市等，城市功能是基本一致的，理论上不同规模城市可以相互比较，为使不同规模城市或地区指标值具有可比性，所取指标均为相对指标，采用人均GDP来反映城市经济状况，用非农业人口比例(非农业人口数量/城市总人口数)来反映城市人口状况，用建成区面积率(城市建成区面积/城市面积)来反映城市的土地状况，用路网密度、人均道路用地、人均机动车保有量来反映城市交通设施状况。指标体系包括四个部分，如图8-1所示。

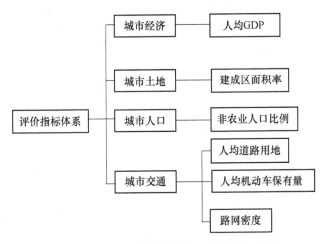

图 8-1 城市交通基础设施状况评价指标体系

8.1.5 系统评价的理论和方法

1. 系统评价的理论

系统评价理论归纳起来可以分为三类：第一类主要采用数学理论和解析方法对评价系统进行严密的定量描述和计算。为了使评价能够正常进行而不出现矛盾，经常需要在一定的假定条件下才能进行评价；第二类是以统计为数据来建立项目评价模型，数据的获取主要通过主观感受，而不能直接测量；第三类方法重视决策支持，研究如何才能容易地决定与目标一致的行为，如计算机系统仿真技术。

常用的评价理论如下：

1) 效用理论

最早提出科学地评价问题的是冯·诺依曼(Von Neumann)的效用理论。所谓效用，可以理解为当某个评价主体或决策主体在许多替代方案中选用某一替代方案时，主观认为该方案是最有效的、价值最大的、效果最优的。也就是说，这时该方案的效用值为最大。所以，只能通过效用来对各替代方案进行相对比较。即"效用"只意味着主观的选择顺序，没有具体的衡量标准，并且因人而异。用来计算评价主体的效用值函数就叫做效用函数，所谓效用理论就是用数学方法来描述效用与效用函数的关系。

效用理论本身是以评价主体的价值观为基础而建立起来的数学理论，其中包含了许多假定，因此，一般不能直接应用到实际中。

2) 确定性理论

主要是收集适用的数据，采用统计的方法，并建立起数量化的评价模型，进行属性评价或综合评价。即从许多认为是非独立的有关评价属性的数据中，找出任意两个属性之间的关系，然后用相应方法进行评价分析。

3) 不确定性理论

在含有不确定因素的评价问题中，若已经掌握事物发展的概率，则可以用期望值作为评价函数，从而转化为确定性问题来处理。即使在缺乏数据的情况下，也可凭借专家经验和直观判断及以往发生的概率，对事物发生的可能性做出定量估计，这种估计称为主观概率。随着信息量的增加，主观概率可以逐步趋近于客观概率。

除了事件发生的不确定性以外，还有人们的认识所具有的模糊性。例如用语言描述的"大、小、好、坏"等概念，以及判断、诊断、评价等综合判定，其本质都是定性的，对此评价要用到模糊集理论。

4) 最优化理论

描述评价对象的数学模型也可作为评价函数，例如数学规划模型，它本身就具有普遍性和严密性，由此得到的评价也比较客观。

2．系统评价的方法

评价方法发展到今天，已不下数十种之多。这里仅就较为常用的几种方法列举如下。

1) 收益—成本分析

这是系统评价的经典方法之一。美国政府部门将收益—成本分析(Cost Benefit Analysis)作为评价政策的工具。始于1902年的"河川江湾法"(The River and Harbor Act)。这个法律规定，在制定河川与江湾的投资规划时，必须有相关部门的专家提供关于费用与效益在内的报告，即在可能的领域内，要进行包括费用与效益在内的经济评价。这种评价方法后来逐步渗透到各种经济领域。而且要求所投资的工程项目给社会提供财富和服务的价值——效益，必须超过其费用，作为工程项目投资合理性的依据。理论界则要求从经济总体上考虑费用和效益的关系，以达到资源的最优化分配。

2) 层次分析法

层次分析法是一种定性分析和定量分析相结合的评价决策方法，它将评价者对复杂系统的评价思维过程数学化。其基本思路是评价者通过将复杂问题分解为若干层次和若干要素，并在同一层次的各要素之间简单地进行比较、判断和计算，就可得出不同替代方案的重要度，从而为选择最优方案提供决策依据。层次分析法的特点是：能将人们的思维过程数学化、系统化，便于人们接受；所需定量数据信息较少。但要求评价者对评价问题的本质、包含的要素及其相互之间的逻辑关系能掌握得十分透彻。这种方法尤其可用于对无结构特性的系统评价以及多目标、多准则、多时期等的系统评价。由于上述这些特点，这种方法目前已在各个领域获得广泛应用。

3) 模糊评价法

这是运用模糊集理论对系统进行综合评价的一种方法。通过模糊评价，能获得系统各替代方案优先顺序的有关信息。应用模糊评价法时，除了确定评价项目及其权重和评价尺度外，在对各评价项目进行评定时，用对第 i 评价项目做出第 j 评价尺度的可能程度的大小来表示，这种评定是一种模糊映射。其可能程度的大小用隶属度 γ_{ij} 来反映。近年来，模糊评价法也是常用的一种综合评价方法。

8.2 系统的经济评价

运输系统经济评价是以货币价值或经济效益为评价标准的，一个运输系统的规划、设计、施工及经营管理，在技术上往往有多种方案，究竟采用哪种方案，需要通过经济分析，选择经济效果最好的方案，即在相同的收益下资源消耗最少的方案或在相同的资源消耗下收益最大的方案。常用的经济评价方法有现值法、年值法、回收率法、收益—成本分析法等方法。

8.2.1 单复利公式

1. 复利公式

由于资金具有时间价值，因而资金在不同时期的价值是不同的。现值指资金现在的价值。终值指资金在将来某一时期的价值。现值与终值通常用现金流程图表示，如图 8-2 所示。

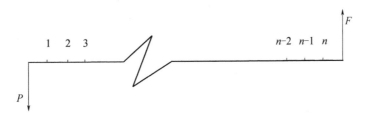

图 8-2 现金流程图

对现金流程图的几点说明：

(1) 图中水平线是时间标度，自左向右表示时间的延续；每一等分的间隔代表一个时间单位，一般是年，也可以是月、日等。水平线上的点，称为时点，时点通常表示是该年的年末，同时也是下一年的年初。零时点即为第一年开始之时点。整个水平线可以看作是要考察的"系统"的有效时间。

(2) 水平线的垂直线，表示流入或流出该"系统"的现金流量。垂直线的长度根据现金流量的大小按比例画出。箭头表示现金流动的方向，箭头向上表示现金流入(资金增加)，箭头向下表示现金流出(现金减少)。

(3) 在箭头的上方(或下方)表明该现金流量的金额大小。

设：P 表示现值；F 表示终值；n 表示计算周期数；i 表示某一规定周期(年、月)的利率；则：现值与终值之间有如下关系：

1) 单利法

在单利法中，资金的时间价值只与资金的本金有关，在资金的增值过程中，只有本金产生时间价值。而已产生的时间价值不再增值，因而资金在各个时期产生的时间价值是相同的。

单利法的计算公式为：

$$F = P(1 + ni)$$

2) 复利法

在复利法计算中，资金在增值过程中已产生的时间价值仍继续增值，因而资金在各个时期产生的时间价值是不一样的。

复利法的计算公式为：

$$F = P(1 + i)^n$$

例 8-2 某物流公司向银行借款 50 万元，用于公司设备更新，年利率为 8%，借期为 5 年，试问 5 年后，该单位应向银行还多少钱？分别用单利法和复利法计算。

解：

单利法：$F = 50(1 + 5 \times 0.08) = 70$ （万元）

复利法：$F = 50(1 + 0.08)^5 = 73$ （万元）

可见，用单利法计算与用复利法计算，其结果相差是很大的。期限越长，利率越高，则两者之差就越大。在资金投资或贷款计算中，一般采用复利法。

3) 复利公式

上述公式是最基本的计算公式，在实际应用中，还有一些其他公式，如表 8-1 所示。

表 8-1 复利公式汇总表

序号	名称	公式	系数符号	系数公式
1	一次整付终值公式	$F = p(1+i)^n$	$(F/P, i, n)$	$(1+i)^n$
	说明	计算复利终值相当于求在银行整存整取的本利和，所以该公式又称"整付本利和"公式，是银行业务和项目经济评价中常用的公式之一。		
2	一次整付现值公式	$P = \dfrac{F}{(1+i)^n}$	$(P/F, i, n)$	$\dfrac{1}{(1+i)^n}$
	说明	该公式是在已知终值 F 的情况下求现值 P 的公式。它的计算过程是求复利终值的逆运算。这种计算过程又称"贴现"或"折现"。		
3	分期等值支付终值公式	$F = A\left[\dfrac{(1+i)^n - 1}{i}\right]$	$(F/A, i, n)$	$\dfrac{(1+i)^n - 1}{i}$
	说明	应用该公式求终值相当于求在银行零存整取的本利和，即每年年末收入或支出相等的金额，按一定的复利系数折算到 n 年末的终值。		
4	积累基金公式	$A = F\left[\dfrac{i}{(1+i)^n - 1}\right]$	$(A/F, i, n)$	$\dfrac{i}{(1+i)^n - 1}$

(续)

序号	名称	公式	系数符号	系数公式
	说明	该公式表示在预定将来 n 年末偿还一笔借款 F，已知年利率为 i，则可以计算每年年末存储等额资金 A。		
5	分期等值支付现值公式	$P = A\left[\dfrac{(1+i)^n - 1}{i(1+i)^n}\right]$	$(P/A, i, n)$	$\dfrac{(1+i)^n - 1}{i(1+i)^n}$
	说明	该公式所求的现值是指每年年末收入或支出相等的金额，按一定的折现率到期初时的现值。		
6	资金回收基金公式	$A = P\left[\dfrac{i(1+i)^n}{(1+i)^n - 1}\right]$	$(A/P, i, n)$	$\dfrac{i(1+i)^n}{(1+i)^n - 1}$
	说明	该公式指项目初始投入的资金 P 应在预定的期限 n 年内收回，已知年利率为 i，可以计算每年应等额收回的 A 为多少。		

注：P 表示现值；F 表示终值；n 表示计算周期数；i 表示某一规定周期(年、月)的利率；A 表示每次支付的等额资金。

例 8-3 某运输集团用分期付款的方式向银行贷款 5000 万元购置一批运输车辆，贷款条件为：年利率 10%，从贷款后的第一年开始，平均分 6 年还清，问运输集团每年需还款多少万元？

解：已知 $P = 5000$ 万元，$i = 10\%$，$n = 6$ 年

根据资金回收基金公式：

$$A = 5000\left[\frac{0.1 \times (1+0.1)^6}{(1+0.1)^6 - 1}\right]$$

$=1148$(万元)

8.2.2 现值法

现值法是进行系统经济分析时最常用的一种方法。现值又分为使用期相等与使用期不等两种情况。它是通过将各种方案不同时期的投资都换算成现值的方法来进行方案的分析、评价、选择的。

1．相同使用期的方案比较

所谓相同使用期的方案比较就是直接将各方案在各个时期的投资换算成现值，并进行比较，选择投资现值最少的方案为合理的方案。

例 8-4 某设计院在设计某一港口时，提出两个港口设计方案，使用期都是 20 年。方案 A 的初始投资为 100 万元，年运营费用 30 万元；方案 B 的初始投资为 100 万元，第 10 年末再增加投资 100 万元，年营运费用 10 万元。资金年利率为 10%，试确定最经济的港口设计方案。

解：方案 A：

$$P_1 = 100 \text{万元}$$

$$P_2 = 30\left[\frac{(1+0.1)^{20}-1}{0.1\times(1+0.1)^{20}}\right] = 255.4 \text{ （万元）}$$

$$P_A = P_1 + P_2 = 355.4 \text{ （万元）}$$

方案 B：

$$P_1 = 100 + \frac{100}{(1+0.1)^{10}} = 138.55 \text{ （万元）}$$

$$P_2 = 10\times\frac{(1+0.1)^{20}-1}{0.1\times(1+0.1)^{20}} = 85.13 \text{ （万元）}$$

$$P_B = P_1 + P_2 = 223.68 \text{（万元）}$$

可以看出，方案 B 总投资现值最少。

2．不同使用期方案比较

各方案的使用期如果不同，必须求出各方案使用期的最小公倍数，把各方案的使用期延长，使各方案的使用期相等，并且假设在延长的使用期中，各方案按原来的使用期重复投资，然后按使用期相同的方法，计算现值，并进行比较、选择。

8.2.3 年值法

年值法是在考虑资金时间价值的条件下，计算项目在寿命期内每年的成本，需要首先将方案的各项投资和运转费用换算成现值，然后再用资本回收基金的换算方法换算成年值，再进行比较，年值最少的方案是经济上最合理的方案。使用期相同的方案进行比较时，使用年值法进行比较，不如直接比较现值方便。但当方案的使用期不同时，年值法比现值法方便得多，年值法中无须将各方案的使用期换算成相等的期限。

例 8-5 在例 8-4 中，各方案的年值为：

方案 A：

$$P_1 = 100\times\frac{0.1\times(1+0.1)^{20}}{(1+0.1)^{20}-1} = 11.746\text{（万元）}$$

$$P_2 = 30\text{（万元）}$$

$$P_A = P_1 + P_2 = 41.746\text{（万元）}$$

方案 B：

$$P_1 = 100\times\frac{0.1\times(1+0.1)^{20}}{(1+0.1)^{20}-1} = 11.746\text{（万元）}$$

$$P_2 = 10\text{（万元）}$$

$$P_3 = 100\times\frac{1}{(1+0.1)^{10}}\times\frac{0.1\times(1+0.1)^{20}}{(1+0.1)^{20}-1} = 4.528\text{（万元）}$$

$$P_B = P_1 + P_2 + P_3 = 26.274\text{（万元）}$$

根据计算结果，方案 B 的年成本少，与现值法结果相同。

8.2.4 回收率法

1. 回收率

一项工程建成后，在工程的使用期限内工程将产生效益，否则这项工程也就失去了意义。回收率与利率具有相似的含义，为了说明回收率的概念，举一个简单的例子。假设某工程初始投资为 A 万元，五年后，该工程创造一次性收益 B_1 万元。若当初投资 A 不是用于工程投资，而是存入银行，那么这 A 万元资金在五年后的价值可用复利公式计算。但在现在的情况中，初始投资 A，投资五年后得到的收益(回收价值)为 B_1 万元，而它的回收利率(回收率) i 是未知的，那么可用复利公式反算求得。

$$B_1 = A(1+i)^5$$

则：

$$i = \sqrt[5]{\frac{B_1}{A}} - 1$$

投资回收率反映了工程投资的回收效果，回收率大，投资者就愿意投资。显然，只有当回收率大于银行利率时，才能吸引投资。

回收率的计算方法有两种：现值计算法和年值计算法。

1) 现值计算法

在现值计算法中，先将工程的所有支出与收入全部都换算成现值，然后令支出与收入相等，用试算反求回收率 i。

2) 年值计算法

回收率的年值计算法是将工程的所有收入与支出，全部换算成年等值，并令工程的收入年值与支出年值相等，用试算法反求回收率。

2. 回收率比较法

回收率比较法的基本原理是：将各方案的收入与支出都换算成现值或年值，令各方案的收入现值(或年值)等于各方案的支出现值(或年值)，用试算法求出回收率，然后，对各方案的回收率进行比较，回收率最大的方案就是最优方案。这种比较法，优点是事先知道各个比较方案的投资效果，对方案的评价比较确切；缺点是计算比较麻烦。

例 8-6 某港口拟购买运输货车，初步定了两种车型，已知这两种车型的有关情况如表 8-2 所示，问：购买哪种汽车比较合理？

表 8-2 车型价格表

车型	1	2
购买价格	17(万元)	20(万元)
使用期	10(年)	12(年)
使用期末残值	5000(元)	6000(元)
年维修费	5000(元)	7000(元)
年净收益(未扣维修费)	5(万元)	6(万元)

解：因为两种方案的使用期不同，所以用年值法求回收率比较方便。
(1) 方案 A 的回收率。
购入投资年值

$$A_1 = 170000 \times \frac{i(1+i)^{10}}{(1+i)^{10}-1}(元)$$

维修费的年值：$A_2 = 5000(元)$

残值的年值：$A_3 = 5000 \times \frac{i}{(1+i)^{10}-1}(元)$

净收益年值：$A_4 = 50000(元)$

令：
$$K = 收入年值 - 支出年值 = A_3 + A_4 - A_1 - A_2$$

$$= 5000 \times \frac{i}{(1+i)^{10}-1} + 50000 - 170000 \times \frac{i(1+i)^{10}}{(1+i)^{10}-1} - 5000$$

用试算法求使 $K=0$ 的 i 值，可得方案 A 的回收率为 $i_A = 23.25\%$

(2) 方案 B 的回收率。
购入投资年值

$$B_1 = 200000 \times \frac{i(1+i)^{12}}{(1+i)^{12}-1}(元)$$

维修费的年值：$B_2 = 7000(元)$

残值的年值：$B_3 = 6000 \times \frac{i}{(1+i)^{12}-1}(元)$

净收益年值：$B_4 = 60000(元)$

令：
$$K = 收入年值 - 支出年值 = B_3 + B_4 - B_1 - B_2$$

$$= 6000 \times \frac{i}{(1+i)^{12}-1} + 60000 - 200000 \times \frac{i(1+i)^{12}}{(1+i)^{12}-1} - 7000$$

用试算法求使 $K=0$ 的 i 值，可得方案 B 的回收率为 $i_B = 24.73\%$

方案 B 的回收率大于方案 A 的回收率，可见方案 B 比方案 A 合理，故购买 B 型车比较合算。

8.2.5 收益－成本分析法

收益－成本分析法又可以分为两种：一种是从方案的总成本角度进行的收益－成本分析；另一种是从方案追加成本的角度进行的收益－成本分析。所谓总成本是指系统的开发、建设投资与运行成本之和。所谓追加成本是指相互对比的两个系统方案总成本的差额。此外，按照货币时间价值的等值计算形式的不同，收益－成本分析可采用现值计算，也可以采用年值计算。

1. 总成本的收益－成本分析

1) 第一种计算形式(现值计算方法)

$$B/C = \frac{\sum_{t=1}^{n} B_t (1+i)^{-t}}{K_0 + \sum_{t=1}^{n} C_t (1+i)^{-t}}$$

$$B - C = \sum_{t=1}^{n} (B_t - C_t)(1+i)^{-t} - K_0$$

式中：B_t 为系统第 t 年的净收入，即系统第 t 年社会收益人与社会受损者支出的差额值；C_t 为系统第 t 年的净经营成本值，即系统第 t 年兴办者的经营支出费用与经营收入的差额值；K_0 为系统的初始投资额；i 为系统的最低期望收益率；n 为系统的使用期；t 为年次($t=1, 2, \cdots, n$)；B/C 为系统收益与成本之比，即单位成本所获得的收益；$B-C$ 为系统的收益与成本之差，即系统的经济收益的绝对值。

判断准则：对单一系统方案而言，只要 $B/C > 1$ 或 $B-C > 0$，即可认为该方案在经济上是可行的。

在应用以上公式时，应注意"收益"与"成本"的计算范围和内容，式中的收益是指系统给社会带来的收入或节约值减去损失后的净值；同样，成本是指系统兴办者支付的全部投资和经营成本。

例如，政府投资兴建的公路可能发生如下收益与成本费用：

(1) 社会收益人的收入。例如，车辆运行成本的节约，减少车祸的损失，缩短行车距离的时间节约，公路沿线商业、旅游业、服务业收入的增长等。

(2) 社会所受的损失。例如，农田改作公路的经济损失，空气污染和环境干扰所造成的损失等。

(3) 政府收入。例如，车辆通行税收入，以及由于土地提价，商业与服务业发展等带来的税收增加等。

(4) 政府支出的公路成本费用。例如，公路勘探、设计费用、筑路费用及公路管理费用等。

2) 第二种计算形式(现值计算方法)

$$B/C = \frac{\sum_{t=1}^{n} (B_t - C_t)(1+i)^{-t}}{K_0}$$

$$B - C = \sum_{t=1}^{n} (B_t - C_t)(1+i)^{-t} - K_0$$

判断准则：对单一系统方案而言，只要 $B/C > 1$ 或 $B-C > 0$，即可认为该方案在经济上是可行的。

上述两种计算形式中，其经济效益绝对值的计算形式是相同的，而经济效益的相对值的计算形式虽然有所不同，但只要方案的现金流量不变，其评价结论是一致的。

从总成本角度进行的收益－成本分析所得到的经济效益相对比值 B/C，可以用来评价单一方案的经济可行性。但是由于这个比值只能反映系统单位成本所获得的收益，不能反映系统所获得的总收益值,故不能单独作为系统方案优劣的评价指标,必须同经济效益绝对值指标 $B\text{-}C$ 结合起来同时使用。

2．追加成本的收益—成本分析

系统方案比较的实质,是对系统方案的收入和成本的差值进行比较,一般成本高的方案其收入也高,故可通过比较一个方案比另一个方案增加的收入和追加的成本来评价系统方案的优劣。从追加成本的角度进行系统收益—成本的分析,也需要计算反映经济效益的相对评价指标和绝对评价指标,计算公式(现值计算方法)如下:

$$\frac{\Delta B}{\Delta C} = \frac{\sum_{t=1}^{n}(B_{2t} - B_{1t})(1+i)^{-t}}{(K_{20} - K_{10}) + \sum_{t=1}^{n}(C_{2t} - C_{1t})(1+i)^{-t}}$$

$$\Delta B - \Delta C = \sum_{t=1}^{n}\left[(B_{2t} - B_{1t}) - (C_{2t} - C_{1t})\right](1+i)^{-t} - [K_{20} - K_{10}]$$

式中:ΔB 为两方案收入差的现值;ΔC 为两方案成本差的现值;K_{10} 为第一方案的初始投资;K_{20} 为第二方案的初始投资;B_{1t} 为第一方案的收入;B_{2t} 为第二方案的收入;C_{1t} 为第一方案的运行成本;C_{2t} 为第二方案的运行成本。

例 8-7 某船公司为开辟某条航线,打算购置一艘船舶,现有两种船型的船舶备选方案,成本与收益如表 8-3 所示,若贴现率为 8%,试用收益—成本分析方法进行方案的评价与选择。

表 8-3 成本-收益表(单位:万元)

方案	船舶费用	年收入增加额	年营运费用	使用寿命(年)	残值
①	2000	600	150	6	100
②	3000	800	200	6	700

解:
采用第一种计算形式,将初始投资与年营运费用一起进行计算。
(1) 采用年值法计算。
方案①:

$$B = 600 + 100 \times \frac{8\%}{(1+8\%)^6 - 1} = 613.63 \quad (万元)$$

$$C = 2000 \times \frac{8\% \times (1+8\%)^6}{(1+8\%)^6 - 1} + 150 = 582.6 \quad (万元)$$

同理可得方案②

方案	收益年值 B	成本年值 C	总成本收益—成本分析		ΔB	ΔC	追加成本收益—成本分析	
			B/C	$B-C$			$\Delta B/\Delta C$	$\Delta B - \Delta C$
①	613.63	582.6	1.053	31.03	281.78	266.3	1.058	15.48
②	895.41	848.9	1.055	46.51				

(2) 采用现值法计算。

方案①：

$$B = 600 \times \frac{(1+8\%)^6 - 1}{8\% \times (1+8\%)^6} + 100 \times \frac{1}{(1+8\%)^6} = 2836.82 (万元)$$

$$C = 2000 + 150 \times \frac{(1+8\%)^6 - 1}{8\% \times (1+8\%)^6} = 2693.45 (万元)$$

同理可得方案②

方案	收益现值 B	成本现值 C	总成本收益－成本分析		ΔB	ΔC	追加成本收益－成本分析	
			B/C	$B-C$			$\Delta B / \Delta C$	$\Delta B - \Delta C$
①	2836.82	2693.45	1.053	143.37	1302.72	1231.15	1.058	71.57
②	4139.54	3924.6	1.055	214.94				

由计算结果可知：

(1) 总成本的收益－成本分析结果表明，方案①、②的相对评价指标 B/C 值均大于1，故均可作为备选方案；

(2) 追加成本的收益－成本分析结果表明，方案②相对于方案①的相对评价指标 $\Delta B / \Delta C$ 为1.058，大于1，绝对评价指标 $\Delta B - \Delta C$ 为正，说明其收入的增加高于其追加的成本费用。所以方案②优于方案①。

(3) 无论用现值法计算还是用年值法计算，结论都是一致的。

8.3 常用的系统综合评价方法

8.3.1 层次分析法

层次分析法(Analytic Hierarchy Process, AHP)由美国运筹学家萨蒂教授(Thomas L.Saaty)于20世纪70年代中期提出，是一种将定性和定量分析方法相结合的多目标决策分析方法。

AHP方法的基本原理是：首先将复杂的问题分解为若干个组成要素，并按照要素之间的关联影响以及隶属关系分层聚合，形成有序的递阶层次结构，依靠人的判断通过两两比较的方式确定层次中各个要素的相对重要性，最终得出最低层(供决策的方案、措施等)相对于最高层(总目标)的优先顺序。

AHP方法适用于在层次指标下的各方案排序及权重分析。在一定程度上减少了人为的主观影响，具有实用性、系统性、简洁性等诸多优点。

运用 AHP 处理问题一般可分为以下步骤：建立描述系统功能或特征的层次结构模型；两两比较结构要素，构造判断矩阵，计算相对权重，这又称为层次单排序；判断一致性检验；计算各层元素的组合权重，并通过组合权重的对比，得到方案的优劣顺序，这又称为层次总排序。

1. 建立层次结构模型

这是AHP的关键步骤。通常模型结构分为3层，如图8-3所示：

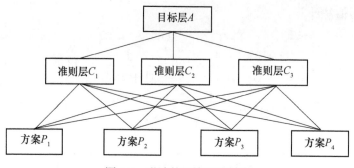

图 8-3 递阶的层次结构模型

1) 目标层

第一层次为目标层(最高层),一般为系统的总体目标。如有需要,可再分为总目标层、战略目标层、战术目标层以及子战术目标层等。

2) 准则层

第二层次为评价准则或衡量的指标,可再分为子准则层。

3) 措施层

第三层次为措施层,或称对策层、方案层等,通常设置解决系统问题的各种备选方案、政策、措施等,可再分为子措施层或子对策层等。

层次结构模型的好坏决定了分析结果的有效程度。层次结构模型建立在决策者(或分析者)对问题全面深入认识的基础之上。如果在层次划分和确定层次的支配关系上举棋不定,最好的办法是重新分析问题并建立新的结构。

2. 构造判断矩阵

递阶层次结构模型建立以后,上下层之间要素的隶属关系就确定了。假定上一层次的元素作为准则,对下一层次的元素有支配关系,则要在准则下,按其相对重要性赋予相应的权重。对于大多数社会问题,特别是那些没有统一指标表示而仅靠人的经验判断的问题,往往要通过适当的方法来导出其权重,以给出某种量化指标,或者直接判断元素之间的重要性。AHP 中采取的是两两比较的方法。

在此,决策者或专家系统要反复问答,对于准则,下层元素中哪一个更重要,重要多少,且对重要多少赋予 1~9 的比例标度。比例标度的意义见表 8-4。

对于 n 个元素(假定都隶属于 C_k),可得判断矩阵。

$$A(C_k) = \begin{bmatrix} a_{11} & a_{12} & \cdots & a_{1n} \\ a_{21} & a_{22} & \cdots & a_{2n} \\ & & \vdots & \\ a_{n1} & a_{n2} & & a_{nn} \end{bmatrix}$$

表 8-4 比例标度的意义

标度值	说 明
1	表示 i 与 j 相比,同等重要
3	表示 i 比 j 稍微重要
5	表示 i 比 j 明显重要
7	表示 i 比 j 重要得多
9	表示 i 比 j 绝对重要
2、4、6、8	表示两相邻标度的中间值

$A(C_k)$ 有以下性质:

① $a_{ij} > 0$; ② $a_{ii} = 1$; ③ $a_{ij} = \dfrac{1}{a_{ji}}$。

3. 层次单排序

所谓层次单排序，指根据判断矩阵计算对于上一层要素而言，本层次与之有联系的要素的权值。要计算在准则 C_k 下，n 个元素的排序权重，其判断矩阵解特征根问题：

$$AW = \lambda_{max} W$$

W 经正规化后作为元素在准则下的排序权重。此法称为排序权向量计算的特征根法。计算 λ_{max} 和 W 的方法有很多种，这里仅介绍和法和根法：

1) 和法

(1) 将 A 的元素按列归一化：

$$b_{ij} = \frac{a_{ij}}{\sum_{k=1}^{n} a_{kj}} \quad (i, j = 1, 2, \cdots, n)$$

(2) 将列归一化后的 A 的元素按行相加：

$$\overline{W}_i = \sum_{j=1}^{n} b_{ij}$$

(3) 将 $\overline{W}_i$ 归一化就得排序权重向量 $W = (W_1 W_2 \cdots W_n)$：

$$W_i = \frac{\overline{W}_i}{\sum_{i=1}^{n} \overline{W}_i}$$

(4) 计算 λ_{max}：

$$\lambda_{max} = \sum_{i=1}^{n} \frac{(AW)_i}{nW_i}$$

2) 根法

(1) 将 A 的元素按行相乘：

$$C_i = \prod_{j=1}^{n} a_{ij} \quad (i = 1, 2, \cdots, n)$$

(2) 将 C_i 开 n 次方：

$$\overline{W}_i = \sqrt[n]{C_i}$$

(3) 将 $\overline{W}_i$ 归一化就得排序权重向量 $W = (W_1 W_2 \cdots W_n)$：

$$W_i = \frac{\overline{W}_i}{\sum_{i=1}^{n} \overline{W}_i}$$

(4) 计算 λ_{max}：

$$\lambda_{max} = \sum_{i=1}^{n} \frac{(AW)_i}{nW_i}$$

4. 一致性检验

求出 λ_{max} 后要进行一致性检验，这是保证结论可靠的必要条件。其步骤为：

(1) 计算一致性指标 CI：

$$CI = (\lambda_{max} - n) / (n - 1)$$

(2) 引入平均随机一致性指标 RI 作为修正值，RI 是多次重复进行随机判断矩阵特征值的计算后取算术平均值得到的，如表 8-5 所示：

表 8-5　平均随机一致性指标

n	1	2	3	4	5	6	7	8	9	10	11	12
RI	0	0	0.52	0.89	1.12	1.26	1.36	1.41	1.46	1.49	1.52	1.54

(3) 计算一致性比例

$$CR = CI / RI$$

当 $CR < 0.1$ 时，则认为 A 具有满意的一致性，否则必须重新构造判断矩阵 A。

5．层次总排序

利用同一层次中所有单层次排序的结果，就可以计算针对上一层次而言，本层次所有因素重要性的权值。层次总排序需要从上到下逐层顺序进行，对于最高层下面的第二层，其层次单排序即为总排序。

6．计算方案的评价值

各方案的评价指标值分为定性和定量两种，对于定性指标，先作定性分析，后采用专家评分法或构造判断矩阵法，求出各方案的评价值；对于定量指标，可以先给出各指标的优劣临界值，然后用数值插入法求出各方案的评价值。

例 8-8　某钢铁公司将向其客户运输一批钢材。其客户钢材还有库存，对到货时间没有紧迫性；该企业与客户企业建有铁路工业线；该企业离水路较近，但客户离水路距离适中。总目标是希望选择钢材的运输方式。可供选择的方案有：铁路运输、公路运输、水路运输与航空运输。衡量这些方案可以从便利性、经济性、安全性、迅速性四个因素着手。现在要对上述四种方案进行优劣性评价，或者说按优劣顺序把这四种方案排列起来，以便决策者从中选择一种方案付诸实施。

应用 AHP 对此问题进行分析后，可建立如下层次结构模型，如图 8-4 所示：

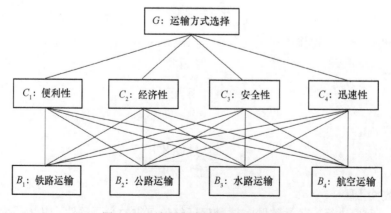

图 8-4　运输方式选择层次结构模型图

根据因素的重要性比较构造判断矩阵并进行计算,所得判断矩阵及相应计算结果如下。
(1) 判断矩阵 G-C(相对于总目标而言,各准则之间的相对重要性比较)

G	C_1	C_2	C_3	C_4	W
C_1	1	3	7	9	0.5830
C_2	1/3	1	5	7	0.2895
C_3	1/7	1/5	1	3	0.0849
C_4	1/9	1/7	1/3	1	0.0425

$\lambda_{\max}$=4.1646,CI=0.05487,CR=0.0610<0.01,可见判断矩阵具有满意的一致性。
(2) 判断矩阵-P(相对于便利性准则来说,各方案之间的相对重要性比较)

C_1	B_1	B_2	B_3	B_4	W
B_1	1	3	2	9	0.4733
B_2	1/3	1	1/2	9	0.1952
B_3	1/2	2	1	9	0.2972
B_4	1/9	1/9	1/9	1	0.0342

$\lambda_{\max}$=4.1431,CI=0.0477,CR=0.0530<0.10,可见判断矩阵具有满意的一致性。
(3) 判断矩阵-P(相对于经济性准则来说,各方案之间的相对重要性比较)

C_2	B_1	B_2	B_3	B_4	W
B_1	1	2	1/3	9	0.2540
B_2	1/2	1	1/2	9	0.1728
B_3	3	2	1	9	0.5401
B_4	1/9	1/9	1/9	1	0.0331

$\lambda_{\max}$=4.2427,CI=0.0809,CR=0.090<0.10,可见判断矩阵具有满意的一致性。
(4) 判断矩阵-P(相对于安全性准则来说,各方案之间的相对重要性比较)

C_3	B_1	B_2	B_3	B_4	W
B_1	1	2	3	1/5	0.1891
B_2	1/2	1	2	1/5	0.1224
B_3	1/3	1/2	1	1/5	0.0780
B_4	5	5	5	1	0.6140

$\lambda_{\max}$=4.1431,CI=0.0477,CR=0.0530<0.10,可见判断矩阵具有满意的一致性。
(5) 判断矩阵-P(相对于迅速性准则来说,各方案之间的相对重要性比较)

C_4	B_1	B_2	B_3	B_4	W
B_1	1	1/2	5	1/5	0.1330
B_2	2	1	6	1/5	0.1977
B_3	1/5	1/6	1	1/9	0.0404
B_4	5	5	9	1	0.6290

λ_{max} = 4.2066，CI=0.0689，CR=0.0765<0.10，可见判断矩阵具有满意的一致性。

层次总排序计算结果如下：

层次 C / 层次 B	C_1	C_2	C_3	C_4	层次 B 总排序权值	方案排序
	0.5830	0.2895	0.0849	0.0425		
B_1	0.4733	0.2540	0.1891	0.1330	0.3712	1
B_2	0.1952	0.1728	0.1224	0.1977	0.1826	3
B_3	0.2972	0.5401	0.0780	0.0440	0.3381	2
B_4	0.0342	0.0331	0.6140	0.6290	0.1084	4

RI=0.8999，CI=0.0582，$CR=CI/RI$=0.0647<0.10。

计算结果表明，为合理选择钢材的运输方式，对于该企业来说，所提出的四种方案的优先次序为：B_1—铁路运输，权值为 0.3712；B_2—水路运输，权值为 0.3381；B_3—公路运输，权值为 0.1826；B_4—航空运输，权值为 0.1084。企业决策者可以根据上述排序结果进行决策。

8.3.2 群组层次分析法

1. 基本原理

在涉及多准则、多因素重要问题的决策时，单个专家往往难以胜任对复杂问题的决策，此时就需要专家群体决策。由于参与决策的群体中的每个人都呈现出其独特的偏好结构，及对决策问题的不同理解，这就给决策分析带来了复杂性，也就是如何根据群体中每个专家的判断形成群体的判断，从而来排列方案的优劣次序。群组层次分析法适应于那些关系复杂的系统，它可以发挥群体的智慧来去除由于个人偏好而产生的判断偏置。

2. 基本步骤

在各个专家判断矩阵已知的情况下，有两种途径进行决策分析：一种是根据各个专家的判断矩阵构造综合判断矩阵，利用综合判断矩阵进行排序；另一种是对每个专家的判断矩阵实施层次分析法进行计算，得到各个专家的层次总排序权值，然后对不同专家的层次总排序权值进行合成，得到综合的总排序权值。第二种方法可以先对各个专家的评判结果分别进行检验，对于不符合逻辑一致性的判断矩阵能及时进行修改，从而能够较有效地保证总体综合分析的可靠性。所以，该方法在目前来说是一种较为可靠而且运用较多的群组决策方法。

设有 s 个专家参与某项判断，他们各自的判断矩阵

$$A_k \approx (a_{ijk}) \quad (k=1,2,\cdots,s)$$

则可用下面两种途径得到综合排序，其中每种途径中都可以分别运用加权几何平均与加权算术平均法。

1）综合判断矩阵法

(1) 加权几何平均综合判断矩阵法。

将 s 个判断矩阵，用加权几何平均的方法获得一个综合判断矩阵，其中

$$\begin{cases} a_{ij} = (a_{ij,1})^{\lambda_1}(a_{ij,2})^{\lambda_2}\cdots(a_{ij,s})^{\lambda_s} & (i,j=1,2,\cdots,n) \\ \sum_{k=1}^{s}\lambda_k = 1 & (k=1,2\cdots,s) \end{cases}$$

这里 λ_k 是各个专家的权重系数，它是对专家能力水平的一个综合的数量表示。当对专家的能力水平的高低难以获得先验信息或不易做出比较时，可取：

$$a_{ij} = \sqrt[s]{a_{ij,1}a_{ij,2}\cdots a_{ij,s}} \quad (i,j=1,2,\cdots,n)$$

得到综合判断矩阵，然后求得特征向量作为排序向量。

(2) 加权算术平均综合判断矩阵法。

用加权算术平均法构造一个综合判断矩阵，其中

$$\begin{cases} a_{ij} = \lambda_1 a_{ij,1} + \lambda_2 a_{ij,2} + \cdots + \lambda_s a_{ij,s} & (i,j=1,2,\cdots,n) \\ \sum_{k=1}^{s}\lambda_k = 1 & (k=1,2,\cdots,s) \end{cases}$$

当 $\lambda_1 = \lambda_2 = \cdots = \lambda_s$ 时，有

$$a_{ij} = \frac{1}{s}\sum_{k=1}^{s} a_{ij,k} \quad (i,j=1,2,\cdots,n \quad k=1,2,\cdots,s)$$

2) 综合排序向量法

(1) 加权几何平均综合排序向量法。

对 s 个专家判断矩阵 $A=(a_{ij},k)$，分别求出它们的排序向量 $W_k = (w_{1k}\ w_{2k}\cdots w_{nk})^T$，$k=1,2,\cdots,s$，然后求出它们的加权几何平均综合排序向量 $W = (w_1\ w_2\cdots w_n)^T$，其中

$$W_j = \overline{W}_j / \sum_{i=1}^{n}\overline{W}_i \quad (j=1,2,\cdots,n)$$

$$\overline{W}_j = (w_{j1})^{\lambda_1}(w_{j2})^{\lambda_2}\cdots(w_{js})^{\lambda_s} \quad (j=1,2,\cdots,n)$$

当 $\lambda_1 = \lambda_2 = \cdots = \lambda_s$ 时，有

$$\overline{W}_j = \sqrt[s]{(w_{j1}\ w_{j2}\cdots w_{js})} \quad (j=1,2,\cdots,n)$$

(2) 加权算术平均综合排序向量法。

类似于加权几何平均综合排序向量法，采用各个判断矩阵的加权算术平均值作为综合排序向量 $W = (w_1\ w_2\cdots w_n)^T$，其中

$$\begin{cases} W_j = \lambda_1 w_{j1} + \lambda_2 w_{j2} + \cdots + \lambda_s w_{js} & (j=1,2,\cdots,n) \\ \sum_{k=1}^{s}\lambda_k = 1 & \end{cases}$$

当 $\lambda_1 = \lambda_2 = \cdots = \lambda_s$ 时，有

$$W_j = \frac{1}{s}(w_{j1} + w_{j2} + \cdots + w_{js}) \quad (j=1,2,\cdots,n)$$

例 8-9 对配送中心配送绩效进行评价。选取战略规划、物流、财务、客户关系、IT 等方面的专家 10 人，他们的权重分别为

$$\lambda_1 = 0.15, \ \lambda_2 = 0.15, \ \lambda_3 = 0.1, \ \lambda_4 = 0.1, \ \lambda_5 = 0.05,$$
$$\lambda_6 = 0.1, \ \lambda_7 = 0.1, \ \lambda_8 = 0.05, \ \lambda_9 = 0.15, \ \lambda_{10} = 0.05$$

指标包括主因素层和子因素层，在层次结构模型中以 $B_i (i=1,\cdots,4)$ 表示主因素层，以表示 $B_{ij}(i,j=1,\cdots,4)$ 子因素层，层次结构模型如图 8-5 所示：

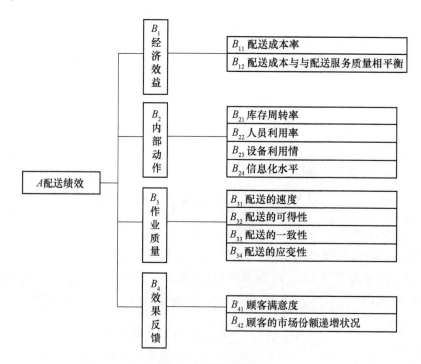

图 8-5　层次结构模型

首先建立判断矩阵并进行一致性检验，以专家 1 为例。

1. 专家 1 的评价过程如下：

A	B_1	B_2	B_3	B_4	w
B_1	1	1/3	1/3	1	0.125
B_2	3	1	1	3	0.375
B_3	3	1	1	3	0.375
B_4	1	1/3	1/3	1	0.125

用根法计算 $\lambda_{\max}$：

$$C_i = \prod_{j=1}^{n} a_{ij} = \begin{pmatrix} 0.111 \\ 9 \\ 9 \\ 0.111 \end{pmatrix}$$

$$\overline{W}_i = \sqrt[n]{C_i} = \begin{pmatrix} 0.577 \\ 1.732 \\ 1.732 \\ 0.577 \end{pmatrix}$$

$$W_i = \frac{\overline{W}_i}{\sum_{i=1}^{n} \overline{W}_i} = \begin{pmatrix} 0.125 \\ 0.375 \\ 0.375 \\ 0.125 \end{pmatrix}$$

$$\lambda_{\max} = \sum_{i=1}^{n} \frac{(AW)_i}{nW_i} = 4$$

$\lambda_{\max} = 4, CI = 0, RI = 0.89, CR = 0 < 0.1$

B_1	B_{11}	B_{12}	W
B_{11}	1	2	0.6667
B_{12}	1/2	1	0.3334

B_2	B_{21}	B_{22}	B_{23}	B_{24}	W
B_{21}	1	3	1	1	0.3
B_{22}	1/3	1	1/3	1/3	0.1
B_{23}	1	3	1	1	0.3
B_{24}	1	3	1	1	0.3

$\lambda_{\max} = 4, CI = 0, RI = 0.89, CR = 0 < 0.1$

B_3	B_{31}	B_{32}	B_{33}	B_{34}	W
B_{31}	1	1/2	1/2	1/2	1/7
B_{32}	2	1	1	1	2/7
B_{33}	2	1	1	1	2/7
B_{34}	2	1	1	1	2/7

$\lambda_{\max} = 4, CI = 0, RI = 0.89, CR = 0 < 0.1$

B_4	B_{41}	B_{42}	W
B_{41}	1	3	0.75
B_{42}	1/3	1	0.25

2. 层次总排序并进行一致性检验

层次总排序如表8-6所示。

表 8-6　层次总排序表

B_{ij} \ B_i	B_1 0.125	B_2 0.375	B_3 0.375	B_4 0.125	层次总排序	一致性检验 CR
B_{11}	0.6667				0.0833	
B_{12}	0.3333				0.0417	
B_{21}		0.3			0.1125	
B_{22}		0.1			0.0375	
B_{23}		0.3			0.1125	$CI = 0$
B_{24}		0.3			0.1125	$RI = 1.54$
B_{31}			1/7		0.0536	$CR = 0 < 0.1$
B_{32}			2/7		0.1071	
B_{33}			2/7		0.1071	
B_{34}			2/7		0.1071	
B_{41}				0.75	0.0938	
B_{42}				0.25	0.0313	

专家 1 的总排序的结果如下：

$w_1 = (0.0833 \quad 0.0417 \quad 0.1125 \quad 0.0375 \quad 0.1125 \quad 0.1125 \quad 0.0536 \quad 0.1071 \quad 0.1071 \quad 0.1071 \quad 0.0938 \quad 0.0313)$

同理，求出其余 9 位专家的总排序结果，略。

3．指标的综合权重

对每位专家的总排序值进行加权平均得出各指标的综合排序值 $W_i = \lambda_1 w_{i1} + \lambda_2 w_{i2} + \cdots + \lambda_{10} w_{i10}$，其中 w_{ik} 为第 k 个专家对 i 项评判对象的有效判断权重值，λ_k 为第 k 个专家的专家权重。

$W = (0.0827 \quad 0.0783 \quad 0.1085 \quad 0.0637 \quad 0.0737 \quad 0.1061 \quad 0.0759 \quad 0.0898 \quad 0.0996 \quad 0.0867 \quad 0.069 \quad 0.066)$

转化成表 8-7：

表 8-7　群组层次总排序表

B_{ij} \ B_i	B_1 0.161	B_2 0.352	B_3 0.352	B_4 0.135
B_{11}	0.5137			
B_{12}	0.4863			
B_{21}		0.3082		
B_{22}		0.1808		
B_{23}		0.2095		
B_{24}		0.3015		
B_{31}			0.2157	
B_{32}			0.2551	
B_{33}			0.2829	
B_{34}			0.2463	
B_{41}				0.5116
B_{42}				0.4884

则一级指标的权重为： $A = (0.161\ \ 0.352\ \ 0.352\ \ 0.135)$

二级指标的权重分别为： $A_1 = (0.5137\ \ 0.4863)$

$$A_2 = (0.3082\ \ 0.1808\ \ 0.2095\ \ 0.3015)$$
$$A_3 = (0.2157\ \ 0.2551\ \ 0.2829\ \ 0.2463)$$
$$A_4 = (0.5116\ \ 0.4884)$$

4．对每一个子因素集分别做出评判

评语集 V={优秀，良好，一般，差，很差}

专家评判统计如表 8-8 所示。

表 8-8 专家评判统计表

一级指标	二级指标	专家人数占专家总数的比重				
		优秀	良好	一般	差	很差
经济效益	配送成本率	0.3	0.6	0.1	0	0
	配送成本与配送服务质量相平衡	0.2	0.6	0.2	0	0
内部运作	库存周转率	0.3	0.5	0.2	0	0
	人员利用率	0.6	0.3	0.1	0	0
	设备利用情况	0.3	0.4	0.3	0	0
	信息化水平	0.3	0.5	0.2	0	0
作业质量	配送的速度	0.4	0.4	0.2	0	0
	配送的可得性	0.5	0.4	0.1	0	0
	配送的一致性	0.6	0.4	0	0	0
	配送的应变性	0.4	0.5	0.1	0	0
效果反馈	顾客满意度	0.4	0.4	0.2	0	0
	顾客的市场份额递增状况	0	0.7	0.3	0	0

对各二级指标集分别进行评判：

$$B_1 = (0.5137\ \ 0.4863)\begin{pmatrix} 0.3 & 0.6 & 0.1 & 0 & 0 \\ 0.2 & 0.6 & 0.2 & 0 & 0 \end{pmatrix}$$
$$= (0.2541\ \ 0.6000\ \ 0.1486\ \ 0\ \ 0)$$

同理，$B_2 = (0.3542\ \ 0.4229\ \ 0.2029\ \ 0\ \ 0)$

$B_3 = (0.4821\ \ 0.4246\ \ 0.0933\ \ 0\ \ 0)$

$B_4 = (0.2046\ \ 0.5465\ \ 0.2488\ \ 0\ \ 0)$

5．综合评价

一级评判向量对一级指标而言又构成一级指标评判矩阵

$$R = \begin{bmatrix} B_1 \\ B_2 \\ B_3 \\ B_4 \end{bmatrix} = \begin{bmatrix} 0.2514 & 0.6000 & 0.1486 & 0 & 0 \\ 0.3542 & 0.4429 & 0.2029 & 0 & 0 \\ 0.4821 & 0.4246 & 0.0933 & 0 & 0 \\ 0.2046 & 0.5465 & 0.2488 & 0 & 0 \end{bmatrix}$$

二级评判向量：$\boldsymbol{B} = \boldsymbol{AR} = \begin{pmatrix} 0.3625 & 0.4757 & 0.1618 & 0 & 0 \end{pmatrix}$

设置的百分值如表8-9所示，则转化矩阵 $\boldsymbol{E} = \begin{pmatrix} 95 & 85 & 70 & 50 & 20 \end{pmatrix}^T$

表8-9 百分值表

评判等级	区间(x, y)	组中值
优秀	90～100	95
良好	80～90	85
一般	60～80	70
差	40～60	50
很差	40以下	20

总得分 $D = BE = 86.2$

根据百分值表，该配送中心配送活动情况良好。

8.3.3 模糊综合判定法

现实世界中有很多事物的特征描述是模糊的，并没有明确的界限，如人的身高常用"高个子"或"低个子"来描述，虽然并未指明该人身高具体是多少，但听众能大致了解这个人的身高状况，这种描述对象特征的不精确性就是模糊性。为了定量地刻画这种模糊概念，我们常用隶属函数 A 来表示，如对成年男性身高而言，$A = \{1/180, 0.67/175, 0.33/170, 0/165\}$ 表示身高180厘米为高个子，175厘米身高者为高个子的程度仅为0.67，显然隶属度表征了模糊性。

1. 模糊综合评价法的基本原理

模糊综合评价法是一种应用模糊数学原理来分析具有"模糊特性"对象的方法，其原始数据可以是定量数据，也可以是定性数据，该方法多用于城市与区域规划等研究领域。

对于评价方案（可以是一个或几个），假设包含 m 个评价要素，评价等级为 n 级，则有如下两个有限论域：

$$U = \{u_1, u_2, \cdots, u_m\}$$
$$V = \{v_1, v_2, \cdots, v_n\}$$

其中，U 为要素论域；V 为等级论域。前者是评价要素的集合，后者是评价等级的集合。

根据 U，V 之间的隶属度关系（函数），可以确定二者之间的模糊关系 R，构成隶属度矩阵为：

$$\boldsymbol{R} = (r_{ij}) \quad (i = 1, 2, \cdots, m; j = 1, 2, \cdots, n)$$

其中 r_{ij} 是要素 u_i 隶属于等级 v_j 的概率（可能程度）。从隶属度矩阵 $\boldsymbol{R}$ 出发，根据评价要素的权重矩阵 $\boldsymbol{A} = (a_1, a_2, \cdots, a_m)$，进行模糊变换，就可以得到论域 V 上的一个模糊子集 $\boldsymbol{B}$，即评价结果为：

$$\boldsymbol{B} = \boldsymbol{AR} = \begin{pmatrix} b_1 & b_2 & \cdots & b_n \end{pmatrix}$$

2．实施步骤

模糊综合评价法的具体步骤如下：

(1) 确定评价系统的评价要素集合 $U = \{u_1, u_2, \cdots, u_m\}$。

(2) 确定评价元素的权重矩阵 $A = \begin{pmatrix} a_1 & a_2 & \cdots & a_m \end{pmatrix}$，可以采用专家打分法或层次分析法。

(3) 确定评价等级集合 $V = \{v_1, v_2, \cdots, v_n\}$。

(4) 确定各评价方案关于各评价要素的隶属度矩阵：

$$R = (r_{ij}) \quad (i=1,2,\cdots,m; j=1,2,\cdots,n)$$

(5) 对隶属度矩阵进行加权，得出模糊综合评价结果：$B = AR = \begin{pmatrix} b_1 & b_2 & \cdots & b_n \end{pmatrix}$，如果是单方案评价，可通过相应准则决策该方案的等级。

(6) 对于多方案评价问题，计算各评价方案的可行度。

(7) 比较各方案的可行度，按可行度的大小排出先后次序。

3．隶属度矩阵的确定

1) 隶属度矩阵的转换

模糊综合评价方法的原始数据既可以是定量数据，也可以是定性数据。因此，从原始数据到隶属度的转换也相应地分为两种情况。这种转换的依据是评价等级标准。

(1) 定性数据的评价等级标准是定性的。

比如，区位因子的评价等级标准划分为 5 级：{沿海、沿江、沿边、内陆、边远}。某一评价单元的该因子符合该标准的，其隶属度为 1，其余为 0。比如，上海的区位隶属度为{1, 0, 0, 0, 0}。

(2) 定量数据的评价等级标准是定量的。

其隶属度的计算要依据隶属度函数。本方法采用的是较为简单的插值法。假设因子值为 x，介于评价标准 r_2 和 r_3 之间($r_2 \leq x \leq r_3$)，则隶属于 r_2 和隶属于 r_3 的隶属度 $f(x, r_2)$ 和 $f(x, r_3)$ 分别为：

$$f(x, r_2) = \frac{|r_3 - x|}{(|r_2 - x| + |r_3 - x|)}$$

$$f(x, r_3) = 1 - f(x, r_2)$$

其余为 0。如果满足边界条件(小于最小值或大于最大值)，则该级别的隶属度为 1，其余为 0。比如，工业产值的 5 级评价标准为{>1000,800,500,150,<50}(单位：百万元)。某地区的工业产值为 320 百万元，则隶属度为{0,0, 0.49,0.51, 0}。

2) 隶属度归一化处理

有时得到的隶属度向量的各分量 x_{ij} 是根据考评资料的统计得到的，需要进行归一化处理。即：

$$\sum_{j=1}^{n} r_{ij} = 1$$

$$r_{ij} = \frac{x_{ij}}{\sum_{j=1}^{n} x_{ij}} \quad (i = 1, 2, \cdots, m)$$

4. 模糊综合评价结果的归一化处理

通过 $B = AR = \begin{pmatrix} b_1 & b_2 & \cdots & b_n \end{pmatrix}$ 得出的模糊综合评价结果，在进行评价时一般要进行归一化处理，得出具有可比性的综合评价结果 $S = \begin{pmatrix} s_1 & s_2 & \cdots & s_n \end{pmatrix}$。其中：

$$s_i = \frac{b_i}{\sum_{i=1}^{n} b_i} \quad (i = 1, 2, \cdots, n)$$

5. 确定评价等级

根据综合评价模型，利用最大隶属度原则进行评定等级的判定。一般选 $s_k = \max_{1 \leqslant i \leqslant n}\{s_i\}$，其中 s_i 为 S 的元素，对应的评语为评价等级。但出现下面情况时应做相应调整：

(1) 设 $s_k = \max_{1 \leqslant i \leqslant n}\{s_i\}$，计算出 $\sum_{i=1}^{k-1} s_i$ 及 $\sum_{i=k+1}^{n} s_i$。若 $\sum_{i=1}^{k-1} s_i \geqslant \frac{1}{2}\sum_{i=1}^{n} s_i$，或 $\sum_{i=k+1}^{n} s_i \geqslant \frac{1}{2}\sum_{i=1}^{n} s_i$，则按 s_{k-1}（或 s_{k+1}）所属等级评定。

(2) 如果 $S = (s_1 \quad s_2 \quad \cdots \quad s_n)$ 中有 q 个（$q \leqslant n$）相等的最大数，则仍按(1)中规定，先分别作移位计算，移位后的评定等级若仍然离散，则取移位后的中心等级评定。若中心等级有两个，则根据评价因素的权重，按权重系数大的位置评定等级。

6. 各评价方案的可行度的计算

对于评价结果，如果给各评价等级一个尺度，比如，已知评价结果，这可将综合评价模糊值转换为一个确定的标量值：

$$d = (0.2 \quad 0.4 \quad 0.5 \quad 0.1)(1.0 \quad 0.7 \quad 0.4 \quad 0.1)^T = 0.69$$

这样便于与其他方案比较。

例 8-10 设某交通安全工程有三个实施方案可供选择，方案 A、B、C，拟对这三个方案作出评选，评价指标为环境保护、费用效益、区域发展三个方面，权重集为 A={0.2，0.3，0.5}。经抽样调查，得出三个方案的隶属度矩阵如下所示：

$$R_A = \begin{bmatrix} 0.7 & 0.2 & 0.1 \\ 0.1 & 0.2 & 0.7 \\ 0.3 & 0.6 & 0.1 \end{bmatrix} \quad R_B = \begin{bmatrix} 0.3 & 0.6 & 0.1 \\ 1 & 0 & 0 \\ 0.7 & 0.3 & 0 \end{bmatrix} \quad R_C = \begin{bmatrix} 0.1 & 0.4 & 0.5 \\ 1 & 0 & 0 \\ 0.1 & 0.3 & 0.6 \end{bmatrix}$$

且已知评价等级为 3 级：V=(优，中，差)，尺度为 V=(5，3，1)，试用模糊综合评价法评价上述三个方案，并做出选择。

解：

(1) 确定评价系统的评价要素集合 $U = \{u_1, u_2, \cdots, u_m\}$ = {环境保护，费用效益，区域发展}。

(2) 确定评价元素的权重矩阵 $A = (0.2, 0.3, 0.5)$。

(3) 确定评价等级矩阵 V=(优，中，差)=(5，3，1)。

(4) 各评价方案关于各评价要素的隶属度矩阵：

$$R_A = \begin{bmatrix} 0.7 & 0.2 & 0.1 \\ 0.1 & 0.2 & 0.7 \\ 0.3 & 0.6 & 0.1 \end{bmatrix} \quad R_B = \begin{bmatrix} 0.3 & 0.6 & 0.1 \\ 1 & 0 & 0 \\ 0.7 & 0.3 & 0 \end{bmatrix} \quad R_C = \begin{bmatrix} 0.1 & 0.4 & 0.5 \\ 1 & 0 & 0 \\ 0.1 & 0.3 & 0.6 \end{bmatrix}$$

(5) 对隶属度矩阵进行加权，得出模糊综合评价结果：

$$B_A = AR_A = (0.2 \quad 0.3 \quad 0.5)\begin{bmatrix} 0.7 & 0.2 & 0.1 \\ 0.1 & 0.2 & 0.7 \\ 0.3 & 0.6 & 0.1 \end{bmatrix} = (0.32 \quad 0.4 \quad 0.28)$$

同理：

$$B_B = AR_B = (0.2 \quad 0.3 \quad 0.5)\begin{bmatrix} 0.3 & 0.6 & 0.1 \\ 1 & 0 & 0 \\ 0.7 & 0.3 & 0 \end{bmatrix} = (0.71 \quad 0.27 \quad 0.02)$$

$$B_C = AR_C = (0.2 \quad 0.3 \quad 0.5)\begin{bmatrix} 0.1 & 0.4 & 0.5 \\ 1 & 0 & 0 \\ 0.1 & 0.3 & 0.6 \end{bmatrix} = (0.37 \quad 0.23 \quad 0.4)$$

(6) 计算各评价方案的可行度：

$$d_A = (0.32 \quad 0.4 \quad 0.28)(5 \quad 3 \quad 1)^T = 3.08$$
$$d_B = (0.71 \quad 0.27 \quad 0.02)(5 \quad 3 \quad 1)^T = 4.38$$
$$d_C = (0.37 \quad 0.23 \quad 0.4)(5 \quad 3 \quad 1)^T = 2.94$$

(7) 比较各方案的可行度，按可行度的大小排出先后次序：

方案 B>方案 A>方案 C

所以应选择方案 B。

8.3.4 聚类分析法

聚类分析(Cluster Analysis)方法是运用模糊数学方法研究、处理社会经济生活和自然科学中"物以类聚"的一种多元统计分析方法，即用数学方法定量地确定研究对象的亲疏关系，将性质比较相似、综合差异较小的单位分别聚合成类，而将性质相似性较小、综合差异较大的单位区分为不同的类，从而客观地将整个研究对象划分类别。

聚类分析法的具体步骤如下：

(1) 选取样本(n 个)，确定评价指标(m 个)，建立样本数据表。

(2) 从样本数据表中选出每项指标所对应的最大和最小值，通过公式对指标值进行标准化处理，得到标准化数据。

(3) 计算衡量样本对象间相似系数，从而得到模糊相似矩阵。

计算相似系数的方法很多，例如：

① 夹角余弦法：

$$r_{ij} = \frac{\sum_{k=1}^{m} x_{ik} x_{jk}}{\sqrt{\left(\sum_{k=1}^{m} x_{ik}^2\right)\left(\sum_{k=1}^{m} x_{jk}^2\right)}}$$

② 数量积法：

$$\gamma_{ij} = \begin{cases} 1 & (i = j) \\ \dfrac{1}{N}\sum_{k=1}^{m} \chi_{ik}\chi_{jk} & (i \neq j) \end{cases}$$

其中 N 是一个适当选择的正数。

③ 相关系数法：

$$r_{ij} = \dfrac{\sum_{k=1}^{m}(x_{ik} - \bar{x}_i)(x_{jk} - \bar{x}_j)}{\sqrt{\sum_{k=1}^{m}(x_{ik} - \bar{x}_i)^2} \ \mathrm{g} \sqrt{\sum_{k=1}^{m}(x_{jk} - \bar{x}_j)^2}}$$

式中：$\bar{x}_i = \dfrac{1}{m}\sum_{k=1}^{m} x_{ik}$；$\bar{x}_j = \dfrac{1}{m}\sum_{k=1}^{m} x_{jk}$。

④ 最大—最小方法：

$$r_{ij} = \dfrac{\sum_{k=1}^{m} \min(x_{ik}, x_{jk})}{\sum_{k=1}^{m} \max(x_{ik}, x_{jk})}$$

⑤ 算术平均最小方法：

$$r_{ij} = \dfrac{\sum_{k=1}^{m} \min(x_{ik}, x_{jk})}{\dfrac{1}{2}\sum_{k=1}^{m}(x_{ik} + x_{jk})}$$

⑥ 几何平均最小方法：

$$r_{ij} = \dfrac{\sum_{k=1}^{m} \min(x_{ik}, x_{jk})}{\sum_{k=1}^{m} \sqrt{x_{ik} x_{jk}}}$$

⑦ 绝对值指数方法：

$$r_{ij} = \mathrm{e}^{-\sum_{k=1}^{m}|x_{ik} - x_{jk}|}$$

除上述方法外，还可以采取专家评分，一般可用百分制，然后再除以 100 即得[0，1]区间的一个小数，把专家们的评分再平均取值来确定。

(4) 将模糊相似关系转换为模糊等价关系

通过模糊相似矩阵自乘，得模糊等价矩阵(满足条件)，使其具有传递性，为加快收敛速度，也可用判断。

在计算模糊综合评价结果时，由于隶属度矩阵是模糊矩阵，因此其计算应为模糊运算。设已知模糊矩阵 Q 和 R，则它们的复合运算相应于矩阵的乘法，只是乘法用 $\wedge$(min，取小)代替"*"，加法用 $\vee$(max，取大)代替"+"。

例如：已知两个模糊矩阵：

$$Q = \begin{pmatrix} 0.4 & 0.6 & 0 \\ 0.9 & 1 & 0.1 \end{pmatrix}, \quad R = \begin{pmatrix} 0.5 & 0.8 \\ 0.1 & 1 \\ 0 & 0.6 \end{pmatrix}$$

$$Q*R = \begin{pmatrix} (0.4 \wedge 0.5) \vee (0.6 \wedge 0.1) \vee (0 \wedge 0) & (0.4 \wedge 0.8) \vee (0.6 \wedge 1) \vee (0 \wedge 0.6) \\ (0.9 \wedge 0.5) \vee (1 \wedge 0.1) \vee (0.1 \wedge 0) & (0.9 \wedge 0.8) \vee (1 \wedge 1) \vee (0.1 \wedge 0.6) \end{pmatrix}$$

$$= \begin{pmatrix} 0.4 & 0.6 \\ 0.5 & 1 \end{pmatrix}$$

(5) 模糊聚类。

对模糊等价关系矩阵进行聚类处理，给定不同置信水平 α 得到普通的分类关系，建立动态聚类谱系图。

例 8-11 已知某一年度各城市或地区的评价指标值，用数字代表各城市，分别有：北京 1；上海 2；天津 3；重庆 4；广州 5；沈阳 6；南京 7；哈尔滨 8；西安 9；庄河 10；普兰店 11；大连经济技术开发区 12。各城市交通设施状况评价指标数据如表 8-10 所示，试评价各城市的交通状况。

表 8-10 城市交通设施状况评价指标数据表

城市代号	人均GDP(万元)	非农人口比例	城区路网密度(km/km²)	人均道路用地(m²/人)	人均机动车数量(辆)	城市建成区面积率(%)
1	3.04	0.66	6.93	5.91	0.2	0.26
2	4.27	0.59	5.62	2.18	0.14	0.13
3	2.52	0.49	3.9	3.92	0.11	0.36
4	0.7	0.08	3.52	3.59	0.02	0.07
5	5.5	0.6	2.45	1.52	0.1	0.19
6	2.39	0.57	5.95	5.49	0.06	0.01
7	3.01	0.5	5.6	3.82	0.11	0.15
8	1.5	0.35	4.56	6.7	0.03	0.03
9	1.44	0.46	3.52	5.88	0.07	0.11
10	1.1	0.19	3.4	7.2	0.01	0.21
11	1.21	0.14	7.02	6.78	0.04	0.11
12	7.44	0.52	4.54	13.83	0.05	0.11
MIN	0.7	0.08	2.45	1.52	0.01	0.01
MAX	7.44	0.66	7.02	13.83	0.2	0.36
MAX-MIN	6.74	0.58	4.57	12.53	0.19	0.35

解：
(1) 对基础数据进行标准化处理。
(2) 根据余弦幅度法建立模糊相似关系矩阵：

$$R = \begin{pmatrix} 1 & 0.96 & 0.89 & 0.71 & 0.77 & 0.86 & 0.99 & 0.82 & 0.91 & 0.65 & 0.73 & 0.71 \\ 0.96 & 1 & 0.83 & 0.54 & 0.85 & 0.89 & 0.98 & 0.79 & 0.87 & 0.49 & 0.62 & 0.72 \\ 0.89 & 0.83 & 1 & 0.64 & 0.84 & 0.64 & 0.88 & 0.63 & 0.86 & 0.79 & 0.54 & 0.64 \\ 0.71 & 0.54 & 0.64 & 1 & 0.24 & 0.59 & 0.68 & 0.72 & 0.59 & 0.84 & 0.94 & 0.58 \\ 0.77 & 0.85 & 0.84 & 0.24 & 1 & 0.64 & 0.80 & 0.55 & 0.80 & 0.48 & 0.24 & 0.72 \\ 0.86 & 0.89 & 0.64 & 0.59 & 0.64 & 1 & 0.90 & 0.95 & 0.86 & 0.50 & 0.74 & 0.77 \\ 0.99 & 0.98 & 0.88 & 0.68 & 0.80 & 0.90 & 1 & 0.85 & 0.90 & 0.63 & 0.74 & 0.75 \\ 0.82 & 0.79 & 0.63 & 0.72 & 0.55 & 0.95 & 0.85 & 1 & 0.87 & 0.67 & 0.80 & 0.84 \\ 0.91 & 0.87 & 0.86 & 0.59 & 0.80 & 0.86 & 0.90 & 0.87 & 1 & 0.71 & 0.57 & 0.29 \\ 0.65 & 0.49 & 0.79 & 0.84 & 0.48 & 0.50 & 0.63 & 0.67 & 0.71 & 1 & 0.58 & 0.60 \\ 0.73 & 0.62 & 0.54 & 0.94 & 0.24 & 0.74 & 0.74 & 0.80 & 0.57 & 0.58 & 1 & 0.60 \\ 0.71 & 0.72 & 0.64 & 0.58 & 0.72 & 0.77 & 0.75 & 0.84 & 0.79 & 0.60 & 0.60 & 1 \end{pmatrix}$$

(3) 将模糊相似关系转换为模糊等价关系：

$$R^{16} = \begin{pmatrix} 1 & 0.98 & 0.89 & 0.80 & 0.85 & 0.91 & 0.99 & 0.91 & 0.91 & 0.80 & 0.80 & 0.84 \\ 0.98 & 1 & 0.89 & 0.80 & 0.85 & 0.91 & 0.98 & 0.91 & 0.91 & 0.80 & 0.80 & 0.84 \\ 0.89 & 0.89 & 1 & 0.80 & 0.85 & 0.89 & 0.89 & 0.89 & 0.89 & 0.80 & 0.80 & 0.84 \\ 0.80 & 0.80 & 0.80 & 1 & 0.80 & 0.80 & 0.80 & 0.80 & 0.80 & 0.84 & 0.94 & 0.80 \\ 0.85 & 0.85 & 0.85 & 0.80 & 1 & 0.85 & 0.85 & 0.85 & 0.85 & 0.80 & 0.80 & 0.84 \\ 0.91 & 0.91 & 0.89 & 0.80 & 0.85 & 1 & 0.91 & 0.95 & 0.91 & 0.80 & 0.80 & 0.84 \\ 0.99 & 0.98 & 0.89 & 0.80 & 0.85 & 0.91 & 1 & 0.91 & 0.91 & 0.80 & 0.80 & 0.84 \\ 0.91 & 0.91 & 0.89 & 0.80 & 0.85 & 0.95 & 0.91 & 1 & 0.91 & 0.80 & 0.80 & 0.84 \\ 0.91 & 0.91 & 0.89 & 0.80 & 0.85 & 0.91 & 0.91 & 0.91 & 1 & 0.80 & 0.80 & 0.84 \\ 0.80 & 0.80 & 0.80 & 0.84 & 0.80 & 0.80 & 0.80 & 0.80 & 0.80 & 1 & 0.84 & 0.80 \\ 0.80 & 0.80 & 0.80 & 0.94 & 0.80 & 0.80 & 0.80 & 0.80 & 0.80 & 0.84 & 1 & 0.80 \\ 0.84 & 0.84 & 0.89 & 0.80 & 0.84 & 0.84 & 0.84 & 0.84 & 0.84 & 0.80 & 0.80 & 1 \end{pmatrix}$$

由于 R^{16} 为模糊等价矩阵，通过给出不同的水平值 α 来进行聚类划分。当矩阵中的因子大于 λ 时变为1，小于 λ 时变为0。聚类图如图8-6所示。

(4) 模糊聚类分析。

由聚类图可以看出城市交通状况大体(当聚类水平为0.84)可以分为两大类，即北京，南京，上海，沈阳，哈尔滨，西安，天津，大连开发区属于一类，简称"Ⅰ"；重庆，普兰店，庄河属于一类，简称"Ⅱ"。从指标值中也可以看出，Ⅱ类地区在人均GDP、非农业人口比例、人均机动车保有量、城市建成区面积率等多项指标值和Ⅰ类地区相差较大。

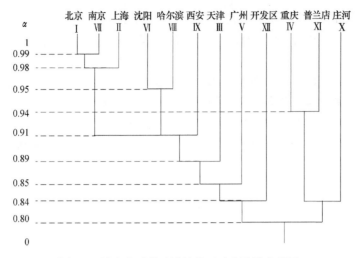

图 8-6 城市交通基础设施状况动态聚类分析图

由于所用指标具有同向性，即指标值越大越好，所以根据模糊聚类图可以看出北京、南京、上海这几个城市的交通状况比较好；沈阳、哈尔滨次之；西安、天津、广州、大连开发区再次之；重庆，普兰店，庄河较后。

思考与练习题

8.1 系统评价的一般步骤如何？

8.2 系统评价的主要困难是什么？怎样解决？

8.3 系统评价的大类指标有哪些？试就某一具体评价问题，建立其评价指标体系。

8.4 层次分析法是如何解决复杂系统决策问题的？它有什么特点？最适宜解决什么样的问题？

8.5 应用层次分析法分析问题时要经过哪些步骤？为何一致性检验必不可少？

8.6 某城市智能交通管理系统拟进行升级改造，向银行借款 250 万元，年利率为 5%，贷款期限为 5 年，到第 5 年末一次还清。问应付本利和多少元？

8.7 某项工程 4 年中每年末向银行借款 30 万元，年利率为 10%。问第 4 年末应偿还本利和多少元？

8.8 某新建公路客运站项目预计未来 5 年每年可增加收入 20 万元。假设新增收入全部用于还款，年利率为 8%。问这个客运站项目最多可借款多少元？

8.9 某集团拟定了四个建桥的方案，其现金流量如下表所示，试用收益-成本分析法进行方案的评价与选择。

成本—效益表(单位：万元)

方案	初始投资额	收入年值	成本年值	方案	初始投资额	收入年值	成本年值
A	300	0	0	C	420	1200	1600
B	380	400	700	D	510	1600	1900

8.10 某公司计划投资建设道路工程，初始投资为 400 万元，此后每年投资 250 万元，5 年后预计获得首次收益 2350 万元，银行利率为 7%。请用回收率法判断是否应该进行此项投资。

8.11 某公司计划建立一个东北地区的配送中心，有沈阳、长春、哈尔滨三地可供选择，请收集相关资料，用层次分析法进行评价分析，确定选址方案。

8.12 某物流企业要采购一台设备，采购时需从功能、价格与可维护性三个角度进行评价，应用层次分析法对 3 个不同品牌的设备进行综合评价，从中选出最优设备，其层次结构如下图所示。

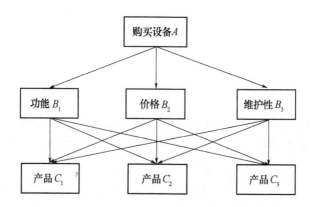

8.13 不同的人旅行目的不同，经济条件不同，体质、兴趣等也不同，因而选择的交通工具各不相同，一般会在飞机、火车、轮船和汽车之间进行选择。请依据你个人的爱好、情况和条件，采用层次分析法选择理想的交通工具。若由五位家庭成员应用模糊综合判定法进行选择，请说明过程。

8.14 设有 5 条道路 U={A, B, C, D, E}，道路汽车尾气排放状况由 4 个因子衡量，即固体悬浮微粒、一氧化碳、碳氢化合物、氮氧化合物的超限度，如下表所示。试用聚类分析法评价其道路污染等级。

各道路排放物超限度表

道路	固体悬浮微粒	一氧化碳	碳氢化合物	氮氧化合物
A	5	5	3	2
B	2	3	4	5
C	5	5	2	3
D	1	5	3	1
E	2	4	5	1

8.15 请查阅相关资料，合理选定包括在校生数、师资力量、图书馆藏书数量、校园面积、年发表论文数等多个反映大学综合实力的指标，建立评价指标体系，并利用模糊聚类法对多所同类高等院校进行评价。

8.16 请查阅相关资料，应用群组层次分析法对北京市水资源供需矛盾问题提供合理建议。

第9章 运输系统决策

系统决策是系统工程生命周期中最后一步,也是最重要的一步。系统决策就是应用系统论的思想和决策方法,根据系统的状态和目标,制定若干可行方案或策略,经过系统分析和综合评价,按照某种标准从中选择最满意的方案或策略,直到实现系统目标的全过程。举例说明:

例 9-1 某工程队承接了一项露天作业工程,施工管理人员要根据天气状况决定是否开工。如表 9-1 所示,已知下列条件:

(1) 如果开工后天气好,能按期完工,可以获得 20 万元的利润。
(2) 如果开工后天气不好,将造成 8 万元损失。
(3) 如果不开工,无论天气好坏,都要付出窝工损失 3 万元。

表 9-1 工程队在不同状态下采取不同方案时的结果

状态 方案	益损值	
	天气好	天气不好
开工	20万元	−8万元
不开工	−3万元	−3万元

表 9-1 中的数据称为益损值,通常决策人获得收益时取正值,而面临亏损时取负值。通过上述条件决定是否开工,就是一个决策问题。

决策过程是指,从明确要解决的问题出发,经过认真的调查研究,分析客观情况和主观目标要求,制定多个可行方案,最后选定最佳或满意的行动方案,并加以贯彻实施。决策的本质是一个优化过程,在这个过程中反复分析、比较、综合并做出选择,实际的决策往往是一个循环的过程。

日常生活和生产实践中,凡是对于同一问题面临几种情况,而又有多种方案可供选择时,就形成一个决策。面临的几种情况,称为自然状态或简称状态,例 9-1 中天气好和天气不好就是两个自然状态,这些自然状态是不以人们的意志为转移的。但是这些自然状态中必然且只能出现一种状态。

在决策中,参加比较的方案称为策略,也称为行动方案,如例 9-1 中,一个行动方案就是开工,另一个行动方案是不开工。

9.1 决策分析概述

9.1.1 运输系统决策的概念

所谓运输系统决策,就是在运输系统中,进行与运输活动有关的决策,如:运输经济决策、运输科技决策、运输发展决策等。从企业的长远发展方向来看，是否需要增加新的投资？扩大运输规模？是否需要引进新技术、新工艺、新设备？从运输企业的日常管理工作来看，运输价格应如何确定？运输设备何时更新？如何更新？所有这些都要求决策者能够做出合理、适时、科学正确的决策。

1．决策的组成要素

不同的决策会产生不同的结果，对决策结果可能产生影响的主要因素称为决策要素。决策问题一般由以下要素构成：

(1) 决策主体。又称决策者，是做出决策的个体或个体的集合。决策的正确与否受决策主体所处的社会、政治、经济环境以及决策者个人素质的影响。

(2) 决策目标。决策目标是决策希望达到的成果。

(3) 替代方案。也称方案，即决策者根据决策要求可能采取的一系列活动或措施。一个决策问题中替代方案数应多于一个。

(4) 结果。结果是方案实施后产生的效果，在确定的情况下，一个方案只有一个结果；在不确定的情况下，一个方案有多个可能的结果。通常可以用定量化的方法计算出来，以便进行衡量和比较。

(5) 决策准则。决策准则是评价与选择方案的价值依据。决策准则不但受决策目标决定，而且受决策者的价值观影响。

2．决策过程

图 9-1 决策过程一般包括准备、计划、选择、实施四个阶段，如图 9-1 所示。

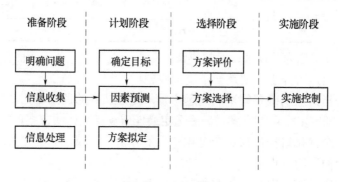

图 9-1　决策过程

准备阶段主要包括明确决策问题、相关信息的收集和处理，即明确决策问题的性质、背景、特征、条件，收集与决策问题相关的政治、经济、社会、技术等方面的信息资料，并按照一定的要求将收集到的信息进行分析、加工和处理。

计划阶段是在对所掌握的信息进行分析研究的基础上，确定预测目标，并对影响预测结果的重要因素进行预测。在此基础上提出可行方案，并对方案进行研究和论证。

选择阶段计算出不同方案在不同自然状态下的益损值，即对各种可行方案进行分析评价，并按照一定的价值准则选出满意方案。当前的决策是基于对事物过去、现在的认识以及将来预测基础上的，但是在决策方案实施过程中，常会出现偏差和未预料到的新情况。因此，决策方案不是一成不变的，要在实施过程中根据实际情况不断调整和补充。

实施阶段即将最满意的方案付诸行动。而在实际的实施过程中,随着形势的发展,实施决策的条件不可能与设想的条件完全吻合。况且,在一些不可控因素的作用下,实施条件和环境与决策方案所依据的条件之间可能会有较大的出入,因此在决策实施过程中,决策者还应及时了解、掌握决策实施的各种信息,及时发现各种新问题,并对原来的决策进行必要的修订、补充或完善,使之不断地适应变化了的新形势和条件。

决策过程是一个有机的整体,既相互独立,又相互联系、交叉、渗透。如在拟定可行方案时,可能发现原定目标不恰当而要加以修改;在选择阶段,可能发现某些方案需要进行一些修改,甚至可能发现新方案;而在方案的实施过程中,更要求将实施结果与预测结果加以对比,观察实施结果与预测结果是否有差异以及差异的程度,反过来对决策方案进行修正。作为决策方法研究的重点是选择阶段,即对拟定的可行方案进行分析、比较和选择。

9.1.2 运输系统决策问题分类

运输系统决策的种类很多,可以按不同的标准进行分类:

1. 按决策的作用范围分类

可以分为运输战略决策、运输管理决策和运输业务决策。

(1) 战略决策。主要是指与运输系统未来发展有关的全局性决策。如运输经营目标、经营方针、技术改造以及运输系统的长远发展规划(如采用哪种交通方式作为城市主要交通骨架)等方面的决策。

(2) 管理决策。主要是运输系统内各职能管理部门为贯彻全局性决策(战略决策)所做的具体的或局部的决策。如各种运输计划的制订,运输设备更新的选择,运输系统线路、港站枢纽的选址等方面的决策。

(3) 业务决策。主要是在日常的运输生产活动中为了提高生产或工作效率所作的决策。如运输部门间的经营协作、运输生产组织的局部调整、劳动定额的制定及生产任务的日常分配、线路和场站的设计方案等方面的决策。

2. 按决策的形态性质分类

可以分为程序化决策和非程序化决策。

(1) 程序化决策。指目标明确,可供选择的方案具备用一般程序化的方法就可以找到一个最优方案的决策。这类决策可以建立固定的模式,有一套通用的决策方法,如常规的生产作业计划、材料的订购等方面的决策。

(2) 非程序化决策。指复杂的、用一般程序化的方法解决不了的决策问题。是一种非例行决策,它受许多因素的影响,没有规律可循,不可能建立一套通用的决策模式。这类决策要依靠决策者的知识、经验和判断力进行,如多种经营的开拓、新技术的开发等方面的决策。

3. 按决策的可靠度分类

可以分为确定型决策、风险型决策和非确定型的决策。

(1) 确定型决策,满足以下条件:
① 存在决策人希望达到的一个明确的目标。
② 存在一种确定的自然状态。

③ 存在可供决策人选择的两个以上的决策方案。
④ 不同方案在确定状态下的益损值可以计算出来。
(2) 风险型决策，满足以下条件：
① 存在决策人希望达到的一个明确的目标。
② 存在两种或两种以上的自然状态。
③ 存在可供决策人选择的两个以上的决策方案。
④ 不同方案在各种状态下的益损值可以计算出来。
⑤ 在 $n(n = 1, 2, 3, \cdots)$ 种自然状态中，决策人不能肯定究竟会出现哪一种状态，但是各种自然状态出现的概率事先可以估计或者计算出来(通过历史资料进行统计分析或通过经验判断估计)。

(3) 非确定型决策。

确定型决策实际上知道存在某一种自然状态并且这种自然状态一定会发生，即该自然状态出现的概率为 1。风险型决策是知道存在 n 种可能的自然状态，虽然不知道哪一种自然状态将会发生，但是可以估计出每种自然状态发生的概率。而非确定型决策则是既不知道 n 种状态中要发生哪一种，也不知道每种状态发生的概率有多大。

即非确定型决策问题仅满足风险型决策的前 4 个条件，而不满足第 5 个条件。

4．按决策目标的多少分类

可以分为单目标决策和多目标决策。

(1) 单目标决策：决策目标只有一个，如只提高经济效益。
(2) 多目标决策：决策目标有多个，例如在降低成本的同时提高经济效益。

5．按决策面对的自然状态的性质分类

可以分为竞争型决策和非竞争型决策。本章主要讲述非竞争型决策，第 10 章讲述竞争型决策——对策分析。

(1) 竞争型决策：决策者面对的自然状态是有理智的、善于采取合理行动的竞争对手，又称冲突型决策问题或对策问题。
(2) 非竞争型决策：决策者面对的自然状态是客观的自然环境或社会环境。

9.2 不确定型问题决策分析

在确定型决策问题中，供决策者选择的可行方案有两个以上，同时自然状态是确定的，不含有随机的因素。由于每个方案都有一个确定的结果，因此只要直接比较各方案的益损值就可以判别方案的优劣，从而完成决策。

在例 9-1 中，如果自然状态是确定的，在计划开工时期内天气不好，这时可选择的方案有两个：开工与不开工。在"天气不好"这个确定的自然状态下，选择"开工"方案时决策人损失 8 万(益损值为-8 万)，选择"不开工"方案时决策人损失 3 万(益损值为-3 万)。因此，选择"不开工"方案优于"开工"方案。

在不确定型决策问题中，供决策者选择的行动方案有两个或两个以上，并存在两个或两个以上的自然状态。所谓不确定，是指决策者不知道未来究竟出现何种自然状态，也不知道各个状态发生的概率。这时决策者主要根据自己的主观倾向进行决策，常用的决策方法有悲观准则、乐观准则、折中准则、等可能准则和遗憾准则等。

9.2.1 悲观准则

由 Wald 提出，又称"瓦尔特法"，也叫小中取大准则。当决策者对决策问题不明确时，总是担心未来会出现最不利的状态，他只期望在这些最不利的情况中找出一个好的决策行动，因而在做决策时，小心谨慎，从最坏的结果中争取最好的结果，是保守悲观论者偏爱的方法。

1．决策步骤

(1) 编制决策益损表。

(2) 从每一个方案中选择一个最小的益损值 $\min[C_{ij}]$。

(3) 在这些最小的益损值对应的决策方案中，选择一个益损值最大的方案 $\max(\min[C_{ij}])$，就为最优方案。

2．决策原则

即小中取大：先找出每个决策在各种状态下的目标最小值，再从各个决策的这些最小值中选一个最大值。

3．算例

例 9-2 某工程队正在施工，可供选择的施工方案有四种。不同的施工方案在不同的天气状态下的收益不同。施工期间可能遇到的天气状态有四种：T_1(施工期间下雨天数 $D<5$)、$T_2(5 \leqslant D<10)$、$T_3(10 \leqslant D<15)$、$T_4(D \geqslant 15)$，不同施工方案在不同天气状况下的益损值见表 9-2。试选择一个合适的施工方案，使得工程队的收益最大。

解：(1) 求每个方案在不同天气状况下的最小收益 $\min[C_{ij}]$，见表 9-2 的最后一列。

(2) 求各方案最小收益中的最大值 $\max(\min[C_{ij}])$，见表 9-2 中最后一行。

表 9-2 益损值表及悲观准则决策(单位：千元)

状态 方案	天气状况				$\text{Min}[C_{ij}]$
	T_1	T_2	T_3	T_4	
A_1	20	35	15	18	15
A_2	50	38	32	20	20
A_3	40	20	45	17	17
A_4	30	25	32	22	22
$\max(\min[C_{ij}])=22$					

$\max(\min[C_{ij}])=22$，相应的施工方案是 A_4，也即方案 A_4 为采用悲观准则得到的最优施工方案。

9.2.2 乐观准则

又称极大极大决策标准，与悲观准则相反，它的主要特征是：实现方案选择的乐观原则。决策者不放弃任何一个获得好结果的机会，争取大中取大。该方法的思想是对客观情况总是抱着乐观的态度，考虑的是最有利的情况，是爱冒风险的乐观主义者偏爱的方法。

1. 决策步骤

(1) 编制决策益损表。

(2) 从每一个方案中选择一个最大的益损值 $\max[C_{ij}]$。

(3) 在这些最大的益损值对应的决策方案中，选择一个益损值最大的方案 $\max(\max[C_{ij}])$，就为最优方案。

2. 决策原则

即大中取大。

3. 算例

例 9-3 对于例 9-2 求乐观准则下的最优方案。

解：(1) 求每个方案在不同天气状况下的最大收益 $\max[C_{ij}]$，见表 9-3 的最后一列。

(2) 求各方案最大收益中的最大值 $\max(\max[C_{ij}])$，见表 9-3 中最后一行。

表 9-3 益损值表及乐观准则决策(单位：千元)

状态方案	天气状况				$\max[C_{ij}]$
	T_1	T_2	T_3	T_4	
A_1	20	35	15	18	35
A_2	50	38	32	20	50
A_3	40	20	45	17	45
A_4	30	25	32	22	32
$\max(\max[C_{ij}])$					

$\max(\max[C_{ij}]) = 50$，相应的施工方案是 A_2，也即方案 A_2 为采用乐观准则得到的最优施工方案。

9.2.3 折中准则

折中决策标准又叫赫威斯(Hurwitz)法，是介于乐观决策标准和悲观决策标准之间的一个决策标准。在进行决策时，要求决策者确定一个折中系数 β，且 $0 \leq \beta \leq 1$。当 β 越接近 1，决策结果越和乐观者相吻合；当 β 越接近 0，决策结果越和悲观者相吻合。

1. 决策步骤

(1) 编制决策益损表。

(2) 计算每个方案的折中决策标准益损值 $H_i = \beta O_{\max} + (1-\beta) O_{\min}$。

其中，$O_{\max}$ 为同一方案的最大益损值；$O_{\min}$ 同一方案的最小益损值。

选最大的折中益损值 $\max[H_i]$ 对应的方案为最优方案。

说明：当 $\beta = 1$ 时，为乐观(极大极大)准则；当 $\beta = 0$ 时，为悲观(极大极小)准则。

2. 算例

例 9-4 用折中决策标准求例 9-2 的最优决策方案，取折中系数为 $\beta = 0.5$，计算结果如表 9-4 所示。

表 9-4 益损值表及折衷准则决策(单位：千元)

状态 方案	天气状况				O_{max}	O_{min}	H_i
	T_1	T_2	T_3	T_4			
A_1	20	35	15	18	35	15	25
A_2	50	38	32	20	50	20	35
A_3	40	20	45	17	45	17	31
A_4	30	25	32	22	32	22	27
$\max[H_i]=35$							

$\max[H_i]=35$，相应的施工方案是 A_2，也即方案 A_2 为采用乐观准则得到的最优施工方案。

由上述计算过程可看出，β 越大越乐观，β 越小越悲观。

9.2.4 等可能准则

又叫拉普拉斯(Laplace)决策准则。其主导思想是决策人把状态发生的概率都取成等可能值，如果有 $n(n=1,2,3,\cdots)$ 个自然状态，则每一个自然状态出现的概率为 $1/n$，因此该准则也称等概率准则。然后按风险型决策问题的期望值法进行决策。

1．决策步骤

(1) 编制决策益损表。

(2) 计算每个方案在不同情况下的期望益损值 $G_i = \dfrac{\sum_{j=1}^{n} C_{ij}}{n}$。

(3) 选最大的期望益损值 $\max[G_i]$ 对应的方案为最优方案。

2．算例

例 9-5 用等可能准则求例 9-2 的最优决策方案，计算结果如表 9-5 所示。

表 9-5 益损值表及等可能准则决策(单位：千元)

状态 方案	天气状况				G_i
	T_1	T_2	T_3	T_4	
A_1	20	35	15	18	22
A_2	50	38	32	20	35
A_3	40	20	45	17	30.5
A_4	30	25	32	22	27.25
$\max[G_i]=35$					

$\max[G_i]=35$，相应的施工方案是 A_2，也即方案 $F_1=0.1$ 为采用等可能准则得到的最优施工方案。

9.2.5 遗憾准则

又叫萨凡奇(Savage)法。在决策过程中，当某一种自然状态可能出现时，决策者必然首先要选择收益最大的方案。如果决策者由于决策失误未选取这一方案，而是选择了其他方案，就会感到遗憾和后悔，这样两个方案的收益值之差就叫做遗憾值或后悔值。遗憾准则法就是为避免将来后悔而设计的一种决策方法。一般将一个方案中各自然状态下的最大后悔值作为该方案的后悔值，然后从各方案的后悔值中选出最小后悔值的方案作为最优方案。

1．决策步骤

(1) 编制决策益损表。
(2) 用每个状态下的最大益损值减去其他方案的益损值，得出每个方案的遗憾值。
(3) 找出每个方案的最大遗憾值 $R(P_i) = \max\left[\max(C_{ij}) - C_{ij}\right]$。
(4) 从每个方案的最大遗憾值中找出最小的遗憾值 $\min[R(P_i)]$ 对应的方案为最优方案。

2．算例

例 9-6 用遗憾值准则求例 9-2 的最优决策方案。

解：用每个状态下的最大益损值(见表 9-6)减去其他方案的益损值，得出每个方案在不同天气状况下的遗憾值(表 9-7 第 2~5 列)，找出每个方案的最大遗憾值 $R(p_j)$，从每个方案的最大遗憾值中找出最小的遗憾值 $\min[R(P_i)]$，见表 9-7。

表 9-6 不同天气状况下的最大收益(单位：千元)

方案\状态	天气状况			
	T_1	T_2	T_3	T_4
A_1				
A_2	50	38		
A_3			45	
A_4				22

表 9-7 不同施工方案在不同天气状况下的遗憾值

方案\状态	天气状况				$R[P_i]$
	T_1	T_2	T_3	T_4	
A_1	30	3	30	4	30
A_2	0	0	13	2	13
A_3	10	18	0	5	18
A_4	20	13	13	0	20
	$\min[R(P_i)] = 13$				

$\min[R(P_i)] = 13$，相应的施工方案是 A_2，也即方案 A_2 为采用遗憾准则得到的最优施工方案。

对于遗憾准则的不确定型问题决策,有时可能有多重解。

在上文中介绍了不确定型决策问题的五种决策方法,可以发现,采用不同决策方法得到的结果并不完全一致。因此在具体决策时,要根据情况视主客观条件而定。从主观条件来看,若决策者对自然状态的信息掌握得较多,可以采用乐观准则法;若决策者对自然状态的信息掌握得少,则采用悲观法或后悔值法比较稳妥。从客观条件看,若经济实力较强,就可以冒更大的风险去获得更大的收益,此时可采用乐观法或者等可能法;若经济实力较弱,经不起失败的打击,则采用悲观法较好。当然,也可以将几个标准同时使用,将选中次数最多的方案作为备选方案。表9-8反映的是例9-2先后使用五种决策方法进行分析的决策方案结果,可以看出A_2为最优次数最多的方案,因此可选择A_2作为最优方案。

表 9-8 用不同的准则所做决策方案的对比

项目\决策方法	最优方案	期望收益
悲观准则	A_4	22
乐观准则	A_2	50
折衷准则	A_2	35
等可能准则	A_2	35
遗憾准则	A_2	

9.3 风险型问题的决策分析

风险型决策也叫统计型决策,或称随机型决策。风险型决策是指在决策问题中,决策者除了知道未来可能出现哪些状态外,还知道出现这些状态的概率分布。即状态是随机变量,当它的状态是服从某种概率分布时,决策是风险型的。

风险型决策的特点是要对不能确定的自然状态作出概率估计,因而这类决策存在着一定的风险,风险型决策主要应用于远期目标的战略决策或随机因素较多的非程序化决策,如投资决策、产品开发决策、技术改造决策等。

风险型决策常用的方法有最大可能准则法、期望值准测法、决策树法和效用理论等。下面以具体实例介绍各种方法。

9.3.1 最大可能准则法

最大可能准则法的基本思想是将风险型决策问题转化为确定型决策问题。风险型决策问题中,每种自然状态的发生都有一个概率值,某种状态发生的概率越大,说明该状态发生的可能性越大。基于这种想法,在风险型决策中,若某种状态出现的概率远比其他状态大得多的时候,就可以忽略其他状态,而只考虑概率特别大的这一种状态。这样,风险型决策问题就转变成确定型决策问题。

例 9-7 以例 9-2 所述问题为例,说明最大可能准则的决策过程。

假设根据气象预报，施工期间出现四种天气状况 T_1、T_2、T_3、T_4 的概率分别为：$F_1=0.1$；$F_2=0.5$；$F_3=0.2$；$F_4=0.2$。益损值表如表 9-9 所示。

表 9-9 益损值表

状态 方案	T_1 $F_1=0.1$	T_2 $F_2=0.5$	T_3 $F_3=0.2$	T_4 $F_4=0.2$
A_1	20	35	15	18
A_2	50	38	32	20
A_3	40	20	45	17
A_4	30	25	32	22

出现第二种天气状况 T_2 的概率最大，认为在施工期间肯定出现天气状态 T_2，其他天气状态不会出现。原来的风险型决策问题转化为确定型决策问题。在确定的天气状态 T_2 下，在四个方案中进行决策，方案 A_2 的收益最大，方案 A_2 为最优方案。

用最大可能法对风险型问题进行决策比较方便，但该方法的使用范围是有限制的。一般来说，在一组自然状态中，当其中某个自然状态出现的概率比其他状态出现的概率大得多，而它们相应的益损值相差不是很大时，用这种方法进行决策能得到较好的效果。相反，如果有一方案各状态下的损益值相差较大，而概率却相差无几，或因状态很多而概率值都很小，这时则不宜采用该准则。

9.3.2 期望值准则法

1. 益损期望值

在风险型决策问题中，未来出现哪种状态是不确定的，是一个随机事件，每一种可行方案能获得的收益(或损失)也是个随机事件，但获得某个收益(或损失)的概率是知道的。因此，每一可行方案对应益损值的数学期望值为：

$$E(A_i) = \sum_{j=1}^{n} F_j C_{ij}$$

式中：$E(A_i)$ 为第 i 个可行方案的益损期望值；A_i 为第 i 个可行方案；F_j 为出现自然状态 j 的概率；C_{ij} 为可行方案 i 在自然状态 j 下的益损值。

在所有方案中，收益期望值最大或损失期望值最小的方案就是最优方案。

在例 9-7 中，各方案的益损期望值为表 9-10 最后一列所示：

表 9-10 各方案的益损期望值

状态 方案	T_1 $F_1=0.1$	T_2 $F_2=0.5$	T_3 $F_3=0.2$	T_1 $F_4=0.2$	$E(A_i)$
A_1	20	35	15	18	26.1
A_2	50	38	32	20	34.4
A_3	40	20	45	17	26.4
A_4	30	25	32	22	26.3

由以上计算可知，方案 A_2 的收益期望值最大，方案 A_2 为最优方案。

最大的益损期望值是平均意义下的最大收益。因此期望值准则适用于状态概率稳定的重复性决策，而对一次性决策则要冒一定的风险。

将期望值准则与不确定型决策中的等可能准则进行比较。在等可能准则中，假设各种自然状态出现的概率相同，即 $F_1=F_2=F_3=F_4$。

因为：
$$F_1+F_2+F_3+F_4=1$$

所以：
$$F_1=F_2=F_3=F_4=1/4$$

$$E(i)=\sum_{j=1}^{n}F_jC_{ij}=\frac{\sum_{j=1}^{n}C_{ij}}{n}=G_i$$

每个可行方案益损值的期望值 $E(A_i)$ 就是平均值 G_i。可见，等可能准则是期望值准则的特例，它假设了各个自然状态出现的概率相等。

2. 后悔值期望值

决策者制定决策后，若现实情况未能符合理想，将有后悔的感觉。每一种自然状况下总有一个方案可以达到最好的情况或取得最优值，如果选择其他方案其结果将达不到最优值，每种状态下各方案均有后悔值。在应用期望值准则时，除计算可行方案的益损期望值外，还可以根据各方案的后悔值计算后悔值期望值。从后悔值期望值中选取最小值，相应的方案即为最优方案。该准则只适用于矩阵决策问题。

对于例 9-7，先计算各方案在不同状态下的后悔值，见表 9-11。计算各方案后悔值期望值，见表 9-11 最后一列。

由以上计算可知，方案 A_2 的后悔期望值最小，方案 A_2 为最优方案。

对于同一个决策问题，采用期望值准则分析益损期望值和后悔值期望值得到的结果是相同的。

表 9-11 不同施工方案在不同天气状况下的后悔值

状态 方案	T_1 $F_1=0.1$	T_2 $F_2=0.5$	T_3 $F_3=0.2$	T_1 $F_4=0.2$	$E(A_i)$
A_1	30	3	30	4	11.3
A_2	0	0	13	2	3
A_3	10	18	0	5	11
A_4	20	13	13	0	11.1
			$\min[E(A_i)]=3$		

9.3.3 决策树法

决策树法仍然依据期望值准则，只不过在该方法中将期望值准则的决策过程用树状图加以表示，更加直观，方便判断。

1. 决策树的结构

决策树法是利用树形结构图辅助进行决策的一种方法。这种方法是把各种备选方案、可能出现的状态以及决策产生的结果，按照逻辑关系画成一个树形图，在树形图上完成对各种方案的计算、分析和选择。决策树由四个部分组成，结构如图9-2所示。

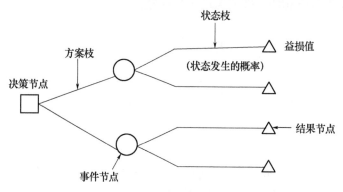

图9-2 决策树结构

(1) 决策节点：在决策树中用"□"代表，表示决策者要在此处进行决策。从它引出的每一个分枝，都代表决策者可能选取的一个策略(又称方案枝)。

(2) 事件节点：也称为状态节点，在决策树中用"○"代表，从它引出的分枝代表其后继状态，分枝上括号内的数字表明该状态发生的概率(又称概率枝)。

(3) 结果节点：在决策树中用"△"代表，它表示决策问题在某种可能情况下的结果，它旁边的数字是这种情况下的益损值(又称末梢)。

(4) 分枝：在决策树中用连接两个节点的线段代表。根据分枝处的位置不同，又可以分成方案枝和状态枝。连接决策节点和事件节点的分枝称为方案枝；连接事件节点和结果节点的分枝为状态枝。

2. 决策树法的步骤

1) 画决策树

画决策树的过程实际上就是建立决策问题的模型。不过，这种模型不是用数学公式来描述的，而是用一个树形来反映的(图9-3)。

(1) 提出各种行动方案，画出方案枝。

(2) 预计方案实施后可能发生的自然状态(事件)及其发生的概率，画出相应的状态枝，并把状态概率值标在状态枝上。

(3) 计算各种方案在各种自然状态下的益损值，并标在相应的结果节点上。

2) 计算期望益损值

在决策树中，由末梢(即结果节点)开始，按照自右向左的方向，逐列计算每个事件和决策节点的期望益损值，并标在相应的节点上。

3) 比较、剪枝、决策

在决策树中，比较决策节点的期望益损值，进行方案的选择：

(1) 若决策问题的目标是效益、利润、产值等，则应取最大期望收益值对应的方案为最优方案。

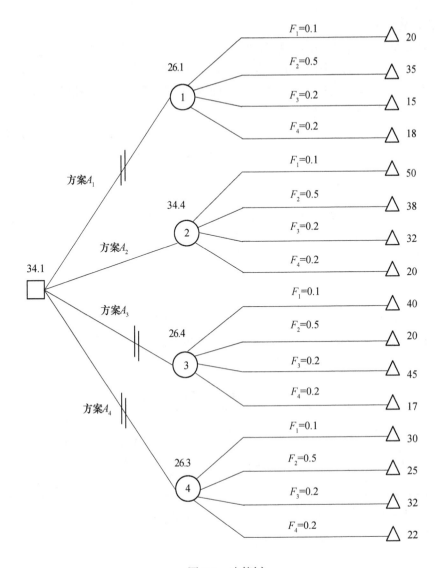

图 9-3 决策树

(2) 若决策问题的目标是费用、成本、损失等,则应取最小期望损失值对应的方案为最优方案。

(3) 将收益最大(或损失最小)的期望值标在相应的决策节点上,表示该方案即为决策选择的方案。而其余的方案都用"‖"号删除,称为剪枝。

3. 算例

1) 单级决策问题

单级决策问题是指在一个决策问题中只有一个层次的决策。反映在决策树模型中,就是只有一个决策节点。

例 9-8 将例 9-7 中的问题用决策树方法进行决策。

解:画出决策树,如图 9-3 所示。

比较各方案的益损期望值,方案 A_2 为最优方案。

2) 多级决策问题

多级决策问题是指在一个决策问题中有两个或两个以上层次的决策。反映在决策树模型中，就是有两个或两个以上的决策节点。单级决策问题既可以用决策表法求解，也可以用决策树法求解。但是，由于多级决策问题的决策层次多，很难直接用决策表法求解，通常都是用决策树法求解。

绘制多级决策问题的决策树图时，一般常从第一级决策问题画起，然后发展到第二级决策问题，直至最后一级决策问题。其结构与单级决策问题无本质的区别，只是比较复杂。

下面以两级决策问题说明该方法。

例 9-9 修建一条公路，计划从某月 1 日开始，该月底完成。天气预报在该月 15 日以后将出现下雨天气。该月 15 日以后天气变化的概率及对施工任务的影响如下：

无雨 W_1：$P(W_1) = 0.3$，施工任务按计划完成；

下雨 W_2：$P(W_2) = 0.7$，施工任务延期 5 天。

如果在 15 日以前加班突击完成任务，则每天需增加 1000 元加班费；如果延期 5 天，每天的经济损失为 5000 元。在延期期间加班，每天需增加 2500 元加班费。

在延误期间，通过加班直至完成施工任务所能节省的天数、相对的可能性以及总的经济损失(总经济损失=延期经济损失+加班费)如表 9-12 所示：

表 9-12 延误期间总的经济损失

天气	紧急加班	概率	总经济损失(元)
下雨	节省 1 天	0.5	$4 \times 5000 + 4 \times 2500 = 30000$
	节省 2 天	0.3	$3 \times 5000 + 3 \times 2500 = 22500$
	节省 3 天	0.2	$2 \times 5000 + 2 \times 2500 = 15000$

解：这是一个风险型决策问题，可以利用决策树法解决。

(1) 画该决策问题的决策树，如图 9-4 所示。

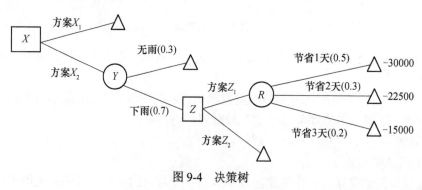

图 9-4 决策树

(2) 这是一个两阶段决策问题，前 15 天为一个阶段，下雨延误期为一个阶段。

在第一阶段有两个方案：

X_1：前 15 天加班，突击完成任务，相应的经济损失为增加的加班费 15000 元；

X_2：正常施工。

在状态 Y 点可能出现两种天气情况：如果天气好则施工任务按时完成，无经济损失；如果出现下雨天气，则延误 5 天。

第二阶段的决策问题是：遇下雨后延误 5 天，此时是否采取紧急加班措施。相应的有两个方案：Z_1 紧急加班，得到的结果有三种情况——节省 1 天、节省 2 天、节省 3 天，相应的经济损失分别为 30000 元、22500 元、15000 元；Z_2 正常施工，造成的经济损失为 25000 元。

解决此类问题，先对第二阶段的问题(决策点 Z)进行决策，然后再对第一阶段的问题进行决策。对于两个决策点，可以视为单阶段决策问题。

(3) Z 点决策，如图 9-5 所示。

方案 Z_1 的期望值 $= 0.5 \times (-30000) + 0.3 \times (-22500) + 0.2 \times (-15000) = -24750$ 元。可见方案 Z_1 优于方案 Z_2，在决策点 Z 应该选择方案 Z_1。

第二阶段的决策结束后，进行第一阶段决策。将第二阶段的决策点 Z 作为第一阶段决策的结果节点。

X 点决策，如图 9-6 所示：

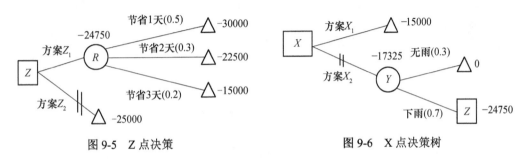

图 9-5　Z 点决策　　　　　图 9-6　X 点决策树

Y 点的期望值 $0.3 \times 0 + 0.7 \times (-24750) = -17325$ 元，可见方案 X_1 优于方案 X_2，在决策点 X 应该选择方案 X_1。即在 15 日以前加班突击完成任务。

该决策过程也可以一次完成，如图 9-7 所示。

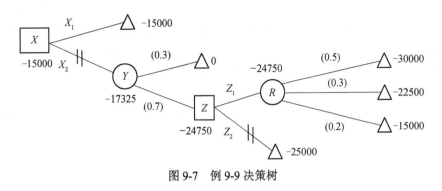

图 9-7　例 9-9 决策树

9.3.4　关于风险型决策问题的一些讨论

风险型决策问题与不确定型决策问题的本质区别在于：前者利用自然状态出现的概率分布，以期望收益值最大为决策目标，所得到的结果比较能够符合客观情况；而后者则是对未来的自然状态一无所知，其决策受主观意志的影响很大，带有一定的盲目性。

在风险型决策问题中，确定未来状态出现的概率是非常重要的。各种自然状态出现的概率，可以用统计资料、实验结果得出，但大多数情况要凭经验、知识甚至是预感，对未来的情况进行估计，这样得出的概率值称为主观概率。对同一事件，不同的人做出的主观概率的估计是不同的，因此，所得出的决策结果往往也是不同的。

对于不确定型决策，只要决策者对未来状态出现的可能性不是全然不知，就总可以做出一些估计，因而即可化成风险型的决策问题。

在风险型决策中，所有的决策结果都是建立在"概率"基础上的。概率只能说明未来出现某种自然状态的可能性的大小，而不能说就一定会出现某种状态或一定不出现某种状态。如 A、B 两事件，出现 A 事件的概率为 70%，出现 B 事件的概率为 30%，实际情况中，要么出现 A 事件，要么不出现 A 事件，不存在折中的情况。因此，风险型决策方法带有一定的风险。

例如，采用期望值准则进行风险型决策时，期望值是多次重复事件收益的可能平均值。如果在一段时间内多次重复这种决策，那么相应决策的收益平均值是接近期望值的，决策结果是合理的。但在实际当中，常常是在只发生一次可能事件的情况下进行决策，这时决策得到的收益不一定会刚好等于期望值。对于一次性的决策问题，以期望收益值最大作为最优决策是存在一定风险的。

9.4　信息的价值

对完全不确定型决策问题，在获得了有关情报资料后就把问题转化为风险型决策问题。而对于风险型决策问题，获得的信息(情报)越多，对自然状态发生概率的估计就越准确，做出的决策就越合理。这种通过搜集获得的信息一般称为补充信息。但为了获得信息，就要进行调查、试验等工作，这需要支付一定费用。因此，为了权衡得失，有必要分析哪些补充信息值得搜集。这就是所谓信息分析，其主要任务就是估算补充信息的价值。补充信息分为两类：完全信息(Perfect Information)与不完全信息(Imperfect Information)。如果有这样的信息，它可以绝对准确地预报未来出现的自然状态，则称为完全信息；通过实验的方法，获得的信息一般不能准确预报未来将出现的状态，称为不完全信息。不完全信息的获取手段，通常采用实验的方法，如气象观测、市场调研、地质勘探、产品抽样检验等。只有当搜集信息的费用小于或等于信息的价值时，信息才是值得搜集的。下面通过例题说明对信息价值研究的必要性。

例 9-10　根据统计资料，某工厂生产的一种产品次品率等级及概率如表 9-13 所示。次品率的高低与原料的纯度有关。纯度高，次品率低(S_1 为 0.02)；反之，次品率高。纯度与运输、保存时间有关。在生产前可以对原料进行提纯。通过提纯，使全部原料处于 S1 级，从而降低次品率。经估算可知：不同纯度下的两种方案益损值如表 9-13 所示。如在生产前先检验原料，可以知道每批原料的纯度状态，从而对不同纯度的原料采取提纯或不提纯的相应策略，从而使益损期望值最大，检验费用每批次原料 400 元。请决策出该产品是否需要检验。

表 9-13　各次品率状态下不同提纯方案的益损值表(单位：元)

方案＼状态	$S_1(0.02)$	$S_2(0.05)$	$S_3(0.10)$	$S_4(0.15)$	$S_5(0.2)$
	0.2	0.2	0.1	0.2	0.3
提纯 A_1	1000	1000	1000	1000	1000
不提纯 A_2	4400	3200	2000	800	-400

解：如不考虑是否检验原料，仅从表 9-13 做出决策，可知是一个典型的风险型决策分析，计算可知：

$$E(A_1) = 1000 元$$

$$E(A_2) = 4400 \times 0.2 + 3200 \times 0.2 + 2000 \times 0.1 + 800 \times 0.2 - 400 \times 0.3$$
$$= 1680 元$$

应采用第二种方案：不提纯。

由于可以先对原料进行全样本检验，从而测出每批原料的纯度状态，以采取不同提纯策略，如测出原料的次品率为 S_2，不提纯的益损值要大于提纯的益损值(3200＞1000)，则没有必要提纯；反之，如测出原料的次品率为 S_4，提纯的益损值要大于不提纯的益损值(1000＞800)，则需采用提纯策略，其他相类似。因此，若定义在检测原料纯度条件下采取不同策略的方案为 A_3，且考虑检测本身的成本，则该方案的期望益损值：

$$E(A_3) = 4400 \times 0.2 + 3200 \times 0.2 + 2000 \times 0.1 + 1000 \times 0.2 + 1000 \times 0.3 - 400$$
$$= 2220 - 400 = 1820 元$$

进行全样本检验测出原料纯度状态，从而可以有区别地进行策略选择以达到利益最大化，这时获取的信息为完全信息，在此条件下的期望益损值要大于第二种方案(2200＞1680)，再考虑检测本身的成本，可得出完全信息的价值为 1820-1680=140 元。

本例题也可用决策树得出方案 A_3 的期望益损值，如图 9-8 所示。

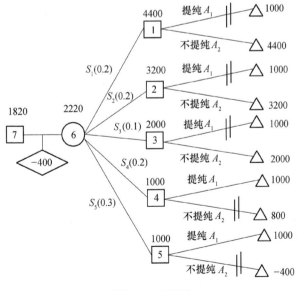

图 9-8　决策树

例 9-11 某工厂考虑大量生产某一产品,估计该产品销路好的概率为 0.75,销路差的概率为 0.25。销路好时可盈利 1000 万元,而销路差的话则要亏损 180 万元。为了更深入细致地分析这个决策问题,以避免盲目性所带来的损失,该厂决策人员拟先作小批量试销生产试验。根据对市场的分析研究,试销时销路好的概率是 0.85。而如果试销的实际结果为销路好,则大量生产后销路好的概率是 0.90;如果试销的实际结果为销路差,则大量生产后销路好的概率是 0.15,如表 9-14 所示。试求通过试销生产试验而获取的情报价值。

表 9-14　各种情况下的概率

试销生产		大量生产	
销路好	0.85	销路好	0.90
		销路不好	0.10
销路差	0.15	销路好	0.15
		销路不好	0.85

解:(1)画出决策树,如图 9-9 所示。

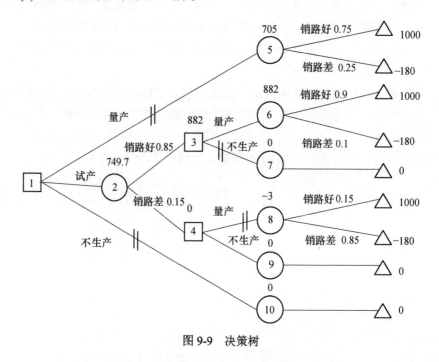

图 9-9　决策树

(2)计算各点期望值,如图 9-9 中各点旁边所标的值。

节点 2 的期望值为 749.7 万元,这是经试销生产试验取得更多情报后的益损期望值,而取得这项情报之前,最优方案的益损期望值是点 5 的期望值 705 万元。因此这项情报的价值为 749.7 - 705 = 44.7 万元,称为抽样信息的期望价值,这是取得这项情报而应付出代价的上限。抽样信息的期望价值与市场研究费用之差称为抽样信息的期望纯收益,此值大于 0,市场研究方案才能被接受。

如果确切的知道将要发生的市场状态,则为完全信息。在上例中,假如知道经试生产后销路一定好,该厂就会决定生产该产品。如果经试生产后销路差,就放弃生产该产品,所以相应的收益应改为:销路好时可盈利 1000 万元,而销路差的话则为 0 万元,又已知该产品销路好的概率为 0.75,销路差的概率为 0.25。则使用完全信息后的期望值为:$1000 \times 0.75 + 0 \times 25 = 750$ 万元。此值是确定条件下的期望值,此值与无市场研究情况下的最优期望值之差称为完全信息的期望价值。上例中,完全信息期望价值 $750 - 705 = 45$ 万元。此值与抽样信息的期望价值之差表示改进市场研究精确性后收益的潜力。

9.5 效用理论及其应用

9.5.1 效用理论的意义

以上讨论的方法及所举例子,基本上都是以益损期望值作为评选方案的标准。但是决策是由决策者做出的,决策者的经验、才智、胆识和判断能力等主观因素,会对决策的过程产生重要影响。此外,决策还会受到决策者客观处境的间接影响,如果完全以损益期望值的大小作为决策标准,就会把决策过程变成机械地计算期望值的过程,而把决策者的作用完全排除在外,这显然是不合理的,也是不符合实际情况的。

例如,有一个资产为 1000 万元的木材加工厂,发生火灾的概率为 0.001,这个工厂发生火灾而遭受损失的期望值是 0.001×1000 万元 $= 10000$ 元。假定这个工厂向保险公司保险,保险公司每年要收取保险费 11000 元,保险费用要大于工厂损失的期望值 10000 元。尽管如此,工厂还是要保险,因为不保险方案的风险太大。所以当依据益损期望值进行决策时,要注意结合具体情况进行分析。

又例如,某工厂计划试制一种新产品,成功与失败的概率均为 0.5。如成功,每件新产品可获利 100 元,如果失败,每件产品损失 50 元,如不试制照旧生产原产品,每件产品可获利 15 元。在这个例子中,大多数人可能宁愿选择不试制的方案,尽管生产新产品的利润期望值只有 $1.0 \times 15 = 15$ 元,而试制新产品的利润期望值是 $0.5 \times 100 + 0.5 \times (-50) = 25$ 元。其中有些什么道理?是否以期望值作为决策标准不合理?不是。决策人宁愿选择期望值较低的方案,是因为不愿意负担遭受损失的风险。一般地说,当同一决策重复多次时,或者风险的数字较小时,决策者的兴趣是与期望值的高低大体一致的;而当同一决策只进行一次且包含有较大风险时,决策人的兴趣与期望值的高低,往往会出现相当程度的分歧。

上面的例子说明,对于相同的益损期望值,不同的决策者的反应不一定相同。这是决策者的个人素质、当前处境、对未来的展望期望等条件下促成的。即使是同一决策者,由于时期、条件等不同,对相同的利益或损失的反应也不一定相同。例如,决策者作为个体经营时,把几万元的风险损失看成决定企业生死存亡的大事,而成为企业集团的经理后,也许将几万元的风险损失视作小事。

9.5.2 效用理论相关概念

1. 效用与效用值

决策者对于利益和损失的特有的兴趣、感觉或反应,叫做效用。它是决策者的价值观和偏好在决策活动中的综合反映。用效用指标来衡量人们对同一期望值在主观上的价值就是效用值，它从数量方面表示了人们对风险的态度。

2. 效用理论

效用理论可用来分析决策者对待风险的态度，也称优先理论。表现为：

同一笔货币，在不同的风险情况下，对同一决策者来说具有不同的效用值；

同一笔货币，在相同的风险情况下，对不同决策者来说具有不同的效用值；

一般以 1 表示最大的效用值，0 表示最小的效用值，效用值的大小可表示为相对的数值关系。

3. 效用曲线

在直角坐标系中，以益损值为横坐标，以效用值为纵坐标画出的曲线，叫做效用曲线，如图 9-10 所示。图 9-10 的三条曲线代表了三种不同类型决策者的效用曲线。曲线 A 所反映的是一种不求大利，避免风险，谨慎小心的保守型决策者，他对盈利的反应比较迟缓，而对于损失特别敏感。曲线 C 恰恰相反，所反映的是一种谋求大利，不惧风险的进取型的决策者，他对损失反应迟缓，而对盈利比较敏感。曲线 B 则反映一种循规蹈矩，完全按照期望值的高低来选定行动方案的中间型的决策者。

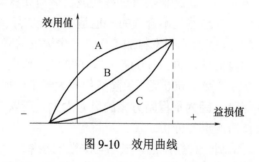

图 9-10 效用曲线

一般来说，对同一益损值有不同态度的人其效用曲线也不同。

由于效用是决策人观念上的东西，因此效用值是很难准确度量的。要做出每个人的效用曲线并非易事，必须完全了解他对风险和益损值的态度，要反复预测、询问和比较。绘制时，首先应确定决策问题益损值的上限(其效用值 1)和下限(其效用值为 0)；然后在中间选几个益损值，询问被测试者，得出效用曲线上的几个点；最后绘制出效用曲线。

了解效用理论对分析评价决策过程，以及最终确定行动方案都是有意义的。

9.5.3 效用曲线的应用

下面通过对例 9-12 的讨论，来说明效用理论的作用。

例 9-12 某路段公路改造，提出了两个方案。一个方案是改造为高速公路，另一个方案是改造为二级公路，两者的使用期都是十年。改造为高速公路需要投资 600 万元，改造为二级公路需要投资 280 万元，两个方案的年益损值及自然状态的概率见表 9-15。试应用决策树评选出合理的决策方案。

解：画出本问题的决策树，如图 9-11 所示。各点旁边所标的数值为各点期望值。

建设高速公路的方案在交通量大的情况下，收益为 200×10-600=1400 万元；交通量不大的情况下，收益为 -40×10-600=-1000 万元；方案的期望值是 680 万元。建设二级公路的方案在交通量大的情况下,收益为 80×10-280=520 万元;交通量不大的情况下,收益为 60×10-280=320 万元;方案的期望值是 460 万元。以益损期望值为标准,建高速公路的方案是最优方案。

表 9-15　每年的益损值表(单位:万元)

状态 方案	交通量大	交通量不大
	0.7	0.3
建高速公路	200	-40
建二级公路	80	60

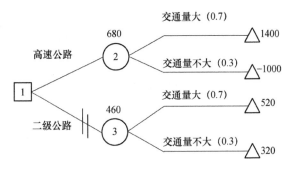

图 9-11　例 9-12 决策树

这个决策问题的最大收益值为 1400 万元,最大损失值为 1000 万元。以 1400 万元(即在最满意情况下)的效用值为 1,以-1000 万元(即在最不满意情况下)的效用值为 0,以这两个确定的效用值为基础,向决策人提出一系列问题进行更多效用值的确定,即询问决策人对于有两个状态、两个方案的决策问题的选择情况,其中一个方案为:状态概率确定(一般均为 50%)、两状态下有确定的益损值(且其效用值已知);另一个方案为:介于以上两个确定益损值之间的益损值肯定发生(发生概率 100%)。通过反复比较选择后,确定出与第一个方案等同(方案选择无差异)的第二个方案对应的益损值。经过计算第一个方案的期望效用值,该效用值即为第二个方案益损值对应的效用值。以此为基础,再进行下一轮的决策,从而确定对应不同益损值及其效用值的若干坐标点。用光滑曲线连接个坐标点就可画出效用曲线。

图 9-12 是例 9-12 的效用曲线图。

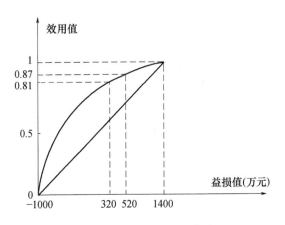

图 9-12　例 9-12 的效用曲线

得到这条曲线后,就可以找出对应于各个益损值的效用值;如 520 万元的效用值等于 0.87,320 万元的效用值等于 0.81。把对应的效用值写在图 9-13 上各益损值之后的括号内,得到图 9-13。以效用值而不是以益损值作为依据进行计算,建设高速公路方案的

213

效用期望值是：0.7×1.0+0.3×0＝0.7；而建设二级公路方案的效用期望值是：0.7×0.87+0.3×0.81＝0.85。

由此可见，加以效用值作为标准，建二级公路方案反而较好。

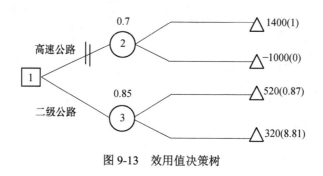

图 9-13 效用值决策树

思考与练习题

9.1 什么是决策？它有哪些基本类型？简述确定型、风险型和不确定型决策问题的异同点。

9.2 如何估算信息本身的价值？信息的价值有何应用？

9.3 如何绘制决策者的效用曲线？

9.4 某工程队要在半年内完成一条高速公路的施工任务，可供选择的施工方案有四种：A_1、A_2、A_3、A_4。不同的施工方案在不同的天气状态下的收益不同。施工期间可能遇到的天气状态有四种：T_1(施工期间下雨天数 $D<5$)、$T_2(5 \leqslant D<15)$、$T_3(15 \leqslant D<30)$、$T_4(D \geqslant 30)$，不同施工方案在不同天气状况下的收益见表 9-2。试分别运用悲观准则、乐观准则、折衷准则(折衷系数为 $\alpha=0.6$)、等可能准则、遗憾准则选择一个合适的施工方案，使得工程队的收益最大。

9.5 在上题中假设根据气象预报，施工期间出现四种天气状况 T_1、T_2、T_3、T_4 的概率分别为：$F_1=0.2$；$F_2=0.4$；$F_3=0.1$；$F_4=0.3$。试用最大可能准则和期望值准则选择最合适的施工方案，使得工程队的收益最大。

9.6 某路政部门欲订购下一季度的反光交通服。根据过去统计资料及市场估测，下一季度交通服的销售量可能为 0.5 万件、1 万件、1.5 万件、2 万件，已知交通服的订购成本为 80/件，售价为 95 元/件。但交通服的季节性很强，过期后的处理价仅为 45 元/件，且都能销售完。试决策交通服的订购数量。

9.7 某工程队承担一座桥梁的施工任务，由于施工地区夏季多雨，因此对施工设备的处理方案要进行决策分析。根据该地区过去水情资料的概率统计，一般水位的发生概率为 0.85，高水位发生的概率为 0.15。考虑三种方案，运走设备需要支付运输费 1.5 万元；不运走而修筑防护堤需要支付筑堤费 0.5 万元，当发生高水位时设备损失 5 万元，一般水位时无设备损失；就地放置不筑堤，当发生高水位时设备损失 10 万元，一般水位时无设备损失。试利用决策树法进行决策分析。

9.8 A国某地区地下可能储藏石油,统计资料显示:在相似地理区域钻探的井中,有8口油井和16口干井,每口油井收入都是大约150万元。若本国自行钻探,需花费30万元。也可将该地石油开采权租让给B国石油开发公司,从而稳得租金10万元,且若能出油还可额外再得10万元。该国应如何决策?

9.9 续 9.8。假设有一个地质勘探队能对该地进行地震试验,从而判明该地区的地质结构是封闭或开放的。从地质学可知:有油地区多半是封闭结构,无油地区多半是开放结构。又据统计资料可知:该地质队把有油地区勘测为封闭结构的概率为0.8,把无油地区勘测为开放结构的概率是0.6。若做地震试验要花费5万元,A国应如何决策?

9.10 某工程有甲、乙、丙三种方案,方案的实施有一定风险,相应的益损值表如下表所示:

方案 \ 状态	成功	失败
	0.4	0.6
甲	2000	−1000
乙	800	−100
丙	1000	−200

(1) 请用决策树法选择方案;

(2) 经调查,上表中处于2000与−1000之间的效用值如下,请利用效用理论进行方案的选择。

益损值	效用值	益损值	效用值
800	0.5	−200	0.2
1000	0.7	−100	0.3

第10章 对策分析

10.1 基本概念

10.1.1 对策论的产生及发展

上一章讨论的决策问题，是人和客观环境打交道时应该采取的策略，而客观环境对于决策者者是没有偏好的。现实中，常常存在着另一种情况，决策者的对方也是一个或几个决策者，各自为了本身的利益相互竞争。日常生活中的下棋、打牌、体育竞赛等，地区冲突或战争、企业的竞争等，都具有竞争或对抗的性质，这一类问题称为对策问题。在对策行为中，参加竞争的各方具有不同的目标和利益。为了达到各自的目标，各方面必须考虑对手的各种可能的行动方案，力图选取对自己最有利的策略。

对策论(Game Theory)又称为博弈论，是研究决策主体的行为发生直接相互作用时的决策以及这种决策的均衡问题的，也就是说，当一个主体，比如一个人或一个企业的选择受到其他人、其他企业选择的影响，而且反过来影响到其他人、其他企业选择时的决策问题和均衡问题。对策论是描述和分析人类理性行为的恰当工具。

对策论思想可追溯至2000多年前，我国战国时代的"田忌与齐王赛马"，这是对策论一个经典事例。齐王和田忌从各自的上马、中马、下马中选出一匹比赛，每输一次付出千金，但同等的马，齐王比田忌的强，看起来田忌要输三千金了，但田忌的谋士们出了一个主意：让田忌的下马对齐王的上马，中马对齐王的下马，上马对齐王的中马。这样虽然田忌的下马输了，但中马、上马都胜了，反而赢得千金。由此可见，在同样的实力条件下，对策的不同决定着成败得失。

对策论这门学科的正式形成是在1944年，美国数学家冯·诺伊曼(von Neumann)与经济学家奥斯卡·摩根斯特恩(Morgenstern)合作出版了《对策论与经济行为》专著。至今，对策论已广泛应用于社会、政治、军事、经济等不同领域，包括企业经营、资源管理、国际争端、环境工程、运输工程等方面。

对策论有如下特点：
(1) 参与者都设法使自己的赢得最大。
(2) 参与者都是理性的。
(3) 对策的结果，取决于全部参与者各自的决策。
(4) 参与者要根据对其他参与者的判断或预测决定自己的行动，因而是对策。

决策论、最优化方法是一种单人决策理论，而对策论是一种多人决策理论。

10.1.2 对策问题模型

在对策问题中，有三个根本的要素。

1. **局中人(Player)**

参加竞争的各方,即通过选择行动使自己效用最大化的决策主体,他们是有独立的决策权、可以承担责任的个人或组织,例如上面的赛马问题,齐王与田忌便是局中人。一个对策模型至少有两个局中人,只有两个局中人的对策模型称为两人对策(two-person game)。

2. **局中人的策略(Strategies)**

一局对策中,每人都有供他选择的完整方案,这样一个方案叫做局中人的一个策略,一个局中人的全部可行策略称为他的策略空间。

如果在一个对策中,各局中人的策略数是有限的,则称为"有限对策"(Finite game)(如上面赛马的例子),否则称为"无限对策"(Infinite game)。在上面的赛马例子中,如果一开始就要把依次出场的三匹马的次序排号,那么一种排列次序便是一个策略,齐王与田忌各有六个策略:(上、中、下); (上、下、中); (中、上、下); (中、下、上); (下、上、中); (下、中、上); 这六个策略的全体便是局中人的策略空间,也称为策略集合。

3. **结局(outcome)**

每局对策的最终结果,指既定策略组合条件下全部参与者所得收益的集合。例如赛马例中田忌出(下、中、上)对齐王的(上、下、中),因而胜千金,而齐王负千金。各局中人赢得之和总是为零的对策称为零和对策,例如田忌赛马就是零和对策,不总是为零的对策称为非零和对策。非零和对策有可能存在合作关系,争取双赢的局面。当所有参与人取得最优策略或行动的组合时称为均衡。

在对策论中,信息占有重要的地位,是能够影响最后对策结局的所有局中人的情报,特别是有关其他局中人的特征和行动的知识。对策的赢得很大程度上依赖于信息的准确度与多寡。

10.2 二人零和对策

有限二人零和对策也叫矩阵对策。在这种对策中,只有两个局中人,每个局中人各有有限个可供选择的策略。在每个对局中,两个局中人独立的选择一个策略(互相都不知道对方的策略),其中一个局中人之所得恰为另一局中人之所失,两个局中人的赢得函数可以用同一个矩阵来表示。而两人的收益总和为零。这种对策中,两个局中人的利益是完全相反的,因此不存在合作的可能。

"二人零和对策"是一种最简单、最基本的对策,"n人对策"的情况则远为复杂($n \geq 3$),纳什于1951年才首次提出了 n 人对策的"平衡点"解的概念。n 人对策中局中人可以有多种可能的合作,因此我们面临着复杂的联盟问题。至于"非零和对策"(两人或 n 人),我们可以通过引进假想的第 $n+1$ 个局中人,将"n 人非零和对策"转化为($n+1$)人零和对策。

用Ⅰ、Ⅱ表示两个局中人,局中人Ⅰ有 m 个策略:$\alpha_1, \alpha_2, \cdots, \alpha_m$,策略集合为 $X_1 = \{\alpha_1, \alpha_2, \cdots, \alpha_m\}$,局中人Ⅱ有 n 个策略:$\beta_1, \beta_2, \cdots, \beta_n$,策略集合为 $X_2 = \{\beta_1, \beta_2, \cdots, \beta_n\}$,当Ⅰ选取策略 α_i,Ⅱ选取策略 β_j,就形成一个局势 (α_i, β_j),这样共有 mn 个可能的局势。设局中人Ⅰ的赢得函数 $u_1(\alpha_i, \beta_j) = a_{ij}$,则局中人Ⅱ的赢得函数有 $u_2(\alpha_i, \beta_j) = -a_{ij}$。于是,

矩阵 A 称为局中人Ⅰ的赢得矩阵，则该矩阵对策记为 $G=(X_1,X_2,A)$。

当对策双方均取得最优策略时的局势称为纳什均衡局势，是这样一种状态:局中人单方面改变其策略，都会使自己的赢得函数值降低;这种局势是对策双方都不愿意去改变的一种局面。只有构成局势均衡状态，才能为局中人双方保持该状态，稳定选择策略;相反，不满足均衡状态要求的局势是不稳定的。

10.2.1 最优纯策略

根据前述的纳什均衡局势，考虑矩阵对策 $G=(X_1,X_2,A)$，局势 (α_i,β_j) 是纯策略纳什均衡的必要充分条件是，对任意的 $i=1,2,\cdots,m$ 和 $j=1,2,\cdots,n$，有

$$a_{i\bar{j}} \leqslant a_{\bar{i}\bar{j}} \leqslant a_{\bar{i}j}$$

$(\alpha_{\bar{i}},\beta_{\bar{j}})$ 称为纯局势。

例 10-1 给定一矩阵对策 G，其赢得矩阵为

$$A=\begin{pmatrix} 5 & -3 & 1 \\ -1 & 5 & 1 \\ 3 & 3 & 2 \end{pmatrix}$$

求该对策的最优纯策略和对策值。

解：局中人Ⅰ可以选取 $\alpha_1,\alpha_2,\alpha_3$；局中人Ⅱ可以选取 β_1,β_2,β_3。设局中人Ⅰ、Ⅱ都采用保守准则，保证最小收益。

(1) 对于局中人Ⅰ

若选择 α_1，则当Ⅱ选择 β_2 时对Ⅰ最不利，这时，局中人收益为-3，即 $\min\{5,-3,1\}=-3$；
若选择 α_2，则当Ⅱ选择 β_1 时对Ⅰ最不利，这时，局中人收益为-1，即 $\min\{-1,5,1\}=-1$；
若选择 α_3，则当Ⅱ选择 β_3 时对Ⅰ最不利，这时，局中人收益为2，即 $\min\{3,3,2\}=2$；
对于这三种不利情况，局中人当然会选择最有利的策略，$\max\{-3,-1,2\}=2$。
故局中人Ⅰ的最优策略为 α_3。

(2) 对于局中人Ⅱ

$$A=\begin{pmatrix} 5 & -3 & 1 \\ -1 & 5 & 1 \\ 3 & 3 & 2 \end{pmatrix}$$

若选择 β_1，则当Ⅰ选择 α_1 时对Ⅱ最不利，这时，局中人损失为5，即 $\max\{5,-1,3\}=5$；
若选择 β_2，则当Ⅰ选择 α_2 时对Ⅱ最不利，这时，局中人损失为5，即 $\max\{-3,5,3\}=5$；
若选择 β_3，则当Ⅰ选择 α_3 时对Ⅱ最不利，这时，局中人损失为2，即 $\max\{1,1,2\}=2$；
对于这三种不利情况，局中人当然会选择最有利的策略，即选取策略 β_3，$\min\{5,5,2\}=2$。
故局中人Ⅱ的最优策略为 β_3。

此时，当局中人Ⅰ选择 α_3，局中人Ⅱ选择 β_3，双方都取得最优策略，且有相等的对

策值 $V = a_{33} = 2$，对策 (α_3, β_3) 也称为"鞍点"。

综上所述，若有等式

$$\max_i\{\min_j a_{ij}\} = \min_j\{\max_i a_{ij}\}$$

成立，则其值就是对策 G 的值，对策值所对应的策略 α_i, β_j 为局中人的最优纯策略，局势 (α_i, β_j) 是纯策略纳什均衡。

10.2.2 混合策略的纳什均衡

对于矩阵对策 $G = (X_1, X_2, A)$，设向量 $\boldsymbol{x} = (x_1, x_2, \cdots, x_m)^{\mathrm{T}}$，$x_i \geqslant 0, \sum_{i=1}^{m} x_i = 1$，则任意 x 都给出 X_1 上的一个概率分布，称为局中人 I 的一个混合策略。即局中人 I 以一定的概率随机的采用各个策略，同样，任意向量 $\boldsymbol{y} = (y_1, y_2, \cdots, y_n)^{\mathrm{T}}$，$y_i \geqslant 0, \sum_{i=1}^{n} y_i = 1$ 都是 X_2 上的一个概率分布，称为局中人 II 的一个混合策略。局中人双方各取一个混合策略所构成的混合策略组，称为一个混合局势。

对于局中人 I 和 II，期望支付函数

$$v_1(\boldsymbol{x}, \boldsymbol{y}) = \sum_{i=1}^{m}\sum_{j=1}^{n} a_{ij} x_i y_j = \boldsymbol{x}^{\mathrm{T}} \boldsymbol{A} \boldsymbol{y}$$

而混合局势 $(\bar{\boldsymbol{x}}, \bar{\boldsymbol{y}})$ 是混合策略纳什均衡的必要充分条件是:对于任意的 $\boldsymbol{x}$ 和 $\boldsymbol{y}$，总有

$$\boldsymbol{x}^{\mathrm{T}} \boldsymbol{A} \bar{\boldsymbol{y}} \leqslant \bar{\boldsymbol{x}}^{\mathrm{T}} \boldsymbol{A} \bar{\boldsymbol{y}} \leqslant \bar{\boldsymbol{x}}^{\mathrm{T}} \boldsymbol{A} \boldsymbol{y}$$

成立，即 $(\bar{\boldsymbol{x}}, \bar{\boldsymbol{y}})$ 是期望支付函数 $v_1(\boldsymbol{x}, \boldsymbol{y})$ 的鞍点。称 $V = \bar{\boldsymbol{x}}^{\mathrm{T}} \boldsymbol{A} \bar{\boldsymbol{y}}$ 为 G 在混合意义下的对策值。

则 $G = (X_1, X_2, A)$ 的混合策略纳什均衡 $(\bar{\boldsymbol{x}}, \bar{\boldsymbol{y}})$ 是下列两组不等式的解

$$1° \begin{cases} \sum_{i=1}^{m} a_{ij} x_i \geqslant V & (j = 1, 2, \cdots, n) \\ \sum_{i=1}^{m} x_i = 1, x_i \geqslant 0 & (i = 1, 2, \cdots, m) \end{cases}$$

$$2° \begin{cases} \sum_{j=1}^{n} a_{ij} y_j \leqslant V & (i = 1, 2, \cdots, m) \\ \sum_{j=1}^{n} y_j = 1, y_j \geqslant 0 & (j = 1, 2, \cdots, n) \end{cases}$$

其中，$V = \bar{\boldsymbol{x}}^{\mathrm{T}} \boldsymbol{A} \bar{\boldsymbol{y}}$。

很明显，不等式组 2° 是线性规划问题 1° 的对偶规划问题。则有

(1) 若 $\bar{x}_i \neq 0$，则 $\sum_{j=1}^{n} a_{ij} \bar{y}_j = (\boldsymbol{A}\bar{\boldsymbol{y}})_i = V$

(2) 若 $\bar{y}_j \neq 0$，则 $(\boldsymbol{A}^{\mathrm{T}} \bar{\boldsymbol{x}})_j = V$

(3) 若 $(A\overline{y})_i < V$，则 $\overline{x}_i = 0$

(4) 若 $(A^T\overline{x})_j > V$，则 $\overline{y}_j = 0$

最优纯策略可视为混合策略的特例，即视为等同于相应与该纯策略的概率为 1，而相应于其他纯策略的概率皆为 0 的概率分布。

例 10-2 给定一矩阵对策 G，其赢得矩阵为

$$A = \begin{pmatrix} 1 & 0 \\ -2 & 3 \end{pmatrix}$$

求纳什均衡与值。

解：对局中人 I 来说，有 $\max\limits_i\{\min\limits_j a_{ij}\} = 0$

对局中人 II 来说，有 $\min\limits_j\{\max\limits_i a_{ij}\} = 1$

$$\max\limits_i\{\min\limits_j a_{ij}\} \neq \min\limits_j\{\max\limits_i a_{ij}\}$$

则该对策无最优纯策略，求其混合策略。

设局中人 I 以概率 x_1, x_2 分别选取 α_1, α_2；局中人 II 以概率 y_1, y_2 分别选取 β_1, β_2，于是，问题化为如下两组不等式组

$$1° \begin{cases} x_1 - 2x_2 \geq V \\ 3x_2 \geq V \\ x_1 + x_2 = 1 \\ x_i \geq 0 \quad (i=1,2) \end{cases}$$

$$2° \begin{cases} y_1 \leq V \\ -2y_1 + 3y_2 \leq V \\ y_1 + y_2 = 1 \\ y_j \geq 0 \quad (j=1,2) \end{cases}$$

根据线性规划的对偶理论，设 $(\overline{x}, \overline{y})$ 是 $G = (X_1, X_2, A)$ 的混合策略纳什均衡，$V = \overline{x}^T A \overline{y}$，如果 $\overline{x}_i \neq 0$，则 $\sum\limits_{j=1}^{n} a_{ij}\overline{y}_j = (A\overline{y})_i = V$，同样，若 $\overline{y}_j \neq 0$，则 $(A^T\overline{x})_j = V$。

对于 1°、2°，可以分别对前两个式子取等号得线性方程组，解得

$$x_1 = \frac{5}{6}, x_2 = \frac{1}{6}, V = \frac{1}{2}$$

$$y_1 = \frac{1}{2}, y_2 = \frac{1}{2}$$

所以对策 G 的值 $V = \frac{1}{2}$，局中人 I 和 II 分别取混合策略

$$\overline{x} = \left(\frac{5}{6}, \frac{1}{6}\right), \overline{y} = \left(\frac{1}{2}, \frac{1}{2}\right)$$

例 10-3 给定一矩阵对策 G，其赢得矩阵为

$$A = \begin{pmatrix} 3 & 1 & 2 \\ 1 & 3 & 4 \\ 1 & 5 & 2 \end{pmatrix}$$

求纳什均衡与值。

解：首先，可以判断，对策不存在最优纯策略，考虑混合策略情况，设局中人 I 以概率 x_1, x_2, x_3 分别选取 $\alpha_1, \alpha_2, \alpha_3$；局中人 II 以概率 y_1, y_2, y_3 分别选取 $\beta_1, \beta_2, \beta_3$，于是，问题化为如下两组不等式组

$$1° \begin{cases} 3x_1 + x_2 + x_3 \geq V \\ x_1 + 3x_2 + 5x_3 \geq V \\ 2x_1 + 4x_2 + 2x_3 \geq V \\ x_1 + x_2 + x_3 = 1 \\ x_i \geq 0 \quad (i = 1, 2, 3) \end{cases}$$

$$2° \begin{cases} 3y_1 + y_2 + 2y_3 \leq V \\ y_1 + 3y_2 + 4y_3 \leq V \\ y_1 + 5y_2 + 2y_3 \leq V \\ y_1 + y_2 + y_3 = 1 \\ y_j \geq 0 \quad (j = 1, 2, 3) \end{cases}$$

对于 $1°$，对前三个式子取等号得线性方程组，解得

$$x_1 = \frac{5}{8}, x_2 = \frac{1}{8}, x_3 = \frac{1}{4}, V = \frac{9}{4}$$

对于 $2°$，同理可得

$$y_1 = \frac{1}{2}, y_2 = \frac{1}{4}, y_3 = \frac{1}{4}$$

所以对策 G 的值 $V = \frac{9}{4}$，局中人 I 和 II 分别取混合策略

$$\bar{x} = \left(\frac{5}{8}, \frac{1}{8}, \frac{1}{4}\right), \bar{y} = \left(\frac{1}{2}, \frac{1}{4}, \frac{1}{4}\right)$$

构成混合策略纳什均衡。

例 10-4 给定一矩阵对策 G，其赢得矩阵为

$$A = \begin{pmatrix} 4 & -1 & 5 \\ 0 & 5 & 3 \\ 3 & 3 & 7 \end{pmatrix}$$

求纳什均衡与值。

解：首先，可以判断，对策不存在最优纯策略，考虑混合策略情况，设局中人Ⅰ以概率 x_1, x_2, x_3 分别选取 $\alpha_1, \alpha_2, \alpha_3$；局中人Ⅱ以 y_1, y_2, y_3 分别选取 $\beta_1, \beta_2, \beta_3$，于是，问题化为如下两组不等式组

$$1° \begin{cases} 4x_1 + 3x_3 \geqslant V \\ -x_1 + 5x_2 + 3x_3 \geqslant V \\ 5x_1 + 3x_2 + 7x_3 \geqslant V \\ x_1 + x_2 + x_3 = 1 \\ x_i \geqslant 0 \quad (i=1,2,3) \end{cases}$$

$$2° \begin{cases} 4y_1 - y_2 + 5y_3 \leqslant V \\ 5y_2 + 3y_3 \leqslant V \\ 3y_1 + 3y_2 + 7y_3 \leqslant V \\ y_1 + y_2 + y_3 = 1 \\ y_j \geqslant 0 \quad (j=1,2,3) \end{cases}$$

若对这两组不等式都取等号，则均无正数解。因此，必须考虑有的式子取等号，有的式子不取等号，进行试算，做如下的试验，取

$$3° \begin{cases} 4x_1 + 3x_3 = V \\ -x_1 + 5x_2 + 3x_3 = V \\ 5x_1 + 3x_2 + 7x_3 > V \end{cases}$$

$$4° \begin{cases} 4y_1 - y_2 + 5y_3 = V \\ 5y_2 + 3y_3 = V \\ 3y_1 + 3y_2 + 7y_3 < V \end{cases}$$

由前述线性规划问题的性质可知，在这种情况下，必须是

$\bar{y}_3 = 0$，对应的 $5x_1 + 3x_2 + 7x_3 > V$；

$\bar{x}_3 = 0$，对应的 $3y_1 + 3y_2 + 7y_3 < V$。

这样，方程组3°与4°可变成如下的方程组

$$3° \begin{cases} 4x_1 = V \\ -x_1 + 5x_2 = V \end{cases}$$

$$4° \begin{cases} 4y_1 - y_2 = V \\ 5y_2 = V \end{cases}$$

解得

$$x_1 = \frac{1}{2}, x_2 = \frac{1}{2}, x_3 = 0$$

$$y_1 = \frac{3}{5}, y_2 = \frac{2}{5}, y_3 = 0, V = 2$$

因此，局中人Ⅰ和Ⅱ的混合策略分别为

$$\bar{x} = \left(\frac{1}{2}, \frac{1}{2}, 0\right), \bar{y} = \left(\frac{3}{5}, \frac{2}{5}, 0\right)$$

在对策论中，对于矩阵对策，求解混合策略需用线性规划的方法，问题可以化为解不等式方程组，如果策略的概率不为零时，将不等式组变为等式解，当求不出正数解时，就进行试算，将部分不等式化为等式求解。选择不同的不等式化为等式，得出混合策略概率不同，对策值也可能不同。

10.2.3 混合策略的线性规划解法

如果矩阵对策不存在鞍点，矩阵结构中也不存在优超的纯策略(见 10.3 节)，且每个局中人都有三个以上的策略可供选择，则求混合策略纳什均衡的方法如下：

对局中人Ⅰ，求目标函数

$$S(x') = \sum_{i=1}^{m} x_i'$$

在约束条件

$$\begin{cases} \sum_{i=1}^{m} a_{ij} x_i' \geqslant 1 & (j=1,2,\cdots,n) \\ x_i' \geqslant 0 & (i=1,2,\cdots,m) \end{cases}$$

下的极小值，其中

$$x_i' = \frac{x_i}{V} \quad (i=1,2,\cdots,m)$$

$$V = \max_{x \in S_1} \min_{1 \leqslant j \leqslant n} \sum_{i=1}^{m} a_{ij} x_i$$

$$\sum_{i=1}^{m} x_i' = \frac{1}{V}$$

对局中人Ⅱ，求目标函数

$$S(y') = \sum_{j=1}^{n} y_j'$$

在约束条件下

$$\begin{cases} \sum_{j=1}^{n} a_{ij} y_j' \leqslant 1 & (i=1,2,\cdots,m) \\ y_j' \geqslant 0 & (j=1,2,\cdots,n) \end{cases}$$

下的极大值，其中

$$y_j' = \frac{y_j}{V} \quad (j=1,2,\cdots,n)$$

$$V = \min_{y \in S_2} \max_{1 \leq i \leq m} \sum_{j=1}^{n} a_{ij} y_j$$

$$\sum_{j=1}^{n} y'_j = \frac{1}{V}$$

S_1, S_2 分别为局中人 I、II 的策略空间，上述问题是两组具有不等式约束的线性规划问题，可利用单纯形法求解。

10.3 求解矩阵对策的简化方法

在实际的对策问题中，局中人往往有三个以上的策略可供选择，即赢得矩阵是三阶或三阶以上的矩阵，形成了大对策问题，对大对策问题的求解相对繁杂，这时，如果可以将一个多阶的对策矩阵进行降阶，甚至降为 2×2 阶的矩阵，这时的求解就容易多了，在矩阵对策的求解中通常有两种类型的矩阵化简方法。

1. 优势化简法

对于一给定矩阵对策 $G = (X_1, X_2, \boldsymbol{A})$。

$$X_1 = \{\alpha_1, \alpha_2, \cdots, \alpha_m\}, \quad X_2 = \{\beta_1, \beta_2, \cdots, \beta_n\}, \quad \boldsymbol{A} = (a_{ij})_{m \times n}$$

如果对于一切的 $j(j=1,2,\cdots,n)$，均有 $a_{ij} \geqslant a_{kj}$ 成立，则称局中人 I 的纯策略 α_i 优超于纯策略 α_k，那么纯策略 α_k 的选择概率为 0，这时可在 $\boldsymbol{A}$ 中去掉第 k 行，所得矩阵同原矩阵对策值相等。

同样，如果对一切 $i(i=1,2,\cdots,m)$，均有 $a_{ij} \leqslant a_{il}$，则称局中人 II 的纯策略 β_j 优超于纯策略 β_l，在 $\boldsymbol{A}$ 中去掉第 l 列，所得矩阵同原矩阵对策值相等。

例 10-5 给定一矩阵对策 G，其赢得矩阵为

$$A = \begin{pmatrix} 2 & 4 & 0 & 6 & 0 \\ 5 & 1 & 2 & 4 & 8 \\ 7 & 3 & 9 & 5 & 9 \\ 4 & 6 & 6 & 7 & 6 \\ 5 & 0 & 7 & 1 & 3 \end{pmatrix} \begin{matrix} \alpha_1 \\ \alpha_2 \\ \alpha_3 \\ \alpha_4 \\ \alpha_5 \end{matrix}$$
$$\begin{matrix} \beta_1 & \beta_2 & \beta_3 & \beta_4 & \beta_5 \end{matrix}$$

求对策 G 的值与纳什均衡。

解：因 α_4 优超于 α_1，α_3 优超于 α_2，所以由对策 G 可得一新的对策矩阵

$$A_1 = \begin{pmatrix} 7 & 3 & 9 & 5 & 9 \\ 4 & 6 & 6 & 7 & 6 \\ 5 & 0 & 7 & 1 & 3 \end{pmatrix} \begin{matrix} \alpha_3 \\ \alpha_4 \\ \alpha_5 \end{matrix}$$
$$\begin{matrix} \beta_1 & \beta_2 & \beta_3 & \beta_4 & \beta_5 \end{matrix}$$

对策矩阵中，β_2 优超于 β_3、β_4、β_5，所以又可得一新的对策矩阵

$$A_2 = \begin{pmatrix} 7 & 3 \\ 4 & 6 \\ 5 & 0 \end{pmatrix} \begin{matrix} \alpha_3 \\ \alpha_4 \\ \alpha_5 \end{matrix}$$
$$\quad\quad \beta_1 \ \beta_2$$

同理，α_3 优超于 α_5，又可得一新的对策矩阵

$$A_2 = \begin{pmatrix} 7 & 3 \\ 4 & 6 \end{pmatrix} \begin{matrix} \alpha_3 \\ \alpha_4 \end{matrix}$$
$$\quad\quad \beta_1 \ \beta_2$$

于是，问题化为不等式组

$$1° \begin{cases} 7x_3 + 4x_4 \geqslant V \\ 3x_3 + 6x_4 \geqslant V \\ x_3 + x_4 = 1 \\ x_3 \geqslant 0, x_4 \geqslant 0 \end{cases}$$

$$2° \begin{cases} 7y_1 + 3y_3 \leqslant V \\ 4y_1 + 6y_2 \leqslant V \\ y_1 + y_2 = 1 \\ y_1 \geqslant 0, y_2 \geqslant 0 \end{cases})$$

每组前两个式子取等号，解得 $V = 5$

$$x_3 = \frac{1}{3}, x_4 = \frac{2}{3}$$
$$y_1 = \frac{1}{2}, y_2 = \frac{1}{2}$$

所以，混合策略纳什均衡为

$$\bar{x} = \left(0, 0, \frac{1}{3}, \frac{2}{3}, 0\right), \bar{y} = \left(\frac{1}{2}, \frac{1}{2}, 0, 0, 0\right)$$

2．加常数法

矩阵对策有如下定理：给定两个矩阵对策

$$G_1 = \{S_1, S_2; A_1 = (a_{ij})_{m \times n}\}$$
$$G_2 = \{S_1, S_2; A_2 = (a_{ij} + d)_{m \times n}\}$$

其中 d 是常数，则这两个对策的解不变，其对策值相差一个常数 d，即

$$V_2 = V_1 + d$$

其中 V_1 和 V_2 分别为对策 G_1 和 G_2 的值。

例 10-6 对于一给定的矩阵对策 $G=(X_1,X_2,A)$，其赢得矩阵为

$$A = \begin{pmatrix} 1 & 2 & 3 \\ 3 & 1 & 2 \\ 2 & 3 & 1 \end{pmatrix}$$

如果对矩阵 A 的每个元素都加上 -1，则有

$$A_1 = \begin{pmatrix} 0 & 1 & 2 \\ 2 & 0 & 1 \\ 1 & 2 & 0 \end{pmatrix}$$

这时矩阵中有多个 0，列出不等式组后，求解无疑会简单许多。由以上定理可知，矩阵 A 与矩阵 A_1 的对策值相差 -1。

于是，问题化为解如下两组不等式组

$$1° \begin{cases} 2x_2 + x_3 \geqslant V_1 \\ x_1 + 2x_3 \geqslant V_1 \\ 2x_1 + x_2 \geqslant V_1 \\ x_1 + x_2 + x_3 = 1 \\ x_i \geqslant 0 \quad (i=1,2,3) \end{cases}$$

$$2° \begin{cases} y_2 + 2y_3 \leqslant V_1 \\ 2y_1 + y_3 \leqslant V_1 \\ y_1 + 2y_2 \leqslant V_1 \\ y_1 + y_2 + y_3 = 1 \\ y_j \geqslant 0 \quad (j=1,2,3) \end{cases}$$

每组前三个式子取等号，解得 $V_1 = 1$

$$x_1 = \frac{1}{3}, x_2 = \frac{1}{3}, x_3 = \frac{1}{3}$$

$$y_1 = \frac{1}{3}, y_2 = \frac{1}{3}, y_3 = \frac{1}{3}$$

所以对策 G 的值 $V = V_1 - (-1) = 2$，混合策略纳什均衡为

$$\bar{x} = \left(\frac{1}{3}, \frac{1}{3}, \frac{1}{3}\right), \bar{y} = \left(\frac{1}{3}, \frac{1}{3}, \frac{1}{3}\right)$$

思考与练习题

10.1 求解下列矩阵对策，其中赢得矩阵 A 分别为

(a) $\begin{pmatrix} 2 & 2 & 1 \\ 3 & 4 & 4 \\ 2 & 1 & 6 \end{pmatrix}$
(b) $\begin{pmatrix} -2 & 12 & -4 \\ 1 & 4 & 8 \\ -5 & 2 & 3 \end{pmatrix}$

(c) $\begin{pmatrix} 6 & 5 \\ 8 & 9 \\ 11 & 7 \\ 4 & 2 \end{pmatrix}$
(d) $\begin{pmatrix} 9 & 3 & 1 & 8 & 0 \\ 6 & 5 & 4 & 6 & 7 \\ 2 & 4 & 3 & 3 & 8 \\ 5 & 6 & 2 & 2 & 1 \\ 3 & 2 & 3 & 5 & 4 \end{pmatrix}$

(e) $\begin{pmatrix} 2 & 7 & 2 & 1 \\ 2 & 2 & 3 & 4 \\ 3 & 5 & 4 & 4 \\ 2 & 3 & 1 & 6 \end{pmatrix}$
(f) $\begin{pmatrix} 2 & 4 & 0 & -2 \\ 4 & 8 & 2 & 6 \\ -2 & 0 & 4 & 2 \\ -4 & -2 & -2 & 0 \end{pmatrix}$

10.2 用线性规划方法求解下列矩阵对策，其中 A 为

(a) $\begin{pmatrix} 8 & 2 & 4 \\ 2 & 6 & 6 \\ 6 & 4 & 4 \end{pmatrix}$
(b) $\begin{pmatrix} 2 & 0 & 2 \\ 0 & 3 & 1 \\ 1 & 2 & 1 \end{pmatrix}$

第 11 章 运输系统案例分析

11.1 解析结构模型在城市交通拥挤分析中的应用

随着我国经济增长和城市化水平的提高，城市机动车的增长速度远远超过了道路建设的增长速度，城市交通日趋紧张，交通拥挤与阻塞现象日趋严重，"乘车难，行车难，停车难"成了城市普遍存在的社会问题，交通问题已成为阻碍经济发展的显著原因，城市交通面临着严峻考验，解决城市交通问题迫在眉睫。

交通问题表面现象众多，影响因素也很多，因素间的关系如何，哪些是主要因素，这些问题仅凭经验判断比较困难。按照系统工程的观点，将交通问题看作一个大系统，应用解析结构模型，可将众多交通问题之间的关系用多级递阶结构直观地表示出来，从而找出交通问题的深层次原因，并提出相应对策，从根本上解决交通问题。

11.1.1 建立系统要素集

通过调查和对有关资料的分析，从人、车、路、交通管理和规划等方面进行分析，将某城市的交通问题总结为 27 条，如表 11-1 所示。

表 11-1 某城市交通问题列表

序号	交通问题	序号	交通问题
1	机动车数量增长速度大于道路建设速度	15	公交车停靠站很少采用港湾式
2	单中心圈层式的城市结构	16	人行过街设施不足
3	缺乏统一、有效的城市交通行业管理体系	17	停车场紧缺
4	城市交通规划缺乏或滞后于实施	18	摩托车数量多
5	管理、引导交通能力有限	19	自行车数量多
6	摩托车对交通干扰严重	20	人力三轮车仍在运营
7	公交优先措施不足	21	公共交通落后，公交车少
8	交通标志、标线施划不合理	22	出租车、中巴车急停猛拐，乱停靠
9	交叉口信号控制不合理	23	路边停车严重
10	交叉口渠化不科学	24	行人不遵守交通规则
11	道路建设标准低，行驶条件不好	25	非机动车不遵守交通规则
12	支路建设缺乏，路网不完善	26	机动车违章
13	机动车道、非机动车道隔离带建设不合理	27	道路拥堵、车速低
14	立交桥数量少		

上述所列"交通问题"系统的各要素中，要素 27 是最主要的表现，其余要素可按交通规划、管理、人、车、道路等方面划分，如图 11-1 所示。

$$
\text{交通问题} \begin{cases} \text{交通规划：1、2、3、4} \\ \text{交通管理：5、6、7、8、9、10} \\ \text{道路：11、12、13、14、15、16、17} \\ \text{车：18、19、20、21、22、23} \\ \text{人：24、25、26} \end{cases}
$$

图 11-1　某市"交通问题"系统的要素集合

11.1.2　建立邻接矩阵

分析上述 27 个要素间的直接关系，可得表 11-2。

表 11-2　系统要素直接关系

要素序号 i	影响要素 $E(i)$	要素序号 i	影响要素 $E(i)$	要素序号 i	影响要素 $E(i)$
1	1、27	10	5、10、24、25、26、27	19	17、19、27
2	2、5、27	11	11、27	20	20、27
3	3、4、5、7	12	1、12、27	21	21、27
4	1、2、4、12、13、15、16、17、21	13	13、24、25	22	22、26、27
5	5、6、20、22、23、24、26、27	14	1、14、27	23	23、26、27
6	6、26、27	15	15、27	24	24、27
7	7、15、21	16	16、24、25、27	25	25、27
8	5、8、23、24、25、26、27	17	17、23	26	26、27
9	5、9、24、25、26、27	18	18、27	27	27

根据上述直接关系表，可列出邻接矩阵，由于篇幅关系，略去。

11.1.3　建立可达矩阵

对于矩阵运算，可用 Matlab 软件方便算出，由邻接矩阵计算出可达矩阵后，可知系统要素的所有可达关系，如表 11-3 所示。

表 11-3　系统要素的可达关系

要素序号 i	影响要素 $E(i)$	要素序号 i	影响要素 $E(i)$	要素序号 i	影响要素 $E(i)$
1	1、27	4	1、2、4~6、12、13、15~17、21	7	7、15、21、27
2	2、5、6、20、22~24、26、27	5	5、6、20、22~24、26、27	8	5、6、8、20、22~27
3	1~7、12、13、15~17、20~27	6	6、26、27	9	5、6、9、20、22~27

(续)

要素序号 i	影响要素 E(i)	要素序号 i	影响要素 E(i)	要素序号 i	影响要素 E(i)
10	5、6、10、20、22~27	16	16、24、25、27	22	22、26、27
11	11、27	17	17、23、26、27	23	23、26、27
12	1、12、27	18	18、27	24	24、27
13	13、24、25、27	19	17、19、23、26、27	25	25、27
14	1、14、27	20	20、27	26	26、27
15	15、27	21	21、27	27	27

11.1.4 得出结构模型

利用公式 $P(S_i) \cap Q(S_i) = P(S_i)$ 判断，系统共分为 7 级，分别为：Ⅰ：27；Ⅱ：1、11、15、18、20、21、24、25、26；Ⅲ：6、7、12、13、14、16、22、23；Ⅳ：5、17；Ⅴ：2、8、9、10、19；Ⅵ：4；Ⅶ：3。将原可达矩阵转换为按级排列的可达矩阵后，由可达矩阵画出结构模型，如图 11-2 所示。

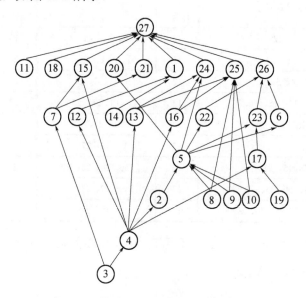

图 11-2 某城市交通问题系统结构模型

11.1.5 各交通问题关系分析

从图 11-2 可看出，系统中所有要素均可导致要素 27 的发生，要素 3、4 是系统最根本的要素，要素 4、5 导致其他要素的发生较多。由此，在该城市"交通问题"系统中，道路车速低，交通堵塞(要素 27)是城市交通问题最主要的表现形式，各种交通问题的存在都会导致道路车速低，甚至交通堵塞。缺乏统一、有效的城市交通行业管理体系(要素 3)是城市交通问题的根本原因，由此导致了城市交通规划缺乏或滞后于实施(要素 4)，表现在城市功能结构不合理(要素 2)，路网不完善(要素 12)，停车场(要素 17)、人行过街设施(要素16)和公交车港湾式停车站(要素15)的缺乏。管理、引导交通能力有限(要素5)是交通问题系统中非常关键的一个要素，也是导致其他交通问题发生的重要原因，如人力三轮车仍在道路上行驶(要素20)，摩托车过多(要素6)，出租车、中巴车(要素22)引起的交通秩序混乱，行人不遵守交通规则(要素24)等。另外停车场缺乏(要素17)也是城市交通问题中不可忽视的一个问题，由此可导致路边停车(要素23)，从而间接造成道路车速低、交通堵塞(要素27)。

通过对某城市错综复杂的交通问题的研究，用解析结构模型可清晰地看出各交通问题的关系，并找出深层次原因，由此可提出针对性对策，避免了"头痛医头、脚痛医脚"、盲目进行道路新建和扩建的误区。

上述某城市交通问题在我国具有一定的普遍性，城市交通规划缺乏或滞后于实施可以说是大多数城市的通病。要做好城市交通规划，应建立统一、有效的城市交通行业管理体系(如某些城市成立了交通委员会)，统一制定城市交通发展战略，协调建设、公交、公安、交通等部门的利益，做好城市规划、城市道路建设和维护、公交优先、道路交通管理和公路建设、轨道交通等各项工作，保证城市交通畅通、有序的发展。

11.2 城市道路交通系统动力学模型的构建

由于城市道路交通系统的复杂性与不确定性，过于精确的预测与分析可能难以实现，也无必要，更需要的往往是"粗线条的"趋向性分析和预测，以反映未来可能出现的某些潜在的本质问题，以便及早制定对策。在具体分析城市道路交通系统结构特点的基础上，给出了一种运用系统动力学构建城市道路交通系统，绘制系统流程图，写出结构方程式的方法，并进行了仿真预测，从而找出城市交通系统的发展规律。

11.2.1 定义变量

城市道路交通系统是一个复杂的巨系统，涉及因素众多，相互关系错综复杂，为简化模型，主要考虑城市中道路面积以及机动车保有量的变化及相互关系，通过引入一个新的变量——车/路面积占用率来构成机动车、道路的反馈回路。

为了更好的阐述该模型，做出如下定义：

单位机动车占用面积(u)：垂直投影时标准小汽车占用道路的面积。

道路可承载机动车数量：某一城市中，道路面积与单位机动车占用面积的比值。

道路可畅行机动车数量：某一城市中，在机动车交通畅通条件下，该城市的路网面积上可行驶的机动车数量的最大值。

车/路面积占用率：某一城市中，汽车保有量与道路可承载机动车数量的比值。

标准车/路面积占用率(ϕ)：某一城市中，道路可畅行机动车数量与道路可承载机动车数量的比值。

11.2.2 城市道路交通系统的反馈回路

基本思路：在城市有限的地域范围内，一定量的道路面积最多可承载的一定量的机动车数量，即为该城市道路可承载机动车数量，当城市交通畅通时，该城市的路网面积可行驶的机动车数量有一最大值,即为该城市道路可畅行机动车数量,随着城市建设规模的扩大,道路面积增加,该城市的实际车/路面积占用率也在变化,道路可承载机动车数量相应地线性增加,假设该城市的标准车/路面积占用率维持不变,城市道路可畅行机动车数量也相应地线性增加。当实际车/路面积占用率小于标准车/路面积占用率时,城市道路交通畅通,并随着实际占用率的减少,交通愈加畅通,使得机动车数量增长速度加快,道路建设速度减慢,导致实际车/路面积占用率增加;当实际车/路面积占用率大于标准车/路面积占用率时,城市交通出现拥挤现象,并随着差值的增大,城市交通拥挤的现象越严重,刺激道路建设速度加快,机动车数量增速减慢,导致实际车/路面积占用率减少。

由此可见,在城市道路交通系统中,存在着两个负反馈回路,使得城市实际车/路面积占用率在标准车/路面积占用率值的附近上下波动,并逐渐趋于稳定,反馈回路如图 11-3、图 11-4 所示。

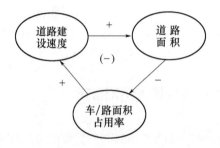
图 11-3 道路、车/路面积占用率反馈回路

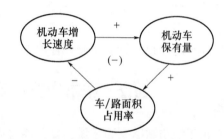
图 11-4 机动车、车/路面积占用率反馈回路

11.2.3 城市道路交通系统流程图

根据以上分析,综合考虑道路投资对道路建设速度的影响、城市工业产值对机动车增长速度的影响,以及机动车报废对机动车保有量的影响等,做出城市道路交通系统流程图,如图 11-5 所示。

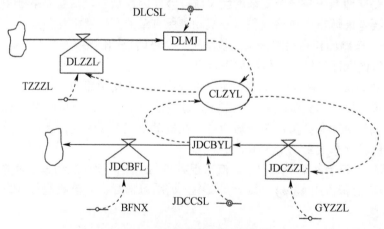

图 11-5 城市道路交通系统流程图

DLZZL—道路面积年增长率;DLMJ—道路面积;JDCZZL—机动车年增长率;JDCBYL—机动车保有量;
JDCBFL—机动车年报废率;CLZYL—车/路面积占用率;TZZZL—道路投资增长率;DLCSL—道路面积初始量;
GYZZL—工业产值增长率;JDCCSL—机动车保有量初始值;BFNX—机动车平均使用年限。

在该道路交通系统中，道路占用面积增加、机动车数量的增长均在城市经济、社会、环境的允许范围内。同时，根据建模的需要，对系统中某些变量变化进行了简化或假定：

(1) 只考虑城市机动车道总面积，未对道路进行等级划分。
(2) 未考虑道路的服务年限，忽略道路面积减少。
(3) 假定道路建成后被迅速使用，且与原路网均匀分配交通流量。
(4) 道路面积使用率与汽车保有量成正比关系。
(5) 机动车购买后即投入使用、正常行驶。
(6) 车/路面积占用率对车辆数量的影响以及对道路面积的影响，两者大小相等。

11.2.4 结构方程式的确定及参数的取值方法

结构方程式中，水准、速率、辅助变量的确定依次如下：

(1) 道路面积年增长率 DLZZL：与道路投资增长率呈正线性关系，与车/路面积占用率呈正线性关系。

(2) 机动车年增长率 JDCZZL：与工业产值呈正线性关系，与车/路面积占用率呈负线性关系。

(3) 道路面积 DLMJ：本年度道路面积等于上一年度道路面积与本年度道路面积增加量之和。

(4) 机动车保有量 JDCBYL：本年度机动车保有量等于上一年度机动车保有量与本年度机动车增加量之和。

(5) 车/路面积占用率 CLZYL：机动车保有量 JDCBYL 与道路可承载机动车数量 DLCZL 的比值。

1. 结构方程式

系统主要结构方程式如下所示。

L   DLMJ·K = DLMJ·J + DLZZL·JK
R   DLZZL·KL = DLMJ·K *C1·K
C   C1·K= α *TZZZL·K+ γ (CLZYL·K - φ)
L   JDCBYL·K = JDCBYL·J + DT*(JDCZZL·JK – JDCBFL·JK)
R   JDCZZL·KL = JDCBYL·K * C2·K
C   C2·K = β *GYZZL - γ (φ - CLZYL·K)
R   JDCBFL·KL = JDCBYL·K / BFNX
A   CLZYL·K = JDCBYL·K / DLCZL·K
C   DLCZL·K = DLMJ·K / u

2. 参数取值方法

(1) 初始状态值 DLCSL，JDCCSL：可通过城市相关统计报告查询年度城市道路面积及机动车保有量并换算为标准小汽车保有量。

(2) 参数 TZZZL，GYZZL：可通过城市相关统计报告查询道路投资年增长率及工业产值年增长率。

(3) 机动车平均使用年限 BFNX：通过对城市中机动车分车型保有量进行统计，以各车型保有量为车型权重，根据各车型的报废年限，计算出机动车平均使用年限。

233

(4) 机动车年报废率 JDCBFL：近似等于机动车保有量与机动车平均使用年限的比值。

(5) 单位机动车占用面积 u：可用小型车的单位停车面积，参照相关停车规范可取 25.8m^2。

(6) 标准车/路面积占用率 ϕ：可参考国内外道路交通畅通的同类城市，统计其道路面积以及机动车保有量，计算出平均车/路面积占用率，可作为所调查城市的标准车/路面积占用率 ϕ。

(7) α、β、γ：分别表示道路面积增长率与道路投资增长率的比例关系，机动车数量增长率与工业产值增加率的比例关系，以及道路面积增长率、机动车数量增长率与标准车/路与实际车/路的差值之比例关系。可通过城市相关统计报告，查询出连续几年的道路面积、机动车保有量、工业增加值、道路投资额等，建立回归模型，确定出 α、β、γ 的值。α、β 也可直接取常数 1，即认为不受车/路占用率的影响时，道路面积增长率等同于道路投资增长率，机动车数量增长率等同于工业产值增长率。

系统动力学模型的基本结构是信息反馈，反馈模型的行为通常对参数变化是不敏感的，其模型行为的模式与结果主要取决于模型结构而不是参数的值大小，因此，以统计学信度的概念来估计系统动力学模型的参数是不必要的，意义不大，因此，上述参数估计方法并不唯一。

11.2.5 仿真预测

已知某城市 2010-2012 年的道路面积分别为：827879 平方米、897879 平方米、975233 平方米；机动车保有量分别为：9922 辆、11239 辆、12452 辆；道路建设投资分别为：2.57 亿元、2.66 亿元、2.79 亿元。经计算知 α=1.177、β=0.684、γ=0.025。工业产值增长率为 0.194。通过查阅资料取 ϕ=0.35。

用 Vensim 软件进行仿真计算，得到该城市的道路面积(DLMJ)、机动车保有量(JDCBYL)、道路面积年增长率(DLZZL)、机动车年增长率(JDCZZL)和机动车年报废率(JDCBFL)未来几年的发展情况如表 11-4 所示，变量的变化趋势图如图 11-6、图 11-7 所示(2012 年为仿真基年，用 0 表示)。

表 11-4 城市道路交通系统仿真计算结果

	DLMJ	JDCBYL	DLZZL	JDCZZL	JDCBFL
2012 年	975233	12452	39673	1646	1245
2013 年	1014910	12853	41218.6	1698	1285
2014 年	1056120	13266	42822.2	1752	1327
2015 年	1098950	13691	44485.8	1807	1369
2016 年	1143430	14129	46211.5	1864	1413
2017 年	1189640	14579	48001.7	1922	1458
2018 年	1237650	15044	49858.6	1983	1504
2019 年	1287500	15522	51784.7	2045	1552
2020 年	1339290	16014	53782.5	2108	1601
⋮	⋮	⋮	⋮	⋮	⋮

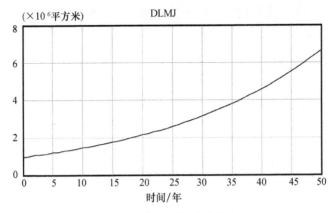

图 11-6 道路面积变化趋势

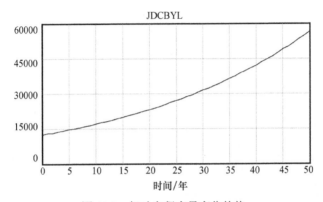

图 11-7 机动车保有量变化趋势

从系统模型中可以看出，道路面积、机动车数量在车/路面积占用率的作用下，交替增加，直到道路建设达到城市区域所承受的合理路网密度，汽车的保有量也逐渐趋于稳定。

对于城市道路交通这一复杂系统的分析，系统动力学模型是一种很好的分析手段，当然，如何建立城市道路交通系统动力学模型，也会有更好、更复杂的方法，例如，可以考虑非机动车、步行交通，可以考虑人口、交通运输量等因素，也可以考虑道路的服务年限、道路建设的完工时间等因素，同时，根据城市交通发展规划，也可设置道路面积和机动车保有量的极限值，不一而足。本书旨在提供一种方法，对这一系统中的道路与机动车的相互关系做出趋势分析及预测研究，各城市可以根据各自交通特点，选取相应参数进行仿真，预测出未来年度的道路面积、机动车数量，从而为更科学地发展城市道路交通制定出合理有效的交通政策及措施。

11.3 江苏省不同运输方式的综合评价

经过多年的交通基础设施建设，江苏省已经初步形成了铁、公、水、航空、管道五种运输方式相互协调、配套的综合交通网络，成为中国东部运输网络的重要枢纽，综合运输体系初具规模，基础设施建设不断加强，运输网络的布局亦日趋合理，很好地承担了日益增加的客货运输任务。五种运输方式均承担了一定的社会运输量，但是，这五种运输方式在各地区的地位和作用差异较大，运输结构存在一定的不合理性，各种运输方式的定位还不够明确，使得某些运输方式的优势没能得到充分发挥和利用。研究课题通过对江苏省目前发展较快、承担客货运量较多的内河、铁路和公路三种运输方式进行综合评价，为江苏省各种运输方式的合理定位提供理论基础。

11.3.1 综合评价指标体系的建立

各种运输方式都是为经济发展服务的，其发展的好坏，不仅关系到自身的地位和发展前景，而且与国家经济、社会进步、整个综合运输体系的发展联系在一起。因此，不同运输方式的综合评价是一项极其复杂的工作，涉及的内容非常广泛。遵循科学性、系统性、可比性、简易性、层次性以及定性与定量相结合的原则，在总结前人研究成果的基础上，建立了如图 11-8 所示的指标体系。

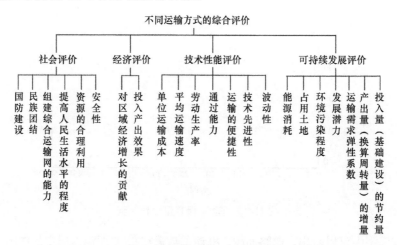

图 11-8　不同运输方式综合评价的指标体系

11.3.2 综合评价方法的基本原理

通常情况下，人们都是采用单一的评价方法来展开对评价对象的评价，但实际研究证明，各种评价方法的评价结果总是存在一定的差异，有时甚至相差悬殊，而且每种评价方法各有优缺点，我们很难判断哪种方法好或不好。另外，不同的评价方法几乎都不同程度的受到评价者主观因素的影响，因此，仅采用一种方法进行评价无疑具有片面性，为了解决这一问题，本书综合运用主成分分析法、模糊综合评判法和层次分析法三种评价方法对江苏省不同运输方式进行综合评价，并对这三种方法的评价结果进行一致性检验，以尽可能减少单一方法评价产生的片面性，使评价结果更客观、可靠。

KENDALL-W 协和系数是考察 m 种评价方法对 n 个评价对象的评价结果之间是否具有一致性的一种统计学方法。其计算公式如下：

$$W = \frac{12\left\{\sum_{j=1}^{n}\left[R_j - \left(\sum_{j=1}^{n}R_j\right)/n\right]^2\right\}}{m^2(n^3 - n)}$$

其中 R_j 为第 j 种评价对象在各种评价方法中的排序值之和，$R_j = \sum_{i=1}^{m} R_{ij}$

W 检验：假设 H_0 为各种评价方法不具有一致性，H_1 为各种评价方法具有一致性。

当 $n \leqslant 7$ 时，给定显著性水平 α，查 W 检验统计表得临界值 W_α。如果 $W \leqslant W_\alpha$，则接受 H_0，即认为各种评价方法不具有一致性；如果 $W \geqslant W_\alpha$，则拒绝 H_0，接受 H_1，即认为各种评价方法具有一致性。

如果一致性检验得到的结论为各种评价方法具有一致性，则将各种评价方法的评价结果进行标准化处理，然后求各标准得分之和，最后按标准得分之和进行排序，得到最终的评价结果。具体操作如下：

令 X_{ij} 为第 i 个方案在第 j 种评价方法中的得分值，对其进行标准化处理，得到标准化得分值 Y_{ij} 为

$$Y_{ij} = \frac{X_{ij} - \overline{X_j}}{S_j}$$

式中：Y_{ij} 为第 i 个方案在第 j 种评价方法中的标准值；

$\overline{X_j}$ 为第 j 种评价方法下所有方案得分的平均值；

S_j 为第 j 种评价方法下所有方案得分标准差。

则各方案的最终得分为

$$P_i = \sum_{j=1}^{m} Y_{ij}$$

如果多种评价方法不具有一致性，则应该对各种方法进行两两一致性检验，将具有一致性的方法放在一起。然后对原始资料、评价结果以及评价方法特点进行分析，选出既符合实际又具有一致性的几种方法，然后再进行系统评价。

11.3.3 评价过程及结果分析

根据上述评价指标体系，进行了相关资料的收集，运用主成分分析法、模糊综合评判法和层次分析法对江苏省综合运输体系中的内河、铁路和公路运输进行了综合评价，得到三种方法的评价结果如表 11-5 所示。

表 11-5 评价结果表

方 案	主成分分析法得分	排序	模糊综合评判法得分	排序	层次分析法得分	排序
内河航运	3.0959	1	7.596	1	0.5068	1
铁 路	0.0265	2	6.698	2	0.2336	3
公 路	-3.1224	3	6.486	3	0.2597	2

然后利用 KENDALL-W 进行一致性检验，求得 $W=0.778$。

假设 H_0 为各种评价方法不具有一致性，H_1 为各种评价方法具有一致性。

由于 $n<7$，给定显著性水平 $\alpha=0.05$，查 W 检验统计表得临界值 $W_\alpha=0.767$，$W \geqslant W_\alpha$，则拒绝 H_0，接受 H_1。因此，在概率保证程度为 95%的情况下，这三种方法排序结果具有一致性，可以将三种方法的评价结果进行综合评价。利用表 11-5 中的数据，得到评价的最终结论，如表 11-6 所示。

表 11-6 综合评价结果表

方案	主成分分析法标准得分	模糊综合评判法标准得分	层次分析法标准得分	最终得分	排序
内河航运	0.99571	1.13587	1.15036	3.28194	1
铁路	0.00852	-0.38805	-0.66174	-1.04127	2
公路	-1.00423	-0.74782	-0.48862	-2.24067	3

由以上评价过程可以看出，由于内河航运能较好地利用自然资源，并具有较低的运输成本、较小的能耗、较高的劳动生产率、投入产出大、有利于社会的可持续发展等优势，其综合评价效果比铁路、公路等运输方式要好。

江苏省内河航运资源优势极为突出，目前江苏省内河航运的发展虽然在我国位于前列，但总体来说还是处于发展比较缓慢的阶段，内河航运的潜力和优势始终没有得到充分发挥和体现，相比较其他内河航运发达的地区还是有一定的差距，要赶上内河航运发达的国家更是有很长的一段路要走。

面对中国加入 WTO、西部大开发、产业结构调整、"西气东输"、"南水北调"、上海国际航运中心的建立等带来的良好机遇和严峻挑战，江苏省应综合利用各种运输方式，坚持"宜水则水，宜陆则陆，宜空则空"的原则发展各种运输方式。目前最重要的是要从根本上提高对内河航运的认识，充分利用优越的内河运输条件，加快内河航运的建设步伐。

江苏省便利、发达的交通运输网络为江苏省的经济发展做出了重大贡献。同时，江苏省天然水资源丰富，为发展内河航运提供了得天独厚的条件。目前，这一便利条件在江苏省并没有得到充分利用，对内河航运的认识不够是造成内河航运的发展未得到重视的主要原因之一。通过建立各种运输方式综合评价的指标体系，并运用多种方法对内河、铁路和公路三种运输方式展开了比较评价，利用 KENDALL 一致性检验综合了多种方法的评价结论，得到了最终的评价结果，通过本案例的探讨和研究，希望能为江苏省政府部门在制定各种运输方式的发展战略时提供参考作用。

11.4 基于 EAHP 和 SWOT 模型的中国北极航线问题战略分析

11.4.1 北极航线问题概述

全球变暖导致的北极冰层消退，使北极成为各国争夺的"新战场"。北极问题的焦点是北极航线权益的竞争。狭义的北极航线包括为西北航道和东北航道两部分：绕过西伯利亚北部为东北航道；绕过加拿大北部的为西北航道。这两个航道更接近球面上两点的最短连线(大圆航线)，是连接太平洋北部与大西洋北部的最短的航线。

北极航线由于长年由浮冰覆盖，又极其寒冷、环境恶劣，一直无法正常通航。但随着全球气候变暖导致北极冰层消退，北极航线的开发成为可能，已经引起多个国家的高度关注，甚至有的国家企图将其划入本国领海，以便及早掌握丰富的交通和自然资源，引发了关于北极航线争端的国际问题。

北极航线问题的研究具有重要的战略意义。首先，北极地区蕴藏着丰富的石油、天然气、矿物和渔业资源。人类目前尚未探明的石油和天然气资源中大约有1/4分布在北极地区，数量至少100亿吨；其次，在未来50年里，北极航线很可能会对目前通过巴拿马运河和苏伊士运河的海上航线形成挑战。目前亚洲/欧洲的远洋航线大约为13000英里，如果北极航线实现全面开放，则亚洲/欧洲远洋海运航程至少可以缩短至7900英里，整整少走了5100英里，其蕴藏的巨大经济利益可想而知；再次，北极地区具有重要的军事意义，北极必将成为新的国际战略高地。

本研究拟采用量化的态势分析法(即 SWOT 法，Strengths Weakness Opportunity Threats)对我国的北极航线问题进行战略分析，其中，SWOT 分析中的指标权重采用可拓层次分析法(EAHP)予以确定。

11.4.2 EAHP 模型的基本原理

可拓层次分析法是对层次分析法(AHP)的一个修正方法。在使用层次分析法构造判断矩阵时，指派 1~9 整数及其倒数的标度忽略了人判断的模糊性。即在两两比较方案重要性的赋值时，将人的判断值确定化，而实际上人的判断往往是在一个范围，例如，甲乙两个因素相比较时，经常认为甲因素比乙因素重要程度在(2, 4)之间，这更接近实际，而把本来是模糊的量明确化(如 "3")则不尽合理。且在 AHP 应用中，构造判断矩阵时要进行一致性检验。因此，判断矩阵是否具有满意的一致性直接影响到由其排序向量是否能真实地反映各比较方案之间的客观排序。

将可拓学理论引入层次分析法，可解决上述问题。其理论基础是物元理论和可拓集合理论，应用可拓集合和物元的概念能根据事物关于特征的量值来判断事物属于某集合的程度(即评价事物的好坏、方案的优劣)，而采用扩展到$(-\infty, +\infty)$的关联函数值，能使评价精细化、定量化，从而为解决从变化的角度进行方案评价提供了新途径。

可拓层次分析法(EAHP)的算法步骤如下：

(1) 基本定义。

记 $E(U)$为给定论域上的全体可拓集合，设 $a = <a^-, a^+> \in E(U)$，则 u 关于 a 的简单关联函数 $Ka(u)$表示为：

$$K_a(u) = \begin{cases} \dfrac{2(u-a^-)}{a^+ - a^-}, & u \leqslant \dfrac{a^- + a^+}{2} \\ \dfrac{2(a^+ - u)}{a^+ - a^-}, & u \geqslant \dfrac{a^- + a^+}{2} \end{cases} \tag{11-1}$$

其中，$\{x \mid 0 < a^- < x < a^+\}$ 称为可拓区间数。

(2) 构造可拓判断矩阵。

应用可拓层次分析方法时，在建立了递阶层次结构模型之后，针对第 $k-1$ 层的某一个(例如第 h 个)因素或准则，将第 k 层与之有关的全部 n_k 个因素，通过两两比较，利用可拓区间数定量表示它们的相对优劣程度(或重要程度)，从而构造一个可拓区间数判断矩阵 A。

$A = \{a_{ij}\}_{m \times n}$ 中的元素 $a_{ij} = \langle a_{ij}^-, a_{ij}^+ \rangle$ 是一个可拓区间数，为了把可拓判断矩阵中的每个元素定量化，可拓数的平均值 $(a_{ij}^- + a_{ij}^+)/2$ 就是 AHP 方法中比较判断所采用的 Satty T.L. 提出的 1～9 标度中的整数。

可拓判断矩阵 $A = \{a_{ij}\}_{m \times n}$ 为正互反矩阵。

(3) 计算综合可拓判断矩阵和权重向量。

设 $a_{ij}^t = \langle a_{ij}^{-t}, a_{ij}^{+t} \rangle (i, j = 1, 2, \cdots, n_k; t = 1, 2, \cdots, T)$ 为第 t 个专家给出的可拓区间数，根据公式

$$A_{ij}^k = \frac{1}{T} \otimes (a_{ij}^1 + a_{ij}^2 + \cdots + a_{ij}^T) \tag{11-2}$$

求得第 k 层的综合可拓区间数，由此得到第 k 层全体因素对第 $k-1$ 层次的第 h 个因素的综合可拓判断矩阵。

对上述第 k 层综合可拓区间数判断矩阵 $A = <A^-, A^+>$，求其满足一致性条件的权重向量的步骤为：

① 求 A^-，A^+ 的最大特征值所对应的具有正分量的归一化特征向量 x^-，x^+。

② 由 $A^- = \{a_{ij}^-\}_{m_k \times n_k}$，$A^+ = \{a_{ij}^+\}_{m_k \times n_k}$ 计算

$$k = \sqrt{\sum_{j=1}^{n_k} \frac{1}{\sum_{i=1}^{n_k} a_{ij}^+}}, \quad m = \sqrt{\sum_{j=1}^{n_k} \frac{1}{\sum_{i=1}^{n_k} a_{ij}^-}} \tag{11-3}$$

③ 求权重向量

$$S^k = (S_1^k, S_2^k, \cdots, S_{n_k}^k)^T = <kx^-, mx^+> \tag{11-4}$$

(4) 层次排序。

如果 $a = <a^-, a^+>, b = <b^-, b^+>$ 为两个可拓区间数，则 $V(a \geq b)$ 由下式计算：

$$V(a \geq b) = \frac{2(a^+ - b^-)}{(b^+ - b^-) + (a^+ - a^-)} \tag{11-5}$$

根据上式计算 $V(S_i^k \geq S_j^k)(i = 1, 2, \cdots, n_k; i \neq j)$，如果 $\forall i, j = 1, 2, \cdots, n_k; i \neq j$，$V(S_i^k \geq S_j^k) \geq 0$，则 $P_{jh}^k = 1, P_{ih}^k = V(S_i^k \geq S_j^k)$，其中，$P_{ih}^k$ 表示第 k 层上第 i 个因素对第 $k-1$ 层上的第 h 个因素的单排序，经归一化后得到：

$$P_h^k = (P_{1h}^k, P_{2h}^k, \cdots, P_{n_k h}^k)^T \tag{11-6}$$

表示第 k 层上各因素对第 $k-1$ 层次上的第 h 个因素的单排序权重向量。

可拓层次分析法的层次总排序方法与一般层次分析法相同。

11.4.3 北极航线问题的SWOT战略分析

针对北极航线问题成立了工作小组，由受国家社科基金资助的项目研究组成员5人和聘请的外部专家4人组成。其中，外部专家为1名国际经济学专家、1名国际航运研究专家、1名国际法专家和1名国际战略研究专家。

1．确定战略关键因素

1) 机会、威胁战略关键因素

工作小组的专家在听取多方意见后对机会和威胁因素进行评价分析和筛选，综合大家的评选结果，最终确定如下一些关键因素，即确定机会因素集 $O=\{O_1,O_2,\cdots,O_4\}$，威胁因素集 $T=\{T_2,T_2,\cdots,T_4\}$。见表11-7。

表11-7 机会与威胁战略关键因素

机会	O_1 航运企业的物流成本降低
	O_2 亚洲的高纬度港口将成为新的国际航运中心
	O_3 北极航线极高的旅游价值
	O_4 国际贸易和航运格局向有利于中国方向转变
威胁	T_1 现有国际法不利于中国获得北极航线权益
	T_2 美、俄、加等北极沿岸国家的北极争夺
	T_3 中国航运企业面临更加激烈的竞争
	T_4 我国低纬度港口受到负面影响

2) 优势、劣势战略关键因素

工作小组的专家对中国北极航线战略的优势和劣势因素进行评价分析和筛选，最终确定如下一些关键因素，即确定优势因素集 $S=\{S_1,S_2,\cdots,S_4\}$，劣势因素集 $W=\{W_1,W_2,\cdots,W_4\}$。见表11-8。

表11-8 优势与劣势战略关键因素

优势	S_1 中国的主要出口国地位
	S_2 中国国际地位的提高
	S_3 中国北极科考和北极研究的加强
	STR_4 中国航运企业实力的提升
劣势	W_1 中国参与国际事务方面还不具备绝对话语权
	W_2 中国文化因素(国际法多以西方文化为基础)
	W_3 中国不是北冰洋沿岸国
	W_4 中国船舶制造技术和物流规划技术不够先进

2．计算战略关键因素的量化值

1) 战略关键因素评分

首先对内外部关键战略因素的强度进行评分。强度分为九级，分别取-4，-3，-2，

-1, 0, 1, 2, 3, 4, 其中, 机会和优势用正值表示, 威胁和劣势用负值表示, 绝对值越大表示强度越大。表中各因素的具体分值采用专家评分法, 对各因素强度的评分见表 11-9 和表 11-10。

表 11-9 机会和威胁因素强度评分表

机会因素				威胁因素			
OPP_1	OPP_2	OPP_3	OPP_4	THR_1	THR_2	THR_3	THR_4
4	2	4	3	-4	-2	-4	-2

表 11-10 优势和劣势因素强度评分表

优势因素				劣势因素			
STR_1	STR_2	STR_3	STR_4	WEA_1	WEA_2	WEA_3	WEA_4
2	4	2	3	-4	-4	-4	-3

2) 外部因素相对重要性的计算

由表 11-7 可得外部因素递阶层次结构模型, 如图 11-9 所示。

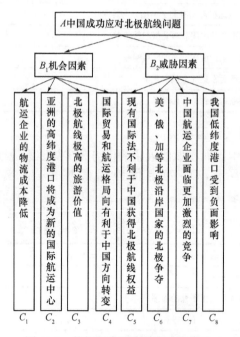

图 11-9 外部因素递阶层次结构模型

根据总目标(A 层)的要求, B 层中的两个要素具有同等的重要性, 即 $\varpi^B = (0.5, 0.5)^T$。关于 C 层对 B 层的重要程度, 由参加评价的决策者(这里的决策者即为工作小组成员, 共有 9 名)的 4 名各行业或学科代表对 C 层各项指标相对于上一层要素进行两两比较, 打分得到依据评价准则的可拓区间数判断矩阵。其中 $C_1 \sim C_4$ 相对于 B_1 的可拓区间数判断矩阵 A(如表 11-11 ~ 表 11-14 所示), 利用式(11-3) ~ 式(11-6), 计算对于目标层而言各评价指标间相比较的可拓综合权重向量。

表 11-11 决策者 1 关于 $C_1 \sim C_4$ 对 B_1 层的可拓区间数判断矩阵

	C_1	C_2	C_3	C_4
C_1	<1, 1>	<0.38, 0.75>	<3.67, 4.33>	<2.33, 3.67>
C_2	<1.33, 2.67>	<1, 1>	<4.33, 5.67>	<1.67, 2.33>
C_3	<0.23, 0.27>	<0.18, 0.23>	<1, 1>	<0.30, 0.37>
C_4	<0.27, 0.43>	<0.43, 0.60>	<2.67, 3.33>	<1, 1>

表 11-12 决策者 2 关于 $C_1 \sim C_4$ 对 B_1 层的可拓区间数判断矩阵

	C_1	C_2	C_3	C_4
C_1	<1, 1>	<0.27, 0.43>	<3.33, 4.67>	<2.67, 3.33>
C_2	<2.33, 3.67>	<1, 1>	<4.33, 5.67>	<1.67, 2.33>
C_3	<0.21, 0.30>	<0.18, 0.24>	<1, 1>	<0.30, 0.37>
C_4	<0.30, 0.37>	<0.43, 0.60>	<2.67, 3.33>	<1, 1>

表 11-13 决策者 3 关于 $C_1 \sim C_4$ 对 B_1 层的可拓区间数判断矩阵

	C_1	C_2	C_3	C_4
C_1	<1, 1>	<0.43, 0.60>	<2.67, 3.33>	<3.33, 4.67>
C_2	<1.67, 2.33>	<1, 1>	<4.67, 5.33>	<1.33, 2.67>
C_3	<0.30, 0.37>	<0.19, 0.21>	<1, 1>	<0.27, 0.43>
C_4	<0.21, 0.30>	<0.38, 0.75>	<2.33, 3.67>	<1, 1>

表 11-14 决策者 4 关于 $C_1 \sim C_4$ 对 B_1 层的可拓区间数判断矩阵

	C_1	C_2	C_3	C_4
C_1	<1, 1>	<0.21, 0.30>	<2.67, 3.33>	<2.33, 3.67>
C_2	<3.33, 4.67>	<1, 1>	<3.33, 4.67>	<1.67, 2.33>
C_3	<0.30, 0.37>	<0.21, 0.30>	<1, 1>	<0.30, 0.37>
C_4	<0.27, 0.43>	<0.43, 0.60>	<2.67, 3.33>	<1, 1>

由式(11-2)得到：

$$A^- = \begin{bmatrix} 1 & 0.32 & 3.09 & 2.67 \\ 2.17 & 1 & 4.17 & 1.59 \\ 0.26 & 0.19 & 1 & 0.29 \\ 0.26 & 0.42 & 2.59 & 1 \end{bmatrix} \quad A^+ = \begin{bmatrix} 1 & 0.52 & 3.92 & 3.84 \\ 3.34 & 1 & 5.34 & 2.42 \\ 0.33 & 0.25 & 1 & 0.39 \\ 0.38 & 0.64 & 3.42 & 1 \end{bmatrix}$$

求 A^-，A^+ 的最大特征值所对应的具有正分量的归一化特征向量 x^-，x^+，得到：

$$x^- = (0.253, 0.251, 0.244, 0.252)$$
$$x^+ = (0.258, 0.257, 0.231, 0.254)$$

由式(11-3)，得：
$$k = 0.904, \quad m = 1.030$$

再由公式(11-4)可得：
$$S_1 = <0.229, 0.266> \quad S_2 = <0.226, 0.265>$$
$$S_3 = <0.221, 0.237> \quad S_4 = <0.228, 0.262>$$

根据公式(11-5)得：
$$V(S_1 \geqslant S_3) = 1.70 \quad V(S_2 \geqslant S_3) = 1.60$$
$$V(S_4 \geqslant S_3) = 1.64$$

根据公式(11-6)得：
$$P_1 = 1.70, \quad P_2 = 1.60, \quad P_3 = 1, \quad P_4 = 1.64$$

从而得到 $C_1 \sim C_4$ 这4个指标相对 B_1 的单层排序：
$$P_O = (0.286, 0.269, 0.168, 0.276)^{\mathrm{T}}$$

C 层的 $C_5 \sim C_8$ 这4个指标相对 B_2 的单层排序算法与 $C_1 \sim C_4$ 这4个指标相对 B_1 的单层排序的算法相同，结果为：
$$P_T = (0.253, 0.351, 0.133, 0.263)^{\mathrm{T}}$$

3) 内部因素相对重要性的计算

由表11-8可得内部因素递阶层次结构模型，如图11-10所示。

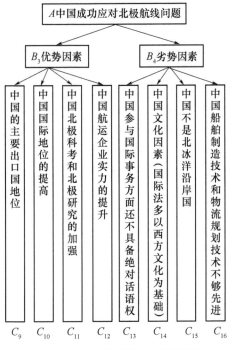

图 11-10 内部因素递阶层次结构模型

同样，根据总目标(A 层)的要求，B_3 和 B_4 两个要素具有同等的重要性，即 $\omega^B = (0.5, 0.5)^T$。关于 $C_9 \sim C_{16}$ 对于 B_3 和 B_4 的重要程度，由决策者打分得到评价准则的可拓区间数判断矩阵。计算方法与外部因素相对重要性计算方法相同。

从而得到 $C_9 \sim C_{12}$ 这 4 个指标相对 B_3 的单层排序：

$$P_S = (0.281, 0.352, 0.193, 0.174)^T$$

$C_{13} \sim C_{16}$ 这 4 个指标相对 B_4 的单层排序：

$$P_W = (0.148, 0.296, 0.384, 0.172)^T$$

进而，将各战略要素的相对重要性与 B 层的相对应要素的权重相乘，得到各战略要素相对于总目标的权重。

4) 各战略要素的最终值

计算出各要素相对于总目标的权重，并将其与相对应的评分相乘后，得到各战略要素的最终值。结果如表 11-15 和表 11-16 所示。

表 11-15 机会和威胁战略要素最终值计算结果

机会因素				威胁因素			
OPP_1	OPP_2	OPP_3	OPP_4	THR_1	THR_2	THR_3	THR_4
0.572	0.269	0.336	0.414	−0.506	−0.351	−0.199	−0.263

表 11-16 优势和劣势战略要素最终值计算结果

优势因素				劣势因素			
STR_1	STR_2	STR_3	STR_4	WEA_1	WEA_2	WEA_3	WEA_4
0.281	0.704	0.193	0.261	−0.296	−0.592	−0.768	−0.258

则机会、威胁、优势和劣势的总得分为：

O=0.572+0.269+0.336+0.414=1.591

T=−0.506−0.351−0.199−0.263=−1.319

S=0.281+0.704+0.193+0.261=1.439

W=−0.296−0.592−0.768−0.258=−1.914

3．判定战略地位

以机会 O、威胁 T、优势 S 和劣势 W 的 4 个变量各为半轴，构成四半维坐标系。把计算出的机会 O、威胁 T、优势 S 和劣势 W 总得分等变量值在坐标系的相应半轴上描点 S^*、W^*、O^*、T^*，依次连成四点得到战略四边形 $S^*W^*O^*T^*$。如图 11-11 所示。

对于中国北极航线的战略四边形 $S^*W^*O^*T^*$：

$$P(X,Y) = P(\sum x_i / 4, \sum y_i / 4) = (-0.119, 0.068)$$

对应图 11-11 的战略四边形，中国面对北极航线问题应采取"争取战略"，也就是中国面对北极航线问题，处于劣势地位，但有一定的机会，需要抓住机会，争取应该获得的权益。

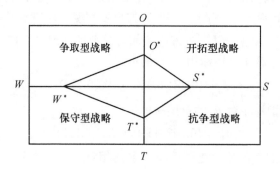

图 11-11　战略四边形

11.4.4　北极航线问题的中国战略策略

依据上述分析，面对北极航线问题，中国应采取以下应对策略。

1．充分参与北极航线开发

有分析家指出，冰雪覆盖的北冰洋原本被视为国际海域，但随着北冰洋经济价值和战略价值的提高，早先荒无人烟的小岛将被激烈争夺。这是因为一些岛屿将成为新的交通要道，北冰洋上诸如汉斯岛等岛屿的战略重要性也大大提高。从地理位置看，俄罗斯是与北冰洋接壤国土面积最大的国家，在想着各种办法以获得更多的利益。面对北冰洋丰富的油气资源，除了俄罗斯，北冰洋沿岸的加拿大、美国、娜威与丹麦都想分一杯羹。

无论从哪方面介入对北极地区的争夺，都有北极航线开发前景的因素在起作用。为此，中国在国家层面上，应该依靠实力在北极国际法的制定、科学考察及资源和航线的归属权上尽量发出声音，增强话语权。只有成为资源的拥有者，才能获得相应的价值。

2．确定恰当的进入时机

对于北极航线的争夺应该越早越好。通过对中国北极航线战略的 SWOT 分析可知，北极航线对于中国经济的发展关系重大，要充分介入北极航线问题国际机制，使即将形成的国际机制有利于中国在北极航线问题上的获取权益。

3．为企业开拓航运市场创造条件

除了在国家层面上扫清我国企业开发北极航线的障碍外，政府还应在航道的监控及天气的预报上，为企业发展创造条件。

1) 卫星监控

合成孔径雷达对海冰的监控跟踪，分辨率已经达到数米，可以满足需求，但比较昂贵。同步卫星观察高纬度地区的度相当低，甚至无法观测。如使用绕极卫星，若要保证西北航道上空时刻有卫星通过，即极轨卫星每隔 1～2h 的 1 个周期都可以得到整个西北航道区域的数据，至少需 3 颗卫星或甚至更多，具体视轨道高度而定，建议多国合作完成，以求资源集约。

2) 对北冰洋天气的预报

北冰洋的地理位置特殊，且难以到达，气象、水文历史资料十分有限。然而，海雾、降水、海风和洋流对船舶航行的影响相当大，应当加大力度研究北冰洋地区的气象、水文特点，为北极航运提供技术支持。

4．动态监测北极航线问题

对北极航线问题环境因素的动态监测，首先要对北极航线问题进行扫描。从时间的角度看，扫描范围不仅要包括近年来发生的变化，也应该包括很早以前发生的，然而对今后还会发生影响的变化；对发现的变化进行连续监测，从中识别出变化的规律或是持续性的发展趋势。在准确认识到事物发展规律的前提下，列举出各种可能发生的变化，包括一些没有先例的变化，将动态因素划分成机会和威胁因素，由专家打分，形成新的战略四边形，从而确定新的战略定位。

北极航线问题因为北冰洋的融化预期加快而变得愈来愈重要。中国在这一问题上不能失去话语权，要争得北极航线问题国际机制上的主动权，应对北极航线战略做出准确定位。

附录一 系统科学的若干研究分支

贝塔朗菲在研究生物机体的运动时，发现一切生物体都是在有限的时空中，呈现了复杂的有层次的结构，它们是由各要素(部分)组成的有机整体，并且整体的功能大于组成它的部分的总和。他力图寻找出适合于一切综合系统或子系统的概念、模式、原则和规律，来描述和概括与问题相关的客体，从而创立了适用于研究一切系统的科学———一般系统论。

然而，研究任何系统都是离不开信息的，特别是像对于自动机、生物有机体等这样复杂的系统，仅仅运用研究简单系统时使用的物质和能量的概念，已不能反映出系统真实运动的状态，更不能解释复杂的生命现象，如组织结构、遗传、部分与整体的关系等等。因此，有必要研究反映系统与环境、系统与子系统之间相联系的不可缺少的重要因素——信息。

信息论则为人们提供了研究系统组织化程度和信息在系统中(首先在通信和控制系统中)如何有效传输的理论，为一般系统论研究问题提供了重要的理论基础。

维纳在研究控制论时指出：信息和控制是不可分割的，信息论是控制论的基础。艾什比(W.Ross Ashby，1903-1972)则进一步提出了控制论的必要变异度定理，指出对系统的控制能力的测度(必要变异度)不可能大于同系统连接的信道的容量。这就是说对同一系统的控制能力的大小是与对该系统联系的信道有关，信道的容量越大，对其控制力就越大，反之则越小。这就进一步把信息论和控制论结合了起来。维纳还将信息的概念扩展到许多学科，把它作为考察系统的重要方法来使用。他创立的控制论是最早把对象作为系统考察的学科之一，并为进一步考察系统的性质，提供更为广泛有效的概括形式和处理方法。

20 世纪 70 年代前后出现的系统形成及演变的理论：耗散结构理论、协同学、突变论、超循环论、混沌理论等是系统理论的新的发展。它们也是分别由不同科学家从不同学科、不同的研究领域提出来的，然而它们都在不同程度上吸收并发展了一般系统论、信息论和控制论的理论。

普利高津的耗散结构理论首先从化学系统研究中取得了突破性进展。他从热力学第二定律出发把稳定性、远离平衡态、有序无序等概念结合起来，回答了开放系统"为什么"以及"如何"从无序走向有序的问题，成功地解释了非线性系统的自组织现象。

接着，哈肯的协同学和托姆的突变论问世。这些理论克服了耗散结构理论的局限性。协同学从研究激光系统出发，阐述了物理系统为何在子系统的协同作用下，由无序走向有序的过程。而突变论则揭示了系统由一种状态到另一种状态的转变是通过突变形成的，并在数学上给出了突变的类型。这样就使得人们对无机界的自组织现象的复杂性问题有更深刻的理解。也有的学者将耗散结构理论、协同学、突变论合并称为自组织理论。

但是，对于无生命到生命的转化过程，如何实现自组织，如何从无序到有序，从低级有序向高级有序的演变过程，对这些问题的回答则是艾根(Manfred Eigen，1927—)的超循环论，应用大系统理论，建立生命现象超循环结构模型，通过循环、超循环说明生命起源发生在化学阶段和生物进化阶段，有一个分子自组织阶段，认为进化原理可以理解为分子水平上的自组织，从而为非生命向生命的转化提供了理论模式。

如果一个系统的演变过程对初态非常敏感，即称为混沌。混沌现象是由系统内部的非线性因素引起的，它不是偶然的、个别的事件，而是普遍存在于宇宙间各种各样的宏观及微观系统中，混沌学正是研究混沌现象的科学，它不是一门独立存在的科学，与多门科学相互交叉、相互促进，另外如非线性科学、复杂性科学等，都是研究复杂系统的学问。

上述若干理论分支，构成了系统科学的研究内容。

一、耗散结构理论

1. 耗散结构理论的起源

1) 时间的可逆与不可逆

描写物体的任何演化过程都离不开时间，时间在物理学中占有重要地位。然而在不同的领域中时间起的作用不同，人们对时间的认识也不一样。

经典牛顿力学认为时间与空间类似，与物体运动无关，存在着独立于物质之外的时空框架，物体在这个给定的框架中运动。牛顿第二运动定律表示如下：

$$F = m\frac{d^2s}{dt^2}$$

表明一个可以看成质点的宏观物体，其加速度 $\frac{d^2s}{dt^2}$ 的大小、方向完全由质量 m 和所受外力 F 决定。对于给定的初始条件(初始位置、初始速度)，可以并仅能得到一条运动轨迹，不同的初始条件得到不同的运动轨迹，这条轨迹预言了物体未来的运动情况。如果将 t 换成 $-t$，方程形式不变，通过该方程，我们又可以得到系统过去的运动轨迹。

物理学还研究了另一类现象。揭开瓶盖的香水，过一段时间瓶中的香水消失了，房间内充满了香气，这是扩散过程。然而这类现象并不存在相反的过程：充满房间的香气，会逐渐消失，最终使香水瓶内又充满香水。也就是说，扩散过程是不可逆的，它们总是沿着某一确定的方向演化，存在时间箭头。热传导现象、黏滞流体流动等各类输运现象都属于统计物理研究的时间不可逆过程。在这类过程中时间起着重要的作用，它不再只是描写系统的一个参数，而是决定着过程的方向，t 与 $-t$ 表示完全不同性质的过程。由克劳修斯、开尔文、玻耳兹曼等人建立的统计热力学详细地讨论了这类问题，主要研究系统到达平衡态后的性质以及系统趋于平衡态的过程。

牛顿力学和统计热力学为我们提供了两种截然不同的物理图景：一个是静止的、不变的物理图像，没有时间箭头，从古到今一直如此，给定一个状态，我们就可以完全决定它的历史和未来；另一个是演化的、变动的物理图像，有确定的时间箭头，系统总是沿着某一方向演化，最终到达各处都一样的平衡态，克劳修斯在后一观点的基础上，进而分析整个宇宙，得出了宇宙最终演化到各处都一样的平衡态——"热寂状态"的结论。

2) 进化与退化

长期以来不同领域的科学家们早已注意到，对于生命系统和非生命系统，它们的演化表现出似乎截然不同的规律。

非生命系统总是自发地趋于平衡态和无序，系统的熵达到极大。而无序却决不会自发地转变到有序，这就是系统的不可逆性和平衡态的稳定性。统计热力学讨论的就是从各种不均匀的、对称性较少的状态，向对称性较多的、均匀的状态的演化，这实质上是一种退化。

然而，在生物进化和社会发展中，却存在着不同的演化方向，生物界从单细胞生物发展成多细胞生物，从结构简单的低等动物发展成结构复杂、功能齐全的高等动物。生物个体通过"适者生存"的法则，变得越来越复杂，而且生物种类也越来越多，这类系统能够自发地形成有序的稳定结构，这是一种进化的过程。

在理论上也存在着相互冲突，热力学第二定律指出，任何一个孤立系统都要朝着均匀简单、消除差别的方向发展，即是逐渐地从有序走向无序，这是一条系统发展的退化和衰亡的路线。但是，进化论又指出，地球上的生物，经过长期的自然选择，最后产生出各种各样极其复杂、具有差别的高级生物，即是逐渐地从无序走向有序，这又是一条系统发展的进化的路线。

那么，系统究竟是进化的还是退化的？

3) 开放系统的热力学第二定律

两类系统之间的这种矛盾现象，长时间内得不到理论解释，直到 20 世纪 60 年代，耗散结构理论和协同学的出现，为解决这个问题提供了一个科学的理论框架。

这些理论认为，热力学第二定律所揭示的是孤立系统(与环境没有物质和能量的交换)在平衡态和近平衡态(线性非平衡态)条件下的规律。但生命系统通常都是开放系统，并且远离平衡态(非线性非平衡态)。在这种情况下，系统通过与环境进行物质和能量的交换引进负熵流，尽管系统内部产生正熵，但总的熵在减少，在达到一定条件时，系统就有可能从原来的无序状态自发地转变为在时间、空间和功能上的有序状态，产生一种新的稳定的有序结构，普利高津(Prigogine，1917—2003)称其为耗散结构。

当耗散系统中的事物与外界环境进行物质和能量交换而成为开放系统时，新的形态是由外界物质和能量的输入且在系统内部的耗散作用下维持的，这是一种稳定的有序结构。为什么封闭系统不能形成这种有序结构呢？

这可由开放系统的热力学第二定律来解释：对于一个开放系统，熵的变化可分为两部分：一部分是由于系统内部不可逆过程所引起的熵增加 d_iS，另一部分是系统与外界交换物质和能量所引起的熵流 d_eS，所以整个系统熵的变化为

$$dS = d_iS + d_eS$$

根据热力学第二定律有 $d_iS \geqslant 0$，在封闭系统中，由于 $d_eS = 0$，所以 $dS > 0$，因此，系统只能走向无序。在开放系统中，其熵的变化 dS 不仅和 d_iS 有关，而且和 d_eS 也有关。d_iS 虽然总为正，但 d_eS 是可以为负的(系统从外界环境中输入负熵)，即负熵流，因此开放系统的熵的变化 dS 不一定大于零，它也可以等于零或小于零。当负熵流 d_eS 的绝对值大于熵产生 d_iS 时，系统总的熵变化 dS 可以小于零，即 $dS < 0$。于是，随着系统的熵不

断减少，系统的组织程度(有序程度)就不断增加。作为一种具体情况可表述为："在开放系统中，系统只有不断地从环境中吸取负熵，才有可能在克服其内部熵增的情况下保持或增加自己的有序性，开放系统中的生命现象必然形成复杂、有序的稳定结构。"

自然界的各种系统，都具有开放性，不断地同外界进行物质、能量、信息的交换。如绿色植物从太阳辐射、土壤中的养料和大气中的二氧化碳组成的热动力不平衡系统中吸取负熵，人和动物从食物与空气中的氧气吸取负熵，使系统维持自身的动态稳定性，也就是维持系统自身结构有序程度。因此：开放性原理是系统自身得以存在以致不断发展的重要根据。

这样，在不违背热力学第二定律的条件下，耗散结构理论沟通了两类系统的内在联系。封闭系统与外界没有能量和物质的交换，过程不可逆，熵不断增大，系统从有序变无序，称按照第一类时间箭头演化(退化)。对于远离平衡态的开放系统，负熵流的存在而使得熵值不增加，系统从无序变有序，称按照第二类时间箭头演化(进化)。

2．耗散结构的形成

耗散结构理论是在热力学发展的过程中建立起来的。经典的热力学理论只适用于平衡态的过程，无法用以解释像生命这种远离平衡和高度有序化的系统。所以必须把热力学定律向非平衡态、非线性作用的领域推进。

在研究了诸多远离平衡现象后，人们认识到系统在远离平衡态时，其热力学性质可能与平衡态、近平衡态有显著差别。又经过多年的努力，以普利高津为首的布鲁塞尔学派终于建立起一种新的关于非平衡系统自组织的理论。1969年，在一个理论物理学和生物学的国际会议上，普利高津在《结构、耗散和生命》的论文里正式提出了"耗散结构理论"。由于这一成就，普利高津于1977年获得了诺贝尔化学奖。

耗散结构理论可概括为：一个远离平衡态的非线性的开放系统(不管是物理的、化学的、生物的乃至社会的、经济的系统)通过不断地与外界交换物质和能量，在系统内部某个参量的变化达到一定的阈值时，系统可能发生突变，由原来的无序状态转变为一种在时间上、空间上或功能上的有序状态。这种在远离平衡态的有序结构，由于需要不断与外界交换物质或能量，因此被称为"耗散结构"(Dissipative Structure)。

普利高津区分了两种类型的结构，即"平衡结构"和"耗散结构"。认为平衡结构是一种不与外界进行任何能量和物质交换就可以维持的"死"的有序结构；而耗散结构则只有通过与外界不断交换能量和物质才能维持其有序状态，是一种"活"的结构。

耗散结构的形成有以下条件：

1) 开放系统

热力学第二定律告诉我们，一个孤立系统的熵一定会随时间增大，熵达到极大值，系统达到最无序的平衡态，所以孤立系统不会出现耗散结构。因此，系统必须开放。

2) 远离平衡态

远离平衡态是相对于平衡态和近平衡态而言的。远离平衡也是系统出现有序结构的必要条件，而且是对系统开放的进一步说明。开放系统在外界作用下离开平衡态，开放逐渐加大，外界对系统的影响变强，将系统逐渐从近平衡区推向远离平衡的非线性区，只有这时才有可能形成有序结构。

按热力学定义，平衡态是孤立系统经过无限长时间后稳定存在的一种最均匀无序的状态。因此，处于平衡态的孤立系统是不会出现耗散结构的。

即使系统处于离平衡态不远的近平衡区，并且仍然与外界有物质和能量的交换，但不能维持非平衡状态，使得系统以自发的趋势回到平衡态，也不会产生新的有序结构。因此，系统只有在远离平衡态才有可能形成新的稳定有序结构。在这个意义上，普利高律得出了"非平衡是有序之源"的重要结论。

3) 非线性作用

系统产生耗散结构的内部动力学机制，正是子系统间的非线性相互作用，在临界点处，非线性机制放大微涨落为巨涨落，使热力学分支失稳，在控制参数越过临界点时，非线性机制对涨落产生抑制作用，使系统稳定到新的耗散结构分支上。

4) 涨落导致有序

一个由大量子系统组成的系统，其可测的宏观量是众多子系统的统计平均效应的反映。但系统在每一时刻的实际测度并不都精确地处于这些平均值上，而是或多或少有些偏差，这些偏差就叫涨落，涨落是偶然的、杂乱无章的、随机的。

在正常情况下，由于热力学系统相对于其子系统来说非常大，这时涨落相对于平均值是很小的，系统具有抗干扰的能力，这时它迫使涨落逐渐衰减，从而使系统再次回到原来的状态或轨道。这些涨落不会对宏观的实际测量产生影响，因而可以被忽略掉。然而，在临界点(即所谓阈值)附近，情况就大不相同了，这时涨落不仅不被衰减，反而会放大成"巨涨落"，驱使系统从不稳定状态跃迁到一个新的有序状态。

5) 突变

临界点对系统性质的变化有着根本的意义。在控制参数越过临界值时，原来的热力学分支失去了稳定性，同时产生了新的稳定的耗散结构分支，在这一过程中系统从热力学混沌状态转变为有序的耗散结构状态，其间微小的涨落起到了关键的作用。这种在临界点附近控制参数的微小改变导致系统状态明显的大幅度变化的现象，叫做突变。耗散结构的出现都是以这种临界点附近的突变方式实现的。

3. 耗散结构的实例

实例1：激光

普通光源发出的自发发射光具有较宽的谱线宽度。大量光子的分布杂乱无章，它们频率不同、相位不同、偏振方向不同。激光是受激发射产生的光，受激发射跃迁所产生的受激发射光，与入射光具有相同的频率、相位、传播方向和偏振方向。因此，大量粒子在同一相干辐射场激发下产生的受激发射光是相干的。光泵激发电子从低能级跃迁到高能级，实际上是不断供给系统能量，使之逐渐远离平衡态。光泵供给系统能量既是使之产生激光的条件，又是维持系统不断地发射激光的条件。在系统从自然光转变为激光的过程中粒子数反转条件就是激光产生的阈值条件，光泵激发只有使系统达到粒子数反转才能使激光出现。

由于具有高功率、小散射角和单色性好等多种优点，激光被广泛用于通信、打孔、测距等各个部门，并在科学研究中是一种极好的光源。

实例2：贝纳德流体实验。

取一薄层流体(如樟脑油)，上下各放置一块金属平板以使其温度在水平方向上无差异。从下对流体加热，上下两端温度分别记为 T_1，T_2：$(T_2 > T_1)$。未加热时，系统处于平衡态。刚开始加热，上下温度梯度不大，从下向上的热量流与温度梯度力之间为线性关系。系统内分子无规则运动，依靠分子碰撞传递能量。在水平方向上具有高度对称性的无序状态是系统的稳定状态。继续加热，流体在竖直方向上温度梯度加大，使系统相应热量流加大，逐渐远离平衡态，到达非线性区，在温度梯度达到一定阈值时，系统性质发生突然变化，依靠分子碰撞传递能量的无序状态消失，大量流体微团开始有规律地定向运动，系统呈现出规则的运动花样，呈现出由一个个六边形形成的类似于蜂巢状的自组织花纹，从每个六边形中心流体向上流动，边界处流体向下流动。

贝纳德花样的形成过程完全不同于扩散、输运等现象，而是类似于生物的进化，是物理学中的进化现象。这种现象最初是由法国的贝纳德(Bernard)在1900年首次实验发现的，故称为贝纳德流。

二、协同学

协同学这个词来自希腊语，意思是协调作用的科学，它是德国斯图加特大学理论物理学家哈肯(Hermann Haken，1927—)教授创立的一门新兴科学。研究各种不同的系统在一定外部条件下，内部各子系统之间通过非线性的相互作用产生的协同效应，从无序状态向有序状态以及从有序状态又转化为混沌的机理和共同规律。

19世纪后半叶发展起来的统计力学，不要求知道每个分子的运动，而只要求得到整体分子的平均行为。统计力学使得热力学这一宏观规律的学问能通过分子的微观运动来解释。

哈肯创造性地用统计学和动力学相结合的方法建立了激光理论，而激光的形成过程恰恰是非平衡开放系统从无序产生有序结构的典型现象。在研究过程中，哈肯发现其中呈现出丰富的合作现象。于是他把激光的产生与平衡相变进行类比，例如当温度降低到某一阈值时出现的超导现象与激光的形成遵从同样的方程。这说明，非平衡开放系统有序结构的形成与平衡开放系统中所发生的相变存在着深刻的相似性。这种相似性恰恰表明了非平衡系统中有序的形成是平衡相变过程的发展，而平衡相变仅是其特殊情况。

哈肯汲取了平衡相变理论中的序参量概念和绝热消去原理，采用概率论、随机理论建立起序参量演化的主方程。在信息论和控制论概念的基础上，哈肯还描述了序参量和子系统间的相互作用和影响以及序参量之间的合作与竞争，从而建立了有序结构形成的自组织理论。1977年他写出《协同学导论》一书，正式建立了协同学。

他把协同学定义为一门关于"各类系统的各部分之间互相协作，结果整个系统形成一些微观个体层次不存在的新结构和特征"的学问。

1．协同学原理

哈肯发现，可以用某个特定的量，即序参量来刻画普遍的现象。序参量是相变理论中描述一个系统宏观有序程度的参量，序参量的变化可以反映系统从无序向有序的转变。序参量的变化，遵循概率分布随时间变化的所谓"主方程"，其意义是用确定的方程来描写随机的、不确定的过程。在不同条件下，求解序参量遵循的主方程，原则上可以描述从无序到有序的形成过程及其形成结构。

然而一个系统里的变量成千上万，怎样选择一个或几个序参量描述系统在临界点处有序度的变化呢？哈肯发现，各个状态参量在相变过程中所起的作用是不同的，绝大多数参量在临界点附近阻尼大，衰减快，对转变的进程没有明显的影响，称为快弛豫参量，描述子系统各个自由度的大部分参量都是快弛豫参量；有一个或几个参量则出现临界无阻尼现象，它不仅不衰减而且始终左右着演化的进程，称为慢弛豫参量，它们是子系统合作的产物，是集体变量，且相变过程的边界条件适于它的发展，一旦在相变过程中出现就会得到其他子系统的响应，以至很快席卷整个系统，支配子系统的行为，主宰演化的进程和结局，所以慢弛豫参量代表着系统的"序"或状态，即序参量。

为简单起见，把快变量和慢变量的临界关系用两变量 u 和 s 来说明。u 表示慢变量，s 表示快变量，它们构成非线性方程

$$\dot{u} = au - us$$

大量的快变量用慢变量表示，即快变量是随慢变量变化而变化的，它们的行为伺服于慢变量，因此可用慢变量的方程表示系统的演变，消掉了快参量方程，这便利用了统计物理学中的绝热消去法，使方程中消去大量的快变量，得到只含有一个或几个参数的序参量方程。这样，方程求解就大为简化。哈肯实际上得到了具有普遍意义的支配原理的数学理论。

快变量服从慢变量，慢变量一旦由子系统协同作用产生，它就作为序参量支配着子系统的行为。子系统受序参量支配产生的运动又强化序参量自身，序参量的支配作用使它自加速地增大，直到大部分子系统都得到响应而达到"自饱和"。这便是系统学中的支配、协同、自组织的概念。

例如在激光系统中，一旦受激辐射功率达到阈值，粒子数反转，那种在轴向传播且满足驻波条件的光束就可在两反射镜间振荡，引起更多的受激辐射而强化，在谐振腔中形成自激振荡，这种光就是激光器的输出光，它就是序参量。然而激光器中原子自发辐射的各种光子，它们出现后消失快，数量巨大，构成了系统的本底背景，但对相变过程和结局起不了多大作用，它们就是快变量。

2．协同作用实例

贝纳德现象中的温度梯度与激光过程的泵浦功率是系统发生相变的外在环境条件，是系统能否出现相变的决定性的环境条件。系统的相变以及相变序列是由它的大小决定的，它们称为控制参量。由此可见，控制参量的改变决定着状态参量的大小和性质；演化过程是控制参量驱动状态参量不断产生量变以至质变的过程。

水有三态——气态、液态与固态，每一态即为一"相"。不同态之间的转变即为"相变"。液态的水变为水蒸气，水分子呈随机运动状态，相互碰撞，变得更无序；液态的水结成冰，分子都严格安排在周期"晶格"之中，变得非常有序。即便在晶体里，也会发生相变，使晶体突然改变其性能。例如，磁铁加热到一定的温度会突然失去磁性，这是由于组成磁铁的众多"元磁体"之排列从有序到无序所引起的；失去磁性的磁铁放入到磁场中，当磁化强度达到某一数值，它又被磁化，"元磁体"之排列又从无序到有序。超导现象是指材料在低于某一温度时，电阻和磁感强度均变为零的现象，具有零电阻性和完全抗磁性的导体称超导体。超导现象也是由于电子每次成对地通过晶体，这些"电子对"按严格规定的动态连接在一起，从而抗拒原子的电阻作用。这些相变后产生的新结构，不需要外界供给能量和物质来维持它的稳定，故称为平衡相变。

激光的产生是一种非平衡相变。常见的气体激光器氦氖(He-Ne)激光器，它由充有一

定比例的氦、氖混合气体的放电管构成。构成光学谐振腔的两块反射镜固定在放电管的两端。通常情况下，氖原子都处在最低能量状态。当被外界光源照射时，原子会从中吸收能量激发到较高能态上，这些高能态上的激活原子不稳定，会发出一个光波回到原来的低能态。当泵浦(用来照射的外界光源)功率较低时，气体原子彼此无关地发出不相干的光波，就像普通灯泡一样。当泵浦功率达到临界值时，多数的原子跳到较高能态上，比最低能态上的原子数多，称为粒子数反转。此时光波电场的一个扰动，会使所有高能态上的原子同步地发出同频率的光波，再通过谐振腔的选择放大作用，便发出单色性、方向性、相干性极好的激光。这种相变所形成的有序结构，必须借助泵浦不断提供的能量才能维持其稳定，一旦泵浦功率达不到阈值，这种非平衡有序状态立刻瓦解，人们把这种相变称为非平衡相变。

尽管激光与普通灯光都源于原子发射光波的过程，然而却有着本质的不同。在普通光源里，所有的原子发光过程是杂乱无章的，形成频带很宽的光场，然而激光器里大量原子发光过程从无序变为有序，原子是"自己组织起来行动的"，正是通过这种自组织作用导致了有序状态的形成。激光器产生的是频带很窄的光场。以哈肯的话来说，前者仅仅产生"噪声"，而后者的产生物犹如"小提琴发出的单音"。

无论是平衡系统还是非平衡系统的相变，其中都呈现出子系统丰富合作的现象。

三、突变理论

1. 突变理论的产生

许多年来，自然界许多事物的连续的、渐变的、平滑的运动变化过程，都可以用微积分的方法给以圆满解决。例如，地球绕太阳旋转，有规律地做连续运动，人们能极其精确地预测星体未来的运动状态，经典的微积分可以非常完美地描述这样的运动规律。

但是，在自然界和人类社会现象中，还有许多突变和飞跃的过程，飞跃造成的不连续性把系统的行为空间变成不可微的，微积分就无法解决。例如，水的沸腾、火山爆发、地震、桥梁的断裂、细胞的分裂、经济危机、社会结构的激变、人的休克至死亡等等。这种不连续的变化过程称为突变，用微积分是不能描述的。这就迫使科学家进一步研究如何用一般性数学理论来描述各种飞跃和不连续过程以及它与连续变化因素之间的关系。

突变理论是20世纪70年代发展起来的一个新的数学分支。由法国数学家勒内·托姆(Rene Tom，1923—2002)提出，他在1972年出版的《结构稳定性和形态发生学》中系统地阐明了突变理论。托姆为此而荣获当前国际数学界的最高奖——菲尔兹奖。

2. 突变理论的内容

突变理论主要以拓扑学为工具，以结构稳定性理论为基础，提出了一条新的判别突变、飞跃的原则：在严格控制条件下，变化过程中经历的中间过渡态是否稳定。如果事物在质变全过程中始终是平稳地发展的，两种状态之间的一切中间状态都是稳定的，那么就是渐变。如果事物在质变过程中出现了内部稳定性的破坏，两种状态之间的中间状态中有不稳定态存在，那么平稳而连续的变化过程就会中断，就会出现突变。比如拆一堵墙，如果从上面开始一块块地把砖头拆下来，整个过程就是结构稳定的渐变过程。如果从底脚开始拆墙，拆到一定程度，就会破坏墙的结构稳定性，墙体就会轰然倒塌。这种结构不稳定性就是突变、飞跃的过程。

托姆的突变理论，就是用数学工具描述系统状态的飞跃，给出系统处于稳定态的参数区域，参数变化时，系统状态也随着变化，当参数通过某些特定位置时，状态就会发生突变。对于这种结构的稳定与不稳定现象，突变理论用势函数的洼存在表示稳定，用洼取消表示不稳定，例如，一个小球在洼底部时是稳定的，如果把它放在突起顶端时是不稳定的，小球就会从顶端处，不稳定滚下去，往新洼地过渡，事物就发生突变；当小球在新洼地底处，又开始新的稳定，所以势函数的洼存在与消失是判断事物的稳定性与不稳定性、渐变与突变过程的根据。

突变理论提出一系列数学模型，用以解释自然界和社会现象中所发生的不连续的变化过程，描述各种现象为何从形态的一种形式突然地飞跃到根本不同的另一种形式，可以由某些特定的几何形状来表示。发生在三维空间和一维空间的四个因子控制下的突变，有七种突变类型：折叠突变、尖顶突变、燕尾突变、蝴蝶突变、双曲脐突变、椭圆脐形突变以及抛物脐形突变。

例如，用大拇指和中指夹持一段有弹性的钢丝，使其向上弯曲，然后再用力压钢丝使其变形，当达到一定程度时，钢丝会突然向下弯曲，并失去弹性。这就是生活中常见的一种突变现象，它有两个稳定状态：上弯和下弯，状态由两个参数决定，一个是手指夹持的力(水平方向)，一个是钢丝的压力(垂直方向)，可用尖顶突变来描述。

尖顶突变和蝴蝶突变是几种质态之间能够进行可逆转的模型。自然界还有些过程是不可逆的，可以用折叠突变、燕尾突变等时函数最高奇次的模型来描述。所以，突变理论是用形象而精确的数学模型来描述质量互变过程。

3. 突变理论的应用

突变理论在在自然科学的应用是相当广泛的。在物理学研究了相变、分叉、混沌与突变的关系，提出了动态系统、非线性力学系统的突变模型，解释了物理过程的可重复性是结构稳定性的表现。在化学中，用蝴蝶突变描述氢氧化物的水溶液，用尖顶突变描述水的液、气、固的变化等。在生态学中研究了种群的消长与生灭过程，提出了根治虫害的模型与方法。在工程技术中，研究了弹性结构的稳定性，通过桥梁过载导致毁坏的实际过程，提出最优结构设计。在交通工程领域，国内外学者试图用尖点突变理论分析交通流三参数关系，对交通流参数的"跳跃"变化给出数学上的解释，从而应用于交通流运行状态辨识、交通事件的产生与预防等领域。

四、混沌理论

1963年美国著名的气象学家洛仑兹(Edward N.Lorenz，1917—2008)在数值实验中首先发现在确定性系统中有时会表现出随机行为这一现象。他在美国《气象学报》上发表的论文"确定性的非周期流"中讨论了天气预报的困难和大气湍流现象，给出了三个变量的自治方程，即著名的洛仑兹方程。

$$\begin{cases} \dot{x} = -\sigma(x-y) \\ \dot{y} = -xz + rx - y \\ \dot{z} = xy - bz \end{cases}$$

即方程右端不显含时间，它是一个完全确定的三阶常微分方程组。方程中三个参数为 σ、r 和 b，如取 $b=8/3$，$\sigma=10$，改变参数 r：当 $r<1$ 时，其解的性质趋于无对流的定态；当 $r>1$ 时，其解为非周期的，看起来很混乱。这便是在耗散系统中，一个确定的方程却能导出混沌解的第一个实例。

洛仑兹的研究向人们揭示了一个新的现象，就是用微分方程描述的确定性系统在相当长的时间后，其演化不再具有确定性，而是呈现一种"混乱"的状态，这种现象称为"混沌"。从而揭开了对混沌现象深入研究的序幕。而洛仑兹实验中出现的混沌是确定性混沌，指在参数的某个范围内，尽管初值的变化非常小，结果却产生非常大的变化。

后来在物理、化学、数学、天文学、生物学、生态学以及经济等研究领域中，也相继发现了混沌现象。混沌现象表明，某些确定性的非线性系统，由于对初始边界条件异常敏感，哪怕极其微小的变化，也将导致系统长期行为呈现出貌似随机的不确定性现象。

1976 年美国生物学家罗伯特·梅在美国《自然》杂志上发表的题为"具有极复杂的动力学的简单数学模型"文章中指出"在生态学中一些非常简单的确定性的数学模型却能产生看似随机的行为"。如

$$x_{n+1} = ux_n(1-x_n)$$

即著名的逻辑斯谛(Logistic)增长模型。该模型看来似乎很简单，并且是确定性的，但参数 u 在一定范围变化时，它却具有极为复杂的动力学行为，其中包括了分岔和混沌，从而向人们表明了混沌理论的惊人信息。

由此可知，系统中存在着两种不确定性，一种是动力系统由于受到外界诸多因素的影响而产生的，且人们对其中某些因素的作用，甚至因素本身是什么也不知道，这种特性并非是动力系统本身所固有的，称外在随机性。另一种是动力系统本身所固有的，并不是由于外界的干扰，因而被称为内在随机性。外在随机性表示系统在任何时刻，即使是很短的时间内，其状态也是不确定的，因而是不可预报的，只能对系统的状态进行统计描述，给出它的概率分布规律。而内在随机性是系统在短期内按确定的规律演化且有一个可预报期限，只是在足够长的时间后系统才变为不确定。因此，内在随机性指的是系统在足够长的时间后的行为。

这种内在随机性存在于大量的保守系统和耗散系统中。需要强调的是，它与外在随机性不同，它是在完全确定的方程中，不需要附加任何随机因素亦可出现类似随机行为，导致混沌的结果。

20 世纪 80 年代以来，人们着重研究系统如何从有序进入新的混沌及其混沌的性质和特点。除此之外，借助于(单)多标度分形理论和符号动力学，还进一步对混沌结构进行了研究和理论上的总结。由于自然界中一些混沌现象的相继发现，通过计算机还可描绘各自的混沌图像，如数学家曼德布罗特(Mandelbrot)于 1980 年用计算机给出了世界上第一张 Mandelbrot 集的混沌图像。

进入 20 世纪 90 年代，基于混沌运动是存在于自然界中的一种普遍运动形式，所以对混沌的研究不仅推动了其他学科的发展，而且其他学科的发展又促进了对混沌的深入研究。因此，混沌与其他学科相互渗透、促进，综合发展，使得混沌理论在生物学、数学、物理学、化学、电子学、信息科学、气象学、宇宙学、地质学、经济学、人脑科学

等多个领域中得到了广泛的应用。

五、复杂性研究

20世纪50年代到70年代，普利高津提出了耗散结构理论，沟通了非生命系统和生命系统的内在联系，说明这两类大系统之间并没有严格的界限，表面上的鸿沟是由相同的规律所支配的。耗散结构的理论是对系统宏观性质的研究，还没有和系统的微观性质联系起来。与普里高津同时代的哈肯的协同学则沟通了从微观到宏观的通路，使系统在宏观上表现出来的规律能和微观上的运动联系起来。但是从目前的情况来看，普里高津和哈肯所研究的系统特性仍属于"简单巨系统"特性的范畴，可以直接用统计学等定量工具进行处理。当这些方法运用到更复杂的系统中时，遇到了根本性的困难。

1999年4月美国《science》杂志出版了"复杂系统"的专辑。两位编者Richard Gallagher和Tim Appenzeler在其以"超越还原论"为标题的导言中，对他们所指的"复杂系统"作了如下简单描述：通过对一个系统的分量部分(子系统)性能的了解，不能对系统的性能作出完全的解释，这样的系统称为"复杂系统"。用通俗一点的说法，对于复杂系统，整体的性质不等于部分性能的和，即系统整体与部分之间的关系不是一种线性关系。

复杂性科学是一门研究复杂性和复杂系统的新兴科学，尽管目前还处于萌芽阶段，但是已被一些科学家誉为"21世纪的科学"。其代表是以圣菲研究所(SFI)提出的理论框架，主要理论是1994年霍兰提出的复杂适应系统(Complex Adaptive System，CAS)理论。我国以钱学森为代表的学者提出的复杂巨系统理论在复杂性科学中也具有一定地位，下面分别介绍这两种复杂性研究的理论。

1. 复杂适应系统

1984年，由诺贝尔奖获得者(Gell Mann)等人发起，一批物理学家、理论生物学家、计算机专家和经济学家及其他学科的研究人员聚集于美国新泽西州Santa Fe，组织了一个学术研究团体，称为圣菲研究所。以复杂性为研究对象。前期的主要学术观点可概括为：复杂系统是由大量相互作用的单元构成的；适应性造就了复杂性。

复杂性寓于系统之中，是系统复杂性。把复杂性和复杂系统结合起来，也便于从系统科学角度研究复杂性。实际上，SFI在后来的复杂性研究中，也广泛使用系统的概念。复杂适应系统就是这类系统的结构能适应环境的变化，调整自身结构，从而涌现出新功能。

定义：一个复杂适应系统是一个由单独个体组成的系统，这些个体拥有一些行动的自由，使我们不能全然预测到他们的行动，而且他们的行动是相互影响的，一个个体的行动会影响到其他个体的行动原因。复杂适应系统的例子包括股票市场，一个白蚁家族，人体免疫系统；还有任何由人组成的集体，例如一个行业、商业组织、教会组织、家庭等。

在一个复杂适应系统中，个体根据他们自己的内在原则及想法进行操作。换句话说，每个个体都有它自己的原则，决定如何应对所在环境中的事务。在特定的外部条件下，系统可以通过自组织形成特定时空结构的有序状态，在环境的影响下能够自组织、自学习、自适应，不断演化形态而生存、繁衍和发展。如果适应能力赶不上环境的变化，就会衰亡下去。生命毫无疑义是一种复杂的适应系统。

复杂适应系统具有以下特征：

(1) 由子系统构成，但它的结构、运动模式和性质具有整体的特点。不是子系统简单叠加之和，甚至部分子系统的变化，对整体特点都不产生大的影响。

(2) 处于远离热平衡的开放系统。

(3) 内部子系统相互之间是非线性的。

(4) 在一定环境条件范围内，具有自组织、自学习、自适应和进化的功能，自动形成有序的状态，适应环境的变迁而演化繁殖，内部结构的衰老和外部环境的恶化，也会造成解体。

(5) 历史的偶然的因素，会对演化过程产生重要的影响。一个微小因素的发生，起到了改变事物发展方向的作用。著名的"蝴蝶效应"正是此意。

复杂性的研究则是研究复杂系统如何在一定的规则下产生有组织的行为。近年来，SFI的一些科学家拓宽了复杂性的研究内容，把兴趣逐步转移到对混沌边界的研究上。总体来看，SFI认识到复杂性研究的困难在于不能用传统的方法来处理复杂系统所涉及的问题，并提出了复杂性科学的概念。但研究这种复杂性的科学方法到底是什么，至今还没有提出明确的方法，仍处于困惑与不断探索之中。

2．复杂巨系统

当前人们面临着必须处理与解决的种种复杂问题：如全球经济的可持续发展，生态环境保护及区域规划、大城市的交通拥挤甚至堵塞等等。在这种类型的系统中，与以往的工程系统的明显不同之处是往往大量活的、有生命的物体，如动物和人作为系统中的部分(子系统)。这些子系统相互之间有强烈的交互作用，这样的系统称为"开放的复杂巨系统"(Open Complex Giant System)。这类系统及其处理的方法是钱学森等人于20世纪80年代末，针对一些复杂的系统所概括和提炼出来的。复杂巨系统包括的子系统很多，成千上万甚至上亿万，它的性质可以概括如下：

(1) 开放性：系统本身及其子系统与周围的环境有物质的交换、能量的交换和信息的转换。

(2) 复杂性：系统中子系统的种类繁多，子系统之间有交互作用。

(3) 层次性：已经认识得比较清楚的子系统到可以宏观观测的整个系统之间层次很多，甚至有几个层次也不清楚。

很明显，开放的复杂巨系统超出了还原论的范畴。钱学森对复杂性的看法是：复杂性是开放的复杂巨系统的动力学特性。

简单系统是指组成系统数量较少，因而它们之间的关系也比较简单，或尽管子系统数量多且巨大，但之间关联关系比较简单，则称为简单系统。按照子系统的数量级，简单系统还可分为小系统(子系统数量为几个、十几个)、大系统(子系统数量为几十个、上百个)、以及简单巨系统(子系统数量成千上万、上百亿、万亿)。对于某些非生命系统，例如一台测量仪器可视为一个小系统，这一类系统用传统的数学、物理学、化学可以很好地描述；一个仅考虑产品生产的普通工厂可视为一个大系统，可以用控制论、信息论和运筹学的部分内容加以研究。总之研究这些简单系统可以将各子系统之间的相互作用直接综合为整体系统的功能。简单巨系统的子系统数量巨大，但子系统差别较小，因而反映出此类系统的子系统种类少，关联关系比较简单。例如贝纳德流和激光，都是巨系统所表现出系统宏观层次上的自组织行为，但是层次简单，而且没有意识的参与，都属于简单巨系统。这类系统无法用研究简单小系统和大系统的方法解决，连巨型计算机也不够使用。对于这样的系统，由于子系统往往具有共同特点，因此可把亿万个分子组成的巨系统的功能略去细节，用统计力学进行概括处理。

另一类系统称为复杂系统。这类系统不仅构成的子系统非常多，还表现出系统层次众多，具有大量的状态变量，反馈结构复杂，输入与输出呈现非线性特征，或将上述特点简单称为高阶次、多回路、非线性。并在结构、功能、行为、演化等方面的运行规律尚不清楚，这类系统就称其为复杂巨系统。尽管这类系统有客观的确定规律，但子系统的差别造成了规律的多样化。对于复杂巨系统，如果它与外界有能量、信息与物质的交换，则称为开放的复杂巨系统。

如人脑系统，由于人脑的记忆、思维和推理功能以及意识作用，它的输入—输出反应特性极为复杂。人脑可以利用过去的信息(记忆)和未来的信息(推理)以及当时的输入信息和环境作用，做出各种复杂反应。

对于社会系统，其复杂性不仅表现在子系统种类多，各有其定性模型；而且子系统间及与外界存在着各种方式的信息交流，子系统的结构也在随着系统的发展不断变化。作为社会系统的基本单元——人本身就是一个复杂巨系统，有意识、有主观能动性。人的行为是决定社会系统行为的非常重要的基础。这就使得社会系统中不同行为的人或者子系统之间的关系异常复杂，社会系统也是一种开放的复杂巨系统。系统的简单分类如附表1-1所示。

附表1-1 系统的分类

系统	按子系统数量划分	小系统	
		大系统	
		巨系统	简单巨系统
			复杂巨系统
	按系统的本质属性划分	简单系统	
		复杂系统	

综上所述，巨系统分为"简单巨系统"和"复杂巨系统"，它们的共性是系统内子系统数量巨大。而它们的区别在于，复杂系统表现出具有很多层次，而且每个层次都呈现系统的复杂行为；甚至可能还有意识活动参与到系统中，如生态系统、生物体系统、人体系统、大脑系统、社会系统等。

系统工程的研究领域越来越趋向于开放的复杂巨系统。对复杂巨系统的研究方法可以采用对低层次子系统集成"组"进行"宏观性"处理。

由于系统是复杂巨系统，其系统层次多且关系复杂，子系统数目巨大。对如此巨大的系统，我们不可能从最基本的子系统开始进行结构分析。对有些庞大的子系统，人类目前还没有这种能力去研究其微观机制，因此我们可以将子系统按其功能特点、结构特点予以划分，将具有共同属性的子系统归于同一子系统组，形成高一层次的子系统。对该子系统(组)我们侧重其输入、输出特性的研究，而不侧重其内部结构的分析。该子系统(组)的状态可视为整个复杂巨系统的一个或一组参数。于是，对于上述分类后的子系统

(组),尽管组间存在着各种关联乃至反馈关系,然而任一子系统组的元素与其他子系统组的元素相对来说具有独立性。我们采取了略去其结构的微观细节,抓住其主要共性,在宏观上对各类别的子系统(组)分别进行研究的办法,根据实际情况,应用已有的信息处理技术,进行定性定量相结合的研究。这些方法可以是:

(1) 采用简单巨系统的研究方法,运用统计方法对它进行整体研究。

(2) 运用各种抽样方法对实际系统的实际信息进行采集,然后再进行统计归纳。

(3) 对实际系统中原来已有的,可能是零乱的、分散的信息资料进行各种技术处理和分析,以得到子系统(组)的状态数据。

(4) 有的可以根据专家或有经验的实际工作者给以预见性分析、推算,进而得到定量的数据,必要时可建立专家系统。

(5) 有的子系统(组)相对来说具有较系统、完整的历史数据,于是可以采用各种数据分析的模型,如回归、平滑、灰色模型、投入产出分析、马尔科夫预测等。

(6) 根据各学科具体的理论公式进行研究。

(7) 运用计量经济学、经济控制论或其他各种控制论模型进行研究。

(8) 建立仿真模型。

总之要根据模型研制者所掌握的信息多少、种类、精度以及实际子系统(组)具体情况,由模型研制者研究分析、判断、选择。人类为了认识系统可以采用各种方法并配合人的定性判断,即将科学理论、经验知识和专家判断相结合,提出经验性假设或判断,然后利用历史性数据和资料建立各相应的模型,将定量结果与定性的假设或判断反复对比,以得到最后的定量结果,该结果代表着该子系统(组)的状态,即是整个复杂巨系统较高层次部分仿真模型的参数或参数组。

分析复杂巨系统的方法论是从定性到定量的综合集成法。

附录二 假设检验的临界值表

附表 2-1 t 分布临界值表

(查表时注意:n 为自由度,并分单侧和双侧两种类型,左侧的示意图是单侧检验的情形)

单侧	a=0.10	0.05	0.025	0.01	0.005
双侧	a=0.20	0.10	0.05	0.02	0.01
n=1	3.078	6.314	12.706	31.821	63.657
2	1.886	2.920	4.303	6.965	9.925
3	1.638	2.353	3.182	4.541	5.841
4	1.533	2.132	2.776	3.747	4.604
5	1.476	2.015	2.571	3.365	4.032
6	1.440	1.943	2.447	3.143	3.707
7	1.415	1.895	2.365	2.998	3.499
8	1.397	1.860	2.306	2.896	2.355
9	1.383	1.833	2.262	2.821	3.250
10	1.372	1.812	2.228	2.764	3.169
11	1.363	1.796	2.201	2.718	3.106
12	1.356	1.782	2.179	2.681	3.055
13	1.350	1.771	2.160	2.650	3.012
14	1.345	1.761	2.145	2.624	2.977
15	1.341	1.753	2.131	2.602	2.947
16	1.337	1.746	2.120	2.583	2.921
17	1.333	1.740	2.110	2.567	2.898
18	1.330	1.734	2.101	2.552	2.878
19	1.328	1.729	2.093	2.539	2.861
20	1.325	1.725	2.086	2.528	2.845
21	1.323	1.721	2.080	2.518	2.831
22	1.321	1.717	2.074	2.508	2.819
23	1.319	1.714	2.069	2.500	2.807
24	1.318	1.711	2.064	2.492	2.797

(续)

单侧	a=0.10	0.05	0.025	0.01	0.005
双侧	a=0.20	0.10	0.05	0.02	0.01
25	1.316	1.708	2.060	2.485	2.787
26	1.315	1.706	2.056	2.479	2.779
27	1.314	1.703	2.052	2.473	2.771
28	1.313	1.701	2.048	2.467	2.763
29	1.311	1.699	2.045	2.462	2.756
30	1.310	1.697	2.042	2.457	2.750
40	1.303	1.648	2.021	2.423	2.704
50	1.299	1.676	2.009	2.403	2.678
60	1.296	1.671	2.000	2.390	2.660
70	1.294	1.667	1.994	2.381	2.648
80	1.292	1.664	1.990	2.374	2.639
90	1.291	1.662	1.987	2.368	2.632
100	1.290	1.660	1.984	2.364	2.626
125	1.288	1.657	1.979	2.357	2.616
150	1.287	1.655	1.976	2.351	2.609
200	1.286	1.653	1.972	2.345	2.601
∞	1.282	1.645	1.960	2.326	2.576

附表 2-2　F 分布表

$P\{F(n_1, n_2) > F_\alpha(n_1, n_2)\} = \alpha$

	$\alpha = 0.10$																	
n_2 \ n_1	1	2	3	4	5	6	7	8	9	10	12	15	20	24	30	40	60	120	∞
1	39.86	49.50	53.59	55.83	57.24	58.20	58.91	59.44	59.86	60.19	60.71	61.22	61.74	62.00	62.26	62.53	62.79	63.06	63.33
2	8.53	9.00	9.16	9.24	9.29	9.33	9.35	9.37	9.38	9.39	9.41	9.42	9.44	9.45	9.46	9.47	9.47	9.48	9.49
3	5.54	5.46	5.39	5.34	5.31	5.28	5.27	5.25	5.24	5.23	5.22	5.20	5.18	5.18	5.17	5.16	5.15	5.14	5.13
4	4.54	4.32	4.19	4.11	4.05	4.01	3.98	3.95	3.94	3.92	3.90	3.87	3.84	3.83	3.82	3.80	3.79	3.78	3.76
5	4.06	3.78	3.62	3.52	3.45	3.40	3.37	3.34	3.32	3.30	3.27	3.24	3.21	3.19	3.17	3.16	3.14	3.12	3.10
6	3.78	3.46	3.29	3.18	3.11	3.05	3.01	2.98	2.96	2.94	2.90	2.87	2.84	2.82	2.80	2.78	2.76	2.74	2.72
7	3.59	3.26	3.07	2.96	2.88	2.83	2.78	2.75	2.72	2.70	2.67	2.63	2.59	2.58	2.56	2.54	2.51	2.49	2.47
8	3.46	3.11	2.92	2.81	2.73	2.67	2.62	2.59	2.56	2.54	2.50	2.46	2.42	2.40	2.38	2.36	2.34	2.32	2.29
9	3.36	3.01	2.81	2.69	2.61	2.55	2.51	2.47	2.44	2.42	2.38	2.34	2.30	2.28	2.25	2.23	2.21	2.18	2.16
10	3.29	2.92	2.73	2.61	2.52	2.46	2.41	2.38	2.35	2.32	2.28	2.24	2.20	2.18	2.16	2.13	2.11	2.08	2.06
11	3.23	2.86	2.66	2.54	2.45	2.39	2.34	2.30	2.27	2.25	2.21	2.17	2.12	2.10	2.08	2.05	2.03	2.00	1.97
12	3.18	2.81	2.61	2.48	2.39	2.33	2.28	2.24	2.21	2.19	2.15	2.10	2.06	2.04	2.01	1.99	1.96	1.93	1.90
13	3.14	2.76	2.56	2.43	2.35	2.28	2.23	2.20	2.16	2.14	2.10	2.05	2.01	1.98	1.96	1.93	1.90	1.88	1.85
14	3.10	2.73	2.52	2.39	2.31	2.24	2.19	2.15	2.12	2.10	2.05	2.01	1.96	1.94	1.91	1.89	1.86	1.83	1.80

(续)

n_2 \ n_1	1	2	3	4	5	6	7	8	9	10	12	15	20	24	30	40	60	120	∞
15	3.07	2.70	2.49	2.36	2.27	2.21	2.16	2.12	2.09	2.06	2.02	1.97	1.92	1.90	1.87	1.85	1.82	1.79	1.76
16	3.05	2.67	2.46	2.33	2.24	2.18	2.13	2.09	2.06	2.03	1.99	1.94	1.89	1.87	1.84	1.81	1.78	1.75	1.72
17	3.03	2.64	2.44	2.31	2.22	2.15	2.10	2.06	2.03	2.00	1.96	1.91	1.86	1.84	1.81	1.78	1.75	1.72	1.69
18	3.01	2.62	2.42	2.29	2.20	2.13	2.08	2.04	2.00	1.98	1.93	1.89	1.84	1.81	1.78	1.75	1.72	1.69	1.66
19	2.99	2.61	2.40	2.27	2.18	2.11	2.06	2.02	1.98	1.96	1.91	1.86	1.81	1.79	1.76	1.73	1.70	1.67	1.63
20	2.97	2.59	2.38	2.25	2.16	2.09	2.04	2.00	1.96	1.94	1.89	1.84	1.79	1.77	1.74	1.71	1.68	1.64	1.61
21	2.96	2.57	2.36	2.23	2.14	2.08	2.02	1.98	1.95	1.92	1.87	1.83	1.78	1.75	1.72	1.69	1.66	1.62	1.59
22	2.95	2.56	2.35	2.22	2.13	2.06	2.01	1.97	1.93	1.90	1.86	1.81	1.76	1.73	1.70	1.67	1.64	1.60	1.57
23	2.94	2.55	2.34	2.21	2.11	1.05	1.99	1.95	1.92	1.89	1.84	1.80	1.74	1.72	1.69	1.66	1.62	1.59	1.55
24	2.93	2.54	2.33	2.19	2.10	2.04	1.98	1.94	1.91	1.88	1.83	1.78	1.73	1.70	1.67	1.64	1.61	1.57	1.53
25	2.92	2.53	2.32	2.18	2.09	2.02	1.97	1.93	1.89	1.87	1.82	1.77	1.72	1.69	1.66	1.63	1.59	1.56	1.52
26	2.91	2.52	2.31	2.17	2.08	2.01	1.96	1.92	1.88	1.86	1.81	1.76	1.71	1.68	1.65	1.61	1.58	1.54	1.50
27	2.90	2.51	2.30	2.17	2.07	2.00	1.95	1.91	1.87	1.85	1.80	1.75	1.70	1.67	1.64	1.60	1.57	1.53	1.49
28	2.89	2.50	2.29	2.16	2.06	2.00	1.94	1.90	1.87	1.84	1.79	1.74	1.69	1.66	1.63	1.59	1.56	1.52	1.48
29	2.89	2.50	2.28	2.15	2.06	1.99	1.93	1.89	1.86	1.83	1.78	1.73	1.68	1.65	1.62	1.58	1.55	1.51	1.47
30	2.88	2.49	2.28	2.14	2.05	1.98	1.93	1.88	1.85	1.82	1.77	1.72	1.67	1.64	1.61	1.57	1.54	1.50	1.46
40	2.84	2.44	2.23	2.09	2.00	1.93	1.87	1.83	1.79	1.76	1.71	1.66	1.61	1.57	1.54	1.51	1.47	1.42	1.38
60	2.79	2.39	2.18	2.04	1.95	1.87	1.82	1.77	1.74	1.71	1.66	1.60	1.54	1.51	1.48	1.44	1.40	1.35	1.29
120	2.75	2.35	2.13	1.99	1.90	1.82	1.77	1.72	1.68	1.65	1.60	1.55	1.48	1.45	1.41	1.37	1.32	1.26	1.19
∞	2.71	2.30	2.08	1.94	1.85	1.77	1.72	1.67	1.63	1.60	1.55	1.49	1.42	1.38	1.34	1.30	1.24	1.17	1.00

$\alpha = 0.05$

n_2 \ n_1	1	2	3	4	5	6	7	8	9	10	12	15	20	24	30	40	60	120	∞
1	161.4	199.5	215.7	224.6	230.2	234.0	236.8	238.9	240.5	241.9	243.9	245.9	248.0	249.1	250.1	251.1	252.2	253.3	254.3
2	18.51	19.00	19.16	19.25	19.30	19.33	19.35	19.37	19.38	19.40	19.41	19.43	19.45	19.45	19.46	19.47	19.48	19.49	19.50
3	10.13	9.55	9.28	9.12	9.01	8.94	8.89	8.85	8.81	8.79	8.74	8.70	8.66	8.64	8.62	8.59	8.57	8.55	8.53
4	7.71	6.94	6.59	6.39	6.26	6.16	6.09	6.04	6.00	5.96	5.91	5.86	5.80	5.77	5.75	5.72	5.69	5.66	5.63
5	6.61	5.79	5.41	5.19	5.05	4.95	4.88	4.82	4.77	4.74	4.68	4.62	4.56	4.53	4.50	4.46	4.43	4.40	4.36
6	5.99	5.14	4.76	4.53	4.39	4.28	4.21	4.15	4.10	4.06	4.00	3.94	3.87	3.84	3.81	3.77	3.74	3.70	3.67
7	5.59	4.74	4.35	4.12	3.97	3.87	3.79	3.73	3.68	3.64	3.57	3.51	3.44	3.41	3.38	3.34	3.30	3.27	3.23
8	5.32	4.46	4.07	3.84	3.69	3.58	3.50	3.44	3.39	3.35	3.28	3.22	3.15	3.12	3.08	3.04	3.01	2.97	2.93
9	5.12	4.26	3.86	3.63	3.48	3.37	3.29	3.23	3.18	3.14	3.07	3.01	2.94	2.90	2.86	2.83	2.79	2.75	2.71
10	4.96	4.10	3.71	3.48	3.33	3.22	3.14	3.07	3.02	2.98	2.91	2.85	2.77	2.74	2.70	2.66	2.62	2.58	2.54
11	4.84	3.98	3.59	3.36	3.20	3.09	3.01	2.95	2.90	2.85	2.79	2.72	2.65	2.61	2.57	2.53	2.49	2.45	2.40
12	4.75	3.89	3.49	3.26	3.11	3.00	2.91	2.85	2.80	2.75	2.69	2.62	2.54	2.51	2.47	2.43	2.38	2.34	2.30
13	4.67	3.81	3.41	3.18	3.03	2.92	2.83	2.77	2.71	2.67	2.60	2.53	2.46	2.42	2.38	2.34	2.30	2.25	2.21
14	4.60	3.74	3.34	3.11	2.96	2.85	2.76	2.70	2.65	2.60	2.53	2.46	2.39	2.35	2.31	2.27	2.22	2.18	2.13

(续)

n_2\\n_1	1	2	3	4	5	6	7	8	9	10	12	15	20	24	30	40	60	120	∞
15	4.54	3.68	3.29	3.06	2.90	2.79	2.71	2.64	2.59	2.54	2.48	2.40	2.33	2.29	2.25	2.20	2.16	2.11	2.07
16	4.49	3.63	3.24	3.01	2.85	2.74	2.66	2.59	2.54	2.49	2.42	2.35	2.28	2.24	2.19	2.15	2.11	2.06	2.01
17	4.45	3.59	3.20	2.96	2.81	2.70	2.61	2.55	2.49	2.45	2.38	2.31	2.23	2.19	2.15	2.10	2.06	2.01	1.96
18	4.41	3.55	3.16	2.93	2.77	2.66	2.58	2.51	2.46	2.41	2.34	2.27	2.19	2.15	2.11	2.06	2.02	1.97	1.92
19	4.38	3.52	3.13	2.90	2.74	2.63	2.54	2.48	2.42	2.38	2.31	2.23	2.16	2.11	2.07	2.03	1.98	1.93	1.88
20	4.35	3.49	3.10	2.87	2.71	2.60	2.51	2.45	2.39	2.35	2.28	2.20	2.12	2.08	2.04	1.99	1.95	1.90	1.84
21	4.32	3.47	3.07	2.84	2.68	2.57	2.49	2.42	2.37	2.32	2.25	2.18	2.10	2.05	2.01	1.96	1.92	1.87	1.81
22	4.30	3.44	3.05	2.82	2.66	2.55	2.46	2.40	2.34	2.30	2.23	2.15	2.07	2.03	1.98	1.94	1.89	1.84	1.78
23	4.28	3.42	3.03	2.80	2.64	2.53	2.44	2.37	2.32	2.27	2.20	2.13	2.05	2.01	1.96	1.91	1.86	1.81	1.76
24	4.26	3.40	3.01	2.78	2.62	2.51	2.42	2.36	2.30	2.25	2.18	2.11	2.03	1.98	1.94	1.89	1.84	1.79	1.73
25	4.24	3.39	2.99	2.76	2.60	2.49	2.40	2.34	2.28	2.24	2.16	2.09	2.01	1.96	1.92	1.87	1.82	1.77	1.71
26	4.23	3.37	2.98	2.74	2.59	2.47	2.39	2.32	2.27	2.22	2.15	2.07	1.99	1.95	1.90	1.85	1.80	1.75	1.69
27	4.21	3.35	2.96	2.73	2.57	2.46	2.37	2.31	2.25	2.20	2.13	2.06	1.97	1.93	1.88	1.84	1.79	1.73	1.67
28	4.20	3.34	2.95	2.71	2.56	2.45	2.36	2.29	2.24	2.19	2.12	2.04	1.96	1.91	1.87	1.82	1.77	1.71	1.65
29	4.18	3.33	2.93	2.70	2.55	2.43	2.35	2.28	2.22	2.18	2.10	2.03	1.94	1.90	1.85	1.81	1.75	1.70	1.64
30	4.17	3.32	2.92	2.69	2.53	2.42	2.33	2.27	2.21	2.16	2.09	2.01	1.93	1.89	1.84	1.79	1.74	1.68	1.62
40	4.08	3.23	2.84	2.61	2.45	2.34	2.25	2.18	2.12	2.08	2.00	1.92	1.84	1.79	1.74	1.69	1.64	1.58	1.51
60	4.00	3.15	2.76	2.53	2.37	2.25	2.17	2.10	2.04	1.99	1.92	1.84	1.75	1.70	1.65	1.59	1.53	1.47	1.39
120	3.92	3.07	2.68	2.45	2.29	2.17	2.09	2.02	1.96	1.91	1.83	1.75	1.66	1.61	1.55	1.50	1.43	1.35	1.25
∞	3.84	3.00	2.60	2.37	2.21	2.10	2.01	1.94	1.88	1.83	1.75	1.67	1.57	1.52	1.46	1.39	1.32	1.22	1.00

$\alpha = 0.025$

n_2\\n_1	1	2	3	4	5	6	7	8	9	10	12	15	20	24	30	40	60	120	∞
1	647.8	799.5	864.2	899.6	921.8	937.1	948.2	956.7	963.3	968.6	976.7	984.9	993.1	997.2	1001	1006	1010	1014	1018
2	38.51	39.00	39.17	39.25	39.30	39.33	39.36	39.37	39.39	39.40	39.41	39.43	39.45	39.46	39.46	39.47	39.48	39.40	39.50
3	17.44	16.04	15.44	15.10	14.88	14.73	14.62	14.54	14.47	14.42	14.34	14.25	14.17	14.12	14.08	14.04	13.99	13.95	13.90
4	12.22	10.65	9.98	9.60	9.36	9.20	9.07	8.98	8.90	8.84	8.75	8.66	8.56	8.51	8.46	8.41	8.36	8.31	8.26
5	10.01	8.43	7.76	7.39	7.15	6.98	6.85	6.76	6.68	6.62	6.52	6.43	6.33	6.28	6.23	6.18	6.12	6.07	6.02
6	8.81	7.26	6.60	6.23	5.99	5.82	5.70	5.60	5.52	5.46	5.37	5.27	5.17	5.12	5.07	5.01	4.96	4.90	4.85
7	8.07	6.54	5.89	5.52	5.29	5.12	4.99	4.90	4.82	4.76	4.67	4.57	4.47	4.42	4.36	4.31	4.25	4.20	4.14
8	7.57	6.06	5.42	5.05	4.82	4.65	4.53	4.43	4.36	4.30	4.20	4.10	4.00	3.95	3.89	3.84	3.78	3.73	3.67
9	7.21	5.71	5.08	4.72	4.48	4.23	4.20	4.10	4.03	3.96	3.87	3.77	3.67	3.61	3.56	3.51	3.45	3.39	3.33
10	6.94	5.46	4.83	4.47	4.24	4.07	3.95	3.85	3.78	3.72	3.62	3.52	3.42	3.37	3.31	3.26	3.20	3.14	3.08
11	6.72	5.26	4.63	4.28	4.04	3.88	3.76	3.66	3.59	3.53	3.43	3.33	3.23	3.17	3.12	3.06	3.00	2.94	2.88
12	6.55	5.10	4.47	4.12	3.89	3.73	3.61	3.51	3.44	3.37	3.28	3.18	3.07	3.02	2.96	2.91	2.85	2.79	2.72
13	6.41	4.97	4.35	4.00	3.77	3.60	3.48	3.39	3.31	3.25	3.15	3.05	2.95	2.89	2.84	2.78	2.72	2.66	2.60
14	6.30	4.86	4.24	3.89	3.66	3.50	3.38	3.29	3.21	3.15	3.05	2.95	2.84	2.79	2.73	2.67	2.61	2.55	2.49

(续)

n_2 \ n_1	1	2	3	4	5	6	7	8	9	10	12	15	20	24	30	40	60	120	∞
15	6.20	4.77	4.15	3.80	3.58	3.41	3.29	3.20	3.12	3.06	2.96	2.86	2.76	2.70	2.64	2.59	2.52	2.46	2.40
16	6.12	4.69	4.08	3.73	3.50	3.34	3.22	3.12	3.05	2.99	2.89	2.79	2.68	2.63	2.57	2.51	2.45	2.38	2.32
17	6.04	4.62	4.01	3.66	3.44	3.28	3.26	3.06	2.98	2.92	2.82	2.72	2.62	2.56	2.50	2.44	2.38	2.32	2.25
18	5.98	4.56	3.95	3.61	3.38	3.22	3.10	3.01	2.93	2.87	2.77	2.67	2.56	2.50	2.44	2.38	2.32	2.26	2.19
19	5.92	4.51	3.90	3.56	3.33	3.17	3.05	2.96	2.88	2.82	2.72	2.62	2.51	2.45	2.39	2.33	2.27	2.20	2.13
20	5.87	4.46	3.86	3.51	3.29	3.13	3.01	2.91	2.84	2.77	2.68	2.57	2.46	2.41	2.35	2.29	2.22	2.16	2.09
21	5.83	4.42	3.82	3.48	3.25	3.09	2.97	2.87	2.80	2.73	2.64	2.53	2.42	2.37	2.31	2.25	2.18	2.11	2.04
22	5.79	4.38	3.78	3.44	3.22	3.05	2.73	2.84	2.76	2.70	2.60	2.50	2.39	2.33	2.27	2.21	2.14	2.08	2.00
23	5.75	4.35	3.75	3.41	3.18	3.02	2.90	2.81	2.73	2.67	2.57	2.47	2.36	2.30	2.24	2.18	2.11	2.04	1.97
24	5.72	4.32	3.72	3.38	3.15	2.99	2.87	2.78	2.70	2.64	2.54	2.44	2.33	2.27	2.21	2.15	2.08	2.01	1.94
25	5.69	4.29	3.69	3.35	3.13	2.97	2.85	2.75	2.68	2.61	2.51	2.41	2.30	2.24	2.18	2.12	2.05	1.98	1.91
26	5.66	4.27	3.67	3.33	3.10	2.94	2.82	2.73	2.65	2.59	2.49	2.39	2.28	2.22	2.16	2.09	2.03	1.95	1.88
27	5.63	4.24	3.65	3.31	3.08	2.92	2.80	2.71	2.63	2.57	2.47	2.36	2.25	2.19	2.13	2.07	2.00	1.93	1.85
28	5.61	4.22	3.63	3.29	3.06	2.90	2.78	2.69	2.61	2.55	2.45	2.34	2.23	2.17	2.11	2.05	1.98	1.91	1.83
29	5.59	4.20	3.61	3.27	3.04	2.88	2.76	2.67	2.59	2.53	2.43	2.32	2.21	2.15	2.09	2.03	1.96	1.89	1.81
30	5.57	4.18	3.59	3.25	3.03	2.87	2.75	2.65	2.57	2.51	2.41	2.31	2.20	2.14	2.07	2.01	1.94	1.87	1.79
40	5.42	4.05	3.46	3.13	3.90	2.74	2.62	2.53	2.45	2.39	2.29	2.18	2.07	2.01	1.94	1.88	1.80	1.72	1.64
60	5.29	3.93	3.34	3.01	2.79	2.63	2.51	2.41	2.33	2.27	3.17	2.06	1.94	1.88	1.82	1.74	1.67	1.58	1.48
120	5.15	3.80	3.23	2.89	2.67	2.52	2.39	2.30	2.22	2.16	2.05	1.94	1.82	1.76	1.69	1.61	1.53	1.43	1.31
∞	5.02	3.69	3.12	2.79	2.57	2.41	2.29	2.19	2.11	2.05	1.94	1.83	1.71	1.64	1.57	1.48	1.39	1.27	1.00

$\alpha = 0.01$

n_2 \ n_1	1	2	3	4	5	6	7	8	9	10	12	15	20	24	30	40	60	120	∞
1	4052	4999.5	5403	5625	5764	5859	5928	5982	6022	6056	6106	6157	6209	6235	6261	6287	6313	6339	6366
2	98.50	99.00	99.17	99.25	99.30	99.33	99.36	99.37	99.39	99.40	99.42	99.43	99.45	99.46	99.47	99.47	99.48	99.49	99.50
3	34.12	30.82	29.46	28.71	28.24	27.91	27.67	27.49	27.35	27.23	27.05	26.87	26.69	26.60	26.50	26.41	26.32	26.22	26.13
4	21.20	18.00	16.69	15.98	15.52	15.21	14.98	14.80	14.66	14.55	14.37	24.20	14.02	13.93	13.84	13.75	13.65	13.56	13.46
5	16.26	13.27	12.06	11.39	10.97	10.67	10.46	10.29	10.16	10.05	9.89	9.72	9.55	9.47	9.38	9.29	9.20	9.11	9.02
6	13.75	10.93	9.78	9.15	8.75	8.47	8.26	8.10	7.98	7.87	7.72	7.56	7.40	7.31	7.23	7.14	7.06	6.97	6.88
7	12.25	9.55	8.45	7.85	7.46	7.19	6.99	6.84	6.72	6.62	6.47	6.31	6.16	6.07	5.99	5.91	5.82	5.74	5.65
8	11.26	8.65	7.59	7.01	6.63	6.37	6.18	6.03	5.91	5.81	5.67	5.52	5.36	5.28	5.20	5.12	5.03	4.95	4.86
9	10.56	8.02	6.99	6.42	6.06	5.80	5.61	5.47	5.35	5.26	5.11	4.96	4.81	4.73	4.65	4.57	4.48	4.40	4.31
10	10.04	7.56	6.55	5.99	5.64	5.39	5.20	5.06	4.94	4.85	4.71	4.56	4.41	4.33	4.25	4.17	4.08	4.00	3.91
11	9.65	7.21	6.22	5.67	5.32	5.07	4.89	4.74	4.63	4.54	4.40	4.25	4.10	4.02	3.94	3.86	3.78	3.69	3.60
12	9.33	6.93	5.95	5.41	5.06	4.82	4.64	4.50	4.39	4.30	4.16	4.01	3.86	3.78	3.70	3.62	3.54	3.45	3.36
13	9.07	6.70	5.74	5.21	4.86	4.62	4.44	4.30	4.19	4.10	3.96	3.82	3.66	3.59	3.51	3.43	3.34	3.25	3.17
14	8.86	6.51	5.56	5.04	4.69	4.46	4.28	4.14	4.03	3.94	3.80	3.66	3.51	3.43	3.35	3.27	3.18	3.09	3.00

(续)

n_2 \ n_1	1	2	3	4	5	6	7	8	9	10	12	15	20	24	30	40	60	120	∞
15	8.68	6.36	5.42	4.89	4.56	4.32	4.14	4.00	3.89	3.80	3.67	3.52	3.37	3.29	3.21	3.13	3.05	2.96	2.87
16	8.53	6.23	5.29	4.77	4.44	4.20	4.03	3.89	3.78	3.69	3.55	3.41	3.26	3.18	3.10	3.02	2.93	2.84	2.75
17	8.40	6.11	5.18	4.67	4.34	4.10	3.93	3.79	3.68	3.59	3.46	3.31	3.16	3.08	3.00	2.92	2.83	2.75	2.65
18	8.29	6.01	5.09	4.58	4.25	4.01	3.94	3.71	3.60	3.51	3.37	3.23	3.08	3.00	2.92	2.84	2.75	2.66	2.57
19	8.18	5.93	5.01	4.50	4.17	3.94	3.77	3.63	3.52	3.43	3.30	3.15	3.00	2.92	2.84	2.76	2.67	2.58	2.49
20	8.10	5.85	4.94	4.43	4.10	3.87	3.70	3.56	3.46	3.37	3.23	3.09	2.94	2.86	2.78	2.69	2.61	2.52	2.42
21	8.02	5.78	4.87	4.37	4.04	3.81	3.64	3.51	3.40	3.31	3.17	3.03	2.88	2.80	2.72	2.64	2.55	2.46	2.36
22	7.95	5.72	4.82	4.31	3.99	3.76	3.59	3.45	3.35	3.26	3.12	2.98	2.83	2.75	2.67	2.58	2.50	2.40	2.31
23	7.88	5.66	4.76	4.26	3.94	3.71	3.54	3.41	3.30	3.21	3.07	2.93	2.78	2.70	2.62	2.54	2.45	2.35	2.26
24	7.82	5.61	4.72	4.22	3.90	3.67	3.50	3.36	3.26	3.17	3.03	2.89	2.74	2.66	2.58	2.49	2.40	2.31	2.21
25	7.77	5.57	4.68	4.18	3.85	3.63	3.46	3.32	3.22	3.13	2.99	2.85	2.70	2.62	2.54	2.45	2.36	2.27	2.17
26	7.72	5.53	4.64	4.14	3.82	3.59	3.42	3.29	3.18	3.09	2.96	2.81	2.66	2.58	2.50	2.42	2.33	2.23	2.13
27	7.68	5.49	4.60	4.11	3.78	3.56	3.39	3.26	3.15	3.06	2.93	2.78	2.63	2.55	2.47	2.38	2.29	2.20	2.10
28	7.64	5.45	4.57	4.07	3.75	3.53	3.36	3.23	3.12	3.03	2.90	2.75	2.60	2.52	2.44	2.35	2.26	2.17	2.06
29	7.60	5.42	4.54	4.04	3.73	3.50	3.33	3.20	3.09	3.00	2.87	2.73	2.57	2.49	2.41	2.33	2.23	2.14	2.03
30	7.56	5.39	4.51	4.02	3.70	3.47	3.30	3.17	3.07	2.98	2.84	2.70	2.55	2.47	2.39	2.30	2.21	2.11	2.01
40	7.31	5.18	4.31	3.83	3.51	3.29	3.12	2.99	2.89	2.80	2.66	2.52	2.37	2.29	2.20	2.11	2.02	1.92	1.80
60	7.08	4.98	4.13	3.65	3.34	3.12	2.95	2.82	2.72	2.63	2.50	2.35	2.20	2.12	2.03	1.94	1.84	1.73	1.60
120	6.85	4.79	3.95	3.48	3.17	2.96	2.79	2.66	2.56	2.47	2.34	2.19	2.03	1.95	1.86	1.76	1.66	1.53	1.38
∞	6.63	4.61	3.78	3.32	3.02	2.80	2.64	2.51	2.41	2.32	2.18	2.04	1.88	1.79	1.70	1.59	1.47	1.32	1.00

附表 2-3　线性相关系数 R 的临界值表

$n-2$	$\alpha=5\%$	$\alpha=1\%$	$n-2$	$\alpha=5\%$	$\alpha=1\%$	$n-2$	$\alpha=5\%$	$\alpha=1\%$
1	0.997	1.000	16	0.468	0.590	3	0.325	0.418
2	0.950	0.990	17	0.456	0.575	40	0.304	0.393
3	0.878	0.959	18	0.444	0.561	45	0.288	0.372
4	0.811	0.917	19	0.433	0.549	50	0.273	0.354
5	0.754	0.874	20	0.423	0.537	60	0.250	0.325
6	0.707	0.834	21	0.413	0.526	70	0.232	0.302
7	0.666	0.798	22	0.404	0.515	80	0.217	0.283
8	0.632	0.765	23	0.396	0.505	90	0.205	0.267
9	0.602	0.735	24	0.388	0.496	100	0.195	0.254
10	0.576	0.708	25	0.381	0.487	125	0.174	0.228
11	0.553	0.684	26	0.374	0.478	150	0.159	0.208
12	0.532	0.661	27	0.367	0.470	200	0.138	0.181
12	0.514	0.641	28	0.361	0.463	300	0.113	0.148
14	0.497	0.623	29	0.355	0.456	400	0.098	0.128
15	0.482	0.606	30	0.349	0.449	1000	0.062	0.081

参考文献

[1] 钱学森. 创建系统学. 太原:山西科学技术出版社,2001.

[2] 许国志.系统科学.上海:上海科技教育出版社,2000.

[3] 王寿云,于景元,戴汝为,等.开放的复杂巨系统.杭州:浙江科学技术出版社,1996.

[4] 胡思继.交通运输学. 北京:人民交通出版社,2001.

[5] 张国伍. 交通运输系统分析. 成都:西南交通大学出版社,1991.

[6] 上海交通大学. 智慧的钥匙——钱学森论系统科学.上海:上海交通大学出版社,2005.

[7] 王众托.系统工程引论.北京:电子工业出版社,1991.

[8] 汪应洛.系统工程.北京:机械工业出版社,2011.

[9] 汪应洛. 系统工程理论、方法与应用. 2版. 北京:高等教育出版社,1998.

[10] 周德群.系统工程概论. 2版. 北京:科学出版社,2010.

[11] 王振江.系统动力学引论.上海: 上海科学技术文献出版社,1988.

[12] 苏懋康.系统动力学原理及应用.上海:上海交通大学出版社,1988.

[13] 谭跃进. 系统工程原理. 长沙:国防科技大学出版社,1999.

[14] 朴昌根. 系统学基础(修订版).上海: 上海辞书出版社,2005.

[15] 刘舒燕. 交通运输系统工程. 北京:人民交通出版社,2006.

[16] 蔡庆麟,胡玉奎,李荣萱.水运输系统分析.北京:人民交通出版社,1991.

[17] 王家骅,田聿新.运输管理系统工程.北京:电子工业出版社,1985.

[18] 庄继德.汽车地面运输系统工程.北京:北京理工大学出版社,2000.

[19] 马鹤龄.道路交通系统工程基础.北京:人民交通出版社,1995.

[20] 赵建有.道路交通运输系统工程.北京:人民交通出版社,2004.

[21] 李宝仁. 经济预测——理论、方法及应用. 北京:经济管理出版社,2005.

[22] 李庄. 预测方法. 南宁:广西科学技术出版社,2005.

[23] 杨林泉. 预测与决策方法应用. 北京:冶金工业出版社,2011.

[24] 张伟,顾朝林. 城市与区域规划模型系统. 南京:东南大学出版社,2000.

[25] 吴祈宗.系统工程.北京:北京理工大学出版社,2011.

[26] 陈晓剑,梁梁. 系统评价方法及应用. 合肥:中国科学技术大学出版社,1993.

[27] 吕靖,梁晶.技术经济学.北京:化学工业出版社,2008.

[28] 刘家顺,粟国敏.技术经济学.北京:机械工业出版社,2012.

[29] 贾春霖.技术经济学. 3版. 长沙:中南大学出版社,2004.

[30] 陈庆华.系统工程理论与实践.北京:国防工业出版社,2011.

[31] 丁静.基于群组层次分析法的配送中心配送绩效评价的研究[D].合肥工业大学,2004.

[32] 王晚香.内河航运综合评价研究[D].武汉理工大学,2004.

[33] 运筹学教材编写组. 运筹学.北京:清华大学出版社,2005.

[34] 杨超.运筹学.北京:科学出版社,2004.

[35] 郭瑞军,张勇.城市交通状况的模糊聚类分析.大连铁道学院学报,2006,27(1).

[36] 郭瑞军,韩萍,刘岩.解析结构模型在城市交通分析中的应用.交通运输系统工程与信息,2004,4(4).

[37] 郭瑞军.一种城市交通系统动力学模型的应用方法.中国交通研究与探索会议[C].大连海事大学出版社,2005.

[38] 李振福.中国北极航线战略的SWOT动态分析.上海海事大学学报,2009(4).

[39] 董肇君.系统工程与运筹学.北京:国防工业出版社,2003.

[40] (日)田村坦之,李平译.系统工程.北京:科学出版社,2001.

[41] (美) 安德鲁·P·塞奇,詹姆斯·E·阿姆斯特朗著.胡保生,彭勤科译.系统工程导论.西安:西安交通大学出版社.,2006.

[42] 卢志恒.控制论引论.北京:北京师范大学出版社,1994.

[43] 徐全智,杨晋浩.数学建模.北京:高等教育出版社,2003.

[44] 袁震东.数学建模方法.上海:华东师范大学出版社,2003.

[45] 欧阳光明,郭卫,王青.遨游系统的海洋:系统方法谈.上海:上海交通大学出版社,2006.

[46] 苗东升.系统科学精要.北京:中国人民大学出版社,1998.

[47] 石峰,莫忠息.信息论基础(第2版),武汉:武汉大学出版社,2006.

[48] 杨家本.系统工程概论.武汉:武汉理工大学出版社,2002.

[49] 魏宏森,宋永华等.开创复杂性研究的新学科——系统科学纵览.成都:四川教育出版社,1991.

[50] 欧阳莹之著,田宝国,周亚,樊瑛译.复杂系统理论基础.上海:上海科技教育出版社,2002.

[51] 黄国榜.系统工程方法论.北京:中国展望出版社,1988.

[52] 张延欣.系统工程学.北京:气象出版社,1997.

[53] 顾凯平.系统工程学导论.北京:中国林业出版社,1999.

[54] 姜璐,蔡维.现代系统工程方法.沈阳:沈阳出版社,1993.

[55] 梁君,赵勇.系统工程导论.北京:化学工业出版社,2005.

[56] 顾凯平,高孟宁,李彦周.复杂巨系统研究方法论.重庆:重庆出版社,1992.

[57] 王连成.工程系统论.北京:中国宇航出版社,2002.

[58] (美)霍兰著,陈禹等译.涌现:从混沌到有序.上海:上海科学技术出版社,2001.

[59] 魏宏森,曾国屏.系统论.北京:清华大学出版社,1995.

[60] 宋毅,霍达.现代系统工程学基础.北京:中国科学技术出版社,1992.

[61] (日)三浦武雄,浜冈 尊著,郑春瑞译.现代系统工程学概论.北京:中国社会科学出版社,1983.

[62] 肖艳玲.系统工程理论与方法.北京:石油工业出版社,2002.

[63] 金立顺,王庆芳.系统科学基础.沈阳:辽宁大学出版社,1990.

[64] 何伦志.系统科学概论.乌鲁木齐:新疆大学出版社,1988.

[65] 王振军.交通运输系统工程.南京:东南大学出版社,2008.

[66] 冯树民.交通系统工程.北京:知识产权出版社,2009.

[67] 国家统计局.2013年国民经济和社会发展统计公报.http://www.stats.gov.cn.

[68] 交通运输部.交通运输"十二五"发展规划.http://www.moc.gov.cn.

[69] 交通运输部.2013年交通运输行业发展统计公报.http://www.moc.gov.cn.

[70] 交通运输部.国家公路运输枢纽布局规划.http://www.moc.gov.cn.

[71] 国家发展和改革委员会.中长期铁路网规划(2008年调整).http://www.ndrc.gov.cn.